HERMENEUTISCHE UNTERSUCHUNGEN ZUR THEOLOGIE

Herausgegeben von

HANS DIETER BETZ · PIERRE BÜHLER

DIETZ LANGE · WALTER MOSTERT †

33

Psalterium affectuum palaestra

Prolegomena zu einer Theologie des Psalters

von

Günter Bader

J.C.B. Mohr (Paul Siebeck) Tübingen

Die Deutsche Bibliothek – CIP Einheitsaufnahme

Bader, Günter:
Psalterium affectuum palaestra: Prolegomena zu einer Theologie des Psalters / von
Günter Bader. - Tübingen : Mohr, 1996.
  (Hermeneutische Untersuchungen zur Theologie; 33)
  ISBN 3-16-146505-9
NE: GT

© 1996 J.C.B. Mohr (Paul Siebeck) Tübingen.

Das Buch wurde von Martin Fischer in Tübingen aus der Bembo Antiqua belichtet, von
Gulde-Druck in Tübingen auf säurefreiem Werkdruckpapier der Papierfabrik Weissenstein in
Pforzheim gedruckt und von der Großbuchbinderei Heinr. Koch in Tübingen gebunden.

ISSN 0440-7180

La Musica:

Io la Musica son, ch'ai dolci accenti,
So far tranquillo ogni turbato core,
Ed or di nobil ira ed or d'amore
Poss' infiammar le più gelate menti.

Io, su cetera d'or, cantando soglio
Mortal orecchio lusingar talora
E in questa guisa a l'armonia sonora
De la lira del ciel più l'alme invoglio.

MONTEVERDI, L'Orfeo

UXORI CARISSIMÆ

Heremo Helvetiorum
die 28 februarii 1995

Inhalt

Einleitung: Was ist Theologie des Psalters? 1

   1. Psalter 3
      a. Psalter und Psalmen 3
      b. Psalterium 5
      c. Ψαλτήριον 8

   2. Theologie 15
      a. Theologie als Wissenschaft 15
      b. Theologie als Dichtung 17
      c. Theologie als Gesang 18

   3. Theologie des Psalters 21

     Exkurs 1: Orpheus und David 23

§ 1 Psalterium affectuum palaestra 29

   1. Prolegomenon, Progymnasma, Prooimion 30
   2. Psalterium affectuum palaestra 33
      a. Affekt 35
      b. Gesang 39
      c. Psalterspiel als Spiel der Affekte 44

   3. Aufriß 48

I. Vorbegriffe 50

§ 2 Palaestra 50

   1. Palaestra als griechische Erziehungsinstitution 51
   2. Palaestra in lateinischer Rezeption 59
   3. Palaestra als christliche Metapher 61
   4. Spätere Spuren 68
   5. Von der Palaestra zum Psalter 69

Exkurs 2: Gymnasium 71

§ 3 Exercitium 73

    1. Exercitium spirituale 74
    2. Exercitia spiritualia 80
    3. Exercises, Études 85

    Exkurs 3: Officina 87

§ 4 Lectio 90

    1. Oralität und Literalität 91
    2. Lautes und leises Lesen 95
    3. Lectio divina und lectio spiritualis 100

    Exkurs 4: Schola 104

II. Vorreden 111

§ 5 Athanasius und die griechische Tradition 112

    1. Athanasius, ›Epistola ad Marcellinum‹ 113
        a. Einzigartigkeit des Psalters 114
        b. Wirkung des Psalters 120

    2. Nachwirkung des Athanasius 128
        a. Basilius, ›Homiliae in psalmos‹ I, 1–2 130
        b. Gregor von Nyssa, ›In inscriptiones psalmorum‹ I,3 131

    3. Der ›Oktoechos‹ 134

§ 6 Augustin und die lateinische Tradition 138

    1. Augustin, ›Confessiones‹ 138
        a. Wort und Affekt 140
        b. Verborgene Verwandtschaft 142

    2. Nachbarschaft Augustins 148
        a. Ambrosius, ›Explanatio psalmorum‹ I, 1–12 148
        b. Johannes Cassian, ›Conlationes‹ IX/X 151

    3. Der ›Tonar‹ 153

§ 7 Luther und der deutsche Psalter 155

    1. Verstummter Psalter 157

    2. ›Encomium psalmorum‹ 163
        a. Lob des Psalters 163
        b. Psalter als Sinnenbuch 165
        c. Menschliches Herz als Schiff auf einem wilden Meer 170

    3. ›Encomium musices‹ 182

III. Vorstudien 187

§ 8 Affekt 188

    1. Spiel der Affekte als Psalterspiel 189
    2. Affekte als Klänge 196
    3. Affekte als Ton und Wort 203

§ 9 Psalmodie 206

    1. Umfang der Psalmodie 206
    2. Formen der Psalmodie 208
        a. Formenlehre 209
        b. Psalmodiemodelle 213
        c. Modalität, Tonalität 216

    3. Theorien der Psalmodie 219
        a. Sprachgesang, Sprechgesang 219
        b. Pausa 223
        c. Pathosformel 226

§ 10 Name Gottes als Klang und Bedeutung 232

    1. Klang und Bedeutung 235
        a. Nennkraft der Musik durch Sprachähnlichkeit 237
        b. Nennkraft der Musik durch Sprachunähnlichkeit 239

    2. Theologie des Psalters 241
        a. Theologie 241
        b. Psalter 246

    3. Psalterium affectuum palaestra 251

Register 255

Einleitung

Was ist Theologie des Psalters?

Der Psalter, zur Hand genommen als das bekannte Buch dieses Titels, begegnet seinem Leser jetzt vorwiegend stumm. Aber selbst im Zustand von Stummheit liest er sich wie lauter Erinnerung an gewesenen Klang. Folglich muß er diesen wohl auf dem Weg zu uns verloren haben. In Wahrheit ist er nicht stumm, nur verstummt. Ist aber seine notorische Stummheit Verstummtsein, so weckt die Erinnerung alten Klangs umgekehrt nichts als Erwartung eines Klanges, der erst noch kommen soll. Und folglich, während sich auf der einen Seite das Verstummen, mit dem der Psalter seinen heutigen Leser anschweigt, als Entzug von Klang zu erkennen gibt, stellt sich auf der anderen so etwas wie heftige Klangerwartung ein. Deshalb führt die im Psalmengesang gebräuchliche kleine Doxologie des ›Gloria Patri‹ nicht nur zurück in fernste Zeiten des Anfangs (»sicut erat in principio«), sondern streckt sich aus ins Kommende (»et in saecula saeculorum«) und setzt ihr »Amen« erst bei erscheinender oder wenigstens antizipierter Klanghaftigkeit des Psalters. Klangentzug wie Klangerwartung verweisen somit – in gegensätzlicher Entsprechung – auf etwas, was jetzt abwesend oder in nur problematischer Weise anwesend ist, von dem aber zu wünschen wäre, es möge auch jetzt und immerdar (»et nunc et semper«) anwesend sein. Anwesend ist aber unter gegenwärtigen Bedingungen der verstummte Psalter. Daß er erklinge, ist Gegenstand des Wünschens.

Nennen wir den Psalter stumm, so ist dies die völlig leidenschaftslose Abschilderung des gegebenen Zustands, daß der Psalter nicht mehr ist als ein Buch unter anderen. Nennen wir ihn dagegen verstummt, so schleicht sich in die Schilderung vernehmbar eine Affektqualität ein. Diese beginnt alsbald selbst zu tönen und zu klingen, nämlich vor Schmerz. Klangentzug kann nicht anders wahrgenommen werden als mit Klage. »Das Jauchzen [der Winzer] ist verstummt« (Jes 16,10). Umgekehrt ist Klangerwartung nichts als Hoffnung auf das bevorstehende Ende dieses Schmerzes. Daher, sobald wir den Psalter als verstummt bezeichnen, geschieht dies nicht leidenschaftslos, sondern als Ausdruck unverhohlener Bewegtheit. Wir lassen Bewegung zu, ja rufen sie herbei. Kommt aber eine, so kommen alle. Keine ist auszuschließen, gerade auch die heftigste nicht.

Aber nun mag Empathie mit Bewegtheit getrieben werden so weit sie will, so ist doch Abwesenheit von Klang nie nur als mangelhafter Zustand zu verstehen. »Schweig und verstumme!« (Mk 4,39): ein wunderwirkendes Wort. Abwesenheit von Klang, und vor allem: Abwesenheit selbst des Entbehrenmüssens von Klang, ist an sich bereits Anwesenheit von Besinnung. Wenn also der Psalter immer mehr verstummt, so darf das nicht nur beklagt werden. Sondern in dem Maß, wie das Klingen und Tönen zurücktritt, tritt er erst in seiner Bedeutung hervor. Reine Bedeutung, oder doch wenigstens Bedeutung, so rein sie immer sein kann, bedarf der Atmosphäre größtmöglicher Besonnenheit. Nie entsteht Besinnung, ohne daß die zufälligen Umstände des Bedeutens hinter diesem zurücktreten. Treten sie zurück, dann verklingt das Tönen, das Bedeutung immer bloß transportiert. Wer Bedeutung will – Bedeutung zu wollen ist dasselbe wie Besonnenheit zu wollen –, muß auch die Vernichtung des Klanges wollen. Klangvernichtung um der Besonnenheit willen geschieht so leidenschaftslos, daß sie geradezu schmerzfrei genannt werden kann.

Aber in dem Moment, da Klangvernichtung, die an sich aktiv zu betreiben wäre, umgekehrt als zu erleidender Entzug erscheint, schwindet die Besonnenheit. Leidenschaftliche Bewegung tritt wieder ein und vollführt ihre Erschütterungen.

Klangwunsch und Klangvernichtung sind weder zu vermeiden noch zu unterlassen. Beides geschieht, beides ist zu betreiben, immer schon und immer noch. Das ist das Spannungsfeld, in dem die Theologie des Psalters steht. Theologie des Psalters hat es mit einem Buch zu tun, das sich auf dem Weg zu immer gründlicherer Stummheit befindet. Berichtete nicht die Geschichte von Verlaufsfiguren, wie das Verstummen des Psalters seinen Gang nahm und sich schließlich vollendet hat, so bliebe nichts anderes übrig, als daß wir selbst es aktiv betreiben – um der Besonnenheit willen. Zu unterlassen ist es in keinem Fall. Übrigens ist völlig deutlich, was hier mit Verstummen gemeint ist. Nicht etwa, daß der Psalter verloren sei, oder nicht mehr annähernd zu rekonstruieren in seiner sprachlichen, bedeutungshaltigen Gestalt. In dieser Weise ist der Psalter so präsent wie eh und je, sogar, dank alttestamentlicher Forschung, präsenter denn je. Sondern verstummt ist er in seinem Klang. Ist dies so, ja ist sogar einsichtig weshalb und warum, so genügte anstelle einer Theologie des Psalters vollständig die Theologie der Psalmen. ›Theologie der Psalmen‹ ist die dem Psalter im Zustand seines Verstummtseins angemessene Behandlungsart. Daher lautet der besonnenste, leidenschaftsloseste Satz hinsichtlich der Psalmen: Es ist nicht nötig, über die gegebene Theologie der Psalmen hinaus noch eine Theologie des Psalters besitzen zu wollen. Doch kaum haben wir diesen Satz so trocken wie möglich dahingesprochen, so regt sich alsbald der alte Schmerz und eine nicht schweigen könnende Hoffnung.

Zwar gesteht Sokrates im Eingang des ›Phaidros‹, durch Bücher verführbar zu sein, wie hungriges Vieh durch vorgehaltenes Futter. Aber daß das Ziel der damaligen Verführung, der ländliche Ort außerhalb der Stadt, sogleich durch seinen Liebreiz und Wohlduft, durch den Chor der Zikaden und den Klang einer im Wind bewegten Welt selbst zu einer neuen und unentrinnlichen Verführung wird, das gesteht er nicht. Dagegen der Fall, der hier vorliegt, ist zugestandenermaßen von vornherein der einer unkontrollierten Schwäche gegenüber Buch *und* Klang. Es ist der Psalter, der, wenn vorgehalten, zu verführen vermöchte »in ganz Attika herum«. Der Psalter ist Buch. Womöglich ist er auch Klang – von Liebreiz, Wohlduft und Chor ganz zu schweigen.

Was ist Theologie des Psalters? Den Elementen dieser Wortfügung gebührt die erste Aufmerksamkeit.

1. Psalter

Theologie des Psalters gewinnt Stand gegenüber der Theologie der Psalmen durch den an sich lächerlichen Umstand, daß außer »Psalmen« oder »Buch der Psalmen« als Titel des Psalmbuchs auch noch der »Psalter« zur Verfügung steht. Auf dieses überschießende Wort gründet sich unser ganzes Unternehmen. Wie üblich kein Wort, ohne daß sich eine Geschichte daran rankt. Man kann mit Mythen dieser Art in doppelter Weise verfahren. Entweder sprachkritisch, dann handelt es sich um unnütze Vielfalt von Worten: viele Worte, aber nur *ein* Begriff. Ist Vielfalt von Worten nicht an sich schon Vielfalt der Begriffe, dann muß die Vermutung, hinter der Theologie des Psalters stecke etwas, was sich von der Theologie der Psalmen unterscheidet, als bloße Sprachverführung erscheinen. Wenn aber Theologie des Psalters nichts anderes ist als Theologie der Psalmen, dann steht die Sprachkritik wohl in stillschweigender Verabredung mit dem zunehmenden Verstummen des Psalters, oder sein Verstummen ist dies, daß Sprachkritik an ihm wirkt. Oder man verfährt umgekehrt. Dann obliegt uns nachzuweisen, inwiefern dem Wort »Psalter« ein vom »Buch der Psalmen« oder von den »Psalmen« zu unterscheidender selbständiger Begriff zugrundeliegt. Schlagen wir diesen Weg ein, so folgen wir offenbar einer durch das bloße Wort »Psalter« geweckten mythopoietischen Lust. Unschwer ist zu erkennen, daß es der Wunsch nach Klang ist, der sich in dieser Lust meldet.

a. Psalter und Psalmen. Als lebendiger Sprachgebrauch läßt sich die Unterscheidung zwischen Psalter und Psalmen gerade noch an einem Zipfel ergreifen, bevor sie vollends verschwindet. Man kann in der mündlichen Tradition von »Psalter« oder »Psalmen« erkennen, ob der Sprecher lutherischer oder reformierter Herkunft ist[1]. Dieser charakteristische Dialektunterschied geht auf die unterschiedlichen Bibelübersetzungen hier und da zurück. Mit großer Regelmäßigkeit nennt die Zwinglibibel ihre ganze Geschichte hindurch das Psalmbuch ›Die Psalmen‹; dagegen die Lutherbibel redet konstant von ›Der Psalter‹. Der auffälligste Unterschied ist: Singular hier, Plural dort. Dort Psalmbuch quantitativ als Kollektion von 150 Einheiten, hier dagegen *eine* Einheit, die das Einzelne qualitativ umfaßt. ›Der Psalter‹ ist unstückelbar *einer*. ›Die Psalmen‹ sind vorwiegend Gegenstand des Sammelns, Sammlung; ›der Psalter‹ sammelt selbst. Er tritt auf als handelnde Persönlichkeit, kann Mächtigkeit oder Zärtlichkeit auf sich ziehen (»Psälterlein«)[2]. Wird dagegen »der« Psalter zu »die« Psalmen, so lassen sogleich Affekt und mythopoietische Aktivität nach. Somit unterscheiden sich Psalter und Psalmen wie Quasi-Persönlichkeit, Macht, Affekt auf der einen, Besonnenheit und Bedeutung auf der anderen Seite. Es spricht viel dafür, es bei einer Theologie der Psalmen ein für allemal zu belassen. Daher scheint der lutherische Sprachgebrauch noch nicht ganz aufgeklärt, der reformierte dagegen verdiente in seiner Sprödigkeit alle Sympathie.

Aber kaum beginnen wir uns in dieser Weise festzulegen, so muß auffallen, daß die reformierte Tradition den Terminus »Psalter« nicht bloß unterdrückt. Es gibt den Straßburger, den Genfer, den Hugenotten-Psalter; es gibt vor allem den Lobwasser-Psalter samt seinem jahrhundertelangen reformierten Gebrauch. Unterdrückt beim biblischen Psalmbuch, lebt das Wort »Psalter« umso intensiver beim kirchlichen Gesangbuch fort. Dieses ist ›Psautier‹, vollständiger Liedpsalter ebenso wie vollständiges Gesangbuch. Wenn der reformierten Ausdrucksweise ein begrifflicher Sinn zukommt, dann dieser: Um so viel ist der Psalter von den Psalmen zu unterscheiden wie das singbare Liederbuch vom bloß zu lesenden Text. Zugespitzt ist zu sagen: ›Die Psalmen‹, das ist Psalter abzüglich Gesang. Nicht daß dieser nicht erklingt, aber er wandert in Psautiers und Gesangbücher aus, unter Zurücklassung des biblischen Psalmbuchs als unsingbar. Das ist wohl die neuzeitliche Situation: tendentielle Scheidung von Psalmen und Psalter, Psalmen lediglich als stummer Psalter, jetzt endlich in der Paßform, die biblisch zu sein sich schmeichelt: Theologie der Psalmen. Auf der andern Seite der gesungene Psalter, zwar

---

[1] In hermeneutischen Seminaren der Sommersemester 1992 und 1993 an der Universität Zürich, die dem Gebrauch des Psalters in Liturgie und Frömmigkeit gewidmet waren, antworteten die Teilnehmer jeweils in genauer Entsprechung zu ihrer konfessionellen Herkunft.

[2] »Neme ich mein Pselterlein« (M. Luther, Eine einfältige Weise zu beten für einen guten Freund 1535; WA 38, 358,7f); »unser Deudsch Psalterlin« (Summarien über die Psalmen und Ursachen des Dolmetschens 1531–1533; WA 38, 9,3). GRIMM, DWb 13, 1889, Sp. 2200, Art. Psalterlein, Psälterlein, und J. MOHR, Psälterlein, 1891 (nach TRE 18, 623,48).

unverstummt, aber kein biblisches Wort mehr, genau passend, um Gegenstand einer Betrachtungsweise zu werden, die sich Hymnologie zu nennen beginnt. Zwar verfügen »Theologie« wie »Hymnologie« über begriffsgeschichtliche Reserven, die sich dieser Einengung widersetzen. Aber die neuzeitliche Situation ist so dominant, daß sie, aller verbalen Differenz zum Trotz, auch die lutherische Tradition fest im Griff hält. Hier ist der Psalter ebenfalls, vielleicht zögernder, verstummt, heißt nur noch so. Und wiederum das Gesangbuch wird hier von vornherein aus der Obödienz entlassen, nichts als klingender Liedpsalter sein zu sollen, es enthält vielmehr auch andere, nichtbiblische Gesänge. Kurz, in der reformierten Tradition zeigt sich das Wort »Psalter« beweglich und läuft immer dahin, wo Gesang ist; dagegen in der lutherischen bleibt es auf dem Psalmbuch sitzen, aber nur als Überbleibsel und Reminiszenz eines Psalters, der einstmals erklang. Hier ist gerade noch das Wort »Psalter« der letzte Zeuge, der sowohl gegenüber dem verstummten Psalmbuch wie gegenüber dem klingenden Gesangbuch auf die Identität des Psalters pocht. ›Psalter‹: sind das nicht Psalmen zuzüglich Gesang?

b. Psalterium. Woher kommt »Psalter«? Im Hintergrund liegt »psalterium«[3] und damit die ganze westliche Tradition. Gewiß zeigt sich zunächst eine breite Schicht, in der keineswegs deutlich zwischen »liber psalmorum« und »psalterium« unterschieden wird. Exemplarisch hierfür kann die Vulgata genannt werden. Sie beginnt mit »Incipit liber psalmorum« und endet – Rezension ›Iuxta LXX‹ – mit »Explicit liber psalmorum«. Dagegen die Rezension ›Iuxta Hebraeos‹ schließt mit »Explicit Psalterium«, obgleich der hebräische Text dafür keinen Anhalt bietet. Hinzu kommt die breite Streuung der Varianten. Die Vulgata bietet jedem etwas; ein begrifflicher Unterschied ist hier so wenig zu finden, wie in den mitüberlieferten Vorreden des Hieronymus[4].
   Aber es zeigen sich auch Hinweise auf einen differenzierteren Sprachgebrauch. Dies dann, wenn das Psalmbuch aus seinem Eingebundensein in das Corpus der heiligen Schriften heraus- und als selbständige Einheit auftritt. Die Sonderrolle des Psalters wird schon dadurch begünstigt, daß er in drei auf Hieronymus zurückgehenden Rezensionen überliefert ist, von denen jede je nach Gebrauch verschiedene Schicksale hatte. Während das älteste Psalterium des Hieronymus, das ›Psalterium Romanum‹, das zunächst

---

[3] GRIMM, DWb 13, Sp. 2199: »Psalter, m., … aus griech.-lat. *psalterium*, daher nhd. auch manchmal *das psalter*;« cf. »Psautier« (m.), Псалтырь (f. und m.); »Ψαλτήρ [m.] et Ψαλτήριον notat Psalterium, seu Psalmorum Davidis librum« (ThLGr 8, 1838).
[4] Biblia sacra iuxta vulgatam versionem (R. WEBER), Stuttgart 1983, I, 770f.954f. Hieronymus gebraucht in seinen Praefationes »psalterium« und »psalmi« für das Ganze des Psalmbuchs und seine Teile; den titulus hebraicus ›Sephar Thallim‹ übersetzt er mit »volumen hymnorum« (aaO. 767ff).

vorherrschte, in dem Maß, wie die karolingische Vereinheitlichung der Liturgie sich durchsetzte, vom ›Psalterium Gallicanum‹ (›Iuxta LXX‹) verdrängt wurde, das seinen Namen durch die Opposition des fränkischen Brauchs gegen den römischen erhielt, setzte sich das ›Psalterium iuxta Hebraeos‹, das letzte der hieronymianischen Psalterien, kaum durch; ihm blieb vorwiegend die Buchexistenz. Durch weitverbreitete liturgische Approbation gelangte das ›Psalterium Gallicanum‹ dazu, Normalpsalterium der Vulgata zu werden (Alkuinbibel). Anerkenntnis als textus receptus geschieht im Fall des Psalters durch liturgischen Brauch. Der biblische Text bringt soweit Liturgie hervor, wie umgekehrt Liturgie den Text zum biblischen macht. Folglich ist ›Psalterium‹ primär das gottesdienstlich gebrauchte Buch, neben dem Evangeliar das wichtigste, oft mit kostbarer Ausstattung und Illumination[5].

Ein solches Psalterium enthält die 150 Psalmen vollständig. Im schlichtesten Fall ist der Psalter bereits in seiner biblischen Gestalt und Reihenfolge liturgisch, gemäß altmonastischer Übung. Der westliche Begriff hierfür lautet »psalterium currens«. In den das Offizium betreffenden Kapiteln unterläßt es die ›Regula Magistri‹ nie, die Anweisung »currente semper psalterio« wie einen Refrain zu wiederholen[6]. Das »psalterium currens« markiert den Punkt, an dem das vorliegende Psalmbuch bereits liturgischer Psalter ist. Von diesem Punkt entfernt sich das »psalterium per hebdomadam« zunächst nur unmerklich. Zwar ist diese nach stadtrömischem Vorbild erstmals von der

---

[5] H. LECLERCQ, Art. Psautier II–IV, DACL 14/2, 1948, 1951–1954; B. FISCHER, Die Texte; in: Der Stuttgarter Bilderpsalter. Bibl. fol. 23 Württ. LB Stuttgart II: Untersuchungen, Stuttgart 1968, 223f. Listen der älteren westlichen Psalterien: LECLERCQ, aaO. 1955ff, FISCHER, aaO. 224–226. Was die illuminierten Psalterien anlangt, so gilt, da spätantike Exemplare nicht nachweisbar sind, »daß die ersten Bilderpsalterien ... im 9. Jahrhundert erst auftreten«, d.h. »daß eben die eigentliche Psalterillustration, daß die Bilderpsalterien eine Neuschöpfung des 9. Jahrhunderts darstellen. Die ersten westlichen Bilderpsalterien gehen den östlichen um wenige Jahrzehnte voraus« (C. EGGENBERGER, Psalterium aureum Sancti Galli, Sigmaringen 1987, 18): Stuttgarter Psalter 820/830; Utrechter Psalter um 830.

[6] Die ›Regula Magistri‹ (A. DE VOGÜÉ, SC 105–107) gebraucht den Terminus »psalterium« ausschließlich im Zusammenhang mit dieser Formel: für die Officia divina in noctibus 33,29.36; 44,2.7; für die kleinen Horen 35,2; 40,2; für das Lucernarium 36,1; 41,2; generell: 46,1. Allerdings kennt der Magister als Ausnahmen die Pss 50; 148–150 (vg), die als traditionelle Morgenpsalmen mit der Matutin verbunden sind (39,4). Dasselbe, wenn auch ohne die explizite Regel »currente semper psalterio«, dürfte gemeint sein in den ungefähr gleichzeitigen Regeln des Caesarius von Arles (›Regula monachorum‹, Op. omn. [G. MORIN] II, 153,8: ordo psalterii) und des Aurelianus von Arles (›Regula ad monachos‹, MPL 68, 394D: psalmi in ordine); s. O. HEIMIG, Zum monastischen Offizium von Kassianus bis Kolumbanus, ALW 7/1, 1961, 89–156, 101.132; E. KASCH, Das liturgische Vokabular der frühen lateinischen Mönchsregeln, RBS.S 1, Hildesheim 1974, 92f.95f.131. Ebenso später, immer noch im Traditionszusammenhang des südgallischen psalterium currens, fordert die ›Regula Ferioli‹ c. 12: Ut omni tempore psalmi usque in finem psalterii decantentur (G. HOLZHERR, Regula Ferioli, Einsiedeln 1961, 55f).

›Regula Benedicti‹ geprägte Formel das Gegenprinzip zum »psalterium currens«; aber sie kann mit demselben Psalmbuch in biblischer Gestalt und Reihe durchgeführt werden, wenn nur gewußt wird, mit welchem Psalm der liturgische Tag beginnt und welche die bestimmten Tagespsalmen sind. Auch das »psalterium per hebdomadam« folgt dem »psalterium currens«, nur festgelegt auf den Lauf einer Woche und unterbrochen durch tageszeitlich fixierte Psalmen in größerer Anzahl[7]. Generell ist zu sagen: Der vollständige Psalter, zu liturgischem Gebrauch herausgetreten aus dem Zusammenhang mit den biblischen Schriften, hat seinen ausgezeichneten Sitz im Mönchtum, einerlei ob als »psalterium currens« oder »psalterium per hebdomadam«. Mönchtum ist – zugespitzt geredet – nichts als vollständiger Psalter vollständig erklingend, oder um das Psalmbuch als Psalter zu brauchen, bedarf es wohl immer so etwas wie des Mönchtums.

Während das »psalterium currens« bald in Vergessenheit geriet, gehörte dem »psalterium per hebdomadam« die Zukunft. Verschiedene Entwicklungen sind denkbar. Zunächst, daß auch das »psalterium per hebdomadam« an das biblische Psalmbuch und seine Reihenfolge gebunden bleibt, höchstens mit Hervorhebung des Beginns eines liturgischen Tages oder der Vesperpsalmen durch größere Initialen[8]. Aber die Unzweckmäßigkeit dieser Einrichtung liegt am Tag. Daher sind einesteils Umstellungen erforderlich: Aus dem »psalterium per hebdomadam« wird in strengem Sinn ein ›Psalterium per hebdomadae dies dispositum‹ oder ›Psalterium feriatum‹, mit Anordnung

---

[7] Die ›Regula Benedicti‹ gebraucht den Terminus »psalterium« ausschließlich in dem in die Regel eingefügten sog. ›Libellus officii‹, der in c. 8–18 die Aufteilung des Psalters auf die liturgische Woche durchführt und in c. 19–20 mit generellen Anweisungen zum Chorgebet endet (8,3; 18,23f). Das Psalterium erscheint als unauflösliche Einheit der vollständigen Psalmen (psalterium ex integro numero centum quinquaginta psalmorum 18,23), hinzu gehören die üblichen Cantica (18,24).

[8] Allerdings unterscheidet sich der Text des kirchlichen Psalters vom biblischen dadurch, daß er alle Überschriften und technischen Beigaben fortläßt und nur den reinen Psalmtext beibehält: W. BRAMBACH, Psalterium. Bibliographischer Versuch über die liturgischen Bücher des christlichen Abendlandes, SBWA 1, Berlin 1887, 5f. – Das Psalterium non feriatum enthält die Psalmen in biblischer Reihenfolge, aber so, daß bestimmte Psalmen ausgezeichnet werden, wie im römischen Psalter die Psalmen 1.26.38.52.68.80.97 zum täglichen Beginn der Matutin, Ps 109 zum Beginn der Sonntagsvesper (wobei eine Anzahl von Psalmen außer der Reihe fixiert ist), so im monastischen Psalter die Psalmen 1 (Primpsalmen), 20.32.45.59.73.85.101 als Beginn der täglichen Vigil, 109.113.129.134. 138.141.145 als Beginn der Vesper (wobei wiederum eine ganze Reihe von Psalmen sonst bereits fixiert ist): V. FIALA/W. IRTENKAUF, Versuch einer liturgischen Nomenklatur, in: ZfBB.S [1], 1963, 105–137, 120f; E.J. THIEL, Die liturgischen Bücher des Mittelalters. Ein kleines Lexikon zur Handschriftenkunde, Börsenblatt f.d. Deutschen Buchhandel, Frankfurter Ausgabe, 23, 1967, 2379–2395, 2389ff; A. HUGHES, Medieval manuscripts for Mass and Office: A guide to their organization and terminology, Toronto 1982, 224–237: The Psalter.

der Psalmen nach der Ordnung der Zeiten[9]. Andernteils treten Erweiterungen ein; zu den Cantica und canticaähnlichen Texten kommen Antiphonen, Hymnen, Versus, Capitula usw. hinzu. Schließlich ist in einem vollen ›Breviarium‹ der Psalter nur noch ein schmaler erster Teil, aber immer noch so, daß er selbständig bleibt und das Grundgerüst des »Ordo officii« bildet[10].

Bisher war von Psalterien, einerlei in welcher Gestalt, immer nur die Rede als textlichen Gebilden, allenfalls mit bildlicher Illumination. Tritt aber zum Text die Notation hinzu, dann befindet sich das Psalterium auf dem Weg zum ›Antiphonale‹. Das Antiphonale enthält Texte samt Melodien[11]. Die zwei liturgisch und musikalisch verschiedenen Gebrauchsweisen des Psalters bringen zwei verschiedene Arten von Antiphonalen hervor. Das ›Antiphonale officii‹ steht in der Tradition des vollen Psalters, wie sie exemplarisch im Mönchtum gepflegt wurde; dagegen das ›Antiphonale missae‹ (Graduale), zum größten Teil Meßproprien, enthält lediglich einen Auswahlpsalter zum Zweck der Meßfeier, dessen Zusammenstellung und Gesetzmäßigkeit – nahezu alle Meßproprien sind Psalm- oder Canticatexte – im einzelnen zu erforschen wäre. Hier wie dort ist die Herkunft aus dem Psalter deutlich, und zwar desto stärker, je mehr dieser an sich bereits Klang ist, auch ohne spezielle Notation.

c. Ψαλτήριον. Die Suche nach einem distinkten Sinn von »Psalter« führt schließlich zurück ins Griechische. Dort hat ψαλτήριον als Psalmbuchtitel einen späten, keineswegs selbstverständlichen Platz. Im Neuen Testament wird der hebräische Titel des Psalmbuchs wiedergegeben mit (ἡ) βίβλος ψαλμῶν (Lk 20,42; Act 1,20) oder ψαλμοί schlechthin (Lk 24,44). Ψαλτήριον erscheint nie. Von den ältesten Gesamthandschriften der LXX hält sich Cod. B (Vaticanus) an die hebräische Vorlage, indem er den ersten Titel als Inscriptio, den zweiten als Subscriptio setzt. Anders die jüngste der ältesten Gesamthandschriften: Cod. A (Alexandrinus, 5.Jh.) nennt als Titel ›Ψαλτήριον‹. Was hier zu Buche schlägt, ist Resultat einer Entwicklung, die jetzt nachzukonstruieren ist.

Zunächst findet sich bereits auf der Ebene des Cod. A der denkwürdige Umstand, daß - außerhalb der kanonischen Einteilung der Schrift - auf das Buch der Psalmen eine Einheit des Titels Ὠιδαί (›Cantica‹) folgt. Es handelt sich um eine Zusammenstellung von Gesängen biblischer und nichtbibli-

---

[9] Fiala/Irtenkauf, aaO. (s. Anm. 8) 121; Thiel, aaO. (s. Anm. 8) 2390.

[10] Das ›Breviarium monasticum … per omnibus sub regula SS. P. Benedicti militantibus‹, Tournai 1884, beginnt in allen vier Teilen mit dem »Psalterium dispositum per hebdomadam secundum regulam s. P. Benedicti cum Ordinario Officii de Tempore«; ebenso das ›Breviarium romanum ex decreto ss.Concilii Tridentini restitutum‹, Regensburg 1926 (u.ö.) mit »Psalterium … per omnes ac singulos hebdomadae dies dispositum.«

[11] Fiala/Irtenkauf, aaO. (s. Anm. 8) 122; Thiel, aaO. (s. Anm. 8) 2380.

scher Herkunft: teils der neun Gesänge des Morgenlobs der griechischen Kirche (Ὄρθρος), teils anderer Cantica, die bis heute im ›Großen Horologion‹ überliefert werden[12]. Hat das Psalmbuch derart als Magnet für liturgische Gesänge gewirkt, dann muß es wohl selbst in liturgischem Gebrauch gestanden haben. Und offenbar in dem Moment, da es aus der Liturgie wieder zurückgestellt wird in den Kanon, erhält es den Titel ›Ψαλτήριον‹. Somit bezeichnet ψαλτήριον das Psalmbuch in seiner Eigenschaft als ältestes liturgisches Gesangbuch der Kirche[13].

Seiner Herkunft nach ist ψαλτήριον Name eines Musikinstruments, nicht eines Buches. Teils bezeichnet es in der Familie der Saiteninstrumente die spezielle, erst spät so benannte Art eines Instruments triangularer Gestalt, teils verallgemeinert es sich zur Bezeichnung von Kitharamusik schlechthin[14]. Gerade als Musikinstrument ist ψαλτήριον dem Psalmbuch nicht fremd. Der Psalter ist auch Psalterinstrument, häufig als »Psalter und Kithara«. ›Ψαλτήριον‹ wurde nicht einfach dem Psalmbuch von außen aufgesetzt, sondern begegnet in ihm[15]. Aber der Psalterinstrumente sind, wie Psalm 150

---

[12] Ὡρολόγιον τὸ μέγα (B. KOUTLOUMOUSIANOS), Venedig 1868[11], 48ff: Ἀι ἐννέα ᾠδαί.

[13] P. WAGNER, Einführung in die gregorianischen Melodien. Ein Handbuch der Choralwissenschaft, Teil I: Ursprung und Entwicklung der liturgischen Gesangsformen bis zum Ausgange des Mittelalters, Leipzig 1911[3], 7: »Das älteste auf uns gekommene liturgische Gesangbuch«, »war für den Vorsänger bestimmt« (mit Bezug auf Psalter und Oden des Cod. A). – M. HUGLO, Les livres de chant liturgique, TSMÂO 52, Brepols 1988,116: »Le plus ancien livre liturgique est le psautier détaché de la Bible et devenu un livre indépendant affecté au psalmiste ou au chantre: il fut très tôt complété par les anciens cantiques bibliques et les hymnes non bibliques en prose (Gloria in excelsis, Te decet laus etc.) qui se récitaient habituellement à matines.« – H.J. KRAUS, Psalmen, BK XV/1, 1961[2], VIII: »Der geläufige Begriff ›Psalter‹ hat in der Titulierung von G[A] seinen Ursprung.«

[14] Ψαλτήριον als Instrumentenbezeichnung: Erstmals bei Ps. Aristoteles, Probl. 19,23 (919b12: ἐν τοῖς τριγώνοις ψαλτηρίοις »bei den triangularen Harfen«). Das Psalterium sei an die Stelle desjenigen Instruments getreten, das früher Magadis geheißen habe (Athenaios, Bd. 14, 636F). Auch im Lateinischen haftet dem Psalterium der Charakter eines Neulings unter den Musikinstrumenten an: Quintilian, Inst. orat. I, 10,31: psalteria als Instrumente des neueren (unklassischen, verweichlichten) Musikstils, von Mädchen gespielt: G. WILLE, Musica Romana, Amsterdam 1967, 214f. – Trotz dieser marginalen Erscheinung kann Psalterium zum Oberbegriff aller Saiteninstrumente avancieren (die traditionelle Formel ist z.B. 1.Kor 14,7 zu finden: αὐλός/κιθάρα): Plutarch, Mor. 713C: ψαλτηρίου φωνῆς καὶ αὐλοῦ; Sextus Empiricus, Adv. math. VI,1 (Adv. mus. [FABRICIUS 356; BURY 4,372]: Definition der Musik als Instrumentalmusik, d.h. als περὶ ὀργανικὴν ἐμπειρία, ὡς ὅταν τοὺς μὲν αὐλοῖς καὶ ψαλτηρίοις χρωμένους μουσικοὺς ὀνομάζομεν, τὰς δὲ ψαλτρίας μουσικάς.

[15] Ψαλτήριον allein (außer Titel): Ps (LXX) 48,5; 143,9; 149,3; 151,2; Psalter und Kithara: Ps (LXX) 32,2; 56,9; 80,3; 91,4; 107,3; 150,3. »Psalterium« im PsGall: 32,2; 48,5; 56,9; 80,3; 91,4; 107,3; 143,9; 149,3; 150,3; im PsHebr: 32,2; 56,9; 70,22; 80,3; 91,4; 107,3; 143,9; 150,3 (und Subscriptio).

lehrt, viele: Posaunen, Pauken, Zimbeln etc. Wäre es die Absicht gewesen, dem Psalmbuch einen Titel aus der Reihe der Psalterinstrumente zu geben, so stehen alle in gleichberechtigter Konkurrenz. Warum nicht Tuba?[16] Warum gerade Psalterium? Nicht dadurch, daß unter den Instrumenten des Psalters nach dem geeignetsten gesucht worden wäre, kam der Titel zustande. Sondern nachdem bereits ψαλμός (»das von Saitenspiel begleitete Lied«) als häufigste Bezeichnung des Einzelpsalms – gegen den genauen Sinn der hebräischen Vorlage – zum Titel des gesamten Buchs (›Ψαλμοί‹) avanciert war, schien wohl auch ψαλτήριον plausibel. Aber nun ist zu unterscheiden: Eines ist ψαλτήριον *im* Buch, ein anderes *als* Buch. Wie aus dem Psalter als Instrument der Psalter als Buch werden soll: das scheint allerdings eine Frage von nicht geringer Spannung zu sein. Bei ψαλμός tritt die Spannung gar nicht erst auf. Ψαλμός ist *im* Buch dasselbe wie *über* dem Buch: Lied, das zum Saitenspiel gesungen wird. Dagegen ψαλτήριον *im* Buch ist etwas ganz anderes als *über* dem Buch: dort Instrument, hier dagegen Buch. Ist aber das Instrument des Psalters, wie der Titel besagt, in Wahrheit ein Buch, dann wird dies unverzüglich bedeuten, daß auch das Buch kein Buch mehr ist. Nicht nur weist ›Psalter‹ als Titel des Psalmbuchs vom Instrument hin auf das Buch, sondern zugleich vom Buch hinweg auf das Instrument, das aber als solches gar nicht da ist. ›Ψαλτήριον‹ als Psalmbuchtitel ist eine Musikinstrumentenmetapher.

In welchem Sinn die Metapher des Psalmbuchtitels zu verstehen ist, geht unzweifelhaft aus dem Sachverhalt selbst hervor. Zwei Begriffe von ψαλτήριον sind zugegen: der wörtliche instrumentale und der metaphorische buchliche. Identisch sind sie nicht. Aber sie treffen aufeinander bei ein und demselben Buch. Wobei gilt: ψαλτήριον *im* Buch, d.h. in wörtlichem Verstand, ist früher als ψαλτήριον im Sinne des Buches. Zwischen beiden liegt nicht weniger als die ganze Geschichte des Psalmengebrauchs. Erst wenn das Instrument seinen Namen freigegeben hat, läßt sich das Buch als Psalter bezeichnen. Da aber zwei verschiedene Begriffe desselben Wortes nicht am Selben koexistieren können, so muß der erste Sinn vergehen, wenn der zweite entstehen soll. Erst wenn der Psalter als Begleitinstrument schweigt, wird Psalter als Psalmbuch möglich. Also handelt es sich bei der Musikinstrumentenmetapher »Psalter« keineswegs um gleitendes Analogisieren wie es gerade beliebt, sondern Bedingung ihres Entstehens ist die Negation des wörtlichen, instrumentalen Sinns[17]. Während ψαλμός hier und da

---

[16] S.u. S. 213f.

[17] Zwei entgegengesetzte Bedeutungen der Psalter-Metapher: Auf der einen Seite F. DELITZSCH, Biblischer Commentar über die Psalmen, Leipzig 1883⁴, 5f: »die Psalmensammlung heißt ... ψαλτήριον, indem der Name des Saiteninstruments (...) metaphorisch auf die unter Begleitung desselben gesungenen Lieder übertragen wird; Psalmen sind Lyralieder, also lyrische Gedichte im eigentlichsten Sinne.« Ebenso H. MEYER, Der Psalter in der Sicht der mittelalterlichen Bibelexegese, FMSt 20, 1986, 1–24, 10f: »Die

das von Saitenspiel begleitete Lied ist, ist ›ψαλτήριον‹ als Psalmbuchtitel gerade das unbegleitete. Anwesenheit von Psalter als Buch *ist* Abwesenheit von Psalter als Instrument.

Der semantische Vorgang, daß das Entstehen einer Metapher die Zertrümmerung des alten wörtlichen Sinnes zur Voraussetzung hat, ist mit dem historischen Vorgang des Entstehens von ›ψαλτήριον‹ als Psalmbuchtitel aufs engste verknüpft. Eindrücklich zunächst der lexikalische Tatbestand. Während ψαλτήριον im klassischen Griechisch ausschließlich als Instrumentenname nachweisbar ist, überwiegt in der patristischen Zeit der figurative Sinn[18]. Es ist figurativ, vom Psalmbuch als ›Psalter‹ zu sprechen, figurativ ist es aber auch, von Musikinstrumenten überhaupt nur allegorischen Gebrauch zu machen. In der Tat gehört die Zurückweisung aller Instrumente vom Gottesdienst ins christliche Umfeld. Die Instrumente trifft nicht nur Kritik, sondern Negation, und zwar mit einhelliger Schärfe[19]. In dem Maß, wie der irdische Kult vor dem himmlischen verblaßt, tritt an die Stelle realer Instrumente Instrumentenallegorese. Gerade üppige Anwesenheit allegorischer Instrumente hat die Abwesenheit wirklicher Musikinstrumente zur Voraus-

---

metaphorische Bezeichnung *psalterium* ist vom Saiteninstrument *psalterium* abgeleitet, das in der Bibel in der Regel dem hebräischen ›nevel‹ entspricht und in den Psalmen als Begleitinstrument für liturgischen Gesang mehrfach erwähnt wird.« – Auf der andern Seite Honorius Augustodunensis, vorausgesetzt daß seine Worte in einem Umfeld der Abwesenheit von Musikinstrumenten im Gottesdienst zu verstehen sind, Sel. psalm. exp., praef.: Psalterium est musicum instrumentum, decem chordis distentum, triangulum, in modum deltae litterae formatum, et dicitur Hebraice nabla, et Latine organum ... Ab hoc instrumento hic liber Psalterium cognominatur, et hymni in hoc instrumento decantati, psalmi denominantur (MPL 172, 269B). Hic liber translative Psalterium ... nominatur (273AB). – Das erste Mal handelt es sich um eine Metapher überwiegender Ähnlichkeit, das andere Mal um eine überwiegender Unähnlichkeit. So entsteht das eine Mal Setzung des Psalters als Begleitinstrument, das andere Mal gerade dessen Negation. Generell ist zu beachten, was T. Seebass treffend (in Hinsicht auf bildliche Darstellung) formuliert, daß Erwähnungen von Musikinstrumenten »nicht einfach als realistische Beweise für eine bestimmte musikalische Praxis gelten dürfen, sondern daß sie auf Zusammenhänge außerhalb der instrumentalen Musikproduktion bezogen sind« (Musikdarstellung und Psalterillustration im frühen Mittelalter, Bern 1973, 11).

[18] Liddell/Scott, 2018a; und Lampe, PGL 1540 s.v. ψαλτήριον.

[19] Zur Negation der Musikinstrumente seit der patristischen Zeit: H. Abert, Die Musikanschauung des Mittelalters und ihre Grundlagen (1905), Tutzing 1964², 210–222; J. Quasten, Musik und Gesang in den Kulten der heidnischen Antike und christlichen Frühzeit, LQF 25, Münster 1973², 1f.103ff.166ff: Ablehnung der heidnischen Instrumentalmusik; J.W. McKinnon, The Church Fathers and Musical Instruments, Diss. phil. (Masch.) Columbia 1965, spricht vom monolithischen Charakter der Polemik der Kirchenväter gegen Instrumente, erstaunlich sei ihre »vehemence and uniformity« (1.260ff); Ders., The Meaning of the Patristic Polemic against Musical Instruments, Current Musicology 1, 1965, 69–82; Ders., Musical Instruments in Medieval Psalm Commentaries and Psalters, JAMS 21, 1968, 3–20.

setzung[20]. Allegoriefreundlich war die alexandrinische Exegese. Clemens von Alexandrien hat dies an den Psalterinstrumenten des 150. Psalms paradigmatisch durchgeführt: die Kithara etwa, vom Plektrum geschlagen, wird zum menschlichen Mund, der vom Geist bewegt ist. Psalterium, durchaus nicht Psalmbuch, ist vielmehr Zunge, die den Herrn lobt. Wirkliche Musikinstrumente dagegen sind nichts als Werkzeuge der Begierde und des Krieges; wenn sie aber durch den Filter der christlichen Allegorese gegangen sind, werden sie alsbald zu Instrumenten des Friedens. So muß auch das alte Psalterium dahingehen; fortan ist es nur noch Bild für das Erklingen des Wortes. Allein dieses hat Zutritt zur Eucharistie; fort mit dem Instrumentenlärm heidnischer Symposien![21] Es ist deutlich: die Allegorese rettet die Instrumente nur, sofern sie sie zugleich als Instrumente zerstört. Selbst die entgegengesetzte antiochenische Exegese, der Allegorie abhold, teilt den antiinstrumentalen Rigorismus. Da sie aber die Instrumente nicht allegorisch vernichten kann, spricht sie von ihnen als zeitweiligen Gewährungen anstelle größerer Übel[22]. Deutlich ist: Nur in der alexandrinischen Exegese wird ψαλτήριον so vernichtet, daß es zugleich bildlich gerettet ist. Ist es Zufall, daß sich der Psalmbuchtitel ›Ψαλτήριον‹ erstmals im Codex Alexandrinus findet?

Die alexandrinische Allegorie bietet für die Entstehung des Psalmbuchtitels zwar das günstige Klima, aber noch nicht die Erklärung. Instrumen-

---

[20] Ambrosius, De Helia et ieiunio XV, 55 (MPL 14, 752A): Hymni dicuntur, et tu citharam tenes? Psalmi canuntur, et tu psalterium sumis aut tympanum? Merito vae, quia salutem relinquis, mortem eligis. – Das westliche Mittelalter stellte seinen Rigorismus gegen Instrumente in der Musik (später: in der Musica sacra) dar in der Gestalt der hl. Caecilia. Die erste Antiphon zur Vesper des Caecilientages (22. November) erzählt mit adversativem Abl. abs.: Cantantibus organis, Caecilia Domino decantabat dicens: Fiat cor meum immaculatum, ut non confundar. Und der spätere Vigilhymnus des Franciscus Le Bannier zum selben Tage beginnt mit der trefflichen Formulierung: Terrena cessent organa. Dazu W. GURLITT, Musikgeschichte und Gegenwart, AFMw.B 1, Wiesbaden 1966, 31–45; G. BANDMANN, Melancholie und Musik, WAAFLNW 12, Köln 1960, 127–132; R. HAMMERSTEIN, Raffaels Heilige Caecilia. Bemerkungen eines Musikhistorikers, in: K. GÜTHLEIN/F. MATSCHE (Hg.), Begegnungen (FS P.A. Riedl), Worms 1993, 69–79.

[21] Alexandrinische Instrumentenallegorese: Clemens Alexandrinus, Paed. II,4, 40–42: εἰρηνικὸν ... ὡς ἀληθῶς ὄργανον ὁ ἄνθρωπός ἐστιν. Dagegen die realen Musikinstrumente reizen zu Krieg, Libido, Eros und Zorn. ἑνὶ δὲ ἄρα ὀργάνῳ, τῷ λόγῳ μόνῳ τῷ εἰρηνικῷ, ἡμεῖς κεχρήμεθα ᾧ γεραίομεν τὸν θεόν, οὐκέτι τῷ ψαλτηρίῳ τῷ παλαιῷ (aaO. 42). Die patristischen Texte finden sich bei R.A. SKERIS, Χρῶμα Θεοῦ. On the origins and theological interpretation of the musical imagery used by the ecclesiastical writers of the first three centuries, with special reference to the image of Orpheus, Altötting 1976 (Originalsprache und amerikanische Übersetzung), Nr. 89–91, und bei J.[W.] MCKINNON (Hg.), Music in Early Christian Literature, Cambridge 1987 (amerikanische Übersetzung) Nr. 51–53. Außerdem: MCKINNON, The Church Fathers (s. Anm. 19), 217ff: The Alexandrian Allegory of Instruments.

[22] Antiochenische Instrumentenexegese: MCKINNON, The Church Fathers (s. Anm. 19), 226ff: The School of Antioch; DERS., Musical Instruments (s. Anm. 19), 7–9.

tenallegorien sind tendentiell grassierend. Eine Bedeutung erzeugt die andere. So beim Psalterium. Es wird u.a. zum Symbol des Menschen und seiner
Organe; als zehnsaitiges deutet es auf den Dekalog; Psalter und Kithara sind
wie Geist und Fleisch, wie vita contemplativa und activa usw. Es hindert
nichts, auch ›Psalter‹ als Buchtitel in den Katalog möglicher Psalterallegore-
sen aufzunehmen[23]. Aber sobald man dies tut, unterscheidet sich diese von
allen anderen Allegorien dadurch, daß sie nicht lediglich generierte Bedeutung ist, sondern handgreiflicher Gegenstand: Buch, zur Hand zu nehmen
wie ein wirkliches Instrument, – aber nur »wie«[24]. Die allegorischen Wuche-
rungen von Bedeutung zu Bedeutung sind von vornherein jeglicher
Wahrheitsprüfung entzogen, dagegen das Psalmbuch nicht. Auf Wahrheit
geprüft, gibt das Buch der Psalmen, wenn es als Psalter zur Hand genommen
wird, seine manifeste Unwahrheit kund. Das Psalmbuch *ist nicht* Psalter. Das
ist das Entscheidende. Die manifeste Unwahrheit verbirgt allenfalls eine metaphorische Wahrheit. Deshalb nennen wir den Psalter nicht Allegorie, sondern Metapher. Die Metapher gestattet nicht, einfach Bedeutung an Bedeutung zu reihen, sondern verlangt durchzuführen, wie aus dem Untergang des
Psalters als Instrument das Psalmbuch hervorgeht, und wiederum, wie das
Psalmbuch nicht Buch ist, sondern Psalter. Das ist nicht einfach gedankliche
Operation, sondern Vorgang, wie aus dem gegebenen Psalmbuch ein Psalter
wird. Die Metapher beschreibt also den Übergang vom Buch zum Klang.

Zwar ist deutlich: Wer jetzt mit dem Psalmbuch in der Hand als einem
Psalter singt, spielt Psalter, spielt aber auch Pauke, Trompete, Zimbel und
Pfeife. In gewisser Weise kommen alle Instrumente in diesem einen an. Aber
dann wiederum ist es doch nur eines von allen, das im Titel zum Zuge
kommt. Daher kann es nicht ausbleiben, daß die besondere griechische Tradition, die das Psalterium als Instrument schon mit sich führte, sich jetzt mit

---

[23] H. GIESEL, Studien zur Symbolik der Musikinstrumente im Schrifttum der alten
und mittelalterlichen Kirche (von den Anfängen bis zum 13. Jahrhundert), Regensburg
1978, katalogisiert für »Psalterium« 36 allegorische Bedeutungen in der griechischen,
125 in der lateinischen Überlieferung (247ff), für »Psalterium und Kithara« 28 griechische und 163 lateinische (261ff). Das »Buch der Psalmen« behandelt GIESEL zu Recht als
eine der allegorischen Bedeutungen (145). – Zu vita contemplativa/activa E. FERGUSON,
The active and contemplative lives: The patristic interpretation of some musical terms,
StPatr 16, 1985, 15–23.
[24] Psalter als Psalmbuch: Hippolyt von Rom, In psalm. 2 (MPG 10, 713AB); Athanasius von Alexandrien, Ep. enc. 4 (MPG 25, 232B): τὸ ψαλτήριον ἔτι κατέχουσαν ἐν ταῖς
χερσί; Ep. ad Marc. 1 (MPG 27, 12A): κατέχων τὸ ψαλτήριον περὶ αὐτοῦ; De virg. 12
(MPG 28, 265A): Ἀνατέλλων ὁ ἥλιος βλεπέτω τὸ βιβλίον [sc. τὸ ψαλτήριον] ἐν ταῖς
χερσί σου; Basilius von Caesarea, Hom. in psalm. 1,2 (MPG 29, 213B): [τὴν βίβλον τῶν
ψαλμῶν,] πολλῶν ὄντων ὀργάνων μουσικῶν, πρὸς τὸ λεγόμενον ψαλτήριον ἥρμοσεν ὁ
προφήτης.

dem Psalter als Psalmbuch verbindet. Hier ist im einzelnen zu nennen: Zunächst kann, wie bereits angedeutet, das Psalterium aus der Rolle des speziellen, relativ späten Instruments der Familie der Saiteninstrumente heraustreten und zur generellen Bezeichnung eben dieser Familie werden[25]. Dann übernimmt es die bisherige Rolle der Kithara, die ebenfalls Art und Gattung zugleich bezeichnete. Des weiteren findet sich, befördert durch die Erinnerung an die Johannesapokalypse, in der das neue Lied des himmlischen Gottesdienstes speziell mit der Harfe (κιθάρα) dargebracht wird, die Bereitschaft, diesem Instrument gegenüber die generelle Instrumentenkritik zu mildern. Der Christushymnus ist mit der Harfe verbunden[26]. Schließlich: Kitharodische Musik ist unter spätantiken Bedingungen Erinnerung an nicht weniger als an altgriechische Musik schlechthin. Daher kommt über Psalter und Harfe, selbst bei Abwesenheit der realen Instrumente, die volle Tradition griechischer μουσική herbei. Im Umgang mit dem Saiteninstrument wurde das griechische Tonsystem samt seinen Bezeichnungen gebildet[27]. Kitharagesang ist als »Einheit von Rhythmus, Harmonie und Logos« die vollkommenste Verwirklichung von μουσική[28]. Zu Recht darf der dem Apoll geweihte kitharodische Gesang als Psalmodie bezeichnet werden[29]. Es ist erstaunlich: Zwar kommt aus der Perspektive altgriechischer μουσική und ihrer Musikkultur das Psalmbuch in extremem Maß als Fremdling daher. Aber dank seinem musikoskopischen Titel wächst eben dieser Fremdling in die Rolle hinein, nicht weniger als die gesamte Tradition von μουσική auf sich zu ziehen, mit der er ursprünglich nichts zu tun hatte. Mit dem Titel ›Psalter‹ beginnt eine Geschichte, wie einerseits der Psalter immer mehr alles, was Musik ist, auf sich zieht, und andererseits Musik immer mehr erscheint, als sei sie im

---

[25] S. Anm. 14.

[26] Sonderstellung der κιθάρα: Apk 5,8; 14,2; 15,2; (κιθάρα); 14,2; 18,22 (κιθαρῳδός; an letzterer Stelle zugleich mit μουσικός [hapaxleg.]); auf das neue Lied des Christushymnus bezogen Apk 5,9; 14,3; 15,3. Die schwierige Frage, ob der himmlische Gottesdienst mit seinem neuen Lied den irdischen widerspiegelt, eröffnet zwischen historischem und allegorischem Verständnis jede mögliche Option. – Auch Clemens Alexandrinus macht an der oben (Anm. 21) herangezogenen Stelle für die κιθάρα eine Ausnahme von der allgemeinen Instrumentenkritik: ἂν πρὸς κιθάραν ἐθελήσῃς ἢ λύραν ᾄδειν τε καὶ ψάλλειν, μῶμος οὐκ ἔστιν, Ἑβραῖον μιμήσῃ δίκαιον βασιλέα εὐχάριστον τῷ θεῷ (Paed. II, 4,43; SKERIS [s. Anm. 21] Nr. 92; McKINNON [s. Anm.21] Nr. 54). Die Frage ist: Findet die Ausnahme statt, weil es sich bloß um Instrumentenspiel zu einer Agape handelt (so QUASTEN, aaO. [s. Anm. 19] 104), oder ist auch die Ausnahme allegorisch zu verstehen (so McKINNON zu Nr. 54)?

[27] O.J. GOMBOSI, Tonarten und Stimmungen der antiken Musik, Kopenhagen 1939, 33–77: »Stimmung und Besaitung der Leierinstrumente.«

[28] H. KOLLER, Musik und Dichtung im alten Griechenland, Bern 1963, 10f.146.148.

[29] F. NIETZSCHE, Die Geburt der Tragödie aus dem Geiste der Musik, 4: In Opposition zum »dämonischen Volksgesange«, dem Dionysos geweiht, steht der »psalmodirende Künstler des Apollo, mit dem gespensterhaften Harfenklange« (KGW III/1, 37,2ff).

wesentlichen nichts als Psaltermusik. Dieser ungeheure Vorgang, daß Musik zu Psalter und Psalter zu Musik wird und dadurch Theologie des Psalters entsteht, kündigt sich erstmals an durch die Setzung von ›ψαλτήριον‹ als Titel des Psalmbuchs.

2. Theologie

Theologie des Psalters gewinnt Boden unter den Füßen, sobald außer von Psalmen auch noch vom Psalter in wohlzuunterscheidendem Sinn geredet werden kann. Währenddessen – so scheint es – hält sich der Theologiebegriff bedeckt, indem er für Theologie der Psalmen wie für Theologie des Psalters bereits hörbar ein und derselbe bleibt. Erscheint doch Theologie sowieso meist in der Vielheit möglicher Theologien. Theologie wird dabei als gleichbleibendes Stratum disziplinierter Wissenschaftlichkeit verstanden, in dem verschiedene Gegenstände in Hinsicht auf ihre Beziehung zu Gott dargestellt werden. Es gibt Theologie des Todes, aber auch Theologie der Steine. In diesem hypertrophen Gebrauch des Theologiebegriffs fällt Theologie des Psalters nicht weiter auf. Sie ist wohl eine der je nach Gegenstand zu spezifizierenden biblischen Theologien. Nun gilt aber, daß der Theologiebegriff, sobald er statt mit Psalmen mit dem Psalter in Berührung kommt, selbst in Bewegung gerät, und zwar in keine geringe. Nur dies ist jetzt aus der weitläufigeren Geschichte des Theologiebegriffs ins Auge zu fassen.

a. Theologie als Wissenschaft. Zunächst darf dem Staunen darüber Raum gegeben werden, daß gerade der Theologiebegriff einen Lauf genommen hat, der ihn zum Hauptwort christlicher Lehre werden ließ. In der biblischen Überlieferung hat er nahezu keinen Anhalt, weshalb »biblische Theologie«, so betrachtet, wie eine contradictio in adjecto klingt. Umgekehrt ist leicht zu sehen, daß der Theologiebegriff durch allerlei Außerbiblisches und Außerkirchliches besetzt ist. Daß »Theologie und Kirche« zu einer geläufigen Wendung wurde, und dies noch mit dem besonderen Akzent, allein der christliche Glaube habe so etwas wie Theologie hervorgebracht: das sind Entwicklungen, die dem Theologiebegriff nicht von Anfang an eingeschrieben waren. Theologie als »Wissenschaft vom christlichen Glauben« ist eine Begriffsbildung der Hochscholastik und ihres an Aristoteles geschulten Wissenschaftskonzepts[30]. Aber was die Wissenschaftlichkeit des Theologie-

---

[30] G. EBELING, Art. Theologie I. Begriffsgeschichtlich, RGG³ 6, 1962, 754–769, 758: »Der seit der Hochscholastik herrschende Wortsinn von ›Theologie‹ als Wissenschaft vom christlichen Glauben kam dadurch zustande, daß die Rechenschaft über die sacra doctrina mittels der dialektischen Methode und der Aristoteles-Rezeption erstmals systematisch als wissenschaftliche Aufgabe betrieben wurde. Das nun als ›Theologie‹ bezeichnete Phänomen war jedoch nicht so schlechthin neu, daß nicht auch für die neue Ver-

begriffs anlangt, so zeigt sich, daß er eben in diesem Sinn eine lange philosophische Vorgeschichte hindurch im Gebrauch war, und also Theologie als
Wissenschaft bereits besetzt war, bevor die christliche Lehre kam. Seitdem
zum ersten Mal Aristoteles in der ›Metaphysik‹ von Theologie sprach, und
zwar von Theologie nicht im Sinn vorwissenschaftlicher Zulieferungen, sondern als Ziel der Metaphysik selbst, liegt der präzise Begriff der »Theologik«
vor: θεολογικὴ ἐπιστήμη, die oberste Wissenschaft von Gott als unbewegtem
Beweger[31]. Daß die Philosophie selbst wissenschaftliche Theologie in Gestalt
von Theologik hervorgebracht hat, ist dem Begründer von Theologie als
Wissenschaft vom christlichen Glauben, Thomas von Aquin, so gegenwärtig, daß er weiß: die Rede von Theologie als Wissenschaft ist bereits besetzt.
Dieser Konflikt wird noch dadurch vertieft, daß die philosophische Theologik sich nicht präzis mit »theologica«, wie es angemessen wäre, begnügt,
sondern stillschweigend in »theologia« hinübergleitet. Nun ist es das Bestre-
ben des Thomas, die kirchliche Theologie von vornherein von der philosophischen dadurch zu unterscheiden, daß sie sich auf die gegebene hl. Schrift
bezieht und auf das menschliche Heil ausrichtet. Ihre Prinzipien sind nicht
oberste Sätze der Vernunft, sondern weit darüber hinaus Sätze des ewigen
Wissens Gottes und der Seligen, wie es in der Schrift geoffenbart und von der
Theologie als Subalternwissenschaft argumentativ dargestellt wird[32]. Aber
kaum hat man sich entschlossen, dem Thomas zuzugestehen, er habe mit
dieser Operation ein Gebiet kirchlicher Wissenschaft eröffnet, das sich als
Theologie »secundum genus« von der philosophischen Theologie unterscheidet, so wird fraglich, ob nicht das jetzt gerade Eröffnete ebenfalls schon
besetzt ist. Einzig greifbare Grundlage der kirchlichen Theologie ist die
Schrift, diese befindet sich aber weit entfernt davon, das Heilswissen in einer
Gestalt zu überliefern, die der Wissenschaftlichkeit entgegenkommt. Vielmehr rückt sie durch die bildliche Art ihres Redens (»locutiones metaphori-
cae vel symbolicae«) bedauerlicherweise in die Nähe der Poetik, die nicht nur
nicht die oberste, sondern sogar eindeutig die unterste aller Wissenschaften

---

wendung wie bisher der etymologische Sinn der Vokabel (zumindest als Problem) konstitutiv blieb und nicht auch trotz der eingetretenen Veränderung der neue Wortsinn von
Theologie auf frühere Erscheinungen anwendbar war.« »Dasjenige Phänomen, das in
methodisch durchreflektierter Gestalt in der Hochscholastik die Bezeichnung ›Theologie‹ annahm, ... begegnet allein im Christentum« (759).

[31] Aristoteles: θεολογικὴ = θεωρητικὴ φιλοσοφία (Met. 1026a19), ἐπιστήμη (1064b3).

[32] Thomas von Aquin, STh I q.1 a.1 ad 2: Unde theologia quae ad sacram doctrinam
pertinet, differt secundum genus ab illa theologia quae pars philosophiae ponitur. a.2 c.:
Quaedam ... sunt, quae procedunt ex principiis notis lumine superioris scientiae ... Et
hoc modo sacra doctrina est scientia: quia procedit ex principiis notis lumine superioris
scientiae, quae scilicet est scientia Dei et beatorum. Unde sicut musica credit principia
tradita sibi ab arithmetico, ita doctrina sacra credit principia revelata sibi a Deo.

darstellt[33]. Aber hinter der Poetik versteckt sich, wie zu zeigen sein wird, nichts als Theologie noch einmal, nicht die philosophische, sondern die bisher unbeachtete poetische, so daß die von Thomas begründete Theologie als kirchliche Wissenschaft auch an dieser Stelle unvermutet auf eine Konkurrenz stößt, die ihrer bereits wartet.

b. Theologie als Dichtung. Bevor der Theologiebegriff mit Aristoteles in die Metaphysik gelangt war, war er, wie eben dieselbe ›Metaphysik‹ belegt, ein mythischer Begriff. Der früheste Gebrauch bei Platon zeigt θεολογία als Teilgebiet von μυθολογία: Rede von Göttern, wie sie die Dichter pflegen. Als solche ist sie nicht identisch mit der Sprachebene der τύποι περὶ θεολογίας, die gepflegt werden muß, um einen staatstauglichen Umgang mit θεολογία herbeizuführen. Diese ist reflektierterer Art, bedient sich allegorischer Auslegung, um zum Ziel zu gelangen; dagegen θεολογία, womöglich noch in der Dauerform von θεολογίαι (»Götterreden«, »Götterlehren«), bewegt sich ständig im Feld des Mythischen: von Dichtern ersonnen, von Mütterchen kolportiert. Theologie ist Mythopoiie, Dichtung[34]. Dieser bei Platon erstmals greifbare Sinn wird von Aristoteles immer dann breit entfaltet, wenn er von θεολογία als Vollzug des θεολογεῖν, und von Dichtern als θεολόγοι spricht, nicht dagegen von θεολογική. Hier hat er namentlich Hesiod, implizit auch Homer und Orpheus im Blick. Statt wie die ersten Philosophen (οἱ πρῶτοι φιλοσοφήσαντες) Prinzipien der Entstehung der Dinge zu nennen, sind die ersten Theologen (οἱ πρῶτοι θεολογήσαντες) ganz elementar damit beschäftigt, anstelle von Artbegriffen mythisch belebte Eigennamen zu bilden, so daß statt des bei Thales immerhin bereits genannten Wassers als Prinzip aller Dinge Namen wie Okeanos, Thetys und Styx samt dazugehörigen Mythen

---

[33] Thomas von Aquin, STh I q.1 a.9: Utrum sacra Scriptura debeat uti metaphoris (angekündigt im Prolog zu q.1: utrum uti debeat metaphoricis vel symbolicis locutionibus). Die Frage wird unter dem Druck der Schriftevidenz bejahend beantwortet, jedoch mit der Strategie, die gefährliche Ähnlichkeit zwischen Theologie und Poetik durch die Behauptung zu entschärfen, diese setze ihre Metaphern bloß zu unschädlichem Vergnügen, jene dagegen aus Zweckdienlichkeit und Notwendigkeit (s. obj. 1 und die Antwort darauf). Daraus könnte sich immer ergeben, daß Theologie die bessere Poetik betreibt: Vf., »Theologia poetica.« Begriff und Aufgabe, ZThK 83, 1986, 188–237.

[34] Platon, Rep. II 379a: τύποι περὶ θεολογίας (v.l. μυθολογίας kann singularisch wie pluralisch verstanden werden) als Regeln, innerhalb derer die Dichter dichten müssen (ἐν οἷς δεῖ μυθολογεῖν τοὺς ποιητάς) oder zu interpretieren sind. Es ist nicht zwingend, daß θεολογία eine Wortprägung Platons sei (so W. JAEGER, Die Theologie der frühen griechischen Denker, Stuttgart 1953, 12), sondern es dürfte bereits traditionell sein (EBELING, aaO. [s. Anm. 30] 754). Für die inhaltliche Bestimmung von θεολογία gilt präzis: »la θεολογία ... c'est la poésie qui représente les dieux« (V. GOLDSCHMIDT, Théologia, REG 63, 1950, 20–42, 27). É.DES PLACES, La théologie de Platon, REG 59/60, 1946/47, 461–466 = DERS., Études Platoniciennes 1929–1979, Leiden 1981, 160–165.

die Dichter beschäftigen[35]. Nicht nur sind Dichter in ihrer sinnlichen Gebundenheit unfähig, oberste Prinzipien zu benennen, nicht nur gelangen sie nicht einmal wie die ältesten Philosophen zu den Elementen aller Dinge (wobei ihnen die Verwechslung von Besonderem und Allgemeinem nachgesehen sei), sondern sie sind vollauf damit beschäftigt, allerersten intensiven Eindrücken Namen zu verleihen, und jedem den eigenen. Dadurch fühlen sie sich begreiflicherweise vollkommen okkupiert. Die ältesten Theologen wirken somit als Namengeber; Namen werden ihnen insgesamt sogleich zu Götternamen, und folglich ist θεολογία in ihrer frühesten Schicht nichts als Nennung von Götternamen, zu denen in der Folge Attribute und Mythen hinzutreten.

Man muß sich klarmachen, daß sich θεολογία auf dem Weg ›vom Mythos zum Logos‹, d.h. im Lauf der Antike, gänzlich verkehrt. Erst mit der Durchführung dieser Verkehrung beschreiben wir unsere Situation richtig. Zunächst, im Blick auf die ältesten Theologen und Dichter, ist θεολογεῖν Gott-Nennen als dichterisches Bilden oder Geoffenbartwerden des Namens, der als solcher unmittelbar göttlicher Name ist. Dagegen am Ende der Antike ist θεολογεῖν dies, daß von einem an sich bereits gegebenen Namen auch noch bekannt wird, dieser sei als Gott zu rühmen, zu preisen oder zu besingen. Im mythischen θεολογεῖν ist das Nennen des Namens an sich selbst bereits Hervorbringung des göttlichen Namens, dagegen im demythisierten θεολογεῖν ist der vorhandene Name mit einem an sich und anderswoher bereits gegebenen Gottesbewußtsein allererst zu verbinden. So entsteht der charakteristische Doppelsinn von θεολογεῖν, der unsere Situation kennzeichnet: Gott-Nennen als poietische Hervorbringung von Gottesbewußtsein durch Nennen, und Gott-Nennen dadurch, daß ein bereits Genanntes auch noch Gott genannt wird. Zwischen beidem liegt die hohe Rationalität der monotheistischen Wende[36].

c. Theologie als Gesang. Seit den antiken Anfängen hat die Rede von Theologie zwei Bedeutungsrichtungen, philosophische und mythisch-dichterische. Die christliche Rezeption des Theologiebegriffs in der Hochscholastik – Theologie als disziplinierte Darstellung des christlichen Glaubens – orientiert sich zwar am philosophischen Sinn; indem aber Theologie als »sacra doctrina« der Art nach von ihr verschieden wird, bekommt sie die Berüh-

---

[35] Aristoteles: zu θεολογική s. Anm. 31; Meteor. 353a34f: οἱ μὲν οὖν ἀρχαῖοι καὶ διατρίβοντες περὶ τὰς θεολογίας (ihre Tätigkeit ist ποιεῖν); Met. 983b29: θεολογεῖν (= ποιεῖν); 1000a9ff (θεολόγοι = θεοὺς ποιήσαντες τὰς ἀρχάς); 1071b27; 1075b26; 1091a34. A.J. FESTUGIÈRE, Pour l'histoire du mot θεολογία, in: DERS., La révélation d'Hermès Trismégiste, Bd. II: Le Dieu cosmique, Paris 1949, 598–605.

[36] Vf., Gott nennen: Von Götternamen zu göttlichen Namen. Zur Vorgeschichte der Lehre von den göttlichen Eigenschaften, ZThK 86, 1989, 306–354.

rung mit dem mythisch-dichterischen Sinn nicht los, obgleich dieser in der lateinischen Sprache kaum mehr präsent ist. Dem entspricht es, daß griechische θεολογία in der Spätantike weniger über den philosophischen als den mythisch-dichterischen Sprachgebrauch heimisch wird. Das traditionelle Verständnis – θεολογεῖν »als Gott bekennen« – erfährt im Christlichen eine deutliche Zuspitzung in homologischem Sinn, vor allem sofern auf Christus bezogen, und zwar so, daß θεολογεῖν in allernächste Verwandtschaft zu ὑμνεῖν tritt[37]. Theologie ist höchster lobpreisender Gesang[38]. An diesem Verständnis, das am ehesten als spezifisch christlich zu bezeichnen wäre, tritt die Berührung mit dem mythisch-dichterischen Sinn ebenso hervor wie die Differenz.

Die Berührung liegt bereits im Mythisch-Dichterischen. Die πρῶτοι θεολογήσαντες sind Dichter, aber als Dichter sind sie ohne Zweifel auch Sänger. Älteste θεολογία erklingt; als Personifikation des Theologen erscheint daher immer wieder Orpheus, und zwar in der Formel Ὀρφεὺς θεολόγος[39]. Daß Theologie mit Gesang zu tun hat, ist deshalb eine leicht evozierbare Erinnerung. Plutarch bezeichnet den priesterlichen Kultbeamten, der am Heiligtum für die Festversammlung Hymnen dichtet und singt, völlig angemessen als θεολόγος[40]. Wiederum dem Verfasser der Apokalypse, Johannes, kommt als Sänger des neuen geistgewirkten Liedes der Titel ὁ θεολόγος zu[41]. Dabei handelt es sich nicht nur um vereinzelte Restbestände einer älteren Redeweise, sondern die christliche Adaption führt zur

---

[37] EBELING, aaO. (s. Anm. 30) 756: »Nicht über die Brücke des philosophischen, sondern in Antithese zum heidnisch-religiösen Sprachgebrauch werden die Vokabeln θεολογία usw im Christentum definitiv heimisch … Neben der weitgefaßten traditionellen Bedeutung (…) ist für den spezifisch christlichen Gebrauch der homologische Sinn (θεολογεῖν oft zusammen mit ὑμνεῖν) bestimmend.«

[38] In klassischer Weise hat E. PETERSON, Das Buch von den Engeln. Stellung und Bedeutung der heiligen Engel im Kultus, Leipzig 1935, diesen Begriff entfaltet. Er geht aus von den beiden Bedeutungen von »Theologia«: a. »das Wissen um die höchsten Prinzipien des Seins« (85), b. »gehobene poetische Rede der Sänger der Urzeit« (85), »poetische[.] Rede von Gott« (86), und erblickt in der christlichen Adaption die Synthese, »daß diese ›Theologie‹ nicht mehr Erkenntnis Gottes bleibt, sondern zu einem Gotteslob nach Art der Engel wird« (87). »›Theologia‹, d.h. das Gotteslob« (84), »Theologie als Gotteslob« (90), »θεολογία‹, d.h. vom Hl. Geist gewirkter Gesang« (116f Anm.). So bereits E. MAASS, Orpheus, München 1895: »›Theologie‹, d.h. … Lobpreisung auf den Gott oder die Götter« (120), »Loblied« (202).

[39] S.u. Exkurs 1: Orpheus und David.

[40] A. DEISSMANN, Licht vom Osten, Tübingen 1923, 297: »Johannes der Theolog, der Herold des wahren und alleinigen Gottes, ist ja zugleich sein großer Hymnode, als Chorführer derer, die eine neue Ode und die Ode des Moses, des Sklaven Gottes, und die Ode des Lammes singen.« »Im Wort *Theolog* ist die prophetische Bedeutung die ursprüngliche; die bei uns vorwiegende doktrinäre ist die sekundäre« (297 Anm. 5).

[41] Plutarch, De def. orac. 15 (Mor. 417EF): οἱ Δελφῶν θεολόγοι als solche, die in zweifelhafter Weise ἐν μύθοις καὶ ὕμνοις λέγουσι καὶ ᾄδουσι.

Intensivierung dieses Sinnes von Theologie. Theologie als preisender Lobgesang hat seinen primären Sitz im Christushymnus, der Christus als Gott besingt[42]. Aber auch Theologie als Gotteshymnus bleibt präsent, vor allem im
altmonastischen Sprachgebrauch, der in Theologie nicht so sehr begriffliche
Gotteserkenntnis als geistgewirktes Gotteslob erblickt[43]. So verwundert nicht,
daß man gerade in der spezifisch christlichen Konzeption des Theologiebegriffs, θεολογία als ὑμνῳδία, die treueste Bewahrung der altgriechischen
Anfänge erblickt hat[44].

Aber bei aller Berührung ist die Differenz nicht zu vergessen. Sie hat damit
zu tun, daß θεολογεῖν sich seit der Zeit des Mythos gänzlich verkehrt hat.
Christliches θεολογεῖν findet prinzipiell in nachmythischer Zeit statt. Jetzt ist
nicht Dichtung immer auch schon Gesang, wie es zum Mythos wohl gehörte, daß mit dem Nennen des göttlichen Namens zugleich auch die bestimmte
Gestalt dieses Gottes als Klang verbunden war, sondern nachdem die mythische Verwandtschaft von Name, Dichtung und Gesang beendet ist, muß der
Gesang einem an sich ungesungenen Text ebenso erst beigelegt werden wie
das Gott-Nennen einem an sich Ungöttlichen, also Sachlichen. Die nach-
mythische prinzipielle Beliebigkeit anstelle der Korrelation von Dichtung,
Musik und Religion, wie sie zur mythischen θεολογία gehörte, bringt den
christlichen Satz hervor: θεολογία gibt es unter gegebenen Bedingungen nur
als Engelsgesang. Engelsgesang ist die alte ungebrochene θεολογία der mythischen Dichter und Sänger unter den Bedingungen der entmythisierten

---

[42] Das Gott-Nennen Christi (θεολογεῖν τὸν Χριστόν, Lampe PGL, 627a, Abschn. E 4)
erscheint bei Euseb, Hist. eccl. V, 28,4f (Zitat aus der anonymen Schrift gegen Artemon):
ψαλμοὶ δὲ ὅσοι καὶ ᾠδαὶ ἀδελφῶν ἀπ᾽ ἀρχῆς ὑπὸ πιστῶν γραφεῖσαι τὸν λόγον τοῦ θεοῦ
τὸν Χριστὸν ὑμνοῦσι θεολογοῦντες. Wenn hier θεολογεῖν als Christushymnus erscheint,
so war es wohl ebenso Theologie, Christus als Gott zu besingen: Plinius Min., Ep. X,
96,7: carmenque Christo quasi deo dicere; Tertullian, Apol. 2,6: ad canendum Christo ut
deo; Hymnus ›Phos hilaron‹: ὑμνοῦμεν Πατέρα, Υἱόν, καὶ ῞Αγιον Πνεῦμα, Θεόν; Euseb,
Hist. eccl. X, 4,21: [Χριστῷ] τῷ θεολογουμένῳ (cf. III, 33,1). Dazu M. Hengel, Das
Christuslied im frühesten Gottesdienst, in: Weisheit Gottes – Weisheit der Welt [FS
J. Ratzinger] I, St. Ottilien 1987, 357–404, 371.382f; M. Lattke, Hymnus. Materialien
zu einer Geschichte der antiken Hymnologie, NTOA 19, Freiburg/Üchtl. 1991, 284f.
[43] F. Kattenbusch, Die Entstehung einer christlichen Theologie. Zur Geschichte
der Ausdrücke θεολογία, θεολογεῖν, θεολόγος, ZThK.NF 11, 1930, 161–205, 203: »Das
ist die θεολογία. Nämlich diejenige Wirkung Gottes oder des Pneuma auf den γνωστικός
(den Mönch), daß er getrieben und befähigt wird zu ›sagen‹, in Form von Gottespreis
kundzugeben …, die δόξα τοῦ θεοῦ zu verkünden.« M. Rothenhaeusler, La doctrine
de la ›Theologia‹ chez Diadoque de Photikè, Irén. 14, 1937, 536–553.
[44] Kattenbusch, aaO. (s. Anm. 43) 204: »Man sieht, in den Mönchen leben die alten
hellenistischen θεολόγοι fort. … Man sieht in christlicher Anwendung den altgriechischen Gedanken der Theologie sich fortsetzen. Eigentlich ist die θεολογία eine Kunst, in
höchster Form Poesie, Hymnodie, Psalmpreis der Gottheit, in geringerer immer noch die
feierliche Rede von Gott.«

Welt. Theologie als Gesang findet sich primär im himmlischen Gottesdienst, an dem der irdische nur unter Einschränkungen teilhat[45]. Von nun an differenziert sich Theologie als Gesang in zwei weit auseinanderliegende Bedeutungen. Als wirklicher Gesang gerät sie in den Verdacht des Mythischen oder Mythisierenden, dagegen entmythisert besteht sie als Gesang von Engeln im himmlischen Gottesdienst und könnte so geradezu mit Negation allen Gesangs identisch sein. Einerlei wie, so zeigt sich, daß die Berührung von Theologie und Musik, wie sie sich im Verfolg von bloßer Theologie ganz von selbst einstellt, eine Dialektik der Musik hervortreibt, die dieser verborgen ist, wenn sie sich allein überlassen bleibt.

3. Theologie des Psalters

Zwei Wege wurden absolviert. Der erste führte von den Psalmen zum ψαλτήριον. Er ruht nicht, bis aus dem Buch der Psalmen ein Psalter wurde, also Klang, ja bis der Psalter imstande schien, alles was Musik ist, in sich aufzunehmen. Der zweite führte von der Theologie zur θεολογία, d.h. von Theologie im üblichen Verstand als Wissenschaft bis zur hymnischen Theologie, ja bis dahin, wo sich in der Theologie die vollständige innere Dialektik der Musik abzeichnet. Auf den ersten Blick scheinen die Wege »von den Psalmen zum ψαλτήριον« und »von der Theologie zur θεολογία« als so minimal, daß sie nicht einmal der Rede wert sind. Dagegen bezieht unsere Rede ihren Anreiz ausschließlich aus dieser bereits im Sprachklang lächerlichen Differenz. Man muß nur diesen beiden Wegen folgen, und es wird nicht ausbleiben, daß sie sich treffen. In der vollendeten Theologie des Psalters würde

---

[45] KATTENBUSCH, aaO. (s. Anm. 43) 204 Anm. 1: »Überall ist θεολογία Sache von ὕμνοι und zwar eigentlich himmlischen, wie Menschen sie nicht selbst ersinnen, ja ›nicht aussprechen‹ können.« – Folgende griechischen Liturgien der Eucharistiefeier enthalten θεολογίαι als Bezeichnung des Trishagion in der Introductio ad Sanctus: Markusliturgie, Alexandrien (ἀσιγήτοις θεολογίαις, A. HÄNGGI/I. PAHL [Hg.], Prex Eucharistica, Freiburg/Üchtl. 1968², 110); Jerusalemer Liturgie, nach Cyrill von Jerusalem, Myst. cat. 5.6 (HÄNGGI/PAHL 208: δοξολογίαν [s.a. θεολογίαν v.l. FontChr 7, 1992, 150f]; Basiliusliturgie (nach Cod. Barb. gr. 336 und Cod. Grottaferr. Γβ.VII: ἀσιγήτοις θεολογίαις, HÄNGGI/PAHL 232; dagegen im gebräuchlichen Text der Basiliusliturgie: ἀσιγήτοις δοξολογίαις); Jacobusliturgie (nach Cod. Vat. gr. 2282: ἀσιγήτοις θεολογίαις, HÄNGGI/PAHL 246, ebenso in der lat. Fassung: theologia non conticescenti, HÄNGGI/PAHL 270); Altarmenische Liturgie des Katholikos Sahak (theologia mystica, HÄNGGI/PAHL 333). Trishagion als θεολογία auch u. Anm. 613. Die jetzt in der Ostkirche übliche Liturgien (Chrysostomusliturgie, Basiliusliturgie) tilgen θεολογία an den entsprechenden Stellen, während in der Liturgie der vorgeweihten Gaben der entsprechende Passus an sich bereits fehlt. In der lateinischen Meßüberlieferung gibt es keinerlei Erinnerung an theologia. Theologie ist somit im Westen von vornherein ein unliturgisches Wort, während es im Osten gerade in seiner Spitze liturgisch ist. Dazu Vf., Die Abendmahlsfeier, Tübingen 1993, 8.155.

nichts anderes gebildet, als was beim Zusammentreffen von Theologie und
Psalter geschieht. Da an diesem Ziel zu sein wir in keiner Weise behaupten,
so bleibt für die hier zu führende Rede übrig, Beobachtungen auf dem Weg
dorthin zu sammeln. Zwei davon sind ihrer Allgemeinheit wegen schon jetzt
zu nennen.

(i) Die beiden Wege »von den Psalmen zum ψαλτήριον« und »von der
Theologie zur θεολογία« treffen sich offensichtlich im Griechischen, nirgendwo sonst. Das hymnische Verständnis von Theologie, θεολογία als
liturgiefähiger Ausdruck, hat im lateinischen Westen keine nennenswerten
Spuren hinterlassen. Man muß dazu ins Griechische gehen. Anderseits ist das
Psalmbuch, sobald es ψαλτήριον genannt wird, aus der schützenden Bedek-
kung durch den hebräischen Text herausgetreten. Gibt es kein hebräisches
Äquivalent dafür, so hängt ψαλτήριον frei in der Luft, und zwar in griechischer. Also nehmen wir ein griechisch gewordenes Buch zur Hand, wenn
wir den Psalter ergreifen. Aber in derselben griechischen Luft ist auch immer
schon das Wissen von θεολογία vorhanden, und somit entsteht die Möglichkeit, den Psalter zu rezipieren, als sei er Paradigma derjenigen Form des Redens und Singens, die man θεολογεῖν nennt. In griechischen Ohren sind
Ausdrücke wie »Theologie Hesiods«, »Homerische Theologie«, »Theologie
des Orpheus« allesamt wohlklingender als solche leicht ans Barbarische strei-
fenden Bildungen wie »Theologie der Synoptiker«, »Theologie des Alten
Testaments« oder »biblische Theologie«. Selbst eine »Theologie der Psalmen«, betrachtet als Exemplar biblischer Theologie[46], reproduziert dieselbe
Widerspenstigkeit. Dagegen treten in der »Theologie des Psalters« Theologie
und Psalter in auffällige Korrespondenz: Theologie nicht einfach als Form
oder Disziplin anderer, nämlich biblischer Inhalte, sondern als innere, wesentliche Beschreibung von Psalter, und Psalter nicht als Gegenstand von
Theologie neben anderen, sondern als deren Geschehen selbst.

Übrigens treffen ψαλτήριον und θεολογία auch in zeitlicher Hinsicht aufeinander. Die Epoche der christlichen Ausprägung hymnischer Theologie
im 4./5. Jahrhundert ist zugleich die erste Epoche intensivsten Psaltergebrauchs. Nirgends können wir Theologie des Psalters fertig ergreifen, allenfalls finden wir flüchtige terminologische Spuren[47] oder Ansätze zur Reflexi-

---

[46] Der monographischen Bearbeitung der »Theologie der Psalmen« durch H.J. KRAUS,
BK XV/3, 1979, als »biblische Theologie in nuce« (11) ist SPIECKERMANN mit einer
starken Vorliebe für »Theologie der Psalmen« gefolgt (aaO. [s.u. Anm. 578]): »Theologie
der Psalmen« (7.276) ist identisch mit »Psalmtheologie« (7.9f u.ö.), »Tempeltheologie«
(10.220.223.231), »Namenstheologie« (288) u.a., ist aber auch identisch mit »Theologie
des Psalters« (292).

[47] Euseb von Caesarea läßt erkennen, daß der Psalter als prophetische Rede ein ἐν
ὕμνοις θεολογεῖν ist (Hist. eccl. I, 2,5 mit Bezug auf Ps 32,9). In eingeschränkterem Sinn:
der Psalter enthält (neben Christologie und Stücken der Pneumatologie) die θεολογία

on, sobald die Praxis der Psalmodie in einen theologischen Zusammenhang gestellt wird. Generell sprechen wir von einer Epoche der Theologie des Psalters, solange die Korrespondenz zwischen θεολογία und ψαλτήριον durch faktischen Psaltergebrauch belebt wird. Da als Anfang dieser Epoche das alte Mönchtum in den Blick trat, wird man vermuten können: die Korrespondenz von θεολογία und ψαλτήριον hält an, solange die monastische Theologie anhält, aus unserer Perspektive: bis zur Reformation.

(ii) Die beiden Wege »von den Psalmen zum Psalter« und »von der wissenschaftlichen zur hymnischen Theologie« treffen sich im Phänomen der Musik, genauer: im Gesang. Im Psalter kommt schließlich alles an, was Musik ist, und wiederum in der Theologie findet sich die gesamte Erfahrung der Musik mit ihrer inneren Dialektik von Erklingen und Nicht-Erklingen. Wird dies als historische Epoche betrachtet, so gilt: Ist der Psalter einmal im Lauf seiner Geschichte alles geworden was Musik ist, sodaß Musik geradezu mit Psaltermusik identisch geworden ist, so hat sich eine Figur ausrationalisiert und zu Ende gelebt. Der Anfang der Epoche muß da liegen, wo die Möglichkeit zu einer solchen Verlaufsfigur allererst entstand. Geschah dies, indem das Buch der Psalmen zum Psalter wurde, so wird nach Ablauf dieser Epoche damit zu rechnen sein, daß aus dem ehemaligen Psalter wieder das Buch der Psalmen wird, als welches er uns jetzt gegeben ist.

Exkurs 1: *Orpheus und David*

Im Gebiet der Theologie des Psalters läuft die Personifizierung der begrifflichen Darstellung voraus. Das bildliche Gedächtnis ist rascher zur Stelle. Es enthält nicht Begriffe, sondern Gestalten: David als personifizierter Psalter und Orpheus als personifizierte Theologie und Musik. Beide sind Kitharoden, einander zum Verwechseln ähnlich, sobald sie ans Pastorale streifen. Sonst aber muß man nur genau hinsehen, um sie zu unterscheiden. Hier die Gestalt aus dem thrakischen Bergland zwischen Bestien, Wäldern und Felsen, dort der König auf seinem Thron samt allen königlichen Insignien.

τελεία: Basilius, Hom. in psal. 1,2 (MPG 29, 213B). – Ludolf von Sachsen überliefert den mit hoher Wahrscheinlichkeit traditionellen Satz.: [Psalterium est] consummatio totius theologiae (Expositio in Psalterium, Speyer 1491, prol., p. aiiij[b]). F. ARMKNECHT, Die heilige Psalmodie, Göttingen 1855, 48 will diesen Satz auf Ps.-Dionysius Areopagita zurückführen (EH III/3,4; MPG 3, 429D [s.u. Anm. 582]: ἡ … τῶν θείων ᾠδῶν ἱερογραφία σκοπὸν ἔχουσα τὰς θεολογίας τε καὶ θεουργίας ἁπάσας ὑμνῆσαι καὶ τὰς τῶν θείων ἀνδρῶν ἱερολογίας τε καὶ ἱερουργίας αἰνέσαι καθολικὴν ποιεῖται τῶν θείων ᾠδὴν); die alten lateinischen Übersetzungen bieten aber keinen wörtlichen Anhalt für die genannte Formel (Dionysiaca [CHEVALLIER] II, Brügge 1950, z.St.).

Wenn es aber richtig ist, daß das Psalmbuch mit dem Titel ψαλτήριον rückhaltlos ins Griechische eintritt, so werden die Unterscheidungen fließend, und zwar so, daß David sich dem Orpheus anähnelt. Erscheint zwar die Gestalt des Sängers deutlich als thronender König, die Zuhörerschaft aber mehrheitlich als Bestien, etwa Löwen, die ihre Pranken friedlich verschlingen und ihre Schwänze an Bäume binden lassen, dann befindet sich König David in so orphischer Umgebung, daß es scheint, als müsse dem kosmischen Lobpreis des 148. Psalms erst noch die Zähmung der Kreatur durch Gesang vorausgehen[48]. Sobald aber der Psalmsänger David nicht nur ausschließlich Tieren singt, sondern ohne königliche Insignien zwischen Halbgöttinnen sitzend dargestellt wird, ist aus David ein Orpheus geworden[49]. David als Orpheus redivivus?

Orpheus wird, oft untrennbar, teils als Theologe, teils als Sänger dargestellt. Der Theologe Orpheus ist leichter zu fassen, weil er als stereotype Formel tradiert wird. Dagegen Orpheus als Sänger ist mit wiederkehrenden mythischen Bildern verbunden. – Was den Ὀρφεὺς θεολόγος anlangt, so könnte man ihn zwar nachträglich unter den πρῶτοι θεολογήσαντες des Aristoteles mitverstehen, aber ob dies bereits das damalige Verständnis war, ist fraglich[50]. Die explizite Überlieferung setzt viel später[51], intensiv sogar erst

---

[48] Die Mittelfelder der S-W-N-Fassaden der Pokrow-Kirche in Bogoljubowo/Nerl (1165) und der Dimitri-Kirche von Wladimir (um 1195) zeigen im Giebel den psallierenden König David, aber umgeben von wilden Tieren (in Wladimir auch Pflanzen): И.Э.Граьарь, История русского искусства I, Moskau 1953, 359. 376 (Tafel). 402ff. 410ff; H. Faensen/W. Iwanow, Altrussische Baukunst, Berlin 1974², Nr. 51ff. 56ff.

[49] David, die Harfe spielend, nach einer byzantinischen Miniatur des 4. oder 5. Jahrhunderts, eingeschaltet in ein Psalmbuch des 10. Jahrhunderts: MGG¹ 2, 1952, Tafel 20/1.

[50] Aristoteles, Met. 983b28 (s. Anm. 35) wird von H. Diels unter die zu Orpheus gehörigen Fragmente gezählt (FVS 1 B10). Dagegen die Scholia in Arist. (Alex. Aphrod.) erwähnen namentlich nur Homer und Hesiod zur Stelle (Arist., Opp. IV, Berlin 1961², 533a33).

[51] Die ersten Spuren eines θεολογεῖν des Orpheus finden sich beim Apologeten Athenagoras im 2. Jh. n. Chr.: Orpheus, ὅς καὶ τὰ ὀνόματα αὐτῶν [τῶν θεῶν] πρῶτος ἐξηῦρεν, καὶ τὰς γενέσεις διεξῆλθεν, καὶ ὅσα ἑκάστοις πέπρακται εἶπεν, καὶ πεπίστευται παρ᾽ αὐτοῖς ἀληθέστερον θεολογεῖν, ᾧ καὶ Ὅμηρος τὰ πολλὰ περὶ θεῶν μάλιστα ἕπεται (Leg. 18,3 [Marcovich]; O. Kern, Orphicorum fragmenta, Berlin 1922, fr. 57). Wenig später Sextus Empiricus, Adv. Math. II, 31 (Fabricius 295/Bury 4,204): ὁ θεολόγος Ὀρφεύς, und Clemens Alexandrinus, Strom. V, 12,78,4: Ὀρφεὺς ... ὁ θεολόγος; cf. V, 4,24,1 (Skeris [s. Anm. 21] Nr. 104; s.u. Anm. 59). – In der lateinischen Tradition maßgebend: Augustin, De civ. XVIII, 14.24.37: Orpheus als theologus poeta. Wohl durch Augustin hat sich selbst in scholastischen Texten die Kunde von der poetischen Theologie des Orpheus erhalten: Thomas von Aquin, In Arist. de an. I, 12 (Op. omn. [ed. Leon.] 45/1, 60 mit Nachweisen); In Met. exp., I lect. 4 n.15: apud Graecos primi famosi in scientia fuerunt quidam poetae theologi, sic dicti, quia de divinis carmina faciebant. Fuerunt autem tres, Orpheus, Museus et Linus, quorum Orpheus famosior fuit; XII lect. 6 n.3: poetae theologi, sicut fuit Orpheus, et quidam alii.

im Neuplatonismus ein, jetzt mit dem deutlichen Akzent, Orpheus sei der erste θεολόγος gewesen[52]. Zum Höhepunkt seiner Wirkung gelangte der Theologe Orpheus ohne Zweifel in der Renaissance: Orpheus als »priscus theologus« ist Inbegriff des Dichters und Sängers[53], paradigmatisch bei Marsilio Ficino[54]. Man darf sagen: Immer, wo »Orpheus theologus« überliefert wird, bleibt die Erinnerung an älteste poetische Theologie wach, als Gegenströmung gegen den vorherrschenden scholastischen Sinn. Der Neuzeit wird die Theologie des Orpheus als Thema der Poetik überliefert[55]; poetische Theologie ist anders als orphisch nicht denkbar.

Die Schätzung des »Orpheus theologus« ist – vor allem in der Renaissance – von seiner Schätzung als »musicus« und »cantor« nicht zu trennen. Nur läuft diese Überlieferung diffuser und ist nicht mit der Bequemlichkeit einer Formel verbunden. Immerhin lassen sich einige Topoi nennen, die unzweifelhaft

---

[52] Didymus Alexandrinus, De trin. II, 27 (MPG 39, 456A = KERN, aaO. [s. Anm. 51] fr. 340): Ὀρφέως τοῦ παρ᾽ Ἕλλησιν πρώτου θεολόγου; Servius, In Verg. Aen. VI, 645: ›sacerdos‹ wird Orpheus genannt, quia et theologus fuit et orgia primus instituit (KERN, test. 58a); Proklos, In Plat. rem publ. II, 138 (KROLL): Orpheus als θεολόγος (KERN, fr. 66); Theol. plat. I,6: ἅπασα γὰρ ἡ παρ᾽ Ἕλλησιν θεολογία τῆς Ὀρφικῆς ἐστι μυσταγωγίας ἔκγονος (KERN, test. 250). Beim letzten Schulhaupt der Neuplatoniker, Damaskios, findet sich die Nachricht, in der Generation nach Aristoteles solle eine Ὀρφικὴ Θεολογία bekannt gewesen sein (FVS 1 B12). – Man darf in diesen Formeln von Orpheus als ἥρως κτίστης der θεολογία vielleicht eine Übertragung des älteren Topos »Orpheus als Kulturbringer« erblicken (Horaz, Ars poet. 391ff), der dann auch eng mit »Orpheus theologus« verbunden bleibt: H. KOLLER, Die Mimesis in der Antike, Bern 1954, 185–192; DERS., Musik und Dichtung (s. Anm. 28), 49–57.

[53] F. Petrarca, Inv. c. Med., in: A. BUCK/K. HEITMANN/W. METTMANN (Hg.), Dichtungslehren der Romania aus der Zeit der Renaissance und des Barock, Frankfurt/M. 1972, 65: Orpheus als vornehmster der primi theologi und poetae; G. Boccaccio, Geneal. deor. 14,8: Musaeus, Linus und Orpheus als primi theologi; C. Salutati, De lab. Herc. I, 1,23; Epist. (NOVATI) 4,181; J. Gerson, Œuvr. compl. (GLORIEUX) 3,268f; 4,29.136; 8,337. Dazu D.P. WALKER, Orpheus the theologian and Renaissance platonists, JWCI 16, 1953, 100–120; DERS., Le chant orphique de Marsile Ficin, in: Musique et poésie au XVIe siècle (Coll. int. d. C.N.R.S. I,5), Paris 1954, 17–28; K. HEITMANN, Orpheus im Mittelalter, AKuG 45, 1963, 253–294; J.B. FRIEDMAN, Orpheus in the Middle Ages, Cambridge Mass. 1970.

[54] Marsilio Ficino, Op. omn. (Basel 1576 = Turin 1983), p. 25 (De chr. rel. 22); 130.156.244.298.386 (Theol. plat.); 634.651.934 (Epist.); 1216.1223.1233 (In Plat.); Giovanni Pico della Mirandola, Apol., Op. omn. (Basel 1572 = Turin 1971) I, 124: Sed qui erat ueterum mos theologorum, ita Orpheus suorum dogmatum mysteria fabularum intexit inuolucris, et poetico uelamento dissimulauit; J. Reuchlin, De verbo mirifico II (1494 = Bad Cannstatt 1964), p. 47: Orpheus als theologus und vates. Dazu A. BUCK, Der Orpheus-Mythos in der italienischen Renaissance, Krefeld 1961, 16ff.19ff.

[55] J.C. Scaliger, Poetices libri VII (Lyon 1561 = Bad Cannstatt 1987), I, 2: Die ältesten Dichternamen Orpheus, Musaeus, Linus werden aus derjenigen Schicht der Poetik überliefert, in der erstmals Theologie und Mysterien gelehrt wurden (a quo primum theologia et mysteria p. 5/1C). Aber auch dem Inhalt nach verdient Orpheus ein theologus genannt zu werden (p. 5/1D).

auf orphische Theologie deuten. Grundsätzlich gilt: Sobald der Sänger Orpheus geschildert wird, hat der Gesichtspunkt der Wirkung der Musik Vorrang vor dem ihres Wesens, ohne diesen allerdings gänzlich auszuschließen.
Die Gestalt des Orpheus ist personifizierte Wirkung von Musik. Obgleich,
sobald die Wirkung von Musik orphisch gedacht wird, diese immer in Richtung Allmacht tendiert und also alles betreffen könnte, so sind es doch meist
ganz bestimmte Bereiche, in denen Musik ihre Macht erweist: Wirkung
nicht nur auf Menschen, sondern auf wilde Tiere, dann auch auf Wälder,
Felsen und Einsamkeiten[56]. Wenn daher Cicero die Reihenfolge der Wirkungen umkehrt und vom Fernsten Evidenz gegen das Nächste bezieht:

> Saxa et solitudines voci respondent; bestiae saepe immanes cantu flectuntur atque
> consistunt: nos instituti rebus optimis non poetarum voce moveamur?[57] –

so ist die Herkunft aus orphischer Theologie auch ohne direkte Namensnen-
nung klar. Nichts anderes als dies klingt dem Kirchenvater Ambrosius im Ohr:

> psalmum et saxa respondent; psalmus canitur et ipsa saxosa pectora molliuntur; ui-
> demus flere et praeduros, flecti inmisericordes[58].

---

[56] A. RIETHMÜLLER, Stationen des Begriffs Musik, GMTh 1, Darmstadt 1985, 59–
95, 78: Es gibt »bei Musik nicht einen einzelnen Bedeutungskern, sondern eine in sich
veränderliche, stets spannungsvolle Grundbeziehung, die im Strom der Bedeutungs-
geschichte stets präsent ist, einmal sichtbarer, einmal verdeckter: das Verhältnis von Verstand (auch Vernunft) und Sinn, von Rationalität und Irrationalität, von Intellekt und
Sensation, von zahlenmäßiger Begründetheit (des musikalischen Kosmos) und emotiona-
ler Ergriffenheit (durch die Macht der Musik), vom Sein der Musik und ihrer Wirkung –
eine Grundspannung, die sogar zwischen den Gestalten Pythagoras, der die Konsonanzen
gefunden, und Orpheus, dessen Gesang selbst die Toten und die leblose Materie erreicht
haben soll, personifiziert bzw. mythisiert gesehen werden kann. Der Kampf, der unabläs-
sig in diesem Verhältnis ausgefochten wird, *ist* die Geschichte des Begriffs Musik.« Dazu
EGGEBRECHT, aaO. (s.u. Anm. 586) 12ff.15ff. – Zu den poetologischen Konsequenzen
G. LIEBERG, Poeta Creator. Studien zu einer Figur der antiken Dichtung, Amsterdam
1982, 22ff.26ff.34ff; DERS., Arione, Orfeo ed Anfione. Osservazioni sul potere della
poesia, Orph.NS 5, 1984, 139–155.
Quintilian hat Inst. orat. I, 10,9 Orpheus als musicus, vates und sapiens im Sinne der alten
Musik geschildert, quia rudes quoque atque agrestes animos admiratione mulceret, non
feras modo, sed saxa etiam silvasque duxisse posteritatis memoriae traditum est. – Der seit
1416 wieder zugängliche vollständige Text der Inst. orat. steht im Hintergrund von
J. Tinctoris, Complexus effectuum musices (um 1473/74; hg.v. TH.A. SCHMID, Basler
Jahrb. f. hist. Musikpraxis 10, 1986, 121–160; s.u. Anm. 485), c. 8: Et Orpheum, eo quod
musica modulatione duriciam rudium et agrestium animorum resolveret, non feras modo
sed saxa etiam silvasque duxisse posteritatis memoriae traditum est. Haec quintilianus in
libro primo institutionum oratoriarum. Zu Quintilian: WILLE, aaO. (s. Anm. 14), 449–
456.
[57] Cicero, Pro Archia poeta VIII, 19 (ORELLI II/2, 147); cf. Quintilian, Inst. orat. XI,
1,34.
[58] Ambrosius, Expl. psal. I, 9,6 (CSEL 64, 8, 27–29). Ähnlich bereits bei Basilius,
Hom. in psal. 1,1 (MPG 29, 212C): καί πού τις τῶν σφόδρα ἐκτεθηρμένων ὑπὸ θυμοῦ,

Subjekt der orphischen Wirkung von Musik ist aber diesmal nicht Orpheus, sondern der Psalm. David hat die Rolle des Orpheus übernommen. Theologie des Psalters entsteht, sobald der im Griechischen ankommende Sänger David die älteren Erinnerungen an den Sänger Orpheus weckt. Damit ist die Frage nach dem Verhältnis von Orpheus und David gestellt. Generell ist zu sagen: In Spätantike und Mittelalter läuft der Vergleich von Orpheus hin auf David; dieser ist es, der die Eigenschaften des früheren auf sich versammelt. In der Renaissance beginnt sich der Vergleich umzukehren; jetzt empfängt Orpheus, was des David war. Selten geht der Vergleich so sehr zu ungunsten des Orpheus wie bei Clemens Alexandrinus: Orpheus als thrakischer Betrüger, dagegen David als wahrer Orpheus[59]. In der griechisch-byzantinischen Tradition bewahrt Orpheus seine Würde als Vorläufer Davids, oder David erscheint als »unser Orpheus«[60]. Wiederum im lateinischen

---

ἐπειδὰν ἄρξηται τῷ ψαλμῷ κατεπάδεσθαι, ἀπῆλθεν εὐθὺς, τὸ ἀγριαῖον τῆς ψυχῆς τῇ μελῳδίᾳ κατακοιμίσας. 1,2 (213A): λιθίνη καρδία.

[59] Clemens Alexandrinus wendet sich im ›Protreptikos‹ gegen den Orpheus des griechischen Mythos als bloßen Betrüger durch Zaubergesänge (I, 3,1f; I, 5,1f = Skeris [s. Anm. 21] Nr. 68.70; cf. Strom.V, 4,24,1 = Skeris Nr. 104: Orpheus im Kreis der alten poetischen Theologen), gebraucht aber auch David nur, um sogleich zu Christus weiterzuleiten, dem Sänger des neuen Liedes und damit dem wahren Orpheus: Protr. I, 5,2ff = Skeris Nr. 71ff. Dazu R. Zerfass, Ein Lied vom Leben. Orpheus und das Evangelium, in: E. Slembek (Hg.), Miteinander sprechen und handeln (FS H. Geissner), Frankfurt/M. 1986, 343–350.

[60] Euthydemios Zigabenos, Comm. in psalt., pooem.: David als ὁ καθ᾽ ἡμᾶς Ὀρφεύς (MPG 128, 41A). Die von J.B. Pitra in ASSSP II, Paris 1884, 440f edierten und in die Nähe des Origenes datierten (404) epigrammatischen Psalterproömien erwecken eher den Eindruck, als stammten sie aus späterer byzantinischer Zeit. Das erste beginnt:

Ἄκουε Δαυίδ, τοῦ παρ᾽ ἡμῖν Ὀρφέως·
Φόρμιγγα κινεῖ μυστικῆς μελῳδίας·
Σιγᾶν δὲ ποιείτο παθῶν τὰ θηρία –

das zweite evoziert zuerst als Prinzip des alle Welt erfüllenden pneumatischen Gesangs die prophetische Zikade (Z. 1; cf. Platon, Phaidr. 262d), kommt dann zum orphischen und schließlich, nach dessen Verstummen –

Παρῆκεν Ὀρφεὺς, καὶ σεσίγηκεν λύρα –

zum alles übertreffenden davidischen Gesang. Diese Tradition reicht bis in den unmittelbaren Umkreis Luthers. Das ›Psalterium summi funditoris et egregii cytharedi Dauidis prophete excellentissimi filii Jesse‹, hg. von Johannes Usleuber Frondinus, Leipzig 1511, enthält auf dem Titelblatt ein »Ad lectorem epigramma«. Dieses lautet:

Contudit immanem: funda stridente Goliam
  Iesseus cythara: Dauid agebat oues
Carminibus superum placuit numina sacris
  Votis supplicibus: premia magna: tulit
Ergo auditor ades: fraudes si vincere cures
  Hostis: et exulta voce placere deo
Si Iouis ardentem superi placare furorem
  Sydera si poscis: vel stygis antra fugis.

Westen ist die Nähe von Orpheus und David seit den Texten Cassiodors[61] oder des Constantius Africanus[62] präsent. Zwar erscheint bei Johannes Gerson immer noch David als der bessere Orpheus, aber indem der Theologiebegriff sich den Traditionen des platonischen »furor divinus« öffnet, wächst die Macht des Orphischen hinterrücks[63]. Erst bei den Schriftstellern der Renaissance ist deutlich, daß selbst bei traditioneller Akzentuierung die Attraktivität des Orpheus und der orphischen Hymnen die Davids und seiner Psalmen zu übersteigen beginnt. Marsilio Ficino war in erster Linie Freund der orphischen Lyra[64], und Giovanni Pico della Mirandola ordnet den Vergleich Orpheus – David so an, daß das Davidische dem Orphischen zugute kommt:

---

[61] Cassiodor, Institutiones II, 5 (De musica), 9 (MYNORS 148, 20–23 / SEMSP I, 18b): Nam ut Orphei lyram, Syrenarum cantus tamquam fabulosa taceamus, quid de David dicimus, qui ab spiritibus immundis Saulem disciplina saluberrimae modulationis eripuit … ? Exzerpiert von Aurelianus Reomensis, Musica disciplina c. 1, der nach dem Heiden Orpheus und dem Arzt Asklepiades als »unsrige« David, Elisa und die Sänger der Apokalypse zitiert, um das officium cantandi als Gott angenehm zu begründen (SEMSP I, 30a; cf. II, 225b).

[62] Constantius Africanus, De melancholia II (Opera, Basel 1536, p. 393): Orpheus enim dixit qui tonos adinuenit: Imperatores me ad conuiuia inuitant ut de me se delectent, et gaudent, sed ego de ipsis delector animum mutando, de ira in pacem, de tristitia in laetitiam, de grauitate in leuitatem, de timore in audaciam (ähnlich De morb. cogn. et cur. I, 20 [p. 19]); dies wird von Johannes Aegidius Zamorensis, Ars Musica c. 15 (SEMSP II, 392f), und von Adam von Fulda, Musica I, 2 (SEMSP III, 334 – dort heißt es von Orpheus: sanat melancholiam) in einer Reihe mit der Macht des Gesanges Davids über König Saul wieder aufgenommen. – Man kann jetzt recht eigentlich von einer Orpheus-David-Parallele sprechen, wie in einem anonymen Kommentar zur ›Ecloga Theoduli‹ formuliert wird: Concordancia est in hoc quod sicut Orpheus citharisavit in inferno, sic David coram Saule; et sicut Orpheus mitigavit deos infernales cum sua cithara, sicut David malignum spiritum Saulis (nach HEITMANN, aaO. [s. Anm. 53] 284).

[63] J. Gerson, Felix theologus (1418, Œuvr. compl. [GLORIEUX] 4, 28f), schildert das Glück des Theologen als eine durch spes, fides und divinus amor gebildete Affektstärke in allerlei Fällen, stärker als die Waffen des Herkules (Gerson hat C. Salutati, De laboribus Herculis gelesen), stärker als die Lyra des Orpheus, dessen Gesang alles – lapides, flumina – besiegt, – außer sich selbst, den von Liebe Besiegten; was Orpheus nicht vermag, vollbringt Davids Kithara. So, d.h. durch Gesang, entsteht theologia, durch die der Geist, zum Himmlischen hingerissen, die Wechselfälle des Lebens von höherem Ort aus erblickt. Zu David-Orpheus auch: Coll. s. Magn. 8 (8,337). – Ähnlich Erasmus von Rotterdam: LB 5, 171.420; Ep. (ALLEN) Nr. 1573; WELZIG 2, 248f; 3, 4.

[64] Marsilio Ficino, Op. omn. (s. Anm. 54) p. 502 (De vita I, 10); 562 (De vita III, 21); 608f; 650f; 673; 725; 788; 822f; 933 (Epist.); Supplementum Ficinianum, hg. P.O. KRISTELLER, Florenz 1937, II, 37.87ff.230.262f. Dazu P.O. KRISTELLER, Musik und Gelehrsamkeit in der frühen italienischen Renaissance, in: DERS., Humanismus und Renaissance II, München 1976, 149–163; S. EHRMANN, Marsilio Ficino und sein Einfluß auf die Musiktheorie, AfMw 48, 1991, 234–249.

Sicut hymni Dauid operi Cabalae mirabiliter deseruiunt, ita hymni Orphei operi uere licitae, et naturalis Magiae[65].

Diesen Satz nimmt Johannes Reuchlin zustimmend auf: Was David auf Hebräisch, das hat Orpheus auf Griechisch vollbracht, nämlich die Seelen der Menschen durch Gesang mit den Himmlischen zu verbinden[66]. Über Reuchlin gelangt Orpheus schließlich in Luthers ›Operationes in psalmos‹, wenngleich nur im Vorwort Melanchthons, und dort kritisch[67]. Die fernere Geschichte des orphischen Themas ist im Grunde die der »Nuove Musiche«, die, gemäß ihrem Selbstbewußtsein, für den jetzt zu feiernden Orpheus der Erinnerung an David und seine »Musiche ecclesiastiche a lode di Dio« nicht mehr bedarf[68]. Ist aber die Spannung zwischen Orpheus und David einmal gänzlich gewichen, dann wurde eben damit auch der Theologie des Psalters die Basis entzogen.

§ 1 Psalterium affectuum palaestra

Theologie des Psalters, so wurde behauptet, sei im Verlauf des Verstummens des Psalters zur bloßen Theologie der Psalmen geworden. Aber nun gibt es nur *einen* Psalmtext; folglich besteht Anlaß auch nur zu einer Theologie, nicht zu zweien. Gibt es aber nur einen Psalmtext, dann kann Theologie des Psalters offenbar nur dadurch perfektioniert werden, daß sie mit allen Regeln exegetischer Kunst immer mehr zu einer Theologie der Psalmen wird. Indem diese mit hermeneutischer Kraft den gesamten Psalmtext umfaßt, bleibt zur Theologie des Psalters kein Text darüberhinaus. Haben beide Theologien nur einen Text, so ist die Konkurrenz bereits entschieden.

Nun gilt aber: Während die Theologie der Psalmen sich unmittelbar auf den Psalmtext bezieht, hat es Theologie des Psalters mit Psalmen im Zustand

---

[65] Giovanni Pico della Mirandola, Op. omn. (s. Anm. 54) I, 106: Conclusio 4 aus den 31 Conclusiones de modo intelligendi hymnos Orphei secundum Magiam (1406).

[66] J. Reuchlin, S. Athanasius in librum psalmorum, Tübingen 1515, Widmungsschreiben an J.A. Questenberg: [A iv^r] Idem [sc. immortalium deorum et hominum coniunctio] et Orphei dogma erat, qui Citharam ad carmina disposuit ut animas hominum coelestibus coniungeret. Sic enim in hymno musarum cecinit […:] Trahite meam animam errabundam ad lumen purum […]. Non enim facile quem dixerim, plus studii ad psallendum carmina et ad omnes modos diuinos quibus [A iv^v] incredibilis et miranda conuersatio cum spiritu et angelis queritur, adhibuisse, quam hunc Orphea graece Dauidemque hebraice. Es folgt zur Bestätigung das Pico-Zitat (s. Anm. 65). Zu Reuchlin s.u. Anm. 345.

[67] Melanchthon, Theologiae studiosis 1519, WA 5, 25,11ff = AWA 2, 22,9ff: Orphei hymni vs. sacra carmina.

[68] W. SEIDEL, Die Rückkehr des Orpheus zur Musik. Die Wirkungen der Musik in Monteverdis erster Oper, in: L. FINSCHER (Hg.), Claudio Monteverdi (FS R. Hammerstein), Laaber 1986, 409–425.

anhaltenden Brauches zu tun: Psalter als öffentliche oder private Institution
und Aufführung. Sobald der Psalter im Brauch steht, schlägt sich dies in Texten nieder, die zwar dem Rang des Psalmtexts nicht gleichzusetzen sind, aber
in der Überlieferung sehr enge Verbindung mit ihm eingehen. Das sind Vorreden auf den Psalter. In ihnen geschieht nichts als Beschreibung des Psalmbuchs in lebendigem Brauch und Übung. Text einer Theologie der Psalmen
ist der Psalmtext; Text der Theologie des Psalters ist ebenderselbe Psalmtext,
vermittelt durch Vorreden auf den Psalter samt deren Tradition. Gibt es zwei
Textcorpora, dann füglich auch zwei Theologien. Anlaß zur Theologie des
Psalters über die Theologie der Psalmen hinaus besteht, sofern dem Kräftespiel zwischen Vorrede auf den Psalter und dem Psalter selbst mehr als bloß
zufällige Bedeutung zukommt. Nach dem Status einer Vorrede auf den Psalter ist jetzt zu fragen.

1. Prolegomenon, Progymnasma, Prooimion

Auf dem Weg zur Theologie des Psalters wird Luthers ›Vorrede auf den Psal-
ter‹ als klassischer Text hervorstechen[69]. In diesem Text findet sich für die
Relation zwischen Vorrede und Psalter ein naheliegendes Modell. Ist der
Psalter bereits – so heißt es darin – eine kleine Bibel und Summe der ganzen,
so erscheint wiederum die Vorrede als Summe dieser Summe. Sie kontrahiert
die Textmenge der 150 Psalmen ebenso, wie der Psalter seinerseits die ganze
Bibel kontrahiert hat. Dann stehen Psalter und Vorrede in der Relation von
Langtext und Kurztext: Minderung von Textquantität bei Steigerung begrifflicher Qualität. Das läßt sich noch ein wenig weitertreiben über Luthers
Vorrede hinaus. Diese ist ja mit ihren vier Textseiten bereits ein Quantum
ausgedehnterer Art, von einem Inbegriff noch weit entfernt. Vom Prolegomenon erwarten wir aber einen Inbegriff irreduzibler Knappheit. Als knap-
perer Text läßt sich ein Abschnitt aus Luthers zweiter Psalmenvorlesung –
›Operationes in psalmos‹ – anführen. Dort findet sich am Ende der Auslegung des ersten Psalms ein Text von etwas mehr als einer Seite, der durch
programmatische, den Psalter als Ganzes betreffende Rede auffällt. Mangels
eigener Überschrift wird er nach seinem Incipit »In fine hoc monendum«
hier Luthers ›Monitum‹ genannt[70]. Das klingt nach Nachwort; in Wahrheit
wird sich zeigen, daß diesem Text die Qualität eines Vorworts zukommt. Daß
er Vorrede nicht auf den Psalter, sondern zu einer Psalmenvorlesung ist, ver-
schlägt wenig. Aber selbst dieser Text ist noch kein Inbegriff des Psalters.

---

[69] Luthers ›Vorrede auf den Psalter‹ erscheint seit 1528 als »Vorrhede« in den Wittenberger Psalterdrucken (WA.DB 10/1, 98–104), seit 1534 als »Vorrede auff den Psalter« in
den Vollbibeln. Letzte Fassung 1545 (WA.DB 10/1, 99–105). S.u. Anm. 418.
[70] WA 5, 46,13 – 47,22 = AWA 2, 62,6 – 64,7.

Weitere Reduktion erscheint ebenso sinnvoll wie möglich. Der Blick fällt auf eine knappe Formel eben dieses Textes. Der Psalter – heißt es da – sei nichts als »affectuum quaedam palaestra et exercitium«[71]. Beim Abklopfen dieser Wendung mag entfallen, was überflüssig ist. Dann entsteht »psalterium affectuum palaestra«: Psalter als Übschule, Ringschule der Affekte. Dem Versuch, aus dieser Formel noch einmal etwas loszulösen, widersetzt sich diese mit Erfolg. Wir sind bei etwas Irreduziblem angelangt: Luthers Psalterformel.

Man erwartet von einer Vorrede zu Recht, daß sie den bevorworteten Text in äußerster Verdichtung vorlegt. Vollzieht sie dies durch begriffliche Reduktion, Subsumtion aller Einzelheiten unter allgemeine Gesichtspunkte, so darf sie »Prolegomenon« genannt werden. Das Prolegomenon ist Grund und Einheit der nachfolgenden Rede, knappste begriffliche Gestalt. Soweit bewegen wir uns auf der Ebene von Allgemeinheit und Besonderheit, von Subsumtion und Reduktion, d.h. wir bewegen uns auf der dialektischen Ebene. Verstünden wir Luthers Psalterformel als Prolegomenon in diesem Sinn, so muß alsbald auffallen, daß der bevorwortete Text des Psalters mit dialektischer Rede nichts gemein hat. Nicht auf einen Text lehrhaften Charakters bezieht sich die Vorrede, sondern auf einen, um dessen Einübung es geht, wie er ja bereits an sich weniger Lehre als Übung und Brauch ist. Eine Vorrede dieser Art hat die Aufgabe, die Fähigkeit zur Übung zu vermitteln: einzuüben. Sie unterhält zum Psalter nicht eine dialektische, sondern eine rhetorische Relation. Deshalb wird sie in der Rhetorik »praeexercitamentum« genannt, Vorübung, die der eigentlichen Übung – »declamatio« – vorangeht. Rhetorisch gesehen wird aus dem Prolegomenon ein »Progymnasma«[72]. Im selben Augenblick ist deutlich, daß Luthers Psalterformel auf den rhetorischen Aspekt viel deutlicher anspricht als auf den dialektischen. Sie redet von »exercitium«, parallel von »palaestra«, befindet sich also in der Nähe der zitierten rhetorischen Begriffe. Wie »praeexercitamentum« zu »exercitium«, so προγύμνασμα zu παλαίστρα. Eine Sache für sich, jenseits von Übung, ist nirgends zu sehen. Gilt die Vorübung der Übung, dann ist die Übung selbst die Sache: »psalterium nonnisi palaestra et exercitium«.

Prolegomena und Progymnasmata sind Vorgänge in und mit Worten, und mit Worten allein. Wenngleich Wort in den Aspekten des Aussagens einerseits und der Art des Aussagens anderseits. Nun kennt die Rhetorik neben dem Progymnasma auch noch das »Prooimion« am Beginn einer Rede. Es hat die Aufgabe, durch Einstimmung, noch vor Behandlung des Gegenstandes, Aufmerksamkeit zu wecken. Das Prooimion übersteigt aber den rhetori-

---

[71] WA 5, 46,15f = AWA 2, 69,9.
[72] H. LAUSBERG, Handbuch der literarischen Rhetorik, München 1973², § 1106: praeexercitamenta bzw. προγυμνάσματα als einfache Redeteile, zur Vorübung auf den Gebrauch in der Rede selbst (im einzelnen §§ 1107–1139).

schen Sinn. Früher als der rhetorische ist der musikalische. Es gehört zu den Gepflogenheiten der Kitharodie, dem Gesang das Kitharavorspiel samt Musenanruf voranzuschicken. Προ-οίμιον [ᾆσμα] ist Vorgesang zum kitharodischen Lied, primär zum epischen Hexameter, später auch zu anderen Gattungen wie der Chorlyrik. So wird mit Prooimion anstelle von Progymnasma der Übergang von Rhetorik zur Musik nahegelegt, wie er bei Psalmen wohl erforderlich sein dürfte, sofern diese nicht nur artikulierte Sprechstimme, sondern Psalmengesang sind. Das Prooimion deutet somit auf ein rätselhaftes Mehr, das das Psalmbuch zum Psalter macht. Und dieses Mehr – das Erklingen der Psalmen – ist es, was wohl von der Vorrede verlangt, nicht nur Prolegomenon, nicht nur Progymnasma, sondern Prooimion zu sein: Vorgesang. Zudem empfiehlt sich dem Psalter das Prooimion durch seinen vertrauten Bezug zur Kitharodie. Wenn Luthers Psalterformel den Psalter explizit als Übung und Kampf bezeichnet, so spricht die Gattung des Prooimion auch darauf an: das Prooimion wurde üblicherweise zur Einleitung des kitharodischen Agons gebraucht[73].

Text einer Theologie des Psalters ist Psalter samt Vorrede. Wenn einerseits der Psalter Psalmodie ist, Palaistra, kitharodischer Agon, und anderseits sich die Vorrede auf den Psalter spezifiziert von Prolegomenon zu Progymnasma und schließlich Prooimion, dann wird deutlich, in welch hohem Maß der Psalter in die Welt des Griechischen übergegangen sein muß. In der Tat gewinnt Theologie des Psalters Evidenz in einer ganz bestimmten historischen Epoche. Äußeres Kennzeichen des Beginns ist das Auftreten von Vorreden auf den Psalter. Es gibt nicht »die« Vorrede; es gibt nur eine Tradition von Vorreden. Diese hat Anfang und Ende. Entspinnt sich Theologie des Psalters im Kräftespiel von Psalter und Vorrede auf den Psalter, so tritt sie in eine

---

[73] H. KOLLER, Das kitharodische Prooimion, Ph. 100, 1956, 159–206, hält fest, »daß das Prooimion eigentlich in der Kitharodie zu Hause ist und von da überhaupt auf jede musikalisch-dichterische Form übertragen wurde, daß schließlich auch die Rhetorik sich dieser Form bediente« (189). Platon weist die προοίμια zunächst allen Tätigkeiten zu, die mit der Stimme vollbracht werden, dann auch der Kitharodie und aller musischen Tätigkeit; jedoch dreht er damit wohl die historische Reihenfolge um (Nom. IV 722de). Für Aristoteles ist προοίμιον rhetorischer Ausdruck mit musikalischer Reminiszenz (Rhet. 1414b19ff; cf. LAUSBERG, aaO. [s. Anm. 72] §§ 263ff). Zur Beziehung von Prooimion und kitharodischem Agon: Quintilian, Inst. orat. IV,1,1ff: Quod ›principium‹ Latine vel ›exordium‹ dicitur, maiore quadam ratione Graeci videntur προοίμιον nominasse, quia a nostris initium modo significatur, illi satis clare partem hanc esse ante ingressum rei, de qua dicendum sit, ostendunt. nam sive propterea, quod οἴμη cantus est et citharoedi pauca illa, quae antequam legitimum certamen incohent emerendi favoris gratia canunt, prooemium cognominaverunt, oratores quoque ea, quae prius quam causam exordiantur ad conciliandos sibi iudicum animos praelocuntur, eadem appellatione signarunt, sive quod οἶμον idem Graeci viam appellant, id, quod ante ingressum rei ponitur, sic vocare est institutum: certe prooemium est, quod apud iudicem dici prius quam causam cognoverit prosit.

deutliche historische Perspektive. Theologie des Psalters hat es mit derjenigen Epoche zu tun, die die Tradition von Vorreden auf den Psalter hervorgebracht hat. Was ihr Ende anlangt, so ist zu sagen, daß es nach Luthers ›Vorrede auf den Psalter‹ keine nennenswerten Vorreden mehr gegeben hat[74]. Das Genus der Psaltervorrede hat sich im Lauf seiner Geschichte wohl ausrationalisiert; Luthers Vorrede ist – wenn man so will – Gipfel und Ende dieser Gattung: leider beides. Theologie des Psalters lebt, solange sich Psalmodie und griechischer Theologiebegriff berühren. Hört die Berührung auf, weil entweder der Psalmengesang verstummt oder der Theologiebegriff sich ausrationalisiert, dann ist auch die Epoche der Theologie des Psalters zu Ende, und die Theologie der Psalmen beginnt. Daraus geht umgekehrt hervor, daß der Anfang dieser Epoche wohl an der Stelle zu suchen ist, wo durch Berührung von Psalter und Theologie die Tradition von Vorreden und ihrer Reflexion auf die musikalische Übung des Psalters allererst entsteht, also da, wo ›Psalter‹ als Psalmbuchtitel signalisiert, daß das Psalmbuch in die Welt des Griechischen eingetreten ist. Wenn der Wendung »psalterium affectuum palaestra«, die am Ende dieser Epoche ensteht, zu Recht der Rang einer Psalterformel zugebilligt werden soll, dann ist sie darauf zu prüfen, ob in ihr der Extrakt der gesamten Epoche der Theologie des Psalters angemessen zum Ausdruck kommt.

2. Psalterium affectuum palaestra

Die Psalterformel Luthers findet sich im Anhang zur Auslegung des ersten Psalms in den ›Operationes in psalmos‹. Dieser Abschnitt tritt einen Schritt von der textbezogenen Arbeit zurück. Bisher waren in der Exegese des ersten Psalms zwei Sprachebenen zugegen: einerseits Behandlung einzelner Begriffe – »Vocabularium« –, andererseits zusammenhängende Textauslegung – »Expositio«. Diese zu Beginn der ›Operationes‹ einigermaßen festgehaltene Unterscheidung läßt erkennen, daß der fragliche Schlußabschnitt – Luthers ›Monitum‹ – zu keiner von beiden gehört und also als dritte die beiden andern voraussetzt. Das ›Monitum‹ betrifft weder Einzelheiten noch einzelne Psalmen, sondern den Psalter als Ganzheit. Der Spannungsbogen von nicht zu übertreffender Einzelheit bis hin zu nicht zu übertreffendem Ganzen wird jetzt mit der Behauptung thematisch, der allererste, noch so geringe Anfang

---

[74] J. QUACK, Evangelische Bibelvorreden von der Reformation bis zur Aufklärung, Gütersloh 1975, weist auf folgende nachlutherische Psaltervorreden hin: V. Dietrich, o.O. o.J. (130); R. Walther, Zürich 1558 (85); N. Selnecker, Leipzig 1572 (131); C. Cornerus, Leipzig 1572 (132); Anonym, Frankfurt/O. o.J. (132); M. Faber, Erfurt 1576 (133); B. Iobin, Straßburg 1589 (134); T. Wagner, Stuttgart 1665 (173); Anonym, Nürnberg 1690 (273).

sei, wenn er nur vollzogen wird, im Grund bereits das Ganze. Eine wunderbare Selbstvermehrung tritt in den Blick: Das Allerkleinste ist bereits alles.
Wem dies zuteil wird, der ist der »beatus« des ersten Psalms[75]. Dieser ist erster
in exemplarischem Sinn. Das einmal Gesagte ist ein für allemal gesagt. Die
Figur allgemeiner Prosperität – »in einem alles« – bewährt sich beim »beatus«
zudem darin, daß er glücklich ist im Umgang mit dem Psalter[76]. Psalmen: das
ist Psalmbuch, ausgebreitet in 150 Psalmen, extensives Ganzes. In diesem
Sinn bleiben die ›Operationes in psalmos‹ Torso. Dagegen gewährt die Figur
der Prosperität intensivste Intension. Die Psalmen werden dem Glücklichen
zum Psalter, von welchem das ›Monitum‹ spricht.

Zwar ist Luthers ›Monitum‹ am Ende der Auslegung des ersten Psalms
formell ein Epilog. Daher: »In fine hoc monendum«. Aber es gibt Signale,
daß dem Epilog in Wahrheit der Rang eines Prologs zukommt. Einen ersten
Fingerzeig gibt die Druckgeschichte. Der Text des ›Monitum‹ findet sich
gegen Ende der ersten gedruckten Lieferung, die den Hörern bei Beginn der
Vorlesung vorlag. Das schriftlich Spätere könnte somit mündlich Früheres
gewesen sein[77]. Außerdem tritt – zweiter Fingerzeig – das ›Monitum‹ in engste zeitliche Nähe zu Luthers Widmungsepistel an den Kurfürsten, die verwandte Betrachtungen über die Einzigartigkeit des Psalters anstellt. Dieser –
heißt es darin – habe vor anderen Teilen der Schrift die Besonderheit, daß er
nicht nur lehre »et verbo et exemplo«, sondern auch darreiche »et modum et
usum«. Dies geschehe, indem im Psalter in einzigartiger Weise mitgeteilt
werden »et verba et affectus«. Die Einzigartigkeit des Psalters steckt im Gesichtspunkt der Affekte. Und dies ist genau das Thema, das Luther am Ende

---

[75] »Beatus« ist, wem nach dem Bild des Baumes am Wasser, der seine Wurzeln zum
Wasser streckt, indem er *eines* tut, *alles* gelingt. Miraculorum … omnium miraculum
audis, quando prosperari audis omnia, quae facit vir beatus (WA 5, 41,31f = AWA 2,
54,11f). Sogleich mit dem Stichwort des »beatus« ist die Figur von Matth 13,46 präsent:
Illud unicum margaritum si quis vir invenerit, … huius omnia sunt optima; quo non
invento quaeret omnia bona, nec unum inveniet (WA 5, 27,11–13 = AWA 2, 29,7–9).
Glücklich ist nicht der Glückliche schlechthin, sondern der, welcher dadurch, daß er in
einem glücklich ist, schlechthin glücklich ist.

[76] WA 5, 47,10–13 = AWA 2, 63,23–26: Haec volui hoc primo psalmo monere semel,
ut non sit necesse per singulos idem repetere. Scio autem futurum, si quis exercitatus in
hac re fuerit, plura per se inventurus sit in psalterio, quam omnes omnium commentarii
tribuere possint. – »Der Drucker Adam Petri empfahl im August 1521 seine zweite Basler
Ausgabe den Käufern mit den Worten: ›Eme in uno illo omnes omnium in Psalterium
commentarios‹« (G. HAMMER, Historisch-theologische Einleitung, AWA 1, 1991, 8).

[77] HAMMER, aaO. (s. Anm. 76) 116.221: Lieferung A–C (Ps 1–2,2), ausgegeben am
oder vor dem 22. März 1519.

[78] Die Widmungsepistel ist datiert auf den 27. März 1519. Die Zitate finden sich WA
5, 23,20ff.30 = AWA 2, 14,21ff; 15,10. Dazu HAMMER, aaO. (s. Anm. 76) 148.157.
»Beide Stücke vertreten in gewissem Sinn die sonst in den Psalmenkommentaren üblichen Prologe« (HAMMER, in AWA 2, 62 Anm.15).

der Auslegung des ersten Psalms zum ›Monitum‹ veranlaßt[78]. Dritter Hinweis: Daß dem ›Monitum‹ der Rang eines Prologs zukommt, hat derjenige Hörer von Luthers Vorlesung begriffen, der sich die wichtigste Formel dieses Textes auf dem zweiten, faktisch dann ersten Titelblatt notierte, und zwar – wie es scheint – nach Gehör: »Psalterium exercitium et affectuum palistra«[79]. Damit ist Luthers Psalterformel wie es sich gehört an den allerersten Anfang gerückt.

a. Affekt. Was nötigt am Ende der Auslegung des ersten Psalms zu einer neuen Sprachebene? Es ist das Thema der Affekte. Der Einleitungssatz »In fine hoc monendum« präzisiert: »hoc est, ut affectibus psalmorum affectus nostros accommodemus et attemperemus«[80]. Es ist zu vermuten, daß einige Eigentümlichkeiten des ›Monitum‹ mit diesem Thema zusammenhängen. Es gibt wohl keine Vorrede auf den Psalter ohne Erwähnung von Affekt und Affekten. Ebenso bezieht die dargestellte wunderbare Vermehrung – »in einem alles« – ihre Wahrheit aus den Affekten, und zwar so, daß durch einen einzigen richtigen Affekt alle Affekte richtig werden, und sonst keiner. Ist aber das Thema der Psaltervorrede der Affekt, so kann sich diese nicht damit zufrieden geben, Prolegomenon zu sein. Dialektik transportiert keinerlei Affekte. Die Rhetorik wohl; sie ist nichts als eine in und durch Sprache vollzogene Affektkultur. Daher darf von vornherein erwartet werden, daß die Vorrede Elemente des Praeexercitamentum oder Progymnasma enthält. Dies um so mehr, als dazu aufgerufen wird, den Umgang mit dem Psalter als Umgang mit Psalteraffekten zu beginnen, und sei der Beginn noch so unscheinbar. Daß dem ›Monitum‹ darüber hinaus auch der Charakter eines Prooimion nicht fremd sein kann, legt sich durch seine Bemerkungen zur Kitharodie nahe.

Affekt tritt durchweg in der Mehrzahl von Affekten auf, und zwar so, daß den »affectus psalmorum« die »affectus nostri« entgegengesetzt werden. Nun sind üblicherweise Affekte nur als Zustände von Menschen oder Lebewesen bekannt. »Affectus nostri« klingt ebenso nah wie »affectus psalmorum« fern.

---

[79] AWA 2, p. LXXXIX; 4 Anm. 1: Das zweite, vorzubindende Titelblatt entstand vor dem 13. April 1519 (HAMMER, aaO. [s. Anm. 76] 221). Zur Frage, ob sich hier eine Spur der ipsissima vox Lutheri erhalten hat, s. HAMMER, aaO. 124. Allerdings ist die Aussprache »palistra« ganz ungewöhnlich: F. BLASS, Über die Aussprache des Griechischen, Berlin 1882, 48.57. Oder ist »palistra« zu lesen?

[80] WA 5, 46,13–15 = AWA 2, 62,6–8: In fine hoc monendum, quod illustrissimi patres, praesertim Athanasius et Augustinus tradiderunt, hoc est, ut affectibus psalmorum affectus nostros accommodemus et attemperemus. Leider tut Luther unsrer These nicht den Gefallen, auch wortstatistisch zum ersten Mal hier vom Affekt zu reden, s. bereits WA 5, 38,18 = AWA 2, 48,19. Der lutherische Pietismus hat sich mit seinem Interesse an der »pathologia sacra« gern auf diese Stelle bezogen: A.H. Francke, Erklärung der Psalmen Davids I, Halle 1730, 3. Vorwort; J.J. Rambach, Institutiones hermeneuticae sacrae, Jena 1752, II/3,4 (p. 126–128).

Zwar weiß man aus der aristotelischen Schulsprache, daß παθήματα/»affectiones« unter den Akzidentien der Substanz erscheinen und dann schwach als
»Eigenschaften« wiedergegeben werden. Aber bei den »affectus psalmorum«
handelt es sich nicht um dergleichen. Sondern mit herausfordernder
Befremdlichkeit werden hier Affekte Texten zugeordnet, offenbar schriftlichen, wenn nicht gedruckten. Aber Bücher, selbst im Fall von Psalm-
büchern, sind garantiert affekt- und säurefrei. So gesehen erscheinen
»affectus psalmorum« als Ding der Unmöglichkeit. Genau darauf liegt der
Akzent. Nur um der »affectus psalmorum« willen ist von »affectus nostri« die
Rede; diese sind auf jene hin zu transformieren und zu bearbeiten. Man
könnte sich salvieren und sagen: »affectus psalmorum« – das sind wohl die
Affekte der Verfasser der Psalmen! Aber davon ist nicht die Rede. Sondern
»affectus psalmorum«[81] – wie wenn der Psalter als eine Art Affektspeicher in
den Blick träte.

Nun potenziert sich die Sperrigkeit der Formel »affectus psalmorum« noch
dadurch, daß sie im Zusammenhang einer alten Tradition steht, die sogar
behauptet: Der Psalter enthält nicht nur diesen oder jenen, sondern alle Affekte. Noch präziser: Die Gesamtheit aller Affekte bietet die Schrift nur im
Psalter. Unter den verschiedenen Topoi der traditionellen Begründung der
Einzigartigkeit des Psalters unter allen Büchern der hl. Schrift – wie z.B.
hervorragende prophetische Kraft, jederzeit aktuelles, der Aneignung fähiges
Wort, Sangbarkeit – findet sich auch der Gesichtspunkt: Ausschließlich der

---

[81] Die Formel »affectus psalmorum« ist darauf zu prüfen, ob sie sich in intentionalem
Sinn auflösen läßt. Dies scheint nicht auszuschließen bei Wilhelm von St. Thierry, Epist.
aur. 121 [DÉCHANET 238]: Quo enim spiritu scripturae factae sunt, eo spiritu legi desi-
derant; ipso etiam et intelligendae sunt. Numquam ingredieris in sensum Pauli, donec
usu bonae intentionis in lectione ejus, et studio assiduae meditationis, spiritum ejus imbi-
beris. Numquam intelliges David, donec ipsa experientia ipsos psalmorum affectus indu-
eris. Sicque de reliquis. Es ist deutlich: Im intentionalen Sinn gehen die »affectus psalmorum« unterschiedslos in den »affectus scripturarum« auf. In diesem Sinn versteht
Johannes Gerson die zitierte Stelle des Wilhelm von St. Thierry [Ps.-St. Bernhard] in De
theol. myst. 30 (Œuvr. compl.[GLORIEUX] 3, 276f; cf. 5,334; 8,168; 9,592): Ex praemissis
concludimus cum Bernardo, Ad fratres de Monte Dei, quod theologia speculativa nun-
quam in aliquo perfecta est sine mystica, sed bene contra. Et ex hoc sumi potest ...
quoniam nullus unquam intelliget verba Apostoli et prophetarum quantumcumque illa
resonent exterius, si non imbiberit affectum scribentium; neque enim aliter conceptus
suorum verborum in animo generabit. – Dagegen tritt in unserem Zusammenhang die
Formel »affectus psalmorum« mit der Absicht auf, die Einzigartigkeit des Psalters unter
allen Teilen der Schrift zu beschreiben. Luther spricht von dem »affectus verborum« bereits in der Römerbriefvorlesung (zu 12,12 triplex attentio; WA 56, 467,19–22): Spiritualis Seu affectualis [est attentio], Vbi attenditur ad affectum seu spiritum verborum, Vbi
cum gementibus gemit, cum gaudentibus gaudet, cum Iubilantibus Iubilat et in omnem
Verborum motum sese accomodat. Hec est vera oratio. Das ist, wie Luther sogleich präzisiert, der Fall beim Psalmengesang (psallere).

Psalter enthält Affekte, und es gibt keinen Affekt, den er nicht enthielte. So redet die monastische Tradition des Ostens und Westens, so reden ihre Nachfolger[82]. Es handelt sich um einen allgemein anerkannten Grundsatz aus der Epoche der Theologie des Psalters. Enthält er aber alle Affekte, so ist dies zunächst nichts als Eröffnung des Chaos möglicher Affekte. Was als Lob des Psalters gedacht war, könnte in Wahrheit sein Ruin sein. Solange Affekte schlechthin Affekte sind, liegt kein vernünftiger Sinn darin, zu einem Ort aller Affekte einzuladen. Sinnvoll ist dies nur, wenn zwischen Affekt und Affekt wohl unterschieden werden kann. Das Chaos der Affekte eröffnet nichts als endlosen Kampf aller Affekte gegen alle. Dagegen, sobald zwischen den Affekten unterschieden wird, bleibt zwar der Kampf, aber geordneter, regulierter, auf ein Ende hin geschehender. Jetzt wird sichtbar: Die »palaestra affectuum« ist wohl knapp vermiedenes Chaos aller Affekte. In ihr stehen nicht einfach Affekte gegen Affekte, sondern »affectus nostri« gegen »affectus psalmorum«. Folglich kann der Psalter »alle Affekte« nur enthalten, wenn im Begriff des Affekts Psalmaffekte von den Affekten der Menschen unterschieden werden. Psalmaffekte bekämpfen sich untereinander nicht. Nun findet aber Ringen und Kämpfen statt. Folglich enthält der Psalter auch »unsere« Affekte, aber so, daß er sie als durch »seine« Affekte besiegbar enthält. Daß der Psalter alle Affekte umfaßt – die Drohung des Chaos –, ist unmittelbarer Hintergrund der Unterscheidung von »affectus nostri« und »affectus psalmorum«.

So kommt der fundamentale Sachverhalt zustande: Wir haben nicht einen Affektbegriff, sondern zwei. Dementsprechend begegnet der Affekt im Einleitungssatz von Luthers ›Monitum‹ zweimal: als zu verlassender wie als zu erreichender. Affekt ist nie nur negativer Begriff – in dem Sinn, wie die Stoa bestrebt war, Affekte zu exstirpieren –, sondern er ist negativ und positiv zugleich. Sonst käme keine »palaestra affectuum« zustande. Ihr Gesetz hat Melanchthon treffend mit dem Satz beschrieben: »affectus affectu vincitur«. Die Palaestra nimmt diesem Satz jeden mechanistischen, fatalistischen Klang.

---

[82] Athanasius von Alexandrien, Epist.ad Marc., c. 10 (MPG 27, 20C): der Psalter enthält τὰ ἑκάστης ψυχῆς κινήματα; c. 13 (25B): er enthält ebenso τὴν ἑκάστου κινήματος θεραπείαν τε καὶ διόρθωσιν; c. 30 (41C): Ἡγοῦμαι γὰρ ἐν τούτοις τοῖς λόγοις τῆς βίβλου τὸν πάντα βίον τῶν ἀνθρώπων, τάς τε τῆς ψυχῆς διαθέσεις, καὶ τὰ τῶν λογισμῶν κινήματα μεμετρῆσθαι καὶ περιέχεσθαι· καὶ μηδὲν πλέον τούτων ἐν ἀνθρώποις εὑρίσκεσθαι. – Zu Augustin s.u. Anm. 381. – Johannes Cassian, Conl. X, 10,3: die formula pietatis »deus in adiutorium meum intende: domine ad adiuuandum mihi festina« (Ps 69,2) enthalte omnes adfectus (cf. X, 12,1); X, 11,4: Der Psalmbeter als omnes … psalmorum adfectus in se recipiens; X, 11,6: er findet umgekehrt alle eigenen Affekte in den Psalmen wieder, omnes … adfectus in Psalmis inuenimus expressos. – Johannes Mauburnus, Rosetum, Basel 1504, tit. 5 c. 7 not. 9 (f. 18ᵛb): psalmi secundum Augustinum cuiuslibet intentionis affectum et sensum includunt; tit. 5 c. 7 § 1 (f. 19ʳb): in affectum omnes psalmi trahi potuerunt.

Ziel ist nicht, aus Affekten überhaupt herauszuführen, sondern aus den falschen heraus in die richtigen hinein. »Palaestra affectuum« kommt erst zustande, wenn – nach Melanchthons Formel – ein »discrimen adfectuum« vollzogen wird. Dies geschieht zwischen den Affekten, die unserer Natur angeboren sind, und den »spiritus adfectus«, die, wie Melanchthon im Rückblick auf Luthers Psalmenauslegung sagt, nirgends anders als in Psalmen richtig zu erkennen sind[83].

Nun würden wir den Unterschied zwischen unsern, den fleischlichen Affekten und den Affekten des Geistes nachvollziehen können, wenn nicht die Affekte des Geistes ausschließlich als Psalmaffekte präsentiert würden. Der Psalter enthält »et verba et affectus« – aber wie? Wir nannten den Ausdruck »affectus psalmorum« eine unmögliche Möglichkeit. Möglich sind allenfalls »affectus nostri«, wobei man allerdings zweifeln kann, in welchem Ausmaß Affekte überhaupt einem Menschen zueigen sein können. Aber »affectus psalmorum« sind geradewegs unmöglich, weil ihnen das belebte Substrat fehlt. Zwischen der Unmöglichkeit, den Psalmen Affekte zuzusprechen, und der unmöglichen Möglichkeit, es dennoch zu tun, besteht dieselbe Spannung wie zwischen »liber psalmorum« und »psalterium«. Daraus folgt, daß es so etwas wie »affectus psalmorum« nur gibt, sofern es ein vom »liber psalmorum« unterscheidbares »psalterium« gibt. Das Kennzeichen »psalterium«, ausgesagt von einem Buch, erzeugt denselben Spannungsgrad wie »affectus«, von einem Buch ausgesagt. Die manifeste Unwahrheit, deren Wahrheit hier behauptet wird, impliziert beidesmal eine Metapher. Nun ist es nicht ratsam, bereits in den ersten Sätzen eines Gedankengangs ohne Not von einer Metapher Gebrauch zu machen. Aber dies ist der Fall, in »psalterium« wie in »affectus psalmorum«. Offenbar geht es Luther in der dritten Sprachebene des ›Monitum‹ darum, durch Einführung der »affectus psalmorum« die Ebene von »psalterium« zu erreichen. In der metaphorischen Spannung dieser Begriffe steckt die ganze Bewegung einer Theologie des Psalters. Wenn er daher fortfährt: »Cum enim psalterium sit …«[84], so ist der jetzt folgende Satz mit dem Gewicht der Erwartung zu belasten, hier werde von Psalterium in präzisem Sinn gesprochen: Psalmbuch, sofern es der Psalmaffekte fähig ist. Und ebenso: hier werde eine Formel geboten, der zu Recht der Rang einer Psalterformel zukommt. Das in der Psalterformel unscheinbar enthaltene

---

[83] Melanchthon, Loci communes rerum theologicarum 1521, StA II/1, 13,13.30; 14,3; 15,4f; cf. 16,6: Variationen des Satzes »affectus affectu vincitur«. Der Ort dieses Geschehens von Sieg oder Niederlage ist das Herz (cor 13,21; 15,13f.22ff; 16,30). Dazu W. MAURER, Der junge Melanchthon zwischen Humanismus und Reformation II, Göttingen 1969, 244ff. »De discrimine adfectuum« handelt Melanchthon im Brief an Spalatin vom Anfang September 1521, StA VII/1, 131f; cf. Lib. de anima, StA III, 321–324. Dort heißt es von den »spiritus adfectus«: Nec adfectus isti aliunde quam ex psalmis rectius intelliguntur.

[84] WA 5, 46,15ff = AWA 2, 62,8ff.

»quaedam« könnte ein sensibles Signal dafür sein, daß ihre Wahrheit nur als metaphorische Wahrheit zu haben ist.

Rückblickend läßt sich die Wendung »In fine hoc monendum« erst richtig verstehen. Sie heißt in Wahrheit: »Initio hoc monendum«. Daher wird versprochen: »Facto hoc initio omnia sequentur«. Daß das Ende Anfang ist, entspricht nur dem Leben selbst. »Vita nostra initium et profectus est, non consummatio«[85]. Exemplarisch findet sich derselbe Sachverhalt in der ›Regula Benedicti‹. Angelangt am Schluß, behauptet Benedikt: das war nur Anfang[86]. Die Rede, die Luther hier führt, steht vermutlich in der Fernwirkung der ›Regula‹. »Fac periculum«, »fac initium!« Sei es Psalmvers oder Bruchstück eines Psalmverses, worauf die benediktinische Liturgie des ›Psalterium per hebdomadam‹ reduziert wird – einerlei, wenn nur der Gebrauch beginnt »per diem vel etiam hebdomadam«[87]. Die Tätigkeit des »exercere« macht bereits das Kleinste zur »palaestra et exercitium«. Wir nannten den Psalter eine Art Affektspeicher. Dies ist nicht mißzuverstehen, als versetze der Speicher den Empfänger in bloße Passivität. Vielmehr ist erstaunlich, daß Luther, immer in monastischer Tradition, den Umgang mit dem Psalter in kräftigen Verben der Aktivität schildert. Statt Affekte aus dem Psalter bloß rinnen zu lassen, gilt es, den Psalmen Affekte durch Aktivität und Initiative erst einzuhauchen[88]. Der Klage über Verstummen des Psalters wäre nur insoweit stattzugeben, als sie Klage über die Unfähigkeit solchen Beginnens ist, sei es aus Acedie oder Desperation[89]. Ohne Anfang nichts, mit Anfang Verheißung von nicht weniger als allem. Anfang ist das, was sich schlechthin nur tun läßt.

b. Gesang. Was geschieht im Psalterexercitium, von dem wir jetzt annehmen wollen, es sei begonnen? Zuerst ist deutlich: Alles, was geschieht, geschieht als Lesen. Das Exercitium ist Übung im Lesen. Offenbar eine bestimmte Art des Lesens, nämlich so, daß dabei zugleich der Affekt bewegt wird. Nun würde man vielleicht das Lesen fürs erste als Vermittlung intelligibler Inhalte verstehen. Hier dagegen wird es gefordert als etwas, was zugleich die Affekte bewegt. Durch drei Verse des ersten Psalms hindurch betreibt Luther die

---

[85] WA 5, 23,12 = AWA 2, 14,13.
[86] Reg. Ben. 73,1: Regulam autem hanc descripsimus, ut hanc observantes in monasteriis ... initium conversationis nos demonstremus habere. 73,8: hanc minimam inchoationis regulam descriptam; hier die drei Stufen: initium/inchoatio – perfectio – celsitudo/culmen. S.u. bei Anm. 164.
[87] WA 5, 47,2 = AWA 2, 63,15: liturgietechnische Termini.
[88] WA 5, 47,1ff = AWA 2, 63,15f: unum versiculum ... affectibus vivum et spirantem facere. Dementsprechend WA 5, 46,17f = AWA 2, 62,11: oportet simul affectum movere.
[89] WA 5, 47,4f = AWA 2, 63,17f: tantum vide, ne taedio ac desperatione absterrearis inchoare. – Taedium als Acedie: Johannes Cassian, Inst. X, 1,1. – Ähnlich Quintilian in seiner ars memoriae: Inst. orat. XI, 2, 40–42.

Übung, was es wohl heißen könne, über den intelligiblen, bereits in ›Vocabularium‹ und ›Expositio‹ erhobenen Inhalt hinaus Affekte darauf zu ziehen.
Es fällt auf, daß der oberflächliche Sinn des Lesens von Vers zu Vers zunehmende Präzisierung erfährt: »quando legis«, »dum sonas«, »dum … audis«[90].
Lesen gewinnt desto mehr den Charakter eines Exercitium, je weniger der
intelligible Inhalt, das Gelesene, vom Lesen als bloßem Mittel des zu Lesenden wieder abgezogen wird. Tritt das Lesen in seiner eigentümlichen sinnlichen Vermittlung, d.h. in seinem Tönen, hervor, dann widerfährt dem Leser,
daß er in ein und demselben Moment liest, tönt und hört. Hören als ausschließlich inneres Vernehmen wird durch das stattfindende Tönen wider-
legt.

Wohl alle drei Verben des Lesens, Lesen schlechthin, Tönen und Hören,
treffen sich im Wort »psallere«, Psalmensingen. Nicht ist Psalmensingen an
sich bereits rechtes Psalmensingen. Sondern nach 1.Kor 14,14f stellt sich die
Frage nach der Fruchtbarkeit. Bei Paulus so: Wenn zwar die Zunge tätig ist
und damit auch der Geist, untätig aber der Sinn, dann entsteht Fruchtlosigkeit. Fruchtlosigkeit ist, weil an Verstehbarkeit zu messen, ein glossolalie-
kritisches Stichwort. Daher die paulinische Folgerung: »Orabo spiritu, orabo
et mente: psallam spiritu, psallam et mente«. In seinem natürlichen Gefälle
vollzieht dieser Satz den Übergang von Psalmensingen schlechthin zu frucht-
barem Psalmensingen. Der Weg führt vom Affekt zum Intellekt. Dagegen bei
Luther läuft der Gedankengang umgekehrt vom Intellekt zum Affekt. Gegenstand des ›Monitum‹ ist der affektive Umgang mit dem Intelligiblen. So
kommt es, daß der Gesichtspunkt der Fruchtlosigkeit nicht wie bei Paulus
das Ausbleiben des Verstandes, sondern das Ausbleiben der geistlichen Affekte betrifft. Jetzt wird aus »psallam spiritu, psallam et mente« geradezu »psallam
mente, psallam et spiritu«. Dies führt zu der Aussage: »sine fructu psallit, qui
non spiritu psallit«. Wie es denn Fruchtbarmachung des Psalmbuchs ist,
wenn dieses zur Ringschule der Affekte und dadurch erst recht zu einem
Psalterium wird. Es ist wohl der Druck der Tradition der mystischen Theologie, der Luther zur Umkehrung der paulinischen Stoßrichtung veranlaßt[91].

---

[90] WA 5, 46,17.23.29 = AWA 2, 62,10; 63,3.8.

[91] R. SCHWARZ, Fides, Spes und Caritas beim jungen Luther, Berlin 1962, 130 Anm.
164, hat fein beobachtet: »Die sonst übliche, auch von Bernhard und Gerson übernom-
mene Exegese [von 1.Kor 14,15] unterscheidet das orare und psallere mit dem Munde
(spiritu) von dem orare und psallere im Geiste (mente).« Dazu Johannes Gerson, Epist. 49
(Œuvr. compl. [GLORIEUX] 2, 232.244); Coll. sup. Magn. 2 (8, 180). S.a. Erasmus LB V,
427C. In diesem Verständnis kann sich »psallere spiritu, psallere et mente« dem Sinn
nähern »psallere ore, psallere et corde.« – Der Sinn verkehrt sich, sobald das paulinische
Diktum unter den Einfluß der mystischen Theologie und ihren wiederholten Appellen
gerät, a theologia intellectus ad theologiam affectus, de scientia scilicet ad sapientiam, de
cognitione ad devotionem voranzuschreiten (Gerson, De vit. spir. an. I, 12; aaO. 3, 127).
Jetzt tritt die Zweiheit intellectus/affectus auf, die SCHWARZ aaO. so beschreibt: »Die

Wenn nun der »liber psalmorum« eine Schule des Intellekts – gerade auch geistlichen Intellekts – ist, »psalterium« dagegen Ringplatz der Affekte, und zwar der geistlichen gegen die fleischlichen, dann fällt ein scharfes Licht darauf, was Lesen als Hören und Tönen sein müßte. Der Intellekt benötigt Hören und Tönen um ihrer selbst willen nicht, vielmehr darf er sie nach eingetretener Erkenntnis alsbald vergessen und verlassen. Dagegen liebt der Affekt es, hängenzubleiben im Ton, ja sich darin zu verstricken. Töne sind hervorragendes Mittel zur Kundgabe und zum Empfang von Affekten. Daher die Frage: Wenn Luther beim Übergang zum ›Monitum‹ fortschreitet von der Intellektschule zur Ringschule der Affekte, impliziert dies einen musikalischen Sinn? Sodaß dem Lesen als Tönen und Hören mehr als episodische Aufmerksamkeit zukäme? Oder mit anderen Worten: Muß Interesse an Affekten zugleich auch das Interesse an der Musik beleben? Wenn das Psalmbuch, als Gegenstand des Intellekts, ins »studium« gehört, Psalterium aber, als Gegenstand des Affekts, in die »palaestra«: ist dann Palaestra im wesentlichen ein Geschehen in und aus Musik? Sodaß Lesen Singen wird?

Explizit steht davon in Luthers Text nichts. Im Gegenteil, was explizit dasteht, spricht sogar dagegen, dem affektiven Umgang mit dem Psalter einen musikalischen Sinn abgewinnen zu wollen. Das Thema der musikalischen Psalterpraxis begegnet zwar, aber explizit negativ. Während es schien, als lasse sich die paulinische Formel »et mente et spiritu« interpretieren mit »et intellectu et affectu« und zuspitzen auf den musikalischen Sinn, der vom leisen intellektuellen Lesen zu lautem affektiven Tönen, Hören und Gesang führt, bricht Luther diese Spitze einfach ab, indem er zwar ausdrücklich den Psalter als musikalische Verlautbarung erwähnt, aber Verlautbarung leider nur so, daß dabei weder Intellekt noch Affekt je am Werke sind. So wie der Psalter üblicherweise erklingt, sei er ein Geschehen »sine mente et spiritu«. Und wie

---

Deutung von spiritus und mens in 1.Kor.14,15 auf den Affekt und den Intellekt (…) ist mir bisher nur bei Lyra z.St. begegnet: ›Orabo spiritu, orabo et mente‹ i.e. affectu et intellectu.« Da aber die mystische Theologie die Zweiheit intellectus/affectus immer in diesem, nicht aber im paulinischen Gefälle gebraucht, können Sätze entstehen, die 1.Kor 14,15 umkehren: »orabimus mente, orabimus spiritu« (Gerson, De pass. an.; aaO. 9, 1), oder: »erigendus est affectus, ut, quod psallitur voce, psallatur et mente et spiritu« (Luther, WA 5, 197,38ff = AWA 2, 355,3f; cf. WA 5, 47,20 = AWA 2, 64,5: »sine mente et spiritu«). – Luther hat 1.Kor 14,15 »Psallam spiritu, psallam et mente« seit der 1. Psalmenvorlesung (WA 55/1, 2,1ff; WA 56, 467,5.22f) mit affectus/intellectus interpretiert, d.h. mit der Tendenz zur Umkehrung des paulinischen Gefälles, die in WA 5, 46,16 = AWA 2, 62,9f manifest hervortritt. Implizierte die paulinische Glossolaliekritik immer auch Musikkritik, dann eröffnet die Umkehrung durch Luther eine neue Zuwendung zur Musik, im Spannungsfeld zwischen affectus spiritualis und sensualis. Denn es gilt: »das psalmum dicere ist ein intellektives Erkennen … (verbum est intellectus). Erst in der vox, in der lebendigen singenden (…) Sprache, beteiligt sich der Affekt (vox est ipsius affectus)« (SCHWARZ, aaO. 133 Anm. 168, zu WA 4, 140,31ff).

Luther, sobald er den Höreindruck herkömmlichen Psalmengesangs schildert, quer durch sein Werk hindurch ein stattliches Bestiarium von allerlei Eseln, Hunden etc. als jeweilige Verursacher aufruft, so führt er für diesmal die Fliegen hervor und opponiert dem wahren Umgang mit dem Psalter im geistlichen Affekt die Praxis des landauf landab gesungenen Psalters, ein Geräusch, wie wenn ein Fliegenschwarm mit Flügeln surrt: Spottbild des wahren Gottesdienstes[92]. Nun stehen in extremstem Gegensatz zwei Psalterien gegenüber. Dort das Geschehen gemäß »psallam spiritu, psallam et mente«; hier dessen Parodie »sine mente et spiritu«. Offenbar desto klingender das Psalterium, je mehr letzteres. Dort die Idealgestalt, Psalterium

> nonnisi affectuum quaedam palaestra et exercitium;

hier das Psalterium als Klang, nichts

> nisi quoddam examen muscarum alis suis murmurantium.

Noch in ihrer provozierenden Entgegensetzung berühren sich diese beiden Formeln in ungewollter Nähe und Beziehungslust[93]. Das stiftet dazu an, das Fliegenbild gegen seine Intention als Vorbild für den erst noch zu suchenden musikalischen Sinn der »palaestra affectuum« zu lesen.

Erklingender Psalter als Fliegengesumm ist eine so überaus gelungene Perversion, daß sie, wenn dechiffriert auf dem Wege einer Perversion der Perversion, geradezu Aussichten auf den unpervertiert klingenden Psalter eröffnet. Faktisch hat Luthers Persiflage das Verstummen des Psalters mitbewirkt oder das an sich schon im Gang befindliche Verstummen beschleunigt. Aber nichts hindert, sie – unbekümmert durch die faktische Wirkung – als unfreiwilliges Dokument liturgischen Psalmengesangs zu lesen. Es fällt nicht schwer, im tierpsychologischen Sachverhalt des Wechselsingens (Anaphonie) von Insekten[94] die übliche Wechselchörigkeit (Antiphonie) des Psalmengesangs wiederzuerkennen. So vermag der Wechselgesang der Zikaden Vordeutung auf die philosophische Wechselrede zu sein: deren Inspiration, nicht

---

[92] WA 5, 47,18–22 = AWA 2, 64,3–7: Quid enim putas deo videatur boatus ille aut murmur, quo passim templa occupantur sine mente et spiritu, nisi quoddam examen muscarum alis suis murmurantium? Cui si id addas, ut credas deo ista placere, ludibrium et phantasma ex deo vivo et vero feceris.

[93] Die Psalterformel wird, abgesehen von ihrem Spottbild des Fliegengesumms, gelegentlich variiert: psalterium [est] gymnasium fidei et spiritus (WA 5, 351,26 = AWA 2, 617,15f – iam saepe dixi! [s. u. Anm. 183]); ähnlich WA 5, 319,22ff; 460,16ff = AWA 2, 559,3ff; AWA 3. Ferner gilt vom Kloster als genuinem Ort der Psalterformel: Erant … monasteria vere quaedam gymnasia Christianae libertatis exercendae et perficiendae (WA 5, 39,18f = AWA 2, 50,8f).

[94] A.S. Weih, Untersuchungen über das Wechselsingen (Anaphonie) und über das angeborene Lautschema einiger Feldheuschrecken, Zeitschr. f. Tierpsychologie 8, 1951, 1–41. Weih unterscheidet respondierenden und rivalisierenden Wechselgesang (3).

etwa deren Persiflage[95]! Und was die eigens erwähnten Flügel der Insekten anlangt, so ist wohl daran zu erinnern, daß Flügelschlag die Menschen des Altertums in die Nähe der Musen[96], die des Mittelalters in die Nähe der Engel[97] versetzte. Und wiederum ist es nicht Persiflage, sondern sinnreiche Bildlichkeit, wenn der Psalmsänger im Bild der summenden Biene gemalt wird[98]. Sogar wenn wir aus den bisherigen Geräuschen alle Belebtheit tilgten und nichts übrigbehielten als reinen »murmur«[99], so ist selbst dieser weniger die heruntergekommene Endgestalt einstmaligen Gesanges, als vielmehr Aufdeckung der Unmöglichkeit eines akustischen Vakuums, aus deren Wahrnehmung alle regulierte Musik und aller Gesang allererst hervorgehen. Daraus folgt, daß selbst das Psalterium als nichts »nisi quoddam examen muscarum alis suis murmurantium« – diesem Spottbild aus dem Arsenal tierischer Liturgieparodie und Teufelsmusik, dem wahren Psalterium so entgegengesetzt wie nur möglich[100] – überraschenderweise genötigt wird, seinen präzisen musikalischen Sinn preiszugeben, der geradezu als Vorgestalt von Psalmengesang

---

[95] Platon, Phaidr. 259a (διαλεγόμενοι, dreimal). Dazu R. HAMMERSTEIN, Von gerissenen Saiten und singenden Zikaden, Tübingen 1994, 92.

[96] W.F. OTTO, Die Musen und der göttliche Ursprung des Singens und Sagens, Düsseldorf 1954, 61; R. BÖHME, Unsterbliche Grillen, Jahrb. d. Dt. Archäol. Instituts 69, 1954, 49–66.

[97] R. HAMMERSTEIN, Die Musik der Engel. Untersuchungen zur Musikanschauung des Mittelalters, Bern 1962¹, 1990², 24: »Der Flügelschlag der Engel erzeugt einen übermächtigen Ton … Aus dem schrecklichen Getöse des Flügelschlages wird ein harmonischer Ton« (cf. 19). S.u. Anm. 571f.

[98] Vita Ioannis abbatis Gorziensis (MPL 137, 280D): in morem apis psalmos tacito murmure continuo revolvens. Dazu I. ILLICH, Im Weinberg des Textes, Frankfurt/M. 1991, 58). – Auch Luther braucht in derselben Auslegung des ersten Psalms ein ähnliches Bild für die Praxis der Meditation, nicht als Persiflage, sondern als pulchra sane metaphora: ut garritus avium est exercitium, ita hominis (…) exercitium sit sermocinatio in lege domini (WA 5, 34,5–7 = AWA 2, 42,2–4).

[99] Luther spricht von »murmur« nur negativ im Kontext der Kritik kirchlicher Gebräuche: WA 5, 47,19f; 102,28; 198,22; 584,15 = AWA 2, 64,4f; 170,21; 356,10; AWA 3. Dagegen »murmur« als elementarstes Signal einer sprechenden Welt im schönen Aufsatz von L. BALDINI MOSCADI, ›Murmur‹ nella terminologia magica, SIFC.NS 48, 1976, 254–262, 260: »»murmur‹ esprima tutta la gamma delle voci della natura, non solo quelle sommesse, ma anche quelle indistinte, non articolate secondo un schema di pensiero: si tratta di suoni acuti o gravi, bassi o alti, ma non chiaramente definiti o intelligibili, per cui costituiscono un ›murmur‹.« Den Schritt von »murmur« zur Sprache vollzieht das »carmen« (261f). – Zum liturgie- bzw. kommunikationstheoretischen Status von »murmur« s. W. HOGREBE, Das Gemurmel der Gemeinde: Aus der Schule Karl-Otto Apels, AZP 11, 1986, 59–66.

[100] R. HAMMERSTEIN, Diabolus in Musica. Studien zur Ikonographie der Musik im Mittelalter, Bern 1974, 69ff. Zwar: »Teuflische Musik empfängt ihren Charakter und ihre Maßstäbe aus der Negation und aus dem Kontrast. Sie ist das Gegenbild himmlischer und irdischer liturgischer Musik. Doch ist auch sie zuletzt Bestandteil des universalen Lobgesangs der Schöpfung, diese gerade durch die Negation bestätigend« (93; cf. 19.116f).

gelten kann, wie er sich von einem Psalterium als »nonnisi affectuum quaedam palaestra et exercitium« vermuten läßt.

Im Rückblick erscheint Luthers ›Monitum‹ als Übergang vom intellektuellen zum affektiven Umgang mit dem Psalter, als Übergang vom Psalmbuch
zum Psalter. Oder, wie jetzt gesagt werden kann, als Übergang vom leisen
zum lauten Lesen. Vom lauten Lesen – wenn man der bisherigen Argumen-
tation folgen will – wäre sogar zu behaupten, es sei Psalmengesang. »Psallere«
enthält die Spannweite aller Gestalten des Lesens mit dem Ziel, schließlich
zum Gesang zu gelangen. Alles bloße Sagen ist vorwiegend Tätigkeit des
Intellekts, die sich auf den Psalm nur nach seiner Bedeutungsebene oder als
Lehre bezieht. Sobald aber im Doppelgebilde der »vox significativa« der Ge-
sichtspunkt der Stimme (»vox«) verstärkt wird, geht das Sagen in Singen über.
Aber wiederum keine Verstärkung der Stimme, ohne daß Verstärkung des
Affekts vorausginge. So gehört das schlichte Wort zum Intellekt, die singende
Stimme zum Affekt[101]. Zwar ist auch zum Sagen Stimme erforderlich, aber
Stimme nur als zu vernachlässigendes Substrat der Bedeutung. Sobald aber
das für den Intellekt zu Vernachlässigende als solches von Gewicht wird, geht
Sagen in Singen über, und eben damit tritt der bisher zurückgehaltene Affekt
»nur desto stärker« hervor. Jetzt ist vollkommen klar: Wenn Luther vor allen
anderen Büchern der Schrift den Psalter rühmt, weil er »et verba et affectus«
enthält und also nicht nur lehrt, sondern bringt, was er lehrt, so bringt er es
auf keine andere Weise als dadurch, daß er Stimme (»vox«) hat und ist, und
zwar eine solche, die nicht nur Bedeutung trägt, sondern auch Wirkung erzeugt. Das Psalmbuch bedeutet. Der Psalter wirkt, was er bedeutet, weil er
ist, was er bedeutet. Das Psalmbuch hat Stimme als Wort, das den Intellekt
sucht. Der Psalter hat darüber hinaus Stimme als Gesang, der den Affekt ruft.
Es wird deutlich: »affectus psalmorum«, dieser schwer deutbare Ausdruck mit
seinem metaphorischen Mehr, verweist auf erklingendes Psalmwort mit seinem einzigartigen Plus des Gesangs. Wenn daher in Luthers ›Monitum‹ das
Thema des Affekts, das, solange nur der Intellekt gefragt ist, leicht der Aufmerksamkeit entgeht, als solches wahrgenommen wird, mit dem Affekt aber
auch die tönende Stimme nicht nur als Bedeutungsträger, sondern insofern
sie selbst von Bedeutung ist ins Zentrum rückt, dann folgt: »psalterium affectuum palaestra« ist der Psalter nur als Klangschule. Damit stimmt völlig überein, daß Psalterium in strengem Sinn Psalmbuch plus Klang ist.

c. Psalterspiel als Spiel der Affekte. Alle Linien des Textes sammeln sich schließlich in dem einem Satz, der die »palaestra affectuum« im Spiel der Kräfte als

---

[101] WA 4, 140,31–34: Nota, quod cantare et dicere differunt, quod psallere vel psalmum dicere et tantummodo intellectu agnoscere et docere. Sed vocem addendo fit cantus,
que vox est affectus. Sicut ergo verbum est intellectus, sic vox ipsius affectus.

Psalterspiel beschreibt[102]. Zunächst sind folgende Gesichtspunkte zu erinnern: 1. In der Ringschule der Affekte ringt Affekt gegen Affekt, unsere Affekte gegen Psalmaffekte, fleischliche gegen geistliche. 2. Daß aus dem Buch der Psalmen ein Psalterium wird, Ort des Ringens und Spielens, geschieht durch den Affekt, und 3. sobald Affekte in der Stimme laut werden oder werden sollen, wird diese zu Gesang. Kein Affekt ohne Klang. Wenn aber im affektiven Umgang mit dem Psalter die Palaestra zum Klanggeschehen wird, so entsteht Psalterspiel. Jetzt ist der Zusammmenhang von Affekt und Musik eigens ins Auge zu fassen. Abstrakteste Gemeinsamkeit zwischen beiden ist Bewegen und Bewegtwerden[103]. Bewegung geschieht beim Psalterspiel sinnfälllig als »percutere manu citharam«. »Psallere« ist ursprünglich »zupfen«. Gewiß erinnert »percutere manu citharam« als Redeweise des Alten Testaments an Davids Saitenspiel vor Saul. Aber hier und jetzt, im affektiven Umgang mit dem Psalter, ist kein Instrument zur Stelle und folglich auch kein wirkliches Zupfen. Es geht sowenig um Zupfen, wie es um das Psalterium als Instrument geht. Sondern der Akzent liegt auf »vere psallere«, definiert als »spiritu psallere«. Wird aber aus Psalterium ein »verum psalterium«, dann wäre konsequenterweise ein »psalterium spirituale« zu erschließen. Dies klingt jedoch so hochallegorisch, daß sich kein bestimmter musikalischer Sinn mehr damit verbindet. Aber nun ist »psalterium spirituale« durchaus nicht Ausdruck für allegorische Spiritualisierung und Musikflucht. Wenn auch zum »vere psallere« keinerlei »revera psallere« erforderlich ist, so hält doch der Psalmode beim Psalterspiel ein Instrument in der Hand, zwar nicht Musikinstrument, aber Buch, das nach diesem Instrument heißt. Wird mit »vere psallere« der sensus litteralis negiert, so ist ein bildlicher Satz zu erwarten[104]. Wahres Psalterspiel geschieht, indem anstelle des Musikinstruments das Psalmbuch gespielt – »gezupft« – wird. Ob damit die Vorstell-

---

[102] WA 5, 47,5–9 = AWA 2, 63,18–22: Nam hoc vere est psallere seu, ut scriptura de David dicit, percutere manu citharam. Leves enim articuli illi citharoedorum, qui per fidiculas currunt et eas vellicant, ipsi affectus sunt in verbis psalmorum cursitantes et eadem moventes, sine quibus ut cordulae non sonant, ita nec psalmus psallitur, quia non tangitur. »Denn das heißt in Wahrheit zupfen, oder, wie die Schrift von David sagt (1.Sam 16,16.23; 18,10), mit der Hand die Harfe schlagen: Die leichtgängigen Fingerglieder der Kitharoden, die über die Zithern hin laufen und sie zupfen, sind nichts anderes als die Affekte, die in den Psalmworten rasen und sie in Bewegung bringen; wie dort Saiten ohne Finger nicht gezupft werden, so hier: kein Psalm wird gezupft, ohne daß er berührt wird.«

[103] Affekte als Subjekt des Bewegens: affectus sunt ... moventes (WA 5, 47,7f = AWA 2, 63,20f), als Objekt des Bewegtwerdens: oportet ... affectum movere (WA 5, 46,17f = AWA 2, 62,11); musica als Subjekt von Bewegung (WA 5, 89,19–27 = AWA 2, 144,7–11).

[104] Der Anm. 102 zitierte Satz des Psalterspiels enthält Bildhälfte (Kitharaspiel) und Sachhälfte (Spiel der Affekte), »ut« und »ita«.

barkeit der klanglichen Erscheinung des Psalters eher gestört oder gefördert wird, ist jetzt zu fragen.

Insgesamt dient der Satz vom Psalterspiel der Antwort auf die schwierige Frage: Was sind »affectus psalmorum«? Der Psalter enthält, so wurde behauptet, in einzigartiger Weise »et verba et affectus«. Aber wie kommen die Worte zu ihren Affekten? Folgende Beobachtungen sind zu machen. 1. Zwar ruhen die Affekte im Psalmbuch wie in einem Speicher. Aber ruhende Affekte sind keine Affekte. Daher kommt es auf den aktiven Beginn des Psalterspiels an, aus dem der Schatz aller Intelligenz und Affektion in wunderbarer Vermehrung reichlichst hervorgeht. Wie Saiten ungezupft stumm bleiben, so kommen aus dem Psalter Affekte nicht hervor, ohne daß sie zuerst an ihn herangebracht wurden. Es bedarf der Aktivität, wie sie im Bild des Berührens und Zupfens als Sache des Anfangens und Übens erscheint. Allerdings bliebe Aktivität für sich allein leer, wenn sie nicht auf frühere Passivität stößt. Im Bild stößt sie auf das gegebene Instrument, das alle Musik bereits enthält, in der Sache auf das gegebene Buch, das alle Affekte umfaßt. Soweit läßt sich der Satz vom Psalterspiel nach Bild- und Sachhälfte referieren. 2. Aber wozu überhaupt ein Bild? Offenbar ist die Sache der »affectus psalmorum« so dunkel, daß sie nach Erhellung ruft. Das Bild springt ein und erläutert: Worte kommen zum Affekt, wie Saiten zum Klang. Die Absicht ist, nicht nur zu behaupten, das Psalmbuch sei Psalter, sondern durchzuführen, wie es zu einem solchen wird. Zur Durchführung bedarf es der bildlichen Anleihe. Aber deren Essenz ist die Klangleihe. Dient somit der Bildtransport in Wahrheit dem Klangtransport, so muß im Klang die Antwort auf die gestellte Frage liegen. Die Worte kommen zu ihren Affekten, weil beide sich im Klang berühren, oder m.a.W.: »affectus psalmorum« gibt es in einzigartiger Weise bei Psalmen, sofern diese klingen. 3. Ist das Bild nötig um der Sache willen, dann gelangt das vermeintlich bloße Bild selbst in den Rang der Sache. Bildtransport ist möglich, weil Bild und Sache bereits durch ein gemeinsames Medium verbunden sind. Klang und Affekt kommunizieren ungezwungen hin und her. Oder, um vorsichtiger zu reden: Klang und Affekt, so verschiedenen Seinsbereichen sie auch angehören mögen, berühren sich. Nun gilt auf der Bildseite: Psalterspiel beginnt, sobald die Saiten gezupft, auf der Sachseite: Affektspiel beginnt, sobald die Worte berührt werden. Berührung geschieht, wenn ein an sich wohl der Ausrationalisierung fähiger Seinsbereich, wie etwa Sprache, plötzlich einen anderen, etwa Klang, an sich zieht. In dieser Berührung liegt die metaphorische Wahrheit des Phänomens Psalter. Ohne Berührung keinerlei Psalm.

Bildliche Sätze über Psalterspiel gehören generell in den Umkreis der Psalterallegorese. Diese ist, wie in der Einleitung zu sehen war[105], überaus

---

[105] S. Anm. 23.

weit. Im Kontrast hierzu gewinnt Luthers Psalterspielsatz erst sein deutliches Profil. Häufig wird Psalterium oder ein anderes führendes Saiteninstrument als Bild für psychische oder psychophysische Zustände des Menschen gebraucht. Dann kann etwa in pythagoräischer Weise die Harmonie des Saiteninstruments übertragen werden auf die Harmonie der Seele, eine Übertragung, die in der Lehre von der Unsterblichkeit der Seele seit Platon eine umstrittene Rolle spielt[106]. Oder es ist, weniger anspruchsvoll, davon die Rede, daß die Stimme des Menschen in ihrer Verlautbarung von der Gestimmtheit der Seele ebenso abhängig sei, wie Saitenklang von der Stimmung des Instruments[107]. Dabei läuft der Bildtransport immer vom Saiteninstrument hin auf die Seele. Nun kann es auch geschehen, daß die Saiten des Instruments in direkte Beziehung zu den Affekten treten. Dann heißt es etwa: wieviele Affekte in einem Menschen, soviele Saiten auf einer Kithara[108], wie ja das Nervige der Affekte den Bezug zu Saiten unmittelbar nahelegt. Luthers Satz vom Psalterspiel hat mit allen geläufigen Psaltermetaphern überhaupt nichts zu tun. Während sich bei diesen der Bildtransport beschränkt auf die Beziehung des Saiteninstruments zu einem allerdings fundamentalen anthropologischen Sachverhalt, zur Seele oder zum Affekt, bezieht Luther das Saiteninstrument auf die Worte der Psalmen. Wie die »fidiculae«/»cordulae« des Instruments, so die »verba psalmorum«. Einzigartig ist diese Psaltermetapher, weil sie nicht auf den Zustand des Menschen, sondern auf das Psalmbuch zielt, das, wie es vorliegt, schlummernd und stumm, nichts

---

[106] Während Platon, Phaid. 85e–86d; 92cd, das Argument problematisch vortragen läßt, erscheint als eigentlicher Dogmatist der Lehre der Unsterblichkeit der Seele über den Vergleich zwischen Stimmung der Seele und Stimmung des Saiteninstruments der Aristoteliker Aristoxenos, dessen Sätze bei seinen Gegnern Cicero und Laktanz überliefert werden. Cicero, Tusc. I, 10,19 (fr. 120a WEHRLI): ut multo ante veteres, proxime autem Aristoxenos, musicus idemque philosophus, [animam esse] ipsius corporis intentionem quandam, velut in cantu et fidibus quae ἁρμονία dicitur: sic ex corporis totius natura et figura varios motus cieri tamquam in cantu sonos. Lactanz, Inst. VII, 13 (fr. 120c WEHRLI): sicut in fidibus ex intentione nervorum effici concordem sonum atque cantum, quem musici harmoniam vocant; Opif. XVI, 16f (fr. 120d WEHRLI): verum ille [Aristoxenus] si quicquam mentis habuisset, numquam harmoniam de fidibus ad hominem transtulisset. non enim canere sua sponte fides possunt, ut sit ulla in his conparatio ac similitudo viventis, animus autem sua sponte et cogitat et movetur, quod si quid in nobis esset harmoniae simile, ictu moveretur externo sicut nervi manibus, qui sine tractatu artificis pulsuque digitorum muti atque inertes iacent.

[107] Cicero, De orat. III, 57,216 (ORELLI I, 377): Omnis enim motus animi suum quendam a natura habet vultum, et sonum, et gestum: totumque corpus hominis, et eius omnis vultus, omnesque voces, ut nervi in fidibus, ita sonant, ut a motu animi quoque sunt pulsae. Nam voces, ut chordae sunt intentae, quae ad quemque tactum respondeant.

[108] Erasmus, Enarr. in psalm. 38 (1532): Quot sunt affectus in homine, tot sunt chordae in cithara (LB 5, 424F). Außerdem: Quemadmodum temperatura elementorum et qualitatum in corpore humano, tum animae et corporis conjunctio, et animae virium inter se modulatio, musica quaedam est, quam Boetius humanam appellat (425D).

anderes als wohlgespannteste Stimmung ist und nur darauf wartet, in Gebrauch genommen zu werden. Wie die zupfenden Finger des Kitharoden, so die Affekte des Psalmoden. Das Psalterspiel wird zum Spiel der Affekte, aber als Spiel mit dem Psalmbuch. »Wach auf, Psalter und Harfe!«

3. Aufriß

Der Text, den wir zu lesen begonnen haben, wird uns, wie es seinem Gewicht entspricht, noch weiter beschäftigen. Nicht nur beziehen wir in diesem § 1 *Psalterium affectuum palaestra* aus ihm den Titel, nicht nur den geschilderten Grundriß unseres Unternehmens, sondern jetzt auch die Anordnung der Gedanken zu einzelnen, nacheinander zu vollziehenden Arbeitsschritten. Bisher haben wir unterschieden zwischen Psalter und Vorreden auf den Psalter, und innerhalb der Vorreden wiederum zwischen längeren Texten und Psalterformel. Der Gattung nach sind drei Textsorten zugegen: Formel, Vorrede und Text selbst, und dies in einer Reihe, die vom Knappsten bis zum Weitesten führt. Somit ergeben sich drei Komplexe. Im ersten steht die Psalterformel zur Diskussion. Hier handelt es sich um knappe Begriffe, genauer, der Herkunft der Psalterformel aus einer Vorrede entsprechend, um Vorbegriffe, was heißen soll, daß ihnen, ihrer bleibenden Bildlichkeit wegen, immer etwas Hindeutendes anhaftet. Also setzen wir Kapitel I *Vorbegriffe.* Dazu gehören natürlich die auffälligen Termini der Affektübung, die zunächst klingen wie griechisches Original und lateinisches Äquivalent. Jedem von ihnen sei ein Paragraph gewidmet, und somit ergeben sich § 2 *Palaestra,* § 3 *Exercitium.* Nun war deutlich, daß alles, was mit diesen bildlichen Begriffen beschrieben wird, sich in und durch Lesen vollzieht; deshalb setzen wir § 4 *Lectio.* Nach solchen mikrologischen Abstotterungen hoffen wir in flüssigere Texte zu gelangen, nämlich zu in strengem Sinn sogenannten Vorreden. An Luthers ›Monitum‹ fällt auf, daß es gleich zu Beginn eine Gebärde der Reverenz gegenüber zwei Vätern vollzieht, Athanasius und Augustinus. Hier dürften wohl die stärksten Quellen für Luther als Verfasser von Vorreden zu vermuten sein. Da jeder von ihnen für ein ganzes Sprachgebiet steht, setzen wir § 5 *Athanasius und die griechische Tradition,* § 6 *Augustin und die lateinische Tradition.* Mit diesen beiden Paragraphen sind wir dem Beginn der Epoche der Theologie des Psalters sehr nahe. Aber dann ist am Ende dieser Epoche Luther selbst Verfasser einer Vorrede auf den Psalter. Daher können wir das Kapitel II *Vorreden* beschließen mit § 7 *Luther und der deutsche Psalter.* Aber zum Schluß sollten wir nach so viel historischer Kärrnerarbeit noch etwas frei beweglich werden in der Sache, um derentwillen die Mühsal des Anmarschs erduldet wird. Die Sache selbst ist der Psalter. Aber diese ist nur zu haben als Übung, die der Vorübung folgt. Psalter ist nicht Sache apart, sondern die Übung *ist* die Sache. Nun bleibt die eigentliche Übung jenseits dieses Buches, immer davor und danach. Daher formulieren wir für den dritten Komplex vorsichtig: Kapitel III *Vorstudien*. Hierher gehört in erster Linie der Begriff des Affekts, um den sich das Ganze dreht. Affekt ist das Tor zur Theologie. Dies sei daher der Anfang des dritten Teils: § 8 *Affekt*. Nun steht aber in der Psalterformel das leicht übersehene »quaedam«. Einmal erblickt, irritiert es. Wir hatten Anlaß, darin eine Musikmetapher zu vermuten. Musikmetapher heißt, daß wir es beim Psalmenlesen zwar mit Sprache zu tun haben, aber im ständigen Übergang zu Musik, wie umgekehrt auch Musik daraufhin betrachtet werden kann, inwiefern sie eine Art Sprache ist. Also könnten wir, um nicht gerade einen Paragraphen »quaedam« nennen zu müssen, etwa von »Musikmetapher« sprechen, oder von »Musik und Sprache«. Aber dies begegnet uns im Fall des Psalters speziell als Psalmengesang, und deshalb sei gesetzt § 9 *Psalmodie*. Nur für den letzten Paragraphen – dies ist ein Schönheitsfehler – können wir uns nicht direkt auf eine Äußerung aus Luthers ›Monitum‹ berufen, verzichten auch darauf, das Fehlende aus dem weiteren Kontext Luthers herbeizubringen, was leicht möglich wäre. Sondern es sei einfach behauptet: Der Psalter ist im wesentlichen nichts als Ausführung der uralten Eingangsverse des 29. Psalms, insbesondere aber der Zeile:

»Bringet dar dem Herrn die Ehre seines Namens!«

Daher sei in Aufnahme der metaphorischen Zweipoligkeit des vorangegangenen Paragraphen formuliert: § 10 *Name Gottes als Klang und Bedeutung*.

Mit Theologie des Psalters ist dieser Aufriß in der Weise verbunden, daß im ersten Kapitel Begriffe thematisch sind, die als Vorgestalten von *Theologie* bezeichnet werden können. Das zweite Kapitel macht sich das Psalmbuch zum Gegenstand, das unter allen zu lesenden Büchern der Schrift deshalb einzigartig ist, weil es zugleich als *Psalter* erklingt. Schließlich faßt das dritte Kapitel die beiden ersten zur *Theologie des Psalters* zusammen und gibt, sobald sie am Ende das Thema des Namens Gottes erreicht, zu erkennen, daß diese nichts ist als Vorübung zu einer dogmatischen Theologie.

I. Vorbegriffe

»Palaestra«, »Exercitium«, »Lectio«: drei Begriffe, die in Luthers ›Monitum‹ erscheinen, um in das Geschehen der Theologie des Psalters einzuführen. Sie klingen befremdend. Gewohnter wäre es gewesen, statt dessen die verwandte Formel »Oratio«, »Meditatio«, »Tentatio« zu vernehmen. Sie ist als Formel für die rechte Weise, in der Theologie zu studieren, bereits approbiert und rezipiert[109]. Oder es ließen sich aus älterer Tradition Drei- oder Vierheiten nennen, etwa »Lectio«, »Meditatio«, »Oratio«, »Contemplatio«. Wiederum findet sich im Umkreis unserer Texte ein ganzes Heer von Einzelausdrücken, die beanspruchen, Art oder Ort des Theologietreibens zu bezeichnen: »Gymnasium«, »Schola«, »Studium«, »Ruminatio«, »Officina«, »Ars spiritalis« usw. Alle diese Begriffe sind im Blick. Aber wir überlassen uns jetzt ausschließlich dem mit Luthers ›Monitum‹ gesetzten Impuls. Nun ist allerdings von »Palaestra«, »Exercitium«, »Lectio« von gleich von vornherein zu sagen, daß sie beinahe ohne Anhalt an der Redeweise des Psalters sind. Es handelt sich um typische Vorredenbegriffe, mehr oder weniger von außen an den Psalter herangetragen. Kein einziges Mal nennt der Psalter selbst den angemessenen Umgang mit ihm »lectio«, wenngleich der Titel »liber psalmorum« dies ohne Zweifel impliziert. Niemals erscheint »exercitium« als Selbstbezeichnung für den Umgang mit dem Psalter, dafür »exercere« sehr wohl. Schließlich »palaestra«: dies dürfte von allen der fremdeste Begriff sein, ohne jeden Anhalt am Psalter.

§ 2 Palaestra

In diesem Paragraphen wird der Weg nachzuvollziehen sein, an dessen Ende der Psalter schließlich als eine Art Palaestra gebraucht und also auch bezeichnet werden kann. Der eingängige Wohlklang von Luthers Psalterformel verbirgt deren Ungeheuerlichkeit. Der Psalter eine Palaestra? Niemals! Ein Blick auf die biblische Überlieferung zeigt: »palaestra« erscheint gerade ein einziges Mal, aber nur um schnellstens wieder aus dem Kontext der Bibel zu ver-

---

[109] O. BAYER, Oratio, Meditatio, Tentatio. Eine Besinnung auf Luthers Theologieverständnis, LuJ 55, 1988, 7–59.

schwinden. Das apokryphe zweite Makkabäerbuch erinnert an den Frevel der Errichtung eines Gymnasiums zu Jerusalem, unweit des Tempelbergs, zum Zweck der Hellenisierung der jüdischen Jugend. Um den Exerzitien in der Palaestra zuschauen zu können, liessen sich sogar Priester ihren Opfern und Liturgien entfremden, die sie als Offizien im Tempel hätten leisten müssen[110]. Aufenthalt in der Palaestra statt Aufenthalt am Psalterort. Dagegen Luther: Psalterspiel in der Palaestra ist an sich schon alle Liturgie, alles Opfer und Offizium, gerade wenn es als wahrer Gottesdienst geschieht. Mit einem einzigen Blick erscheint die ganze Spanne dieses Paragraphen. Hier sind begriffsgeschichtliche Stationen vorzutragen, durch die der Psalter zu etwas wurde, was er nicht war: zur Palaestra.

1. Palaestra als griechische Erziehungsinstitution

Palaestra, von παλαίειν (»ringen«) kommend, ist zunächst Ringkampf, dann Ort des Ringkampfs samt dem dazugehörigem Gebäude. Meist befindet sich die Palaestra im Zusammenhang mit dem Gymnasium: dieses weiträumigen Sportarten gewidmet wie etwa dem Wettlauf, jene solchen, die weniger Platz benötigen, Ringen, Boxen, Pankration. Es gibt zwar Palaestren ohne Gymnasien, aber nicht umgekehrt. Palaestra als wichtigster Teil des Gymnasiums: Außen quadratisches Geviert, innen Peristylhof, nach Süden durch Doppelportikus geöffnet, die drei restlichen Flügel mit festen Gemächern; im Unterschied zur offenen Bauweise des Gymnasiums streng zentripetal, Dachneigung nach innen, konzentriert auf einen Innenhof mit sand- oder schlammbedeckten Flächen. Die einzelnen, sich nach innen öffnenden Räume dienten teils der Vorbereitung (Apodyterion, Aleipterion), teils bestimmten sportlichen Disziplinen (Sphairisterion, Konisterion, Korykeion), teils der Reinigung (Loutron)[111]. Obgleich die Palaestra somit ein Gebäude war,

---

[110] Von der Errichtung eines γυμνάσιον/gymnasium direkt unterhalb der Jerusalemer Burg durch den illegitimen Hohepriester Jason berichten 1.Makk 1,14f; 2.Makk 4,9.12. Es stehen Liturgie vs. Palaestra: ὥστε μηκέτι περὶ τὰς τοῦ θυσιαστηρίου λειτουργίας προθύμους εἶναι τοὺς ἱερεῖς, ἀλλὰ ... τῶν θυσιῶν ἀμελοῦντες ἔσπευδον μετέχειν τῆς ἐν παλαίστρῃ παρανόμου χορηγίας μετὰ τὴν τοῦ δίσκου πρόσκλησιν/ita ut sacerdotes iam non circa altaris officia dediti essent sed ... sacrificiis neglectis festinarent participes fieri palestrae et praebitiois eius iniustae et in exercitiis disci (2.Makk 4,14). Die spätere rabbinische Theologie hat ausgerechnet den 1. Psalm, zu dem Luther sein Palaestrabild entwickelt, rigoros antipalaestrisch interpretiert: »Wohl dem Mann, ... der nicht im Kreis der Spötter sitzt« als Lob dessen, der sich griechischen Sports und also der Palaestra enthält (M.B. POLIAKOFF, Kampfsport in der Antike. Das Spiel um Leben und Tod, Zürich 1989, 200).

[111] J. DELORME, Gymnasion. Étude sur les monuments consacrés à l'éducation en Grèce (des origines à l'Empire romain), Paris 1960; DERS./W. SPEYER, Art. Gymnasium, RAC 13, 1986, 155–176; POLIAKOFF, aaO. (s. Anm. 110) 24–32.

das verschiedene Disziplinen beherbergte, hat sie ihren Namen speziell vom
Ringen: Nahkampf von Mann zu Mann, sowohl als Stand- wie Boden-
kampf, wobei geschickte Kenntnis von Ringgriffen mit dem Ziel eingesetzt
wird, den Niederwurf des Gegners dreimal herbeizuführen. Von allen Sportarten war Ringen am wenigsten versehrungsträchtig, wenngleich nicht weniger kämpferisch[112].

Ursprünglich zur Vorbereitung auf die athletischen Wettkämpfe im Stadion betrieben, nicht ohne Seitenblick auf spätere Tauglichkeit für die Phalanx,
treten im Lauf der Zeit zu den körperlichen Übungen andere Zwecke hinzu.
Als öffentlicher Sammlungspunkt wird die Palaestra in hellenistischer Zeit
Bildungsinstitution schlechthin. Mit der Leibesübung verbindet sich geistige
Bildung, die in der Rhetorik gipfelt[113]. Architektonisch wirkt sich dies so
aus, daß in den Bauplan auch Hörsäle (Akroateria) aufgenommen werden, zu
erkennen an Bankreihen entlang der Wände. Im Plan des Vitruv finden sich
Exhedren in drei Flügeln[114]. Wenn generell gilt, wie Bruno Snell nicht müde
wird zu betonen, daß ursprünglich »der Geist nach Analogie der Körper-
organe und ihrer Funktionen begriffen« wird, und »selbst das ›abstrakte‹ Denken von den Metaphern nicht loskommt und sich auf den Krücken der Analogie bewegt«[115], so ist zu erwarten, daß Palaestra, gerade weil sich hier
Leibes- und Geistesübung treffen, zu einem hervorragenden Ort solcher
Metapherbildung wird. Sobald die ursprüngliche Stätte des Sports griechische Geistesbildung an sich gezogen hatte, schwebt »palaestra« zwischen
Realität und Metapher, aber Metapher stets so, daß auch Palaestra als Ort der
Sprach- und Geistesübung Realität ist, architektonische Realität, archäolo-
gisch nachweisbar.

Zunächst ist festzuhalten: Die Schilderungen der frühen griechischen Erziehung haben Palaestra als Realität, nicht als Metapher im Auge. So klassisch
Aristophanes: Die alte Bildung (ἡ ἀρχαία παιδεία) habe aus zwei Disziplinen
bestanden, der Singschule, wo unter Leitung eines Kitharisten die Gesänge
der Musen nach der Väter Weise gelehrt wurden, und Ringschule, die unter
Leitung des Paidotriben stand. Dabei ist nicht die Absicht, das eine zum Bild
des anderen zu machen, wie denn auch jede der beiden Disziplinen ihren
separaten Ort hat: hier Palaestra, dort Singschule. Es ist deutlich, daß damit
ein vorsophistischer Zustand geschildert wird; nicht stehen Körper- und
Wortübung (letztere geschehend durch Rhetorik und Dialektik) einander

---

[112] Poliakoff, aaO. (s. Anm. 110) 39–79.

[113] Delorme, Art. Gymnasium (s. Anm. 111), 155.161.

[114] Vitruv, De architectura V, 11,2: Constituantur autem in tribus porticibus exhedrae
spatiosae, habentes sedes, in quibus philosophi, rhetores reliquique, qui studiis delec-
tantur, sedentes disputare possint.

[115] B. Snell, Die Entdeckung des Geistes. Studien zur Entstehung des europäischen
Denkens bei den Griechen, Göttingen 1975⁴, 183f.

gegenüber, sondern gymnastische und musische Bildung[116]. Daran läßt sich erkennen, daß Palaestra, noch bevor sie mit bestimmten Techniken des Wortes in Verbindung tritt, mit Musik in näherem Zusammenhang steht. Palaestra und Kitharodie sind früher verwandt als Palaestra und Wortkunst. Es überrascht nicht, daß Platon in seinen einerlei ob nach vorwärts oder rückwärts gewandten Bildungsplänen ständig Gymnastik (γυμναστική) und Musik (μουσική) einander gegenüberstellt, quer durch sein Werk hindurch[117]. Der Rhetor Isokrates folgt ihm, trotz aller sonstigen Unterschiede, in der Zweigliederung der alten griechischen Bildung, wobei aber an die Stelle von Musik Philosophie tritt[118]. Neben zweigliedrigen Formeln finden sich dreigliedrige. Teils so, daß außer Palaestra und Musik eigens der Chorreigentanz aufgeführt wird[119], der bei Platon die beiden Teile vereint; teils so, daß über Gymnastik und Musik hinaus neu hinzutritt die Grammatik, Kenntnis der Buchstaben zum Zweck des Lesens und Schreibens. So schildert Xenophon die lakedämonische[120], Platon die zeitgenössische athenische Bildung[121], und Aristoteles legt in der ›Politik‹ seinem Bildungsplan denselben Aufriß zugrunde[122]. Überall ist hier die Palaestra Realität, nicht Metapher, begleitet zunächst von ihrem primären Gegenstück, der Musik, dann aber auch von Grammatik als Kunst des Lesens und Schreibens. Diese führt in die somatisch-orale Nahwelt der altgriechischen Bildung ein ganz neues Element ein[123]. Während der Übergang von Oralität zu Literalität uns in § 4 *Lectio* beschäftigen wird, haben wir es hier mit der Relation von Palaestrik und

---

[116] Aristophanes, Nub. 961; Singschule 963ff; Ringschule 972ff.

[117] Platon, Alc. I 108b–d (G/M); Krit. 50de (M/G); Rep. II 376e (G/M); Rep. II/III 376e–403c (M), 403c–412b (G); 424b (G/M); 430a; 441e–442a (M/G); 452a (M/G); 521e–522a (G/M); Tim. 88c (G/M); Nom. II 672c–673b (M/G als die beiden Hälften von χορεία, diese ihrerseits als Inbegriff aller Bildung, cf. 654ab); Nom. VI 764c (M/G); VII 795d–797a (G/M); VIII 834de (G/M).

[118] Isokrates, Orat. 15 (Antidosis), 180ff: Die Alten haben διττὰς ἐπιμελείας hinterlassen: περὶ μὲν τὰ σώματα τὴν παιδοτριβικήν, ἧς ἡ γυμναστικὴ μέρος ἐστί, περὶ δὲ τὰς ψυχὰς τὴν φιλοσοφίαν ..., ἀντιστρόφους καὶ σύζυγας καὶ σφίσιν αὐταῖς ὁμολογουμένας (181f), wobei die Übung der Seele der des Leibes vorgeordnet ist.

[119] Aristophanes, Ran. 729: παλαίστρα, χοροί, μουσική; Aischines, Orat. 1 (In Tim.), 10: καὶ περὶ παιδαγωγῶν ἐπιμελείας καὶ περὶ Μουσείων ἐν τοῖς διδασκαλείοις καὶ περὶ Ἑρμαίων ἐν ταῖς παλαίστραις, καὶ τὸ τελευταῖον περὶ τῆς συμφοιτήσεως τῶν παίδων καὶ χορῶν τῶν κυκλίων.

[120] Xenophon, Rep. Lac. II,1: γράμματα, μουσική, παλαίστρα.

[121] Platon, Prot. 312b: γραμματιστής, κιθαριστής, παιδοτρίβης; 325e–326c: διδάσκαλος, κιθαριστής, παιδοτρίβης; Alc. I 106e: γράμματα, κιθαρίζειν, παλαίειν.

[122] Aristoteles, Pol. VIII, 3 (1337b23ff): γράμματα, γυμναστική, μουσική, γραφική.

[123] H.I. MARROU, Geschichte der Erziehung im klassischen Altertum (franz. 1948), München 1977, schildert zunächst Palaestra (96) und Musik (97) weit entfernt von aller Schreiberziehung; »das Auftreten dieses dritten Zweiges des Unterrichts ..., des dritten in der Reihenfolge der Entstehung und lange Zeit auch in der Bewertung« wird schließlich auf die Epoche der Perserkriege datiert (100).

Musik zu tun, und also mit der Frage, wie unter den Bedingungen dieser Relation so etwas wie eine Palaestra-Metapher entsteht.

Gewiß entspinnt sich zwischen Palaestra als Ort körperlichen und Ort sprachlichen Ringens ein metaphorischer Faden. Es wurde immer empfunden: Nicht zufällig gehört etwa die sokratische Elenxis in die Palaestra; diese ist »nicht nur ... Kulisse jener Denkkämpfe«[124]. Sondern Reden in der Palaestra stellt sich als Ringen mit anderen Mitteln dar, als Rededuell[125], und wiederum zeigt sich beim Reden die Seele so unverhüllt wie beim Ringen der Körper[126]. Dieser geläufigen sokratischen Palaestra-Metapher kommt gewiß ihr Gewicht zu. Aber im Blick auf den Umgang mit dem Psalter im Bild der Palaestra trifft sie nicht den Punkt. Jedoch ist die Palaestra-Metapher nicht ausschließlich sokratisch-dialektischen Ursprungs. Noch vor den Dialektikern wurden die Dichter und Sänger zu ihren ἀγῶνες μουσικοί gleichsam in die Palaestra geschickt[127]. Die Palaestra war musisch-poetisches Bild früher als dialektisches. Der Relation zwischen Palaestrik und Dialektik ist daher diejenige zwischen Palaestrik und Musik vorzuziehen, was im Hinblick auf den Psalter als Palaestra ohnehin naheliegt.

Worin besteht Erziehung (παιδεία)?, fragt Platon in Aufnahme der klassischen Fragestellung und antwortet mit der bekannten zweigliedrigen Bildungsformel: In Hinsicht auf den Leib aus Gymnastik, in Hinsicht auf die Seele aus Musik. Das klingt konventionell; in Wahrheit ist es nur der Stoff, den Platon alsbald seinen idealischen Vorstellungen unterwirft[128]. Nicht nur kehrt er in seiner Durchführung die traditionelle Reihenfolge der beiden Bildungsstücke um, sondern auch jedes einzelne Stück gerät alsbald unter idealischen Druck. Daher wird es angemessen sein, hinter dem Streben Platons von der Musik zur Gymnastik ein früheres Gegenstreben am Werk zu vermuten. Dies macht den Nachvollzug des platonischen Bildungsplans zu einem spannenden Vorgang. Zuerst μουσική: in altgriechischem Sinn nicht

---

[124] Xenophon, Mem. I, 1,10; Platon, Lach. 180c (implizit); Charm. 153a. 155d; Lys. 204a. 206e; Lykeion: Euthyphr. 2a; Lys. 203a; Euthyd. 271a. A. Koch, Die Leibesübungen im Urteil der antiken und frühchristlichen Anthropologie, Schorndorf 1965, 39. – Longin, De subl. 4,4, gebraucht schließlich παλαίστρα als Terminus für die Schule des Sokrates.

[125] Platon, Gorg. 456d; Euthyd. 277d; Theait. 181a; cf. Prot. 338ab; Rep. III 405bc; Dialektik als γυμνασία: Parm. 135d.

[126] Platon, Theait. 162b; 169ab: ἐν τοῖς λόγοις προσπαλαίειν; cf. Charm.

[127] E. Krummen, Pyrsos hymnon. Festliche Gegenwart und mythisch-rituelle Tradition als Voraussetzung einer Pindarinterpretation, Berlin 1990, 83ff.91f.

[128] Platon, Rep. II 376e: Τίς οὖν ἡ παιδεία; ἢ χαλεπὸν εὑρεῖν βελτίω τῆς τοῦ πολλοῦ χρόνου ηὑρημένης; Ἔστιν δέ που ἡ μὲν ἐπὶ σώμασι γυμναστική, ἡ δὲ ἐπὶ ψυχῇ μουσική. Noch im selben Atemzug verkehrt Platon die Reihenfolge: A. Musik (376e–403c), B. Gymnastik (403c–412b). Es gilt: γυμνάσιον = παλαίστρα (Rep. 452ab).

»Musik«, sondern Dreieinheit von Wort, Melodie und Rhythmus[129]. Es ist eben die genannte idealische Ausrichtung, die Platon beim Wort beginnen läßt, und zwar Wort durchaus separiert von Melodie und Rhythmus[130]. Aber selbst das bloße Wort zeigt eine idealere und weniger ideale Seite. Jene hat es ausschließlich damit zu tun, ob Worte wahr oder falsch sind, eine Frage, die zur Dialektik gehört; diese ausschließlich damit, ob sie auch angemessen und wirksam sind, und dieser Gesichtspunkt gehört zu Rhetorik und Poetik. Wort, das ist Logos und Lexis; zu unterscheiden sind die beiden Ebenen des Was und des Wie[131]. Was die inhaltliche Seite des Wortes anlangt, so wird sie konventionell gegliedert in Götter-, Dämonen- und Menschenlehre[132]; was die stilistische Seite anlangt, so gliedert sie sich in Dramatik, Lyrik und Epik[133]. Es fällt auf: Je mehr die Zergliederung des Wortes sich dem poetischen Wort nähert, desto stärker treten musikalische Gesichtspunkte hervor. Dichterische Rede befindet sich so gesehen im Übergang zur gesungenen[134]. Wie ja mit dem Wort von den drei Teilen der μουσική erst der erste absolviert ist. Dem Wort folgen alsbald Melodie und Rhythmus, in dieser Reihenfolge, nicht umgekehrt[135]; ebenso folgt der Melodie der Rhythmus, schließlich der Musik überhaupt die Gymnastik. Was die aus dem Gesamtgebiet der μουσική separierte Melodie anlangt, so ist diese näher zu bestimmen durch den Gesichtspunkt der Modalität. Dabei geht es um verschiedene, nach Völkern benannte, durch Tonhöhe und Lage der Halbtonschritte charakterisier-

---

[129] Platon, Rep. III 398d: τὸ μέλος ἐκ τριῶν ἐστιν συγκείμενον, λόγου τε καὶ ἁρμονίας καὶ ῥυθμοῦ (cf. Aristoteles, Poet. 1447a22); dementsprechend die Gliederung der Musik in I. Wort (376e–398b), II. Melodie (398c–399e), III. Rhythmus (399e–400c). Von »Dreiheit« bzw. »Einheit« der altgriechischen μουσική spricht KOLLER, aaO. (s. Anm. 28), 10f.146.148.
[130] Bloßes Wort ist λόγος (Rep. 376e), dagegen Wort in ungeschiedenem Verhältnis zu Melodie und Rhythmus ist μῦθος (Rep. 377a u.ö.).
[131] Platon, Rep. III 392c: Logos/Lexis; 398b: ἃ λεκτέον, ὡς λεκτέον.
[132] Gliederung der Logoi, sofern sie der Wahrheit bzw. Falschheit fähig sind, in 1. Götterlehre (θεολογία 379a–383c), 2. Lehre von den Dämonen, Heroen und denen im Hades (386a–392a), 3. Lehre von den Menschen (392a–c), wobei jeweils die Regeln (τύποι) genannt werden, nach denen die vorgegebene mythische Rede auf Wahrheit und Falschheit zu prüfen ist.
[133] Gliederung der Worte hinsichtlich ihrer Darstellungsweise (Lexis): 1. Drama, 2. Lyrik, 3. Epik (Rep. 394bc, anders 379a); diese Anordnung ist aber nicht zugleich auch Gliederung des entsprechenden Abschnitts 392c–398b.
[134] Besonders deutlich Rep. 397a–c. Dazu KOLLER, Mimesis (s. Anm. 52) 19: »das Ende des Lexiskapitels ist eine Antizipation des jetzt anschließenden Abschnittes.«
[135] Platon, Rep. III 398d: Καὶ μὴν τήν γε ἁρμονίαν καὶ ῥυθμὸν ἀκολουθεῖν δεῖ τῷ λόγῳ. Ebenso 400d (ἔπεσθαι/ἀκολουθεῖν). Zur Rezeption in der Renaissance: E. PÖHLMANN, Antikenverständnis und Antikenmißverständnis in der Operntheorie der Florentiner Camerata, in: M.v. ALBRECHT (Hg.), Beiträge zur antiken und neueren Musikgeschichte, Frankfurt/M. 1988, 165–180.

te Tongerüste, die bestimmte seelische Verfassungen sowohl hervorrufen wie
ausdrücken. Mixolydisch, Iastisch und Lydisch werden kläglichen, weichli-
chen und erschlafften Zuständen, Dorisch und Phrygisch dagegen kämpferi-
schen und friedlichen zugeordnet, wobei nur die zwei letzteren für Staats-
zwecke tauglich sind[136]. Die Schilderung der Melodien bleibt nicht auf den
tonlichen Aspekt beschränkt, sondern der Ton hängt mit seelisch-leiblichen
Modalitäten unlösbar zusammen. Was schließlich den Rhythmus als dritten
Teil von μουσική anlangt, so liegt am Tag, daß auch hier bestimmte, gesetz-
mäßig zu entwickelnde Rhythmen mit bestimmten Charakteristiken zusammenhängen; alles Nähere überläßt Platon mangels Kenntnis dem Fachmann
Damon[137].

Bisher hat Platon in immer kürzeren Abschnitten die Reihe Wort-Melodie-Rhythmus absolviert, und zwar so, daß zunehmende Leibhaftigkeit den
Gedankengang stillschweigend lenkt. Bereits beim Übergang vom Logos zur
Lexis war dies der Fall, noch stärker beim Übergang von Lexis zur Melodie,
beim Rhythmus schließlich bewegt sich der ganze Leib. Nicht nur ist die
Darstellung des Wortes genötigt, je weiter sie fortschreitet, desto mehr Musik
zu antizipieren, sondern alsbald zeigt sich, daß die Gesamtdarstellung von
μουσική auf dem Wege ist, zur Antizipation von γυμναστική zu werden, in
der die Leiblichkeit sich vollendet. Allerdings, dem Formgesetz des Ganzen
folgend, wird die Gymnastik nicht um ihrer selbst willen, sondern nur indirekt, via Musik, ins Auge gefaßt[138]. Wie das Wort nicht der Melodie und dem
Rhythmus folgt, wie der Leib nicht die Seele gut macht, sondern umgekehrt[139], so folgt die Musik nicht der Gymnastik. Das Gegenteil ist der Fall.
Die frühere Zweigliedrigkeit der klassischen Bildungsformel – für den Leib
Gymnastik, für die Seele Musik – beginnt sich aufzulösen in den einen einzigen Gesichtspunkt, daß beide nur um der Seele willen zu üben sind[140]. Ist
aber in idealischer Heftigkeit der Weg nur in Richtung von der Musik zur
Gymnastik gangbar, so hat dies zur Folge, daß es eine Palaestra-Metapher nur
gibt bei Übertragung von Musik auf Gymnastik, nicht aber, wie diese glauben machen will, von Gymnastik auf Musik. Die Palaestra-Metapher wäre in
diesem Fall nicht von der Gymnastik gewährt, sondern durch die Musik bei
der Gymnastik entlehnt.

---

[136] Platon, Rep. III 398e–399e; cf. Lach. 188d; Aristoteles schließt daran explizit an
(Pol. VIII 1340a38–1340b7; 1342a28–1342b34), übergeht aber die völlig ungewöhnliche
Bestimmung des Phrygischen durch Platon (»friedlich«) und kehrt zur geläufigen (»en-
thusiastisch«) zurück.
[137] Platon Rep. III 399e–400c; KOLLER, aaO. (s. Anm. 52) 21–25.
[138] Platon, Rep. III 403c–412b.
[139] Zu Wort-Melodie-Rhythmus s. Anm. 141; zu Leib und Seele Rep. 403c (dort die
Wendung: ἀλλὰ τοὐναντίον); cf. 408e–409a.
[140] Platon, Rep. III 410bc: ἀμφότερα τῆς ψυχῆς ἕνεκα.

Immerhin zeigt sich, daß die Relation zwischen Gymnastik und Musik das Feld ist, in dem die Palaestra-Metapher spielt. Diese verändert sich mit jeder Veränderung jener Relation. Folgende Bedingungen sind zu erkennen: Eine Palaestra-Metapher wird von vornherein unmöglich, entweder wenn es zwischen Musik und Gymnastik keinerlei Beziehung gibt, oder wenn beide ein und dasselbe sind. Zwischen diesen beiden Unmöglichkeiten oszillieren ihre verschiedenen Schattierungen. Zum zweiten Pol − Identität von Musik und Gymnastik − liegt keine Behauptung vor, außer wenn man zugespitzt Platon in diese Richtung ziehen wollte. Zum ersten Pol dagegen − Zusammenhangslosigkeit von Musik und Gymnastik − hat sich der Epikuräer Philodem von Gadara mit markanten Sätzen vernehmen lassen. Seine generelle These lautet: Musik ist Musik, sonst nichts; sie bezieht sich auf nichts, und wenn sie sich auf etwas bezieht, dann ausschließlich auf sich selbst. Also hat Musik eine Relation zu Gymnastik ebensowenig wie zu irgendeinem anderen Gebiet der Wirklichkeit, sei es seelischer, politischer, kosmischer oder theologischer Art. Der vielschichtige Begriff altgriechischer μουσική ist bei Philodem eindimensional zu »Musik« geworden, und zwar vorzüglich Instrumentalmusik, denn zum Wort kommt Gesang immer ganz unnötigerweise hinzu. Musik ist an sich sprach- und vernunftlos, μέλος ἄλογος. Damit ist der Punkt gänzlicher Verkehrung des alten Verständnisses von μουσική erreicht[141]. Μουσική ist nicht Musik. Erst in ausschließlicher Bezogenheit auf sich selbst wird Musik metapherfrei. Aber wenn, wie bei Platon, μουσική nicht nur wesentlich Gesang ist, sondern sich gemäß dem damonischen Aufriß auch allerlei Seelisches, Politisches, Kosmisches, Theologisches, schließlich Gymnastisches mit ihr verbindet, so ist eine Musikmetapher am Werke, nicht zufällig, sondern konstitutiv. Altgriechische μουσική ist in ihrer Vielschichtigkeit metaphorisch nach innen wie nach außen. Sie lebt im Spiel der Affinität der Lebensgebiete. Als nicht ausrationalisiertes Lebensgebiet ist sie weit entfernt davon, Selbständigkeit zu beanspruchen. So ist sie das Element, durch das

---

[141] Philodem von Gadara, Über die Musik IV. Buch (Neubecker), Neapel 1986, geht davon aus, daß Melodie (III, 12; XIX, 15) und Gehör (XXIV, 13) ebenso wie gemäß epikuräischer Lehre alle Wahrnehmung (IB, 36; II, 18) ein ἄλογον ist. Deshalb will er als μουσικός lieber den Instrumentalisten als den Dichter bezeichnen (XXIX, 12–43). Indem Philodem sich dafür auf den herrschenden Sprachgebrauch beruft, zeigt sich, »daß zu seiner Zeit [1. Jh. v. Chr.] μουσικός bereits weitgehend dem modernen Begriff des Musikers entsprach und der alte umfassende Begriff aus der Zeit, da Dichter und Komponist eins waren, sich eingeengt hatte, was sicher auch für μουσική gilt. Daß die frühen Lyriker beides, Dichtung und Melodie schufen, kann Ph. nicht bestreiten, will aber schon für sie die Bereiche trennen: als Musiker schufen sie das rein tonale Element, als Dichter den Text, und ihre Wirkung, soweit vorhanden, beruht eben auf der Aussage der Texte« (A.J. Neubecker, aaO. 188).

verschiedene Lebensgebiete in Affinität gehalten werden[142]. Man müßte Musik und Gehör gegen ihre Natur zum ἄλογον machen, um ihre vielfältigen metaphorischen Affinitäten gleich von vornherein zu tilgen.

Nun erscheint im Rahmen der von Platon diskutierten archaischen Bildung, also zwischen Musik und Gymnastik, auch θεολογία − frühester Beleg dieses Wortes[143]. Das ist ein erstaunlicher Sachverhalt. Ihr Ort läßt sich präzis bestimmen. Im Gang des platonischen Bildungsplans nimmt θεολογία die erste Stelle ein; sie gehört nicht zu Gymnastik, nicht zu Rhythmus, nicht zu Melodie oder Lexis − wie man wohl vermuten würde, wenn schon das Thema ›Theologie als Gesang‹ einmal laut geworden ist. Sondern sie gehört zum Logos, und zwar zu demjenigen Teil, der Lehre von Gott oder den Göttern darbietet. Also ist sie aussagendes Wort, das der Prüfung auf Wahrheit und Falschheit unterliegt. Aber dennoch Teil von μουσική! Im Aufriß archaischer Bildung ist θεολογία erste Erscheinungsform von μουσική − nicht umgekehrt. Als musisches Phänomen von vornherein zweideutig, schwankt θεολογία zwischen Logos und Mythos, wie es die Textvariante »μυθολογία« sachgemäß zum Ausdruck bringt. Daher geht es Platon nicht so sehr um θεολογία, als um τύποι περὶ θεολογίας, Grundregeln, die geeignet sind, die mitgebrachte Zweideutigkeit von θεολογία zum Stillstand zu bringen. Nun ist leicht zu sehen: Um so mehr wird θεολογία diesen Grundregeln entsprechen, je mehr sie bestrebt ist, ausschließlich Logos zu sein, unter Abstreifung dessen, daß sie faktisch immer auch Lexis, Melos und Rhythmus ist. Aber je mehr aus der Zweideutigkeit von θεολογία der Gesichtspunkt des aussagenden Logos separiert wird, löst sich die ungeschiedene Einheit von μουσική auf. Von ihrem ersten Auftritt an erscheint θεολογία mit der Tendenz, sich als reine Aussage aus der traditionellen Verbindung zur μουσική zu lösen. Ihre ursprüngliche Gestalt wird im Augenblick des Vergehens umso deutlicher. In der Tat ist θεολογία einmal μουσική gewesen. Das heißt nach dem bei Platon entwickelten Begriff: Sie war Logos, Lexis, Melos und Rhythmus. Wenn diese Reihe innerhalb des Gebiets der μουσική als zunehmende Leibhaftigkeit richtig charakterisiert ist, dann wird θεολογία wohl darüber hinaus auch die γυμναστική als leiblichste Affinität an sich ziehen. Die Entscheidung, ob θεολογία an dieser Stelle als Singular oder Plural zu verstehen ist, wird dadurch leichter. Als Teilgebiet von μουσική ist θεολογία soviel wie μυθολογία, Götterrede. Dies stimmt damit überein, daß auch die anderen Elemente von μουσική, Melodie und Rhythmus, sich in charakteristische Göttermelodien und -rhythmen diversifizieren. Θεολογία als Ereignis von μουσική, d.h. in

---

[142] Der hier gebrauchte Begriff der Affinität (familiaritas und griechische Äquivalente), d.h. der Beziehung von Musik auf Außermusikalisches innerhalb einer allgemeinen Beziehbarkeit der Lebensgebiete wird unten § 6 Anm. 389–396 des weiteren entfaltet.

[143] Platon, Rep. II 379a (s. Anm. 34).

dem Sinn, den sie jetzt eben sich anschickt zu verlassen, indem sie sich als aussagendes Wort verselbständigt, war Erscheinung eines Gottes in Wort, Klang und Rhythmus, sofern diese ihm in charakteristischer Weise und zur Unterscheidung von anderen Göttern zugeordnet sind. War aber θεολογία einmal melodische und rhythmische Erscheinung, so ist nicht länger ausschließen, daß sie auch eine gymnastische war.

Der Gewinn dieser Lozierung von Theologie in der Spannung zwischen Musik und Gymnastik – und also in der Palaestra – ist eine doppelte Lesart von θεολογία. Einerseits kann sie verstanden werden als Logos, d.h. so, daß sie sich ausschließlich in aussagenden Sätzen vollendet. Alle anderen Elemente des Musischen, Lexis, Melos und Rhythmus, haften ihr nur als mythische Restbestände mehr oder weniger zufällig an. Jetzt herrscht einseitig und unumkehrbar die Richtung von der Musik zur Gymnastik oder von der Seele zum Leib, wobei jedes spätere Element im Grund nur noch einmal dasselbe hinzufügt, überflüssigerweise. Andererseits kann θεολογία in Platons Text auf palimpsestische Weise gelesen werden in umgekehrter Richtung, von der Gymnastik zur Musik oder vom Leib zur Seele. Wie wenn die theologischen Aussagen geradezu hervorgegangen wären aus lauter poetischen, melodischen, rhythmischen, gar leiblichen Figuren. Die theologische Aussage erscheint in ihrer mythischen Vergangenheit. Selbstverständlich hat »palaestra« als Musikmetapher an beiden Lesarten teil, und zwar in der Weise, daß die wechselseitige Spannung zwischen Musik und Gymnastik wie zwischen Gymnastik und Musik als metaphorische Spannung erkennbar wird. Daß dies aber unmittelbar ein Vorgang von Theologie ist, geht aus der verschiedenen Dehn- wie Konzentrierbarkeit des Begriffs θεολογία bei Platon unzweifelhaft hervor.

2. Palaestra in lateinischer Rezeption

Palaestra wird als griechische, römischen Verhältnissen fremde Einrichtung empfunden. Vitruv hebt eigens hervor, daß Palaestrabau nach griechischem Vorbild nicht italische Gewohnheit war[144]. Aus ihrer zentralen Stellung im Leben der Polis vertrieben, wird die Palaestra versetzt an Orte der Gesundheitspflege und der ländlichen Lustbarkeit griechisch gesonnener Römer. Das allgemeine palaestrische Bildungsziel spezialisiert sich in Richtung Berufsathletentum und vormilitärische Übung. Aber die Erinnerung an das klassische Programm freier Bildung bleibt präsent:

---

[144] Vitruv, De architectura V, 11,1: tametsi non sint italicae consuetudinis palaestrarum aedificationes. Delorme/Speyer, aaO. (s. Anm. 111) 170ff.

> ... fac periculum in litteris,
> fac in palaestra, in musicis: quae liberum
> scire aequomst adulescentem, sollertem dabo.[145]

Alle drei Stücke der alten Erziehung haben sich hier erhalten, sogar verbunden mit der Wagnisformel, die bereits aus Luthers ›Monitum‹ vertraut ist. Meistens aber fällt die Musik heraus. Dann treten Palaestra hier und Lesen bzw. Schreiben dort in unvermittelte Nähe[146]. Der Zusammenhang von Palaestra und Musik erhält sich dagegen in einer Jenseitsvision des Vergil: Elysium als Schauplatz palaestrischen Spiels und chorischen Gesanges[147]. Aber insbesondere bleibt die Palaestra gemäß sokratischer Tradition Bildgeber für Redekultur[148]. Nach Quintilian besitzt ein Redner die Kunst, sich im Ernstfall mit Worten wie mit Waffen zu wehren; die Palaestra ist nur Vorschule hierzu[149]. Der Vergleichspunkt liegt in der Frage, wie Worte Kraft gewinnen. Dies geschieht, indem sie durch das Vestibül des Ohrs unmittelbar den Affekt betreten. Menschen werden durch Rhythmen und Melodien auf natürliche Weise angezogen. Ob der Umgang eines Redners mit der Sprache im Sinn palaestrischer Kunst gekonnt ist, erweist sich an der Wortfügung. Diese verleiht den Worten durch Rhythmus und Melodien eine stillschweigende, umso trefflicher wirkende Macht, indem sie die Affekte der Menschen bewegt[150]. Daraus folgt: Zur Palaestra wird die rednerische Situation,

---

[145] Terenz, Eunuchus 476–478. »fac periculum« außerdem bei Luther, WA 5, 46,34 = AWA 2, 63,13. Luther bezieht diese Wendung von Melanchthon, Vorrede zu den Operationes in psalmos (›Theologiae studiosis‹), WA 5, 25,16 = AWA 2, 22,14: periculum faciet; dieser bezieht sie wohl von J. Reuchlin, S. Athanasius in librum psalmorum (s. Anm. 66), Vorrede Biᵛ: periculum fecit.

[146] Plautus schildert den schulischen Tageslauf in der Abfolge 1. palaestra bzw. gymnasium (Bacchides 424–430), 2. librum legere unter Aufsicht des magister (431–434); MARROU,aaO. (s. Anm. 123) 284.

[147] Vergil, Aen. VI, 642–644: pars in gramineis exercent membra palaestris, [/] contendunt ludo, et fulva luctantur harena; [/] pars pedibus plaudunt choreas, et carmina dicunt; WILLE, aaO. (s. Anm. 14) 542f Anm. 560.

[148] Cicero, Orator 68, 228f (ORELLI 1, 500): Ut enim athletas ... videmus nihil nec vitando facere caute, nec petendo vehementer, in quo non motus hic habeat palaestram quandam: ut, quidquid in his rebus fiat utiliter ad pugnam, idem ad adspectum etiam sit venustum: sic oratio nec plagam gravem facit, nisi petitio fuit apta: nec satis recte declinat impetum, nisi etiam in cedendo, quid deceat, intelligit. Itaque, qualis eorum motus, quos ἀπαλαίστρους Graeci vocant, talis horum mihi videtur oratio, qui non claudunt numeris sententias. – Daran anknüpfend Quintilian, Inst. orat. IX, 4,56.

[149] Quintilian, Inst. orat. V, 12,21: Rhetorik bildet im Umgang mit den Waffen für die pugna forensis; »palaestra« kann dabei den Sinn der »Vorübung« für den Ernstfall annehmen (V, 10,121; X, 1,79; XII, 2,12). Dazu LIEBERG, Poeta Creator (s. Anm. 56), 174–178: Die Metapher vom Wort als Waffe. »Palaestra« im Sinn Quintilians auch bei Augustin, Conf. I, 19,30.

[150] Nachdem Quintilian dargestellt hat, daß Wortfügungskunst (compositio) zum rohen Umgang mit dem Wort sich verhält wie kunstgerechte Bewegung in der Palaestra (in

sobald die Frage nach der Wirkung der Rede diejenige nach ihrem Inhalt überwiegt. Aber Wirkung der Rede ist immer Wirkung auf den Affekt, und diese kann desto zwingender geschildert werden, je mehr Anleihen bei der Wirkung von Musik ins Spiel kommen.

3. Palaestra als christliche Metapher

Die Zäsur zum christlichen Sprachgebrauch liegt darin, daß die altgriechische Institution, in der römischen Welt immerhin fortgesetzt als kulturelle Reminiszenz, nun keinerlei Fortsetzung mehr findet: »palaestra« wird – ohne jedes fundamentum in re – zur freischwebenden Metapher. Als solche ist sie auf dem Wege, sich neue fundamenta allererst zu suchen. Man kann die Zäsur zunächst an einer Äußerung des heidnischen Rhetoriklehrers der Kappadozier, Himerios, fixieren. Er schildert das Ende der Palaestra als innergriechisches Ereignis so:

> »Den Händen entfalle die Kugel, jetzt sei der Griffel das Bemühen!
> Schluß mit den Spielen der Palaestra, jetzt öffne sich der Musen Werkstatt!«[151]

Die Dreiheit der klassischen Bildung ist immerhin soweit präsent, als ihr jüngster, jetzt dominierender Teil, Lesen und Schreiben, wenigstens noch in seinem herkömmlichen Zusammenhang mit Palaestrik und Musik bewußt ist, obgleich dieser verblaßt und verschwindet. Die Schreibschule ist keine Palaestra und keine Musenkunst. Im christlichen Sprachgebrauch, der mit dem Widerstand der realen Institution nicht mehr ernstlich zu rechnen

---

omni palaestra) zu bloßem Rangeln, entwickelt er die These: Wortfügungskunst ist nötig nicht nur um der Unterhaltung (delectatio), sondern auch um der Erregung der Gefühle (motus quoque animorum) willen. Begründung: primum quia nihil intrare potest in adfectus, quod in aure velut quodam vestibulo statim offendit, deinde quod natura ducimur ad modos. neque enim aliter evenerit ut illi quoque organorum soni, quamquam verba non exprimunt, in alios tamen atque alios motus ducerent auditorem (IX, 4,8–10). Nun ruft Quintilian gar zur Begründung der Wirkung der Rhetorik die Wirkung der Musik z.B. in den ἀγῶνες μουσικοί (certamina sacra IX, 4,11f) herbei und fährt fort: quod si numeris ac modis inest quaedam tacita vis, in oratione ea vehementissima, quantumque interest, sensus idem quibus verbis efferatur, tantum, verba eadem qua compositione vel in textu iungantur vel fine claudantur (IX, 4,13; cf. WILLE, aaO. [s. Anm. 14] 467).
[151] Himerios, Orat. 69,7 [COLONNA 244, 53–56]: σφαῖρα μὲν ἐρρίφθω χεροῖν, γραφεῖον δὲ ἔστω τὸ σπούδασμα· κεκλείσθω μὲν παλαίστρας παίγνια, ἀνοιγέσθω δὲ τὰ τῶν Μουσῶν ἐργαστήρια. MARROU, aaO. (s. Anm. 123) 255: »Zur selben Zeit [um 370] begegnet beim heiligen Basilius eine letzte Erwähnung der Gymnasien [γυμνάσια ep. 74; MPG 32, 448A], bei Himerios der Palästra ... Niemand bestreitet, daß die Körpererziehung im christlichen Zeitalter tot ist und daß sie eines leichten Todes, ohne gewaltsamen Umsturz (...) gestorben ist, wie eine veraltete Einrichtung, aus der das Leben seit langem immer mehr sich verflüchtigt hatte.«

braucht, finden sich drei verschiedene Bedeutungsrichtungen, in denen »palaestra« das Ende der Palaestra überlebt.

Die erste ist martyrologisch. Das allgegenwärtige gymnastische Vokabular wird auf das Martyrium übertragen. Statt daß sich der junge Mann in der Palaestra zum Leben in seiner Polis rüstet, erwirbt er in der Palaestra des Martyriums sein himmlisches Politeuma. Das griechische Sportfest mit seinen drei Phasen Vorübung, Wettkampf und Siegespreis bietet der Szene des Martyriums die Form. Dabei gehört »palaestra« in Aufnahme einer bestimmten Schicht des herkömmlichen Sprachgebrauchs in die erste Phase: Vorbereitung zum Martyrium. Die Palaestra-Metapher findet im Kerker ihr fundamentum in re, aus dem heraus es zum Wettkampf des Martyriums und schließlich zum Sieg geht: Palaestra als Vorschule des Martyriums[152].

Aber auch ohne Martyrium befindet sich das Leben des Christen im Kampf. Was schließlich nur noch eine Elite vollbringt, ist zunächst Aufgabe eines jeden. Daher gehört die Palaestra ins asketische Leben von jedermann[153]. Johannes Chrysostomus, der unter den Kirchenvätern durch detaillierte Kenntnisse griechischen Sportwesens hervorsticht, nennt das Leben eines Christen insofern παλαίστρα, als es Vorübung auf die Taufe ist. Mit der Taufe tritt der Christ vom Übplatz in die Öffentlichkeit des Kampfes. Wäh-

---

[152] Tertullian, Ad. mart. 3,4f (CChr.SL 1, 5,26–6,9): Itaque epistates uester Christus Iesus, qui uos Spiritu unxit, et ad hoc scamma produxit, uoluit uos ante diem agonis ad duriorem tractationem a liberiore condicione seponere, ut uires corroborarentur in uobis. Nempe enim et athletae segregantur ad strictiorem disciplinam, ut robori aedificando uacent. Continentur a luxuria, a cibis laetioribus, a potu iucundiore. Coguntur, cruciantur, fatigantur: quanto plus in exercitationibus laborauerint, tanto plus de uictoria sperant. Et illi, inquit Apostolus [1.Kor 9,25], ut coronam corruptibilem consequantur. Nos aeternam consecuturi carcerem nobis pro palaestra interpretamur, ut ad stadium tribunalis bene exercitati incommodis omnibus producamur, quia uirtus duritia exstruitur, mollitia uero destruitur. – Abweichend davon »palaestra« nicht als Vorübung, sondern als Kampf selbst: Prudentius, Perist. 5, 213–216 (CChr.SL 126,301): Ventum ad palestram gloriae, [/] spes certat et crudelitas, [/] luctamen anceps conserunt [/] hinc martyr illinc carnifex. – R. MERKELBACH, Der griechische Wortschatz und die Christen, ZPE 18, 1975, 101–148, 108f.115. Sein Resultat: »Wir können … feststellen, dass die Christen praktisch das gesamte Vocabular des griechischen Sports in ihre Sprache übernommen haben« (131); »wir verstehen, dass die Christen die gesamte Agonistik abgelehnt haben: Sie waren ja die Opfer bei diesen Kämpfen« (133).

[153] POLIAKOFF, aaO. (s. Anm. 110) 184–201: Metapher, Mythos und Wirklichkeit. »Die … Bedeutung des Kampfsports und seine möglichen moralischen Lehren gehen weit über die Wettkämpfe hinaus. Ja selbst die Kritiker und Feinde der Palästra kehren wieder und wieder zu den lebendigen Metaphern und Bildern des Kampfsports zurück, so tief hatte er, zumindest für eine gewisse Zeit, das antike Leben und Denken beeinflußt« (184). Der »letzte Schritt« des Übertragungsprozesses führt »zum metaphorischen Ringkämpfer«, der »ursprünglich keinerlei Beziehungen zum Sport hatte« (1.Kor 9,24–27 [197]). Ist diese Palaestrametapher nicht ein »Zweig, der völlig vom Baum der griechischen athletischen Tradition, auf dem er wuchs, abgeschlagen ist?« (198)

rend παλαίστρα, γυμνάσιον, μελέτη Vorbereitung bedeuten, bezeichnen πόλεμος, μάχη, ἀγών die Lebenswirklichkeit des Getauften. In beiden Situationen gilt der Kampf den Dämonen als eigentlichen Gegnern christlichen Lebens[154]. Gregor von Nyssa nennt flüchtig den Psalter eine παλαίστρα für jedermann, jederzeit und jedenfalls[155]. Unabhängig von der Ringsituation, aber bezogen auf das Leben eines jeden Christen, spricht gleichzeitig Ambrosius von der Palaestra in seinen Homilien zum 118. (119.) Psalm. Dieser verweist in Lebenssituationen des Sturms und der Widerwärtigkeit auf die Meditation göttlichen Wortes: wie der Athlet nicht in den Kampf zieht ohne vorherige Übung in der Vorschule (»exercitium palaestrae«), so hat sich der christliche Streiter vor dem Kampf (»certamen«) mit dem palaestrischen Öl der Lesung zu bereiten. Tag und Nacht finde die Übung statt, in einer Art

---

[154] Johannes Chrysostomus, Cat. bapt. II/1, 16 (FontChr 6, 176): παλαίστρα, γυμνάσιον, μελέτη als Vorübung, ἀγών dann der öffentliche Wettkampf im Stadion; der Kampf gilt dem πονηρὸς δαίμων; ähnlich II/4, 8–11 (aaO. 260ff); I, 12 (aaO. 130f). Ad pop. Antioch. hom. 16,2 (MPG 49, 164): Μή μοι δείξῃς ἐν τῇ παλαίστρᾳ τὸν ἀθλητὴν, ἀλλ᾽ ἐν τῷ σκάμματι. In illud ›Si esurierit‹ 4 (MPG 51, 179f): καὶ καθάπερ ἀθλητὴς, ἅπερ ἂν ἐπὶ τῆς παλαίστρας μανθάνῃ, ταῦτα ἐπὶ τῶν ἀγώνων ἐπιδείκνυται; De incomp. dei nat. 1,7 (MPG 48, 709): Καὶ γὰρ ὁ παλαιστρὴς ἐν τῇ παλαίστρᾳ γυμνάζεται, ἵνα ἐπὶ τῶν ἀγώνων δείξῃ τῆς ἐκεῖ γυμνασίας τὴν ὠφέλειαν. Dazu KOCH, aaO. (s. Anm. 124) 108: »Wohl bei keinem anderen Kirchenvater werden wir diese Kenntnis [des Sports] finden.« R. KACZYNSKI, Das Wort Gottes in Liturgie und Alltag der Gemeinden des Johannes Chrysostomus, Freiburg/Br. 1974, 230.383.

[155] Gregor von Nyssa, Serm. in asc. Christi (Opera IX [GEBHARDT], 323,1–16): Ὡς γλυκὺς συνέμπορος τοῦ ἀνθρωπίνου βίου ὁ προφήτης Δαβὶδ ἐν πάσαις ταῖς ὁδοῖς τῆς ζωῆς εὑρισκόμενος καὶ πάσαις ταῖς πνευματικαῖς ἡλικίαις προσφόρως καταμιγνύμενος καὶ παντὸς τάγματος τῶν προκοπτόντων συνεφαπτόμενος· τοῖς κατὰ θεὸν νηπίοις συμπαίζει, τοῖς ἀνδράσι συναγωνίζεται, παιδαγωγεῖ τὴν νεότητα, ὑποστηρίζει τὸ γῆρας, τοῖς πᾶσι πάντα γίνεται· στρατιωτῶν ὅπλον, ἀθλητῶν παιδοτρίβης, γυμναζομένων παλαίστρα, νικώντων στέφανος, ἐπιτραπέζιος εὐφροσύνη, ἐπικήδειος παραμυθία. οὐκ ἔστι τι τῶν κατὰ τὸν βίον ἡμῶν τῆς χάριτος ταύτης ἀμέτοχον· τίς προσευχῆς δύναμις, ἧς μὴ Δαβὶδ συνεφάπτεται; »Wie ein angenehmer Begleiter des menschlichen Lebens wird der Prophet David auf allen Lebenswegen entdeckt. Allen geisterfüllten Menschen begegnet er hilfreich, die gesamte Schar der Fortgeschrittenen unterstützt er. Mit den bei Gott Unmündigen spielt er, zusammen mit den Männern kämpft er, die Jugend erzieht er, das Alter stützt er, Allen wird er alles [1.Kor 9,22]: eine Waffe für die Soldaten, ein Lehrer für die Athleten, eine Palästra für die Trainierenden, ein Kranz für die Sieger, eine Freude beim Festmahl, ein Trost bei der Bestattung. Es gibt nichts in unserem Leben, dem diese Gunst versagt wird. Welche Wirkung eines Gebetes gibt es, die David nicht fördert?« Dazu W.M. GESSEL, Gregor von Nyssa und seine Psalmenhomilie Ὡς γλυκύς. Überlegungen zur sog. Himmelfahrtspredigt des Nysseners, in: H. BECKER/R. KACZYNSKI (Hg.), Liturgie und Dichtung II, St. Ottilien 1983, 669–690, 671. Außerdem überträgt der Psalter als Palaestra die leiblichen Kämpfe auf die Auseinandersetzung mit den bösen Affekten: In inscr. psalm. II,13 (Opera V [McDONOUGH], 142,6ff). Dies sind m.W. die beiden einzigen Stellen, an denen »palaestra« – vor Luther – direkt mit dem Psalter in einen Bewandtniszusammenhang gebracht wird.

Palaestra der himmlischen Schriften (»in quadam caelestium scripturarum palaestra«). Daß Lesen und damit auch ein bestimmtes Schriftcorpus als Palaestra erscheint, liegt in der Konsequenz der bisherigen Begriffsgeschichte. Zwar ist bei Ambrosius an dieser Stelle von den biblischen Schriften allgemein als Palaestra die Rede, aber ganz speziell kann dies vom Psalter ausgesagt werden, der – in Antizipation von Luthers Psalterformel – als »animarum gymnasium et quoddam stadium uirtutum« kommender Kämpfe (»certamina«) bezeichnet wird[156]. Bei aller terminologischen Berührung besteht kein geringer Unterschied zwischen Leibhaftigkeit des Dämonenkampfes dort und der vergleichsweise abstrakten Auseinandersetzung mit bloßen Buchstaben hier. Aber es wird sich zeigen, daß das Buch erst Palaestra geworden ist, wenn sich bereits das einfache Lesen im Buch als Dämonenkampf vollzieht.

Ein drittes Sprachgebiet – nach dem martyrologischen und dem asketischen – ist das monastische. Daß anachoretische Lebensweise Kampf ist, insbesondere Kampf mit Dämonen in Gestalt böser Gedanken, geschehend als Nahkampf, gleichsam Mann gegen Mann: das ist generelle monastische Vorstellung. Evagrius Ponticus weiß davon zu reden[157]. Um der hohen Ziele des

---

[156] Ambrosius, Expos. psal. CXVIII, 12,28 (zu Ps 118,92 [vg]; CSEL 62, 267,26–268,15): ergo quando in adflictionis tempore sumus et quatimur aduersis, meditatio nobis in lege sit, ne inparatos procella temptationis adfligat. athleta nisi exercitio palaestrae prius fuerit adsuefactus, non audet subire certamen. ungamus igitur oleo lectionis nostrae mentis lacertos. sit nobis tota die ac nocte [Ps 1,2] exercitii usus in quadam caelestium scripturarum palaestra ... exerceamur igitur indefesso meditationis usu, exerceamur ante certamen, ut simus certamini semper parati. Dazu E.v. Severus, »Silvestrem tenui musam meditaris avena« Zur Bedeutung der Wörter meditatio und meditari beim Kirchenlehrer Ambrosius, in: H. Rahner/Ders. (Hg.), Perennitas (FS Th. Michels), Münster 1963, 25–31, 29f: »Der ausgeprägtere militärische Sinn des Meditierens im Sinne von Einüben, Trainieren und Exerzieren begegnet uns ... bei Ambrosius in der Übertragung auf die militia spiritalis und auf jene certamina spiritualia, die im Zusammenprall des Christen mit den Mächten und Gewalten der Finsternis erfolgen.« Ist das Übergang in bloße Allegorie? »Wir würden ... den Sinn der ambrosianischen Erklärungen völlig verfehlen, wenn wir Metapher und Allegorie gleichbedeutend mit blasser und unwirklicher Gedankenspielerei setzten.« – Andere Palaestra-Stellen: Epist. 29,5 (CSEL 82/1, 197,49): [athleta] exercet diurna virtutis palaestra; Exp. Ps. XL, 13,3 (MPL 14, 1073A): spiritali ... palaestra (bezogen auf Jesu Heilshandeln); Exp. Ps. CXVIII, 12,33 (CSEL 62, 270,24): uirtutum palaestra (bezogen auf das exercitium cotidianae lectionis [s. u. Anm. 193]); De offic. I, 10,33 (MPL 16, 33B): [parvuli] prius sonis meditantur loquendi, ut loqui discant; itaque sonus exercitatio quaedam et palaestra vocis est (Palaestra als musikalische Vorschule des Sprechenlernens). – Zum Psalter als gymnasium s.u. Exkurs 2: Gymnasium.

[157] Evagrius Ponticus, Traité pratique ou le moine II [A./C. Guillaumont, SC 171], gebraucht πάλη (36,8; 49,7), παλαίειν (48,2; 60,3; 72,1f), προσπαλαίειν (5,1; παλαίστρα fehlt) von unserem Kampf gegen die Dämonen oder ihrem gegen uns. Dabei ist Kampf immer ein unvollkommener Zustand; der vollkommene nach dem Sieg ist ἀπάθεια, θεωρία, ἡσυχία. Der Psalmodie kommt dabei die Rolle zu, entweder den zornmütigen Teil der Seele (15,3f) oder die Affekte insgesamt (De orat. 83; MPG 79, 1185B; McKinnon [s. Anm.21] Nr. 115) zu besänftigen.

Mönchtums willen kommt die bisherige terminologische Fixierung des Johannes Chrysostomus ins Wanken: παλαίστρα ist das monastische Leben sowohl im Sinn bloßer Vorübung wie wahren Kampfes[158]. Daß auch das Kloster, in dem die Sache des Glaubens ausgefochten wird, im Bild der Palaestra erscheint, liegt in der Konsequenz[159]. Auch in der lateinischen monastischen Literatur ist »palaestra« zu finden. Pelagius läßt im 23. Kapitel seines Briefs an Demetrias nahezu keinen der einschlägigen Termini aus. Wiederum erstaunt der Szenenwechsel: vom griechischen Dämonenkampf sehen wir uns in die Situation des Lesens versetzt. Zwar sollte jede Stunde dem geistlichen Fortschritt gewidmet sein, aber es bedarf dafür besonderer ausgewiesener Stunden. Der Morgen bis zur dritten Stunde: Zeit des Lesens. Durch Lesen wird die Seele für den Kampf des Tages wie in einer geistlichen Palaestra trainiert[160]. Palaestra im Sinn von Vorübung auf den geistlichen Kampf findet sich auch in der ›Vita Hilarii‹; die Nachwirkung auf die Vitenliteratur scheint eher gering[161]. Schließlich gehört zu den frühen Zeugen monastischen Sprachgebrauchs Johannes Cassian. Palaestra erscheint bei ihm im präzisen Sinn von Vorschule. Das Coenobium ist nur Vorübung für die strengere anachoretische Lebensweise, die zuerst gründlich durchlaufen muß, wer zum eremitischen Beruf strebt[162]. Somit dürfte sich die Rede von »palaestra« in

---

[158] Johannes Chrysostomus; Mönchtum oder Kloster als παλαίστρα: In Matth. hom. 40 (bzw. 41), 3 (MPG 58, 791): Χωρίον ἄσυλόν ἐστι καὶ ἀσφαλές, λιμὴν εὔδιος, παλαίστρα καὶ γυμνάσιον φιλοσοφίας, ἀγγελικοῦ βίου μίμημα; De sac. 6,7 (MPG 48, 683f): Anachorese als παλαίστρας im Unterschied zum ἀγών des kirchlichen Amtes. Dazu I. AUF DER MAUR, Mönchtum und Glaubensverkündigung in den Schriften des hl. Johannes Chrysostomus, Freiburg/Üchtl. 1959, 160f u.ö. S.u. bei Anm.175.

[159] Isidor von Pelusium, Epist. I, 262 (MPG 78, 340B): μοναχικὰ παλαιστήρια.

[160] Pelagius, Ep. ad Demetriadem 23 (MPL 30, 37AB): Et quamquam omne vitae tuae tempus divino debeas operi consecrare: et nullam prorsus horam a spirituali profectu vacuam esse conveniat, cum tibi in lege Domini die ac nocte meditandum sit [Ps 1,2]: debet tamen aliquis esse determinatus et constitutus horarum numerus, quo plenius Deo vaces, et qui te ad summam animi intentionem, velut quadam lege contineat. Optimum est ergo huic operi matutinum deputari tempus, id est meliorem diei partem, et usque ad horam tertiam animam quotidie in coelesti agone certantem, hoc velut spiritualis quodam palestrae exerceri gymnasio. Dies geschieht durch lectio und oratio. – Zur Herkunft der festen Lesezeit von der ersten bis zur dritten Stunde (in Konkurrenz zum augustinischen ›Ordo monasterii‹ 3: von der 6. bis zur 9. Stunde) s. A.DE VOGÜÉ, Les règles des saints pères I (SC 297), 132ff (s.u. Anm. 261). – Der Augustinereremit Conrad von Zenn zitiert diese Pelagiusstelle (s.u. Anm. 167).

[161] Honoratus von Marseille, Vita S. Hilarii episc. Arel. [CAVALLIN] 26,44: Spectator certaminis humani quotidiani exercitii palaestram placidus intuetur (im Blick auf das bevorstehende Martyrium). Vita Norberti II, 71 (NGML, fasc. P, 98,28f): sapiens homo doctusque palestre gerende cum spiritibus immundis tribus diebus permisit eum torqueri; Vita Remacli 6 (NGML, fasc. P, 100,6–8): hisce palestricis disciplinis diutius immorantes, tandem promissam gratiam … indepti sunt.

[162] Johannes Cassian kennt sowohl den koinobitischen wie eremitischen Gebrauch. Conl. XVIII, 11,1 (CSEL 13, 517,18–21): de optimo genere monachorum uideo uos

drei Gattungen fortsetzen: 1. in Texten, die wie der Brief des Pelagius Regel-
charakter haben, 2. in Viten, 3. in Reflexionen auf die »genera monachorum«. Obgleich darin weiter zu suchen wäre, so ist doch zu bezweifeln, ob
eine umfassende Sicht entsteht, die als Begriffsgeschichte bezeichnet werden
könnte. Immerhin läßt sich, sobald die Palaestra mit den »genera monachorum« verbunden war, ein deutlicher systematischer Ort vermuten. Die
›Regula Benedicti‹ nimmt diese Lehre im ersten Kapitel auf. Das Coenobium
(Monasterium) erscheint als bloße Elementarschule, das Anachoretentum
dagegen als hohe Schule des Einzelkampfs in der Wüste[163]. Indem die Regel
sich ausschließlich dem Ersten widmet und dafür die Termini »ars spiritalis«
und »dominici scola servitii« gebraucht, wird deutlich, daß diese wohl als
Parallelausdrücke zu »palaestra« zu verstehen sind. Regeln sind dann an sich
Palaestra-Regeln. Sie beziehen sich auf das Initium geistlichen Lebens. Deshalb erschienen in Luthers ›Monitum‹ »palaestra« und »initium« in unmittelbarer thematischer Nachbarschaft[164].

Während der martyrologische Sinn verschwindet, bleiben asketischer und
monastischer. Dagegen die Erinnerung an die wirkliche Palaestra wird im

---

professionis huius arripuisse principia, id est de laudabili coenobiorum palaestra ad
excelsa fastigia anachoreticae tendere disciplinae; XIX, 11,1 (CSEL 13, 545,4–7): qui
ipsas quodammodo scolas et exercitationis huius palaestram … intempestiue intermissa
coenobii congregatione derelinquimus? – als solche könnten wir nicht zur Anachorese
gelangen. Da allerdings auch den Eremiten dieselben Nichtigkeiten wie den Koinobiten
betreffen, ist auch diesen nicht aus der Palaestra entlassen, sondern muß zu sich selber
sagen: tunc ille es, bone uir, qui te, dum in illa solitudinis tuae exerceris palaestra, omnia
superaturum mala constantissime praesumebas, … satis ualidum atque ab omnes procellas
inmobilem te credebas? (XIX, 14,3 [CSEL 13, 548,22–27]). Anders Conl. XVIII, 14,5
(CSEL 13, 523,7): Geduldsprobe als palaestrisches Öl zur Vorbereitung auf die höchste
patientia. Dazu B. STEIDLE, aaO. (s.u. Anm. 275) 402; G. HOLZHERR, Die Benediktsregel, Einsiedeln 1980, 45: »Schon für Kassian (…) ist das Kloster gleichsam ›Schule und
Sportanlage für unsere Ausbildung.‹ Auszubilden sind die ›Kräfte‹ der ›Großmut‹ oder
›Langmut‹, der ›unerschütterlichen Geduld‹ oder ›Ausdauer‹«; danach P. TEUWSEN,
NZZ.FA 253 (31.10.1992), 46.

[163] Regula Benedicti 1: De generibus monachorum: Primum coenobitarum, hoc est
monasteriale, militans sub regula vel abbate. Deinde secundum genus est anachoritarum,
id est heremitarum, horum qui non conversationis fervore novicio, sed monasterii pro-
batione diuturna, qui didicerunt contra diabolum multorum solacio iam docti pugnare et
bene extructi fraterna ex acie ad singularem pugnam heremi securi iam sine consolatione
alterius sola manu vel brachio contra vitia carnis vel cogitationum deo auxiliante pugnare
sufficiunt. – Wenn die Reg. Ben. sich selbst auf die koinobitische Lebensweise beschränkt
(prol. 50; 1,2; 73, 1.8f), diese aber als »militia« (»Dienst« 2,20), »dominici scola servitii«
(prol .40) und »ars spiritalis« (4,75) charakterisiert, so könnte sie ebensogut als »palaestra«
bezeichnet werden – der Ausdruck begegnet aber in der Reg. Ben. nicht –, und zwar im
Sinn von »Schule«, wenn dem koinobitischen Leben kein anachoretisches folgt, im Sinn
von »Vorschule« im Blick auf die »singularis pugna heremi« (1,5), wenn die Anachorese
als Gipfel geistlichen Lebens gilt.

[164] S. Anm. 86.

Schulbuch konserviert[165]. Der hier zu verfolgende monastische Sinn schwankt zwischen Beziehung auf coenobitische und eremitische Lebensweise. Dabei handelt es sich um einzelne, um nicht zu sagen zufällige Gebrauchsweisen, ohne daß von einer regelrechten Tradition zu reden wäre. In allgemeinem monastischen Sinn wird vom Monasterium als einer Palaestra gesprochen, die zum kontemplativen Leben führt, ohne daß dabei eremitische Zuspitzung im Spiel wäre[166]. Diese findet sich aber in der ›Laus eremiticae vitae‹ des Petrus Damiani. Jetzt ist nicht mehr das Monasterium, sondern die Zelle Arena des geistlichen Kampfs, sie ist »palaestra« des Kampfes zwischen Geist und Fleisch. Allerdings ist dieser Ausdruck nur einer unter vielen in diesem eher hymnischen als begrifflichen Text. Hier kann es geschehen, daß das ›Lob der Zelle‹ in offenkundiger Anleihe bei der älteren Gattung des ›Lobs des Psalters‹ auch diesen selbst in die Palaestra geistlichen Lebens zieht. Beim nächtlichen Psalmengesang, in dem sich der eremitische Kampf in der Zelle vollzieht, entspringt dem Mund des Sängers der »ordo psalmorum« in ebenso gleichförmiger Bewegung wie dem Orient der »cursus siderum«. Selbst die Elemente der Welt werden in den Dienst dieses Gesanges und zur Einstimmung in ihn gerufen[167].

---

[165] Isidor von Sevilla, Etym. XVIII, 24: De palaestra; Hrabanus Maurus, De universo XX, 24 (MPL 111, 549B): De palaestra.

[166] Dudo von St. Quentin, De moribus … Normanniae ducum (ed. J. LAIR, MSAN 23, 1865 – verfaßt ca. 1015): Martinus sanctissimus abbas … custodiens monachos sub palestra perstricte regule theorice contemplationis (III, 58; LAIR 200); sub palestra theorice vite desudantis (IV, 101; LAIR 263); sub aerumnosa theorice vite palestra (IV, 126; LAIR 290; cf. NGML, fasc. P, 1980,99; LMA 3, 1986, 1438f). Der letzte Beleg wird von J. LECLERCQ, Études sur le vocabulaire monastique du moyen-âge, StAns 48, 1961, 95 Anm. 64 irrtümlich mit »theoreticae vitae palaestra« zitiert.

[167] Petrus Damiani, Liber qui dicitur Dominus vobiscum c. 19: Laus eremiticae vitae (MPL 145, 246C–252B). Der Text – laudando potius, quam disputando – ist hymnisch; er ruft Attribut um Attribut der Zelle auf (»O …!«) und spezifiziert es dann durch hymnische Anrede (»tu …, tu …« etc.). O cella sacrae militiae tabernaculum …! Tu campus divini praelii, spiritualis arena certaminis, angelorum spectaculum [1.Kor 4,9], palaestra fortiter dimicantium luctatorum, ubi spiritus cum carne congreditur (247D). Zum Psalmengesang: O quam pulchra rerum species, cum frater in cellula constitutus nocturnas peragit psalmodias, et quasi pro divinis castris militares custodit excubias: contemplatur in coelo cursus siderum, decurrit etiam per os ejus ordo psalmorum. Et sicut praecedentes ac subsequentes stellae ad diem suas vicissitudines alternando perveniunt, ita psalmi, qui ex ore ejus tanquam ex quodam oriente procedunt, ad suum finem paulatim velut parili cum sideribus conviatione decurrunt. Iste suae servitutis exhibet ministerium; illae delegatum sibi exsequuntur officium: iste psallendo intrinsecus ad lucem tendit inaccessibilem [1.Tim 6,16], illae sibi invicem succedendo, ejus exterioribus oculis visibilem reparant diem. Et dum utraque ad suum finem diverso tramite properant, servo Dei quodammodo et ipsa elementa subserviendo concordant (248CD). – Es wäre nachzuprüfen, ob »palaestra« mit der Gattung des ›Lobs des eremitischen Lebens‹ mitwandert. Einer der Väter dieser Gattung, der Leriner Eucherius von Lyon, bezeichnet den einsamen Ort als

4. Spätere Spuren

Lediglich in Rinnsalen gelangt der Terminus in die beginnende Neuzeit. Für Erasmus klingt »palaestra« so wesenlos, daß sie nicht nur zwischen Spiel und Ernst schwankt, sondern auch in ein und demselben Kontext Gefordertes wie Kritisiertes zugleich bezeichnet[168]. Spuren finden sich sodann in der Jesuitenrhetorik[169], gleichzeitig in der jesuitischen Instrumentalmusik, sofern diese konzertant ist[170]. Eine Beziehung zur Bildung von Affekten ist dabei immer im Spiel. Explizit erscheint Luthers Formel »palaestra affectuum« in der von Aristoteles ausgehenden Tragödientheorie des Daniel Heinsius[171],

---

»gymnasium« (De laude eremi 32; MPL 50, 708B). Die Wiederbelebung eremitischen Lebens in veränderter Weise bei den Kamaldulensern und Kartäusern brachte keine Intensivierung von »palaestra«, s. G. HOCQUARD, Solitudo cellae, Mélanges d'histoire du moyen-âge (FS L. Halphen), Paris 1951, 323–331.

Die ›Consuetudines canonicorum regularium Rodenses‹, c. 19,97 (vor 1122, FontChr 11, 236,10f) fordern: Christi palaestrae spirituali exercitio semper est insudandum.

Conrad von Zenn macht von »palaestra« Gebrauch durch Aufnahme eines Pelagiuszitats (s. Anm. 160): Liber de vita monastica, Ms. W, f.247[v], Ms. A, f.135[r]; es handelt sich dabei um die einzige Erwähnung (diese Angabe verdanke ich Herrn Kollegen H. ZSCHOCH). Dazu M. NICOL, Meditation bei Luther, FKDG 34, Göttingen 1984, 28; H. ZSCHOCH, Klosterreform und monastische Spiritualität im 15. Jahrhundert. Conrad von Zenn OESA († 1460) und sein Liber de vita monastica, BHTh 75, Tübingen 1988.

Johannes Mauburnus, Rosetum exercitiorum spiritualium et sacrarum meditationum, Basel 1504, p. I tit. 1 c. 4 membr.1: De officina salutis [fol. 4[r]]: Est autem cella celestis doctrine schola, paradisus anime, et deliciarum, palestra luctatorum, libertas animarum.

[168] Erasmus von Rotterdam, Adagium 5.210 (LB II, 1203B): Res palaestrae et olei. Quae non ad serium negocium, sed ad lusum et ostentationem adhibentur, palaestriae et olei dicuntur, quum in praelio majoribus opus sit viribus. In kritischem Sinn (unernst) wird »palaestra« auf den scholastischen Lehrbetrieb (Ench. milit. chr., Epist. P. Volz: palaestra Sorbonica [LB III, 337E; AW [WELZIG] 1,4]); ernst, aber ohne spezielle Aktivierung des bildlichen Zusammenhangs mit dem miles christianus aaO. LB V, 18D; 20E; AW [WELZIG] 1, 136.148).

[169] Jacobus Masenius, Palaestra eloquentiae ligatae, Köln 1661; Palaestra styli Romani, Köln 1659; Palaestra oratoria praeceptis et exemplis veterum lectissimis instructa 1659[1], Köln 1678[2]. Die Rhetorik ist bezogen auf eine Affektenlehre, innerhalb derer sie Wirkung entfaltet. Masenius liebt »die Metapher der Kampfstätte (palaestra), auf der der Student den sachgemäßen Umgang mit den Waffen der christlichen Beredtsamkeit in Verbindung mit den christlichen Tugenden übt, um die Wahrheit gegen die sophistische Betrügerei und die wahren Tugenden gegen die im Gewand der Tugenden auftretenden Laster zu verteidigen« (B. BAUER, Jesuitische ›ars rhetorica‹ im Zeitalter der Glaubenskämpfe, Frankfurt/M. 1986, 324).

[170] Rupert Ignaz Mayr, Palaestra musica, Augsburg 1674 (13 Sonaten, verschollen; MGG[1] 8, 1960, Sp. 1850).

[171] Daniel Heinsius, De tragoediae constitutione liber, in quo inter cetera tota de hac Aristotelis sententia dilucida explicatur 1611[1], Lugd. Bat. 1643[2], c. 2 (p. 13): Tragödie als affectuum nostrorum quaedam quasi … palaestra. In der amerikanischen Übersetzung (On plot in tragedy, Northridge 1971, 12): »it [the theater] is a kind of training hall for

allerdings indem nicht wie bei Luther Affekt gegen Affekt kämpft, sondern die durch Tragödie bewirkte Katharsis die Milderung der tragischen Affekte hervorbringt.

5. Von der Palaestra zum Psalter

In diesem Paragraphen sollte ein Weg gesucht werden, der – wenn überhaupt – vom allerersten feindlichen Aufeinanderprall von Palaestra und Psalter bis zu Luthers Psalterformel führt, die den Psalter ohne Umschweife als Palaestra bezeichnet. Ein direkter Weg ist es wohl nicht.

Aus der rückblickenden Distanz zeigt sich zunächst die innere Geschichte von Palaestra: Ringkunst, ältestes Erziehungsinstitut der griechischen Polis, gefolgt von der Musenkunst und schließlich von der Kunst des Lesens und Schreibens. Die beiden ersten der Nahwelt von Leiblichkeit und Oralität zugehörig, die letztere der jüngeren Epoche der Literalität. Eine Disziplin überträgt ihre Eigenschaften der anderen. So in erster Linie zwischen Palaestrik und Musik. Beide betreffen den ganzen Menschen mit Leib und Seele und stellen somit bereits an sich ein Bildungsprogramm dar, über das hinaus nichts weiter zu erstreben ist. Hier ist alles präsent, vom Leib bis zum Wort, und wiederum vom Wort bis zum Leib. Grundsätzlich läßt sich die Relation in doppelter Richtung betrachten: als zunehmende Versprach-lichung ebenso wie zunehmende Verleiblichung. Verleiblichung so, daß das Wort, von dem unter Vernachlässigung seiner Umstände zunächst nur die ideale Bedeutungsebene interessiert, sich dadurch verdichtet, daß es immer mehr unter die Bedingung seiner Umstände gerät, und folglich die Aufmerk-samkeit sich von der Bedeutung zur Art des Bedeutens wendet, etwa zum Klang des Wortes, zum Rhythmus, schließlich zu seiner leiblichen Verfaßt-heit. Oder umgekehrt Versprachlichung so, daß von der παλαίστρα bis zur θεολογία, jener ersten Form aussagenden Wortes, erstaunlicherweise eine einzige, durchgehende Linie vom Mythos zum Logos entsteht. In dieser dop-pelten Bewegung hat die Palaestra-Metapher ihren Ort. Daraus folgt: Die Palaestra ist – nicht an sich, aber als Metapher – vom ersten Moment an musisch. Musische Agonistik ebenso wie rhetorische und dialektische (sokratische) ziehen die Palaestra als Bild auf sich. Dabei ist Musik immer im alten Sinn von μουσική zu verstehen, das heißt als Beziehbarkeit verschiede-ner Lebensgebiete innerhalb der vieldimensionalen Wirklichkeit lebendigen

---

our passions which (…) must there be readied and perfected.« Dazu E. ROTERMUND, Der Affekt als literarischer Gegenstand. Zur Theorie und Darstellung der Passiones im 17. Jahrhundert, Poetik und Hermeneutik 3, 1968, 239–269, 247; H.J. SCHINGS, Consolatio Tragoediae. Zur Theorie des barocken Trauerspiels, in: R. GRIMM (Hg.), Deutsche Dramentheorie I, Frankfurt/M. 1971, 1–44, 13; J.H. METER, The literary theories of Daniel Heinsius, Assen 1984, 172.

Wortes, Musik nicht nur als innere Stimmigkeit, sondern als Stimmung in Bezug auf verwandte Lebensgebiete. In dieser Affinität der Lebensgebiete hat die Palaestrik Musik gelernt, und wiederum die Musik gibt eine Motorik und Leiblichkeit zu erkennen, die aus der Palaestrik kommt und selbst dann noch erhalten bleibt, wenn die Palaestra bereits vergangen ist. Nun tritt als drittes Bildungsfach Lesen und Schreiben hinzu, und es ist erstaunlich, in welchem Maß dies, in einer Art rekurrentem Anschluß, Palaestrik und Musik als Bilder auf sich zieht, d.h. sie sowohl ablöst wie als Reminiszenz fortführt. Lesen und Schreiben sei Palaestrik, sei Musik. Nun müßte dies als gräßliche Verstümmelung der beiden älteren Bildungsfächer aufgefaßt werden, wenn nicht Lesen und Schreiben selbst Reste von Motorik, Klanglichkeit und Rhythmizität zu erkennen gäben. Handelt es sich dabei um Realreminiszenzen, dann dürfte man sagen, daß diese bestimmte Art des Lesens zugleich Musik ist und zugleich Palaestrik, aber offenbar Palaestrik nur, wenn auch Musik.

Angelangt beim Extrakt der antiken Geschichte von Palaestra ließe sich eine vorschnelle Verbindung zum Psalter ziehen etwa von der Art: Das sei eben die gegenwärtige Situation des Psalters, daß er gegeben ist als bloßes Buch der Psalmen, als isolierter Gegenstand des Lesens und Schreibens, daß er sich aber auf dem Hintergrund der antiken Vorgeschichte des Lesens und Schreibens in denkwürdiger Weise verlebendige, indem er ältere Bildungsschichten wie mündliches Wort, Klang, Rhythmus, leibliche Bewegung auf sich zieht. Das ist ein Kurzschluß. Nirgends vor Luther – den erwähnten Gregor von Nyssa ausgenommen – findet sich die explizite Bezeichnung Psalters als Palaestra. Daher bedarf es, um den Psalter zur Palaestra zu machen, über die Erweckung der antiken Vorgeschichte hinaus der Erweckung einer weiteren Geschichte. Bevor der Psalter zur Palaestra wird, muß Palaestra ein monastischer Begriff gewesen sein. Im Mönchtum treffen sich Palaestra als Kampf mit Dämonen und Palaestra als Lesung der heiligen Schriften; hier bildet sich der Gebrauch des Psalters als Waffe im geistlichen Kampf ebenso wie seine Hochschätzung als Inbegriff der heiligen Schriften. Aus der Geschichte dieser Berührung geht der Psalter als Palaestra in zwei Weisen hervor:

(i) Nach ihrer Stellung im klassischen Bildungskanon wie im späteren Gebrauch hat Palaestra immer den Charakter des Anfangs, und zwar eines solchen, ohne dessen Tun sich absolut nichts tut. Wenn das koinobitische Mönchtum einerseits sich als Anfang auf dem Weg zur Vollkommenheit versteht und, ausgestattet mit Regeln geistlichen Kampfs, sich in die Palaestra begibt – oder was immer die Termini an dieser Stelle seien –, anderseits aber nichts anderes ist als diejenige Vergemeinschaftungsform, deren es zur fortdauernden Auf- und Durchführung des Psalters bedarf, so wird jede Aussage über Palaestra zu einer solchen über den Psalter und umgekehrt. Es kann

nicht erstaunen, daß sich um das bloße Lesen des Psalmbuchs herum potentiell alle Schichten der Wirklichkeit versammeln und dieses dadurch zu einem Psalter wird: musisch, gymnastisch, mit Seele und Leib.

(ii) Palaestra hat aber auch seinen Sitz in der Anachorese, die als vollkom-
menere Gestalt mönchischen Lebens bereits im Blick war. Hier ist der Psalter
ebenfalls präsent, aber abzüglich aller gemeinschaftlichen Aufführungs-
formen. Selbst wenn er Reste seiner musischen und gymnastischen Gestalt
behielte, so sitzen diese hier lockerer, sind nur noch zufällig. Während im
alten Mönchtum die Psalmodie die Einsamkeit unterbricht, muß in dem
Moment, da Psalmodie zu einem anachoretischen Geschehen geworden ist,
der Psalter tendentiell verstummen.

Daraus wird deutlich, daß der Psalter als Palaestra an den Bewegungen
teilnimmt, die die Palaestra-Metapher vollführt. Je mehr sie verblaßt, desto
anachoretischer wird der Psalmengebrauch. Umgekehrt gewinnt die Palaestra-Metapher umso intensivere Farbigkeit, je mehr Psalter Wirklichkeit wird
als gemeinschaftliche Aufführung, Klang, Rhythmus, Bewegung. Aber in
jedem Fall bleibt Palaestra Metapher, das heißt, sie führt Erinnerungen an
Bewegung und Gesang mit sich, die sich im Lauf ihres Übergangs zum Lesen
mit ihr verbunden haben.

Exkurs 2: Gymnasium

Das Gymnasium, Ort körperlichen Trainings zur Vorbereitung auf den Wett-
kampf im Stadion, war schon in klassischer griechischer Zeit zugleich Ort
geistiger Übung in Rhetorik und Wissenschaft. Bei genauem Hinsehen ist
Palaestra nur eine Einzeleinrichtung des Gymnasiums, aber dem entfernteren
Blick erscheint das eine wie das andere[172]. Wie »palaestra« und »exercitium«
ist auch »gymnasium« Inbegriff hellenistischer Erziehung, in Jerusalem ein
Greuel[173]. Das Mittelalter weiß von Gymnasien als Orten körperlicher
Übung ebenso wie geistiger: sie sind »omnium prope artium exercitia«[174].
Wiederum wird das Mönchtum als hervorragende Wiederbelebung des alten
γυμνάσιον aufgefaßt, in erster Linie das griechische[175]. Auch das lateinische
Mönchtum gebraucht »gymnasium« gern als Bild, sei es für das eremitische

---

[172] DELORME/SPEYER, aaO. (s. Anm. 111) 155.159.

[173] 1.Makk 1,15; 2.Makk 4,9.12 (s. Anm. 110).

[174] Isidor von Sevilla, Etym. XVIII, 17,1: De ludo gymnico; ebd. XV, 2,30: Gymnasium generalis est exercitiorum locus. Tamen apud Athenas locus erat ubi discebatur
philosophia et sapientiae exercebatur studium; nam γυμνάσιον Graece vocatur, quod
Latine exercitium dicitur, hoc est meditatio. Hrabanus Maurus, De universo XX,17
(MPL 11, 548B): De ludo gymnico.

[175] Johannes Chrysostomus, s. Anm. 154 und 158.

Leben[176], sei es speziell für die monastische Lesung[177]. Daß Mönchtum ein
»gymnasium« sei, ist bis zu Luther eine stehende Wendung[178]. Gleichwohl
hindert dies Luther nicht, sich gegebenenfalls den alten makkabäischen, anti-
griechischen Ton zueigen zu machen und die Universitäten als »Gymnasia
Epheborum et Grece glorie« zu schmähen[179]. Aber nicht nur Mönchtum und
Kloster, nicht nur die Universität zieht den Namen eines Gymnasiums auf
sich. Einzigartig ist, daß Ambrosius auch den Psalter als »commune animarum gymnasium et quoddam stadium uirtutum« bezeichnet[180]. Im Hintergrund steht dabei mönchische Übung. Monastischer Psaltergebrauch ist immer ein musikalischer oder beinah-musikalischer Vorgang. Aber bis in die
Zeit der italienischen Renaissance[181] blieb »gymnasium« ohne Erinnerung an
die einstige platonische Beziehung zwischen Gymnastik und Musik. Im Umkreis von Luthers ›Operationes in psalmos‹ findet sich die Bemerkung, diese
selbst seien – obgleich Psalmen*kommentar* – ein »gymnasium«, in dem der

---

[176] Eucherius von Lyon, De laude eremi 32 (MPL 50, 708B): Clari apud veteres
saeculi hujus viri … in philosophiam se tamquam in domum suam recipiebant. Quanto
pulcherius ad haec manifestissimae sapientiae studia divertunt, magnificentiusque ad soli-
tudinem libertatem et desertorum secreta secedunt, ut philosophiae tantum vacantes, in
illius eremi deambulacris, tamquam in suis gymnasiis, exerceantur? Dazu C.M. Kasper,
Theologie und Askese. Die Spiritualität des Inselmönchtums von Lérins im 5. Jahrhundert, Münster 1991, 175.
[177] Pelagius, Ep. ad Demetriadem 23 (MPL 30, 37B; s. Anm. 160): hoc velut spiritualis
quodam palestrae exerceri gymnasio.
[178] Stephan X., Ep. 8 an Hugo von Cluny (1058; MPL 143, 880A): Tam laudabili …
monasticae philosophiae gymnasio, tamque ordinatae aciei castrorum coelestium. Petrus
Cellensis, Ep. 75 an Johannes Saresberiensis (MPL 202, 522C): gymnasium est caelestis
philosophiae solitudo. M. Luther, Operationes in psalmos (WA 5, 39,18–20 = AWA 2,
50,8–10): Erantque monasteria vere quaedam gymnasia Christianae libertatis exercendae
et perficiendae, sicut adhuc sunt, sicubi priscam servant institutionem.
[179] Luther, An den christlichen Adel deutscher Nation, WA 6, 457,31–35: »was sein
die Vniuersiteten / wo sie nit anders / dan bißher / vorordnet? den / wie das buch
Machabeorum sagt / Gymnasia Epheborum et Grece glorie / darynnen ein frey leben
gefuret / wenig der heyligen schrifft vnd Christlicher glaub geleret wirt / vnd allein der
blind heydnischer meyster Aristoteles regirt / auch weytter den Christus« (Anspielung
an 2.Makk 4,12.15 [s. Anm. 110.173]). Dazu M. O'Rourke Boyle, Rhetoric and Re-
form. Erasmus' Civil Dispute with Luther, Cambridge/Mass. 1983, 71.
[180] Ambrosius, Expl. ps. 1,7 (CSEL 64, 6,8–11): quicumque [in libro Psalmorum]
cernere uoluerit, tamquam in communi animarum gymnasio et quodam stadio uirtutum
diuersa quasi certamina repperiens praeparata id sibi eligat, cui se intellegit aptiorem,
quo facilius perueniat ad coronam (s.u. Anm. 403).
[181] Marsilio Ficino, Ep. an Antonius Canisianus (›De Musica‹, Op. omn. I, 651): prima
Musica in ratione consistit, secunda in phantasia, tertia in sermone, hanc sequitur cantus,
cantum digitorum motus in sono, sonum totius motus corporis in gymnastica, uel
tripudio. Videmus igitur animae musicam gradatim ad omnia corporis membra deduci.
Dazu Ehrmann, aaO. (s. Anm. 64) 239f.

Leser sich üben kann[182]. Außerdem setzt Luther die einzigartige ambrosianische Redeweise fort, indem er den Psalter als »gymnasium fidei et spiritus« bezeichnet[183]. Verwirklicht sich dies immer nur im Spiel der geistlichen Affekte »fides«, »spes« und »caritas«, wie Luthers große Exkurse oder Vorhaben von Exkursen in den ›Operationes in psalmos‹ zeigen, dann wäre die Möglichkeit der parallelen Psalterformel »psalterium gymnasium affectuum« dem Sinn nach nicht auszuschließen.

§ 3 Exercitium

In Luthers ›Monitum‹, das Vorbegriffe für den Umgang mit dem Psalter nennt, begegnete »exercitium« zunächst nur als lateinisches Äquivalent von »palaestra«. Mit gutem Grund, denn seine Berührung mit dem Griechischen läuft hauptsächlich über γυμνασία und ἄσκησις. Außerdem trifft es sich denkwürdig, daß in der biblischen Überlieferung »exercitium« und »palaestra« je nur ein einziges Mal erscheinen, und zwar an eben der Stelle, an der auch »gymnasium« eine terminologische Rolle spielt[184]. Soweit »exercitium« lediglich Äquivalent von »palaestra« ist, wäre es hier füglich zu übergehen. Aber nun zeigt sich: wenn es überhaupt einer der beiden Termini in der westlichen Welt zu einer nennenswerten Geschichte gebracht hat, dann »exercitium«. Es scheint, als ob die Bindung von »palaestra« an Wettkampf und Sport seiner Überlieferung im Westen nicht förderlich war. Dagegen mit »exercitium« ist der Übergang aus der griechischen Welt der Gymnastik in die westliche der alltäglichen Arbeit vollzogen, und zwar so, daß der Kontakt zum Griechischen nicht abreißt. Daher entfaltet »exercitium« trotz Berüh-

---

[182] Ulrich Hugwald, Vorrede der Basler Operationes-Ausgabe 1521 (AWA 1, 8.581): gymnasium, in quo te exerceas.

[183] Luther, Operationes in psalmos (WA 5, 351,25–28 = AWA 2, 617,15–18): iam saepe dixi psalterium esse gymnasium fidei et spiritus, ut, qui sine fide legat, tenebras solum et gelu legat sine luce, sine calore manens; fides autem nonnisi in passionibus vigeat, quanto acrioribus, tanto speciosior. Das »saepe dixi« läßt sich den Nachweisen der Hgg. zufolge nicht direkt im vorangehenden Text verifizieren: entweder bezieht es sich auf den Topos vom Psalter als Ort der geistlichen Affekte fides, spes und caritas (cf. WA 5, 460,16–19: Et quid aliud sunt omnes psalmi quam quaedam diffinitiones fidei, spei et charitatis? Per hos enim affectus versantur universi et singuli ostenduntque, fidem, spem et charitatem esse proprie quosdam optimos et divinos affectus; zu den drei geplanten, zwei ausgeführten Exkursen über die theologischen Tugenden s. AWA 1, 429f), oder auf das Bild vom Psalter als einem gymnasium (hierzu findet sich im vorangehenden Text aber nur die palaestra-Aussage in Luthers ›Monitum‹). Allerdings ist »dixi« nicht notwendig als »scripsi« zu verstehen (s. WA 5, 200,12 = AWA 2, 360,17); die Möglichkeit mündlicher Äußerungen zum Psalter als gymnasium bleibt offen (s. Anm. 79).

[184] 2.Makk 4,14 (s. Anm. 110.173).

rung mit »palaestra« seine eigene, unabhängige Geschichte. Generell ist zu sagen: Geschichte hat »exercitium«, solange die Spannung zwischen leiblicher und geistiger Übung anhält. Eines ohne das andere bliebe ohne Geschichte und folglich auch ohne Interesse. Insbesondere muß die naheliegende Erwartung, als verwandle sich leibliche Übung im Lauf der Zeit ganz von selbst in geistige, mit Skepsis aufgenommen werden. Vielmehr ist zu fragen, ob nicht geistige Übung, falls sie sich von der leiblichen in jeder Hinsicht gelöst hätte, samt dem Leib die Übung verlieren müßte und also sich selbst. Der bloße Gesichtspunkt des Übens wirkt gerade bei geistiger Übung immer darauf hin, die Anwesenheit des Leibes nicht zu vernachlässigen, so geistig die Übung auch sei.

Allerdings könnte die neutestamentliche Paränese, die im Hintergrund aller Aussagen zur geistigen Übung steht – 1.Tim 4,7f[185] –, so verstanden werden, als rede sie einseitiger Vergeistigung das Wort. Aber die in der Tat uneingeschränkte Behauptung, nur Frömmigkeit (»pietas«) sei nütze zu allem, impliziert durchaus nicht, die entgegengesetzte leibliche Übung (»corporalis exercitatio«) müsse zu allem unnütz sein. Vielmehr wird dieser zugestanden, wenigstens ein wenig nütze zu sein. Worin genau dieses Wenige besteht, wird deutlich, wenn die Aufforderung ertönt: »exerce … teipsum ad pietatem.« Offenbar ist leibliche Übung dazu nütze, wenigstens *sagen* zu lassen, wie geistige Übung geschieht. Also stehen Leibesübung und Frömmigkeit nicht beziehungslos zueinander, sondern diese muß dulden, daß jene auf sie übertragen wird, wenn von ihr gesprochen werden soll. Jetzt entsteht erst »pietas« als so etwas wie »exercitium spirituale« vor unseren Augen. Offenbar ist leibliche Übung dazu nütze, daß sie der Frömmigkeit die Metapher des Übens leiht. Umgekehrt wird die Frömmigkeit dadurch aufgefordert, der Leiblichkeit gerade auch jeder geistigen Übung eingedenk zu bleiben, wenn sie nicht sogleich nichts mehr sein soll. Aus dieser wechselseitigen Spannung entsteht die Geschichte der »exercitia spiritualia«.

1. Exercitium spirituale

Zwei unterschiedliche, aber zusammengehörige Kräfte sind es, die »exercitium« um die Wende zum fünften Jahrhundert auf den Weg gebracht haben: Mönchtum und Psaltergebrauch in ihrer gemeinschaftlichen Berührung. Auf dem Höhepunkt der ›Exercitia spiritualia‹, bei Ignatius von Loyola, hat sich

---

[185] C. Spicq, Gymnastique et morale, d'après I Tim., IV,7–8, RB 54, 1947, 229–242, betrachtet die Übertragung der gymnastischen Übung auf die Frömmigkeit nur als Bild oder Metapher (233), die die Kritik des Sports impliziert (239), niemals aber als strengen Parallelismus im Sinn von Parabel oder Allegorie (241). Der theologische Sinn sei synergistisch (237). – V.C. Pfitzner, Paul and the Agon Motif. Traditional athletic imagery in the Pauline literature, NT.S 16, Leiden 1967.

»exercitium« von diesen beiden Kräften gelöst. Dieser Weg ist jetzt nachzuvollziehen[186].

Was zuerst den monastischen Gebrauch anlangt, so sind »exercitia« leibliche wie geistige Tätigkeiten. Geistlich können beide genannt werden im
Blick auf das ewige Ziel, um dessentwillen sie unternommen werden. Davon
handelt die monastische Literatur in den Gattungen der Historien, der Viten,
der Regeln und regelartigen Texte. – Aus der ersten Gattung ist Rufins
Übersetzung der ›Historia monachorum‹ zu nennen. Die in direkter Anlehnung an 1.Tim 4,7 geforderten »pietatis exercitia« sind leiblich, sofern Mü-
hen im tugendhaftem Leben oder Abstinenz, geistig, sofern Bemühungen
um Teilhabe an göttlicher Weisheit. Alles in allem handelt es sich um speziell
monastische Praktiken im täglichen Kampf um das Heil[187]: »exercitia« in weitestem Sinn. Konzentriert sich dagegen die Übung speziell auf den Umgang
mit der hl. Schrift, dann wird »exercitium« zu »meditatio«[188]. Mit Musik hat
dies nichts zu tun; die »ars musicae« muß verlassen werden, soll sich zur »ars
spiritalis« wandeln[189]. In seinen ›Conlationes‹ zählt Johannes Cassian Fasten,
Wachen, Arbeit, Schriftlesung (»meditatio scripturarum«) als hauptsächliche
anachoretische »exercitia« auf; diese sind nicht an sich die Vollkommenheit,
sondern nur Mittel und Werkzeuge hierzu. Sie haben die präzise Stellung
von »ferramenta« oder ›instrumenta perfectionis«[190]. – Den langen Weg der
Exerzitien durch die Vitenliteratur als der zweiten Gattung beginnt die ›Vita
Honorati‹ des Hilarius von Arles, die den Terminus sowohl für weltliche wie
geistliche Tugenden braucht[191]. – Was schließlich die Regeln anlangt, so findet sich »spiritale exercitium« teils als genereller Terminus für allerlei monastische Übungen wie Psalmgebet, Armut und Gastfreundschaft[192], teils als

---

[186] J. LECLERCQ/A. RAYEZ/P. DEBONGNIE, Art. Exercises spirituels I–III, DSp 4, 1960,
1902–1933.

[187] Tyrannius Rufinus, Historia monachorum sive de vita sanctorum patrum (MPL
21, 387–462/PTS 34 [SCHULZ-FLÜGEL]): pietatis exercitia (prol. 2.4), exercitia spiritalia
(VII, 2,1; XVI, 3,4), monachorum exercitia (XXIX, 5,4), abstinentiae exercitia (XVI,
3,5; XXVIII, 1,2).

[188] Rufinus, Historia monachorum XXI De Nitria 1,6: Scripturarum vero divinarum
meditationem et intellectus atque scientiae divinae nusquam tanta vidimus exercitia, ut
singulos paene eorum oratores credas in divina esse sapientia.

[189] Rufinus, Historia monachorum XVI De Pafnutio 1,12: At ille statim fistulas, quas
manu gerebat, abiciens secutus est eum ad eremum et artem musicam in spiritalem com-
mutans vitae mentisque harmoniam, per integrum triennium artissimae se tradidit abstinentiae, in psalmis et orationibus semetipsum die noctuque [Ps 1,2] exercens atque iter
caeleste animi virtutibus agens inter sanctorum angelicos choros reddidit spiritum.

[190] Johannes Cassian, Conlationes I, 7,13; 10,3; 18,1; III, 5,2; XIII, 18,4; XXI, 15,1
u.ö. (exercitium); I, 10,2f u.ö. (exercitatio).

[191] Hilarius von Arles, Vita Honorati (SC 235 [VALENTIN]) V,3; VI,1; VII,1.

[192] Regula sanctorum patrum Serapionis, Macharii, Pafnutii et alterius Macharii
(RIVP, SC 297 [A.DE VOGÜÉ]) 2,2: spiritale exercitium ist Übung der Mönche durch ihre

spezielle Bezeichnung für die Übung des Lesens heiliger Texte, sei es innerhalb oder außerhalb des Offiziums[193]. Dabei bleibt »exercitium spirituale« immer offen zu »exercitium« und »exercere« überhaupt: Termini für jedwede,
insbesondere handwerkliche Arbeit, die mit Werkzeugen innerhalb des Klosters ausgeübt wird[194]. Es ist deutlich, daß die bildliche Quelle von »exercitium« weniger Wettkampf und Sport ist, als Arbeit. »Exercitium« hat seine
primäre Wirklichkeit im Handwerk (»artes«). Somit findet ständiger Übergang von den »artes« zur »ars spiritalis« statt, der dann auch »exercitium« für
geistige Übung ausleihbar macht und gestattet, die Vielfalt möglicher Übungen auf dem Gebiet der »ars spiritalis« auf dem Hintergrund eines einheitli-
chen Modells zu verstehen. Durch diesen Bildtransport entsteht ein weites
Bildfeld: Wie sich »artes« zur »ars spiritalis« verhalten, so die Handwerkzeuge
der Arbeiter zu den geistigen Instrumenten von Mönchen, so das weltliche
Kunstprodukt zum geistigen Kunstwerk, so auch die handwerkliche Werkstatt (»officina«) zur Werkstatt geistlicher Kunst (»officina artis spiritalis«)[195].

Neben diesem allgemeinen monastischen Gebrauch von »exercitium«/
»exercere«, vorzüglich an der Welt der Arbeit orientiert, tritt nun, allerdings
nur beim Verb »exercere«, ein Sinn, der speziell mit dem Psalter, genauer mit

---

Oberen, und zwar in Hinsicht auf die Ordnung des Psalmgebets, der Armut und der
Gastfreundschaft.
[193] Lektüre als Privatlektüre zu festgesetzten Zeiten: Ambrosius, Exp. psal. CXVIII,
12,33 (CSEL 62, 270, 23–27): Sit nobis ergo cotidiana lectio pro exercitio, ut quae
legimus meditemur imitari. in hac desudemus uirtutum palaestra, ut, cum increpuerint
temptamenta, non tamquam inexercitatos, non tamquam expertes ciborum spiritalium et
adtenuatos ieiunio lectionis temptationum tempus inueniat. Pelagius, Ep. ad Demetriadem 23, MPL 30, 37B (s. Anm. 160.261): debet ... aliquis esse determinatus et constitutus horarum numerus quo plenius Deo vaces ... Optimum est ergo huic operi [lectioni
divinae] matutinum deputari tempus, id est meliorem diei partem, et usque ad horam
tertiam animam quotidie in coelesti agone certantem, hoc velut spiritualis quodam
palestrae exerceri gymnasio. Faustus von Riez, Ep. 6 (CSEL 21, 196,25–197,1): itaque ad
immolanda orationum sacrificia amica sunt fruentibus nocturna silentia, quibus usque ad
horam tertiam lectio moderata succedat, ut exercitium spirituale non desinat desiderari et
semper possit augeri. – Lektüre als gemeinschaftliches Lesen der Offizien: Regula Magistri 14,1: Cum hora diuini officii in oratorio exercetur, id est cum expleto psalmo ab
omnibus orationi incumbitur; 34,1: In exercendo ... diuino officio; 45,6 exercere seruitium; 49,1 debent in monasterio exerceri uigiliae. Außerdem 24,1 (bezogen auf die
Tischlesung). – Einerlei ob privat oder öffentlich: überall wird der Vorgang des Lesens als
exercere bezeichnet.
[194] Exercitia/exercere als körperliche Arbeit innerhalb der Ökonomie des Klosters:
Regula Magistri 50,8 (Handarbeit, die bei ungünstigen Verhältnissen in lectio übergehen
kann [50,10ff]; ihre Ausführung geschieht schweigend: laboris opus taciturnitate semper
exerceant [50,19]); Regula Benedicti 66,6: Monasterium ... ita debet constitui, ut omnia
necessaria, id est aqua, molendinum, hortum vel artes diversas intra monasterium
exerceantur (exercere außerdem 4,67; 72,3).
[195] S.u. Exkurs 3: Officina.

der Psalmensprache verbunden ist. Dadurch entsteht die Situation, daß der Psalter, der im allgemeinen Sinn bereits aufgetaucht war als eines der möglichen Werkzeuge geistlicher Kunst, sich jetzt selber zu Wort meldet und dabei dem Terminus einen charakteristischen, sondersprachlichen Akzent versetzt. In den lateinischen Psalterien ist zu beobachten, daß die frühe Übersetzung des Hieronymus, das ›Psalterium Gallicanum‹, im Unterschied zur späteren, dem ›Psalterium iuxta Hebraeos‹, an einigen Stellen namentlich des 76. und 118. Psalms anstatt von späterem »meditari«/»loqui« von »exercere« spricht: »Exercere« in der Bedeutung nachhaltigen Sinnens und Denkens, des wiederholenden, forschenden Durchdringens des göttlichen Wortes und seiner Verkündigung. Damit gerät »exercere« unter die Einwirkung einer durch hebräische wie griechische Tradition präformierten biblischen Sprechweise. Umgang mit göttlichem Wort geschieht in eindringlichem, lautem, auf Memorierung bedachtem Lesen, das vom Murmeln bis zu einer Art Singsang reicht[196]. In diesem Sinn sind »exercitium« und »meditatio« ein und dasselbe[197]. Exemplarisch erscheinen »exercere«/»exercitare« in Bezug auf den Umgang mit göttlichem Wort im 76. Psalm (PsGall):

> [6] cogitavi dies antiquos
>   et annos aeternos in mente habui
> [7] et meditatus sum nocte cum corde meo
>   exercitabar [PsHebr: loquebar] et scobebam spiritum meum –

und in Psalm 118 (PsGall):

> [15] in mandatis tuis exercebor [PsHebr: meditabor]
>   et considerabo vias tuas
> [16] in iustificationibus tuis meditabor
>   non obliviscar sermones tuos.

Dadurch daß »meditari« (»eifrig sinnen«, »studieren«) und »exerceri«/»exercitare« (»sich üben«) im Parallelismus membrorum stehen, teilen sie sich ihre Eigenschaften gegenseitig mit. Vollzieht sich Meditation als Übung, so kann die Leiblichkeit des Meditierens nicht vergehen, und sei der Gegenstand noch so sublim. Leiblich ist Meditation, sofern sie akustisch ist. Übender Umgang mit göttlichem Wort und besonders mit Psalmen geschieht in der Weise »eines

---

[196] Alle Psalmstellen mit exercere (PsGall 68,13; 76,13; 118, 15.23.27.48.78), exercitare (PsGall 76,4.7) und exercitatio (PsGall 54,3) gehen zurück auf den septuagintasprachlichen Hebraismus ἀδολεσχεῖν/ἀδολεσχία (»forschend untersuchen«, »hingegebene Geistesbemühung«) für hebräisch שיח II. Im ›Psalterium iuxta Hebraeos‹ werden alle Stellen eingeebnet und mit meditari/meditatio – das seinerseits für μελετάω/μελέτη bereits im PsGall gebräuchlich war – und loqui wiedergegeben. Hier entfällt die sondersprachliche Eintönung von exercere. Dazu LECLERCQ, aaO. (s. Anm. 186) 1904f.
[197] Servius, In Aen. IV, 171: exercitium est meditatio; Isidor von Sevilla, Etym. XV, 2,30: exercitium dicitur, hoc est meditatio.

anhaltenden, tiefen Brumm-, Knurr- oder Murmeltons …, wenn auch nur noch schwach.«[198] Dies ist mehr als bloß zufälliger Rest auf dem Weg zu Sinn und Bedeutung. Die Produktion des Wortes ist leiblich, leiblich ist auch seine Rezeption. Leiblichkeit des Wortes zeigt sich in erster Linie als Oralität. Diese kann sich verdichten und erfährt dann Wort als zu verzehrende und wieder-zukäuende Speise[199]. Ist aber Oralität bloß mündlich, d.h. akustisch zu ver-stehen, so richtet sich das Interesse auf den Klang ebendieses Wortes. Dieser reicht vom begleitenden Murmelton bis zu regelrechtem, tonlich fixiertem Gesang. »Exercere«, ausgesagt vom Umgang mit dem Psalter, heißt dann: Übung in der Kunst der Psalmodie[200].

Somit beginnt »exercitium« seinen Weg im lateinischen Westen in einer zugleich weitgestreuten wie konzentrierten Bedeutung, beides im monasti-schen Kontext. Weitgestreut, sofern im Feld der handwerklichen und geistli-chen Künste (»artes«) nichts, was Instrument oder Mittel zu einem bestimm-ten Ziel ist, nicht Übung erfordert; konzentriert, sobald nach dem Vokabular des ›Psalterium Gallicanum‹ das intensive, murmelnde, auf Gedächtnis be-dachte Lesen des göttlichen Worts und insbesondere des Psalters als die Übung schlechthin erscheint. Durch diese Konzentration wird aus Psalter, Meditation, Exercitium, Palaestra geradezu ein und dasselbe. Indem Laut-werdung des Psalters stattfindet, tritt das private Gebet an die Öffentlichkeit, und indem der Gesichtspunkt der Lautwerdung, der in der Öffentlichkeit ja auch Störung bewirken könnte, nicht nur zufällig beiherspielt, sondern stets damit verbunden ist, so bedarf er selbständiger Aufmerksamkeit und diszipli-nierter Gestaltung. Diese findet im Opus/Officium divinum statt[201]. Offizi-

---

[198] Ev. Severus, Das Wort ›Meditari‹ im Sprachgebrauch der Heiligen Schrift, GuL 26, 1953, 365–375, 368; im Blick ist die Reihe הגה – μελετάω – meditari, die die »akustische Grundbedeutung« (374), den »körperlich-akustischen Hauptakzent des Urwortes« (375) auch im entsinnlichteren Gebrauch bewahrt. Dazu Ders./A. Solignac, Art. Méditation I, DSp 10, 1980, 906–914. Im ältesten pachomianischen Mönchtum kann meditari identisch werden mit »psalmodieren« (H. Bacht, ›Meditatio‹ in den älte-sten Mönchsquellen, in: Ders. Das Vermächtnis des Ursprungs. Studien zum frühen Mönchtum I, Würzburg 1972, 253 Anm. 50).

[199] Zum Wort als Speise: M. Jousse, L'anthropologie du geste, Bd. 2: La manducation de la parole, Paris 1975; W. Gessel, Der Brotcharakter des Wortes Gottes in seiner ge-meinschaftwirkenden und einheitstiftenden Funktion nach Augustinus, StPatr 11, 1972, 322–327; Vf., Die Abendmahlsfeier (s. Anm. 45), 121–123. Zum Wiederkäuen: F. Rup-pert, Meditatio – Ruminatio. Zu einem Grundbegriff christlicher Meditation, EuA 53, 1977, 85–91.

[200] Niceta von Remesiana, De psalmodiae bono c. 7 (JThSt 24, 1922/23, 236 [Tur-ner]): Haec sunt cantica quae Dei canit ecclesia: haec sunt quae hic noster conuentus sono etiam uocis exercet.

[201] Heimig, aaO. (s. Anm. 6) urteilt (in Hinsicht auf das ägyptische Mönchtum, wie es Johannes Cassian schildert): »Offizium im strengsten Sinne des Wortes war nur der Psal-ter« (105); ebenso zum Offizium der Magister- (92) und Benediktsregel (106;147). – G.-

um in strengem Sinn ist nichts als lautwerdende, disziplinierte Psalmodie. Alles, was im Offizium geschieht, und vor allem die Psalmodie, wird damit zum Inbegriff von »exercitium«. Petrus von Honestis drückt dies aus, indem er Lesungen, Psalmen, Hymnen und Cantica – alles Elemente des Offiziums – als Exerzitien bezeichnet. Gute Werke sind nicht bloß Folge von Gebetsübung, sondern diese *ist* das gute Werk[202]. Und Petrus Venerabilis findet die klassische Formel, geistige Übungen bestünden aus der Dreiheit von Beten, Lesen und Psalmensingen[203]. In jeder Formenlehre des gregorianischen Gesangs sind – in aufsteigender Reihenfolge – genau diese drei Tätigkeiten die einfachsten Schichten: Lesetöne (»toni lectionis«), Gebetstöne (»toni orationis«) und Psalmtöne (»toni psalmorum«). Geistliche Übung hat, sobald sie gemäß der akustischen Grundbedeutung von »exercere« laut geschieht, eine unverkennbare Tendenz in Richtung musikalischer Übung. Offenbar findet sie statt im Grenzgebiet zwischen Sprech- und Gesangsvortrag, d.h. beim Übergang vom Sprechen zu elementarsten musikalischen Formen. Daß der Gesichtspunkt des »exercitium«, gerade weil er mit dem Offizium und seinen Elementen wesentlich verknüpft ist, sich ausdehnt auf das Musikalische, ist nicht erstaunlich. Psalmengesang, komplizierteste unter den Elementarformen von Gesang, war schon lange ein Thema von Musiktraktaten, die dazu aufforderten, das überlieferte Repertoire kirchlichen Singens nicht nur usuell und gedächtnismäßig zu üben, sondern als »ars« und »disciplina« zu begreifen, wie es durch das Verständnis der acht Psalmtöne auf dem Hintergrund der acht Kirchentöne geschieht. Das ist »exercitium«[204]. Es muß also –

M. Oury, Art. Office divin I. En Occident, DSp 11, 1982, 685–707, 691f: »le passage de la prière privée à la prière officielle … s'est fait au 4e siècle, et il est dû aux ascètes; les moines vivant en communauté ont commencé à solenniser les heures de la prière en les célébrant ensemble et ont ainsi donné naissance à l'Office divin proprement dit. … La prière … s'exprime de préférence dans le psautier; la meditatio, c'est-à-dire la récitation lente du psautier tout en vaquant aux occupations habituelles, en est la technique préférée. … L'influence du moine a donc été déterminante dans la constitution de l'Office proprement dit … Aux moines également l'on doit l'essentiel du contenu des Heures de l'Office; la psalmodie étant l'exercice le plus important de leur existence quotidienne, le moyen de leur lutte journalière pour les combats de la vie spirituelle, ils l'ont placée au cœur de leurs réunions de prière.«

[202] Petrus von Honestis, Regula clericorum I,1 (MPL 163, 708C): lectionibus, psalmis, hymnis, canticis, et caeterorum bonorum operum exercitiis vigilanter insistant.

[203] Petrus Venerabilis, Ep. 28,8 an Bernhard von Clairvaux (MPL 189, 129A [Constable I, 70f]): Si sane corporalia opera spiritualibus exercitiis praeferrentur, nequaquam Maria ad pedes Domini sedere, et verba ejus indesinenter audire a caeteris operibus otiosa elegisset … Ergo si orando, legendo, psallendo, injuncto religiose implendo, vel alia quaelibet hujusmodi bona agendo animus occupatur, regula … perfecte servatur.

[204] Commemoratio brevis de tonis et psalmis modulandis, praef.: [Wenn bereits weltliche Musikanten und Sänger bestrebt sind, ihren Vortrag artis ratione auszurichten, so gilt umsomehr:] Nos vero, qui meruimus verba maiestatis in os sumere, nosne sine arte et

unbeschadet des weiten Gebrauchs – ein intensiver Sinn von »exercitium«
angenommen werden: »Exercitium spirituale« als Übung in öffentlicher Auf-
und Durchführung des Psalters, Psalter als lautwerdende Gestalt, samt den
erforderlichen musikalischen und kommunitären Bedingungen.

2. Exercitia spiritualia

Jetzt ist nachzuvollziehen, wie in der Folgezeit das, was im konzentrierten
Inbegriff von »exercitium« versammelt war, auseinandertrat und sich der
Rationalität je eigener Gesichtspunkte unterwarf. Es bedeutet eine grundlegende Verschiebung, wenn die Reformorden »exercitium« aus Chor oder
Oratorium in die Zelle verlegen. So geschieht es in der vielgelesenen ›Epistola
aurea‹ des Wilhelm von St. Thierry. Sie unterscheidet »exercitia spiritualia«
und »corporalia«, beide in der Zelle zu vollbringen, in der inneren ebenso
wie in der äußeren. Zur inneren Askese als Laboratorium religiöser Erfahrung gehören: an erster Stelle die Gewissensprüfung; dann das Offizium, zwar
vollzogen nach herkömmlichen kommunitären Regeln, jetzt aber mit stärke-
rem Akzent auf privatem, innerlichem Nachvollzug; dann die »manducatio
spiritualis«: einsame Betrachtung der Passion Jesu außerhalb der gemeinschaftlichen Eucharistie als der Realmandukation; schließlich die »lectio
divina«, jetzt reine Privatlektüre, an keine institutionelle Distribution gebunden. Dies alles sind »exercitia spiritualia«, im Unterschied zu »exercitia corporalia« wie Wachen, Fasten etc. Einerlei welche: ihr Ort ist die Zelle[205]. Das
Unspezifische und Vermischte der früheren kommunitären Übungen weicht
stärkerer Methodisierung. Die traditionelle Reihe »lectio«-»meditatio«-
»oratio«-»contemplatio« klingt anders, wenn sie von Guigo II. in die Zelle
versetzt wird. Mit der Gemeinschaft entschwindet der Klang[206]. Wie sehr
sich das Privatgebet als Sache des Einzelnen vom Offizialgebet als Sache der
Kirche löst, zeigt Adam Scotus. Vierfache Übung von »lectio«-»meditatio«-
»oratio«-»opus« als vier Paradiesesströme, und die Zelle als wiedergewonne-

---

negligenter proferimus cantica sanctitatis, ac non magis artis decorem in sacris assumimus,
quo illi abutuntur in nugis? Quapropter parvam hinc notitiam exercitiis vestris ex me
destinatam suscipe, ut ex parvorum scientia fiatis capaciores maiorum. Itaque in octo
tonos, quos ita nominamus, melodiam dividimus, quorum differentiae et proprietates
ecclesiasticum cantorem, nisi ingenii tarditate obstante, culpabile est ignorare (SEMSP I,
213; MGG¹ 10, 1962, Sp. 1679 Abb. 1).

[205] Wilhelm von St. Thierry, Ep. ad fratres de Monte Dei (›Epistola aurea‹, 1144; SC
223 [DÉCHANET]), §§ 94ff Cella, §§ 105ff Exercitia spiritualia, §§ 125ff Exercitia corporalia. Dazu: K. RUH, Geschichte der abendländischen Mystik I, München 1990, 310ff.

[206] Guigo II., Scala claustralium, c. 1f (überliefert unter den Werken Bernhards von
Clairvaux, MPL 184, 475C): lectio, meditatio, oratio, contemplatio als quattuor gradus
exercitationum spiritualium; zur Tradition (Smaragdus von St. Mihiel, Hugo von
St. Viktor) s. RUH, aaO. (s. Anm. 205) 222; cf. 331f.

nes Paradies[207]: anstelle ritueller Präzision schweifende Vorstellung und Bild-
überschwang. Es ist klar, daß bei zunehmender Spiritualisierung eines der
vier Glieder unter Druck gerät: »lectio«, der mechanische Rest, der der höheren Betrachtung anhaftet. So in Bonaventuras ›De triplici via‹, wo »lectio«
nur noch als Traditionsbestand, nicht mehr als konstitutives Prinzip der Exerzitien erscheint[208]. Schließlich darf die Devotio moderna als der Punkt bezeichnet werden, an dem Offizialgebet und Privatgebet vollends ihrer eigenen Wege gehen. Folge davon ist, daß die charakteristischen Konturen der
spiritualen Termini verblassen und ineinander verschwimmen[209].

Drei selbständige Werke werden unter dem Titel ›Exercitia spiritualia‹
überliefert, alle gegen Ende des Mittelalters im Zeitraum eines halben Jahrhunderts erschienen[210]. Das erste ist das ›Rosetum exercitiorum spiritualium
et sacrarum meditationum‹ des Johannes Mauburnus (1494), umfassendes
Exerzitienwerk aus der Tradition der Devotio moderna. Die Doppelheit des
Titels verkündet die beiden Teile des Buchs. Während die Pars secunda ›De
meditationibus‹ fromme Betrachtungen zu Leben und Passion Jesu, zu Maria, Engeln und Heiligen bietet, orientiert sich die Pars prima ›De exercitiis

---

[207] Adam Scotus (Ps. Guigo II. [LMA 1,107; RUH 220 Anm.1]), Liber de quadriper-
tito exercitio cellae, prol. (MPL 153, 802A): Sunt autem quatuor exercitia illa, studium
sacrae lectionis, maturitas desecatae meditationis, devotio purae orationis, strenuitas utilis
actionis. Quatuor haec: major horum oratio est. C. 15f (826Cff; 828C): die vier Übungen
als Paradiesesströme: lectio (Physon, c. 17), meditatio (Gyon, c. 18ff), oratio (Tygris, c.
31ff), opus (Euphrates, c. 36).

[208] Bonaventura, De triplici via (FontChr 14), eröffnet im ›Prologus‹: Sciendum est
igitur, quod triplex est modus exercendi se circa hanc triplicem viam, scilicet legendo et
meditando, orando et contemplando. Er folgt damit Hugo von St. Viktor, Didasc.
[BUTTIMER] III, 10: Meditatio principium sumit a lectione, läßt dann aber im Gang der
Abhandlung die lectio fort. Zur Montserratiner Tradition dieses Textes s.u. Anm. 217.
Dazu K. RUH, Geschichte der abendländischen Mystik II, München 1993, 428ff. Auch
in Bonaventuras ›Soliloquium de quattuor mentalibus exercitiis‹ (Op. omn. 8, 28–67)
spielt die alte Vierheit von lectio-meditatio-oratio-contemplatio keine konstitutive Rolle.

[209] Thomas a Kempis, Libellus spiritualis exercitii, Op. omn. [POHL] II, 329–355;
Brevis admonitio spiritualis exercitii, aaO. 419–432. Intensive Lektüre dieser Texte führt
zu dem unabweisbaren Eindruck, als läse man, trotz des Wortreichtums, ständig dasselbe.
– Zur Stellung der Devotio moderna OURY, aaO. (s. Anm. 201) 693f: »Les textes monastiques n'abordent guère le problème des rapports entre l'Office divin et la prière du
cœur; le problème ne se pose pas pour les anciens … Le problème est né de l'évolution de
la spiritualité à partir de la ›devotio moderna‹. [/] La prière intime subit en effet une
évolution; elle affirme son autonomie, elle élabore ses techniques propres; l'Office suit
une voie parallèle: on le considère de plus en plus comme tâche d'Église, autonome, ayant
valeur en soi, et qui apparaît comme une fonction essentielle de la société chretienne.«

[210] Unberücksichtigt bleiben die sog. ›Exercitia spiritualia‹ der Gertrud von Helfta (SC
127 [HOURLIER/SCHMITT]), deren Titel erstmals 1536 überliefert wird; dazu: RUH, aaO.
(s. Anm. 208) 318; 333–336.

externis et internis‹ für die äußeren Exerzitien an liturgischen Abläufen wie Stundengebet und Messe, während die inneren in Erneuerung des Geistes und tugendhaftem Leben bestehen[211]. Es ist deutlich, daß der Begriff »exercitium«, im Unterschied zu »meditatio«, noch die Bindung an liturgische Übung bewahrt hat. Schon durch das Eingangszitat Ps 76,7b, dann aber durch die Gliederung nach Tages- und Festverlauf der Liturgie wird älteste Tradition evoziert. Drei Tituli haben mit den Exerzitien zu tun, die sich auf das Offizium beziehen. Das ›Dietarium exercitiorum‹ (tit. III) gelangt gerade bis zum Morgen des liturgischen Tags. Das ›Directorium soluendarum horarum‹ (tit. IV) behandelt das Stundengebet, wie es als »exercitium diuini laudis« vonstatten gehen solle. Trotz aller Traditionsgesättigtheit meldet sich die Verschiebung, daß nicht etwa die Offizien thematisiert werden, sondern lediglich die Vorbereitung darauf, die begleitende Haltung und wiederum die Art, sie zu beenden. Der Begriff der Exerzitien verschiebt sich in Richtung Exerzitien zu Exerzitien. Exerzitien gehören in Chor und Gesang, Exerzitien zu den Exerzitien in die Zelle. Exerzitien sind begleitendes Affekttraining[212]. Tit. V kommt schließlich zum Kern des Offiziums, dem Psalter, aber nicht als Psalter schlechthin, sondern in der Gestalt eines ›Chiropsalterium‹. Es ist der alte mnemotechnische Gebrauch der linken Handfläche als Fundstelle von Gedankenörtern, der, wohl über kartausische Vermittlung, Mauburnus dazu anregt, das auf den Psalter bezügliche Exercitium als Chiropsalterium durchzuführen. Das dem Chiropsalterium vorausgehende Motiv

---

[211] Johannes Mauburnus, Rosetum exercitiorum spiritualium et sacrarum meditationum (1494[1]; hier zitiert nach der Ausgabe Basel 1504), entfaltet die Exerzitien (p. I: De exercitiis externis [tit. 1–16] et internis [tit. 17–18] in Anlehnung an die liturgische Ordnung des Stundengebets (tit. 4–5), der Messe (tit. 6–10), der Sakramentalien (tit. 11–12), umgeben von allgemeinen Anweisungen (tit. 1–2) und solchen zu Beginn und Ende des Tageslaufs (tit. 3 und 13). Dem Tageskalender (tit. 3–13) folgt der Festkalender (tit. 14–16).

[212] Johannes Mauburnus, Rosetum (s. Anm. 211), ›Directorium soluendarum horarum‹ (tit. 4) beginnt: Dicturi de exercitiis quibusdam in specie: primum de exercitio diuini laudis congruit dicendum. Ait enim uenerabilis ille Johannes Gerson (Œuvr. compl. [GLORIEUX] 9,611) …, quod nihil sic primum, nihil sic principaliter religioso incumbit: sicut hoc vnicum: vt scilicet seruitium dei digne adimpleat in ecclesiaticum officium. Daher die drei Themen: modus praeparandi (c. 1), persequendi (c. 2 und 3), terminandi (erst tit. 5 c. 8). Das mittlere Kapitel (tit. 4 c. 2) gliedert die das Offizium begleitenden Exerzitien in 1. sensitiuitas (de reuerentia sub diuinis habenda), 2. intellectiuitas (de attentione in horis habenda), 3. affectiuitas (de deuotione sub horis habenda). Begleitung der Offizien heißt nicht Konzentration auf diese selbst, sondern die Kunst, an das, was ohnehin geschieht, möglichst vielschichtige Gedanken zu knüpfen; so an die Horen insgesamt die Vita Christi, nach liturgischen Tagen und Stunden gegliedert (tit. 5, fol. 22^v–24^r), so an das ›Gloria patri‹ (tit. 5, fol. 25^r). Die Technik ist die einer potentiell unendlichen Sinnvermehrung: aus Anlaß der Psalmodie so viel denken zu können wie möglich.

»David autem psallebat manu suo« – aus Luther einschlägig bekannt – hat damit, daß die Hand des Psalmoden das Psalterium zum Erklingen bringe, gar nichts zu tun. Vielmehr dient die Handfläche mit ihren Gelenken dazu, die Sinnschichten jeder Psalmstelle nach gewissen Techniken auf völlig lautlose Weise zu memorieren[213].

Das zweite der großen Exerzitienwerke ist das fast gleichzeitige ›Exercitatorium vite spiritualis‹ des García Jiménez de Cisneros. Charakteristisch für dieses Buch dürfte sein, daß es den auf die Offizien bezüglichen Teil, das ›Directorium horarum canonicarum‹, als selbständiges Werk aus sich entläßt. Während dieses die bekannten Gesichtspunkte zu Vorbereitung und Beendigung der die Psalmodie begleitenden Meditation der Vita Christi bespricht[214], begibt sich das ›Exercitatorium‹ auf seinen eigenen Weg. Exerzitien geschehen im wesentlichen außerhalb des Offiziums in den Leerräumen des Tages. Die drei mystischen Wege, »via purgativa«, »illuminativa«, »unitiva«, die ihrerseits die drei theologischen Tugenden »fides«, »spes«, »caritas« repräsentieren, werden täglich nach Vigil, Komplet und Nocturn beschritten, und zwar so, daß einzelne Wochentage ganz bestimmten thematischen Reihen gewidmet sind. Dabei ist vollständig klar, daß für Exerzitien dieser Art – »certa et determinata exercitia per omnes dies ebdomade«[215] – die Litur-

---

[213] Johannes Mauburnus, Rosetum (s. Anm. 211), ›Chiropsalterium‹ (tit. 5), beginnt mit «Dauid psallebat manu sua« (1.Sam 18,10; cf. 16, 16.23; zu Luthers Gebrauch dieses Zitats s. Anm. 103; Luther zitiert das ›Rosetum‹ WA 1, 341,34ff; WA 3, 380,27ff; 381,14f). Zum Gebrauch der Hand in musiktheoretischem Zusammenhang (›Manus Guidonis‹) s. J. Smits van Waesberghe, Musikerziehung (Musikgeschichte in Bildern III/3), Leipzig 1969, 120–143. Aber das Chiropsalterium des Johannes Mauburnus hat – gegen E. Benz, Meditation, Musik und Tanz. Über den ›Handpsalter‹, eine spätmittelalterliche Meditationsform aus dem Rosetum des Mauburnus, Wiesbaden 1976, 16ff – mit Musik gar nichts zu tun. Psalmengesang ist kein eigenes Thema von Exercitium.

[214] García Jiménez de Cisneros, Directorium horarum canonicarum (1500; Obr. compl. [Baraut] 2, 1–75). Das wichtige c. 4: Quomodo poterit devotus religiosus in psalmodia esse attentus et mente in deum elevari, lehrt nicht etwa Aufmerksamkeit auf die Psalmodie als solche und um ihrer selbst willen, sondern auf sie als bloßes Mittel des Aufsteigens zu höherem geistlichen Sinn und Gebet, etwa dadurch, daß mit jedem Psalm gewisse Stationen des Lebens Christi oder andere Gedankenketten assoziiert werden. Die Kunst ist also, indem man eines denkt, zugleich ständig anderes und wieder anderes zu denken. Et sic poterit monachus per totam psalmodiam orare, tam pro se quam pro universis ecclesie statibus, formans diversos affectus, secundum diversitatem causarum vel necessitatum.

[215] García Jiménez de Cisneros, Exercitatorium vite spiritualis (1494/1500; Obr. compl. [Baraut] 2, 77–455). Das Werk gliedert sich gemäß der Disposition des Prologs in: Einleitende Beschreibungen der exercitia spiritualia (c. 1–9); Teil I entfaltet die drei Wege 1. purgativa (c. 10–19), 2. illuminativa (c. 20–25), 3. unitiva (c. 26–30); Teil II widmet sich der vita contemplativa (c. 31–69). Die Exerzitien finden als »certa et determinata exercitia per omnes dies ebdomade« (prol. 12f; c. 3,52ff) statt, weil sie an bestimmte Freiräume (c. 8,61ff: Itaque concludentes dicimus, quod opportunum orationi

gie des Offiziums nur noch soweit von Bedeutung ist, als sie durch ihr Ende das Zeichen zu deren Beginn gibt. Davon, daß die Liturgie des Stundengebets, oder der Psalter als dessen Kern, selbst einmal Inbegriff von »exercitium« war, ist keine Rede mehr. Die jetzt so genannten Exerzitien erfüllen, unabhängig von der liturgischen, ihre eigene Zeit[216]. Die genannten Dreiheiten werden überlagert von »Meditatio«, »Oratio«, »Contemplatio«, wobei nicht nur die ehemals vorausgehende »Lectio« in der montserratinischen Tradition verschwindet, sondern sich auch die Kontemplation von den bestimmten Tagen und Themen löst, an die Meditation und Gebet gebunden bleiben[217].

Am dritten einschlägigen Werk, den ›Exercitia spiritualia‹ des Ignatius von Loyola, blieb der Titel haften, als seien sie Exerzitien schlechthin. Womöglich hängt dies mit dem Grad zusammen, in dem sich die Exerzitien bei Ignatius gegenüber der Exerzitientradition verselbständigt haben. Setzen wir zu Beginn der Geschichte der Exerzitien ein leiblich-geistiges Zwischengebiet und dies als »exercitium spirituale«, so tritt bei Ignatius die Scheidung ein, daß die leiblichen Tätigkeiten immer weltlicher, die geistigen immer geistlicher werden[218]. Man kann von Methodisierung oder Rationalisierung der Exerzitien sprechen, wie sie in der Figur des Exerzitienmeisters erstmals erscheint. Aus der liturgischen Zeit der Woche oder des Jahres treten die Exerzitien mit ihrer eigenen Zeit vollständig heraus[219]; die früheren Rücksichten der Vor- oder Nachbereitung entfallen. Insbesondere der Psalter, anfänglich Übplatz schlechthin, wird an den Rand gedrängt. In den ›Exercitia spiritualia‹ erscheint er gerade noch ein einziges Mal, verräterischerweise im Kontext von

---

tempus est nocturnum ... Hore autem orationi congruentes ... sunt post vigilias et post completorium; in istis enim horis servus Dei ad vacandum spiritualibus exercitiis est expeditior) und Tagesthemen (für die via purgativa c. 12–18; für die via illuminativa c. 23; für die via unitiva c. 27) gebunden ist.

[216] So wird z.B. für die Übung in der via purgativa die Zeit eines Monats angeschlagen: Exercitatorium (s. Anm. 215), c. 19,8.

[217] Nicht nur wird die lectio gar nicht mehr erwähnt – gemäß der Textvariante der ed. montserratina 1500 von ›De via triplici‹ des Bonaventura (prol.: Sciendum est igitur, quod triplex modus exercendi se circa hanc triplicem viam, scilicet meditando, orando et contemplando s. Anm. 208 [nach Obr. compl. 2,90 Anm.1]), sondern die Kontemplation, das Ziel des Exerzitien, beginnt sich gegenüber ihren Bedingungen zu verselbständigen, wie es sich bereits im Aufbau der beiden Hauptteile des ›Exercitatorium‹ zeigt.

[218] Ignatius von Loyola, Exercitia spiritualia (versio prima 1541; MHSJ 100, 141–417): Adnotatio 1 (p. 141f), mit der der Text beginnt, setzt als exercitia corporalia die Tätigkeiten des Spazierengehens, Reisens, Fahrens (früher: opera mortificationis carnis wie Fasten, Wachen und Arbeit), analog dazu die exercitia spiritualia als jedwede Gewissensprüfung, Meditation, Kontemplation, Oration oder andere geistliche Tätigkeiten (früher lectio-meditatio-oratio-contemplatio). – Der für die »Theologie des Psalters« naheliegende Gedanke einer »Theologie der Exerzitien« ist durchgeführt bei E. Przywara, Deus semper maior, Theologie der Exerzitien I–III, Freiburg/Br. 1938–40.

[219] Ignatius von Loyola, Exercitia spiritualia (s. Anm. 218), Adnotatio 4 (p. 145f).

Regeln, die bei Interesse am fortwährenden Konsensus mit der Kirche zu beachten sind:

> Tertia. Debemus laudare quod quis intersit sacrificiis et missis frequenter, et audiat cantus et psalmos ...; laudare etiam debemus horas constitutas et praescripta tempore ad officium divinum orandum et ad expettendas horas dictas canonicas[220].

In dem Maß, wie sich die Exerzitien vom Psalter lösen, lösen sie sich auch von der Musik als dem Instrument des Übens[221]. Im Hintergrund scheint die allgemeine Veränderung der Lesegewohnheiten (»lectio«) zu stehen. Zunehmendes Vergessen des Lesens, wie es zu beobachten war, geht darauf zurück, daß die klangliche Materialität des lauten Lesens keinen Widerstand mehr bot. Darauf zielt die These: »Exercitia spiritualia« im ignazianischen Sinn sind erst möglich, wenn das Lesen vorwiegend leise geworden ist[222].

3. Exercises, Études

Angelangt bei Ignatius von Loyola, und also auf der Spitze der »exercitia spiritualia« als methodisierter, rationalisierter Übungen in der Religion, kann nicht unbeobachtet bleiben, daß auch andere Gebiete, die einst zur unspezialisierten Übung in geistlicher Kunst hinzugehörten, denselben Weg der Rationalisierung früher oder später beschreiten. Die separierten Religionsübungen haben zum Pendant »Exercises«, »Esercizi«, »Ejercicios« als separierte Sprachübungen, und »Exercises«, »Études« als spezielle Übungen auf dem Gebiet der Musik. Was Musik anbelangt, so ist »exercitium« über lange Zeit nichts andres als vorwiegend praktische Musikausübung, und zwar nicht so sehr der Instrumente, als allererst der Stimme[223]. Nur zeigt sich, daß die

---

[220] Ignatius von Loyola, Exercitia spiritualia (s. Anm. 218), Regula 3 (p. 407).

[221] Constitutiones VI, 3,4 (1550): Non utentur Nostri choro ad horas canonicas vel missas et alia officia decantanda. Zitiert nach M. WITTWER, Die Musikpflege im Jesuitenorden unter besonderer Berücksichtigung der Länder deutscher Zunge, Diss. phil. Greifswald 1934, 9; zu den weiteren Auseinandersetzungen über die Stellung der Musik im Jesuitenorden aaO. 9–17.

[222] SAENGER, Silent reading (s.u. Anm. 246), 401f.

[223] Die ersten Übungen für Gesangsstimme finden sich bei Hugo Spechtshart von Reutlingen, Flores musicae omnis cantus Gregoriani (1332): Exercitium vocum musicalium (MGG¹ 4, 1955, 1912). Es liegt in dieser Tradition, wenn Luther dazu auffordert, dem Volk die Gesänge der Deutschen Messe durch Übung beizubringen; »Übung« bezieht sich auf den prosodisch-musikalischen Anteil der Stücke: »Exercitatio odder ubunge der melodeyen. Auff das man sich wol lerne schicken ynn melodeien und wol gewone der Colon, Commaten und der gleichen pausen« (WA 19, 102, 15–17). Allerdings wird exercitium immer mehr zu einem instrumentalen Vorgang: S. Calvisius, Exercitationes musicae duo, Leipzig 1600; W.C. Printz, Exercitationes musicae theoretico-practicae, Dresden 1687/89; J.S. Bach, Clavier-Übung, Leipzig 1731ff; D. Scarlatti, Essercizi per gravicembalo, London 1738.

musikalischen Exerzitien seit Mitte des 18. Jahrhunderts unter den zunehmenden Druck der Etüden geraten, das heißt der Stücke, die eigens zum Zweck virtuoser Beherrschung eines Musikinstruments konzipiert wurden. »Exercises« und »Études« unterscheiden sich wie niedere und höhere Übungen[224]. Die musikalische Virtuosität wirft ein Licht auf die religiöse, beide zu erreichen über die Steigerung des Exerzitiencharakters des jeweiligen Fachgebiets.

Von solcher Spezialisierung kann aber in Hinsicht auf den Psalter keine Rede sein. Wenn Luther den Umgang mit ihm »exercitium« nennt, so weckt er damit nicht nur den ältesten monastischen Sinn: Psalmen als Gegenstand lauten, gemeinschaftlichen, auf Wiederholung und Gedächtnis bedachten Lesens und als Instrument geistlichen Gesangs, sondern es ist von vornherein klar: religiöses »exercitium« gibt es nur, soweit es unseparierbar davon sprachliche und musikalische »exercitia« gibt. So sehr der Psalter Ausgang von zunehmender Spezialisierung sein kann und muß, wie ja die Geschichte der »exercitia spiritualia« zeigte, daß Lesen und Singen zunehmend ihren eigenen Rationalisierungsgeschichten überlassen blieben, so sehr ruft der Psalter umgekehrt in ein »exercitium«, das das Religiöse zugleich als Sprachliches und Musikalisches betreibt. Übung steigert sich im Fall des Psalters nicht durch Separierung der Lebensgebiete, sondern durch Beziehung. Wer mit dem Psalter umgeht, hat es, indem er mit Worten umgeht, zugleich mit Klängen und Frömmigkeit zu tun und befindet sich also beim Einen immer zugleich beim Anderen[225]. So wird der Psalter zur Übung in Beziehbarkeit von Lebensgebieten. Dies ist es, was Luther mit der Formel »psalterium affectuum exercitium« im Auge hat.

---

[224] M. BANDUR, Art. Étude/Etüde, HmT 1989, 5–7.

[225] Es ist daher das innermusikalische exercitium (das sich in Etüden vollendet) von einem exercitium musicae wohl zu unterscheiden, das, indem es Musik betreibt, zugleich noch etwas anderes als Musik betreibt und daher außermusikalische Bezüge nicht ausschließt. Darauf bezieht sich die vielzitierte Definition der Musik durch Leibniz: Musica est exercitium arithmeticae occultum nescientis se numerare animi (Brief an Ch. Goldbach 17.4.1712) ebenso wie die Schopenhauersche Parodie eben dieser Definition: Musica est exercitium metaphysices occultum nescientis se philosophari animi (Die Welt als Wille und Vorstellung III, 52). Dazu: W. BEIERWALTES, Musica exercitium metaphysices occultum? Zur philosophischen Frage nach der Musik bei Arthur Schopenhauer, in: A.M. KOKTANEK (Hg.), Philosophischer Eros im Wandel der Zeit (FS M. Schröter), München 1965, 215–231. – Es ist vollständig klar: Ohne daß das Betreiben von Musik zugleich – sei es wissend oder unwissend, verborgen oder unverborgen, sei es mit der Leibnizschen oder Schopenhauerschen Hypothese – das Betreiben von etwas anderem als Musik ist, kommt so etwas wie eine Theologie des Psalters nicht zustande.

Exkurs 3: Officina

»Exercitium«, nach klassischem Gebrauch zu lozieren in »palaestra« und »gymnasium«, gehört dagegen nach monastischem Sprachgebrauch vorwiegend in die »officina«. An die Stelle von Sport und Wettkampf tritt Arbeit. »Officina« ist Werk- und Arbeitsstätte. Das Monasterium als »officina virtutum«: Lerinische Sprechweise[226]. Die ›Regula Magistri‹ übernimmt den Topos und gestaltet ihn bildlich aus, bis er alles an sich gezogen hat, was im Kloster auf das geistliche Ziel hin unternommen wird. Das Monasterium ist der Ort und der Abt der Meister der »ars sancta«, in der sich die monastische Gemeinschaft übt. Geistliche Kunst bedarf sowohl bestimmter geistlicher Werkzeuge wie des bestimmten Arbeitsortes, und folglich gehören zum Bildfeld von »ars sancta« sowohl »officina« wie »ferramenta«[227]. Aus diesem Komplex hat die ›Regula Benedicti‹ Wesentliches übernommen. C. 4 »Quae sunt instrumenta bonorum operum« enthält, angeordnet in Katalogen verschiedener Herkunft, 74 Maximen zum Gebrauch als Werkzeuge geistlicher Kunst (»instrumenta«), die wiederum nicht ohne Beziehung zu den Werkzeugen der alltäglichen Arbeit (»ferramenta«) sind. Das Kapitel schließt:

Ecce haec sunt instrumenta artis spiritalis,

und weist die Arbeit damit an einen ganz bestimmten Ort:

Officina vero, ubi haec omnia diligenter operemur, claustra sunt monasterii et stabilitas in congregatione.[228]

---

[226] Hilarius von Arles, Vita Honorati (s. Anm. 191) 17,6: officina uirtutum. Dazu KASPER, aaO. (s. Anm. 176), 65.206. – Officina, nicht auf das Kloster bezogen, bereits bei Johannes Cassian, Conl. I, 20,6.

[227] Regula Magistri (s. Anm. 6) 2,51f: Qui ergo abbas sanctae huius artis sit artifex, non sibi ipsius artis, sed Domino adsignans ministerium, cuius in nobis gratia fabricatur, quidquid a nobis sancte perficitur. Quae ars doceri et disci debet in monasterii officina et exerceri potest cum spiritalibus ferramentis. (Die Reg. Mag. kennt keine Unterscheidung zwischen ferramenta und instrumenta; sie gebraucht den Begriff instrumentum überhaupt nicht.) Während die ars sancta in Tugendkatalogen verschiedenster Herkunft in c. 3 vorgestellt wird, nennt c. 4 die geistlichen Werkzeuge (ferramenta spiritalia), mit denen die geistliche Kunst ausgeübt wird. C. 6 schließlich fragt nach dem Ort solcher Kunst: Quae est officina diuinae artis vel operatio spiritalium ferramentorum? Und antwortet: Officina uero monasterium est, in qua ferramenta cordis in corporis clusura reposita opus diuinae artis diligenter custodia perseuerando operari potest. Das Kloster ist aber nicht nur Ort geistlicher, sondern auch handwerklicher Werkzeuge: De ferramentis uel rebus monasterii (c. 17).

[228] Regula Benedicti 4 tit.: Quae sunt instrumenta bonorum operum; 4,75: instrumenta artis spiritalis; 73,6 instrumenta virtutum. Dagegen die schlichten Handwerkszeuge sind stets ferramenta (32 tit.; 32,1; anders die Reg. Mag. [s. Anm. 227]). Der ars spiritalis (4,75) korrespondieren auf handwerklichem Gebiet die artes diversae (66,6). Dazu P. LUISLAMPE, Die ›ars spiritualis‹ in der Regula Benedicti auf dem Hintergrund des

Alle genannten Ausdrücke wie »officina«, »ars«, »instrumenta«/»ferra-menta« schweben ständig zwischen geistlichem und weltlichem Sinn, ebenso wie »officium« und »opus« zwischen Gebet und Arbeit schweben. Die ›Re-gula Benedicti‹ besticht durch die handgreifliche Nähe dieser beiden Schich-ten. Die systematische Frage lautet: Was geschieht, wenn an die Stelle des Arbeitens mit Handwerkszeugen die Arbeit mit Worten tritt? Mit welchem Recht erhebt sich geistliche Kunst über die Arbeit, von der sie ihre Katego-rien entleiht? Was geschieht mit dem Begriff des Werkzeugs, wenn dieses nur aus Wort besteht? Interpretatorische Regel muß es dabei sein, die Analogie zwischen Arbeit und Gebet gegen ihre natürliche Fliehkraft so lange wie möglich festzuhalten. Offenbar ist die Grenze erreicht, sobald Wörter nicht mehr bloß als Werkzeug betrachtet werden können. Sind Handwerkszeuge der geistlichen Kunst nichts als Wörter und Sprüche, so ist nicht länger aus-zuschließen, daß auch der Psalter in dieses Feld zu ziehen ist. Zwar hat leider die ›Regula Benedicti‹ seine Rolle nur außerhalb der Abschnitte über die geistliche Kunst gewürdigt. Aber wie wäre es, wenn das Psalterium als ausge-zeichnetes »instrumentum artis spiritalis«[229] nicht nur in Anspruch genom-men, sondern auch reflektiert würde? Diese Reflexion könnte dadurch, daß der Psalter kein Instrument, sondern nicht-instrumentaler Gesang ist, nur gewinnen.

Im Hintergrund der frühen lateinischen »officina«-Belege findet sich grie-chisches ἐργαστήριον[230]. Johannes Chrysostomus lehrt den Handwerker, ge-rade hinsichtlich der Psalmodie sein ἐργαστήριον nicht ohne Bezug zum μοναστήριον zu betrachten; was hier mit dem Mund geschieht, kann dort immerhin mit dem Herzen geschehen. Folglich ist der Psalter an beiden Stel-

---

alten Mönchtums, in: A. ROTZETTER (Hg.), Geist und Geistesgaben. Seminar Spirituali-tät 2, Zürich 1980, 95–104; B. MÜNTNICH, Der Mönch als ›operarius Domini‹, in: Itinera Domini [FS E.v. Severus], Münster/W.1988, 77–97.

[229] In der Regula Benedicti ist von psalterium nur die Rede im sog. ›Libellus officii‹ (8,3; 18,23f). Es hindert aber nichts, das psalterium unter die instrumenta artis spiritalis zu zählen, ja es wäre sogar spannend zu sehen, was mit dem Begriff des Instruments geschieht, wenn er durch psalterium definiert wird. Dagegen findet der Instrumental-charakter des Psalters Berücksichtigung in einigen anderen Texten, aber nur dann, wenn seine Funktion als Waffe in der pugna/militia spiritualis bedacht wird: Basilius, Hom. in ps. 1,2 (MPG 29, 212D): ὅπλον ἐν φόβοις νυκτερινοῖς; Ambrosius, Expl. in ps. 1,9 (CSEL 64, 7,25): nocturna arma; Caesarius von Arles, Serm. 238,2 (MORIN) I/2, 904,5–7): Psalmi vero arma sunt servorum dei: qui tenet psalmos, adversarium non timet; de quo adversario dominus dicit: Adversarius vester diabolus est [1.Petr 5,8]. Dagegen die nahe-liegende Berührung von Psalterium und Instrument geistlicher Kunst im Bildfeld von Arbeit und Arbeitsstätte wird nicht vollzogen.

[230] Gregor von Nyssa, De virg. 23, 1,12 (SC 119 [AUBINEAU]): τὸ τῶν ἀρετῶν ἐργαστήριον als Äquivalent der officina virtutum; Gregor von Nazianz, In laud. Bas. XII,2 (MPG 36, 509B): die anachoretische Berghöhle als ἀρετῆς ἐργαστήριον. S. Anm. 151: τὰ τῶν Μουσῶν ἐργαστήρια.

len ein hervorragender Sprachgesell. Allerdings wird das Bild nicht auf den Instrumentalcharakter des Psalters bezogen[231].

»Officina« als Ort geistlicher Kunst wird teils mit den Regelkommentaren tradiert, teils in den ›Consuetudines‹ ausgedehnt auf Werkstätten aller Art[232]. Die einschneidenste Änderung tritt ein, sobald sich der koinobitische Sinn von »officina«, wie er etwa in der ›Regula Benedicti‹ eigens hervorgehoben war, zum eremitischen hin verschiebt. Präludiert durch Petrus Damianis ›Laus eremiticae vitae‹[233], findet sich in Wilhelm von St. Thierrys ›Epistola aurea‹ erstmals der vielzitierte Satz: »Omnium bonorum officina cella est.«[234]

Während »officina« der Welt der Arbeit zugeordnet war, sofern diese sich von der des Wettkampfs und Trainings unterscheidet, scheint die jüngere Wendung »officina affectuum«, die hier zum Schluß noch zu erwähnen ist, darauf zurückzugehen, daß die Unterscheidung wieder verblaßt. »Officina« als Ort des Ringens von Kräften versetzt diese wieder ins Feld der »palaestra«. »Officina affectuum« heißt in der Gelehrsamkeit des Jesuitenordens das menschliche Herz als Sitz des sinnlichen Gemüts: für Athanasius Kircher

---

[231] Johannes Chrysostomus, Cat. bapt. (FontChr 6) I,14: Χειροτέχνης εἶ; Καθεζόμενος ψάλλε· ἀλλ' οὐ βούλει τῷ στόματι ψάλλειν; Τῇ διανοίᾳ τοῦτο ποίει· μέγας συνόμιλος ὁ ψαλμός. Οὐδὲν ἐντεῦθεν ὑποστήσῃ δεινόν, ἀλλ' ὡς ἐν μοναστηρίῳ ἐν τῷ ἐργαστηρίῳ δυνήσῃ καθέζεσθαι. Zum Psalm als Arbeitslied s. Hom. in ps. 41,2 (s.u. Anm. 348).

[232] Smaragdus von St. Mihiel, Exp. in Reg. Ben., CCM 8 [SPANNAGEL/ENGELBERT] 147,29ff. Außerdem die in CCM 7/2 und 7/3 enthaltenen cluniazensischen und nicht-cluniazensischen Consuetudines (s. Index s.v. officina).

[233] Petrus Damiani, Liber qui dicitur Dominus vobiscum (s. Anm. 167): O cella spiritualis exercitii mirabilis officina, in qua certe humana anima Creatoris sui in se restaurat imaginem, et ad suae redit originis puritatem! (247C) Wörtlich zitiert von Dionysius dem Kartäuser, De laude et commendatione vitae solitariae, art.32 (Op.omn. 38, Tournai 1909, 371C), und von Conrad von Zenn (s.u. Anm. 234).

[234] Wilhelm von St. Thierry, Epist. aur. (s. Anm. 205) § 37: Cella als officina pietatis; § 94: Omnium vero bonorum horum officina cella est, et stabilis perseverantia in ea (das ist Wiederaufnahme von Reg. Ben. 4,78 unter Fortlassung der koinobitischen Elemente). Wörtlich zitiert bei Conrad von Zenn, Lib. de vit. mon., Ms. W, f. 267ᵛab: cella, quae omnium bonorum officina est (nach NICOL, Meditation [s. Anm. 167] 29 Anm. 21; Conrad adaptiert aber auch den Satz des Petrus Damiani (s. Anm. 233) im Hinblick auf sein spezielles Reformanliegen: O regularis observantia, spiritualis exercitii mirabilis officina (Vit. mon., Suppl. 1; nach ZSCHOCH, Klosterreform [s. Anm. 167] 229). Johannes Mauburnus handelt von der officina mehrfach in seinem Rosetum (s. Anm. 167.211ff); tit. 1 Eruditorium religiosorum, c. 4: De bone vite directiuis et promotiuis. Dieses Kapitel teilt sich in zwei membra: 1. De officina salutis, 2. De instrumentis saluti congruentibus. Zum Stichwort officina: Officinam autem hanc sanctus Benedictus in regula sua docet vbi dicit: officina uero vbi bona operemur claustra sunt, et monasterij celle et stabilitas in congregatione [die Abweichung vom Regeltext verrät den eremitischen Akzent] ... Omnium namque (teste Ber[nardo = W.v.St. Thierry]) bonorum officina cella est et stabilis perseuerantia in ea (f. 4ʳa); ferner zur officina salutis f. 4ᵛb; 5ʳa.

Fundament einer musikalischen Affektenlehre[235], für Franz Lang Fundament einer theatralischen Handlungslehre[236]. Ist dies so, dann kann die jesuitische »officina affectuum« von der lutherischen »palaestra affectuum« nicht mehr unterschieden werden.

§ 4 Lectio

Der Text des Psalmbuchs spricht zwar, wie im vorangegangenen Paragraphen zu sehen war, vom Sich-Üben im göttlichen Wort als lautem oder halblautem Murmeln und Memorieren, aber vom Lesen als solchem (»lectio«/»legere«) spricht er bezeichnenderweise nicht. Nach eigener Auskunft wird der Psalter nicht gelesen. Dagegen Luthers ›Monitum‹, als Kommentar eines autoritativen Textes hervorgegangen aus der Gattung der lectura, kennt zwar verbales Lesen (»legere«), aber nicht das Substantiv (»lectio«). Wenn wir jetzt »lectio« mit »palaestra« und »exercitium« in eine Reihe versetzen, so deshalb, weil es in modernen Kulturen keinerlei Psaltergebrauch gibt ohne Lesen, und keine Überlebenschance des Psaltergedächtnisses ohne Buchform des Psalters. Bereits dadurch, daß der Psalter, den wir in der Hand halten, nichts als Psalmbuch ist, kommen wir um Berücksichtigung des Lesens nicht herum. Jetzt will scheinen: »palaestra« und »exercitium« waren womöglich nur Hinauszögerungen der Anerkenntnis, daß es beim Psalter in erster Linie um schlichtes Lesen geht, und nichts sonst. Von dem bisher gepflegten Reden von »Psalter« als einem tiefsinnigeren Begriff bliebe somit bei Licht besehen schließlich nur das »Buch der Psalmen« übrig. Daß alles palaestrische Ringen, Singen, Üben, Murmeln, Meditieren, Memorieren sich schließlich reduziert auf Lesen, muß dem gemutmaßten Sonderbegriff des Psalters sein gerechtes Ende bereiten. Folglich gerät der Psalter mit der »lectio«, von der er wohl nicht zufällig nichts weiß, in seine Krise. Es scheint unausweichlich, daß Theologie des Psalters im Kern nichts als Theologie der Psalmen ist, also hinfällig.

Von den drei klassischen Fächern griechischer Bildung: Gymnastik, Musik, Grammatik (Lesen und Schreiben), ist letzteres ohne Zweifel das jüngste (§ 2). Deshalb ist von Lesen nicht erst jetzt die Rede, sondern bereits »palaestra« konnte nicht erforscht werden, ohne daß wir in ihrem Verfolg auf Lesen stießen. Man kann sich leicht vorstellen, wie die Geschichte der drei Fächer immer mehr im Vergessen verschwindet und schließlich die literale

---

[235] Athanasius Kircher, Musurgia universalis IX, 2 (Bd. II, Rom 1650, 204 = Repr. Hildesheim 1970): cor als potissimum omnium affectuum officina (in der deutschen Übersetzung von A. Hirsch, Schwäbisch Hall 1662, 165).

[236] Franz Lang, Dissertatio de actione scenica, München 1727 = Repr. Bern 1975, 46f: Verba autem, velut in affectuum officina, elaborari primum debent per rationem, donec per loquelam rite concepta possunt enuntiari.

Bildung als elementarste Bildung erscheint, das ehemals Jüngste jetzt Ältestes. Aber in unserem Kontext ist von vornherein deutlich: »Lectio« steht in
einer unvergessenen Vorgeschichte. Ihre Neuheit mag so revolutionierend
sein wie sie will, so bleibt sie in Relation zum Früheren. Ohne ständige
Beziehung zur Oralität ist Literalität nicht zu denken. Ebenso bei »exercitium«. Zunächst zuhause in leiblichen Betätigungen des Sports oder der Arbeit, reicht »exercitium« hinein bis in den Umgang mit dem Wort, sofern
dieses laut wird. Ist dies möglich sowohl im Mündlichen wie Schriftlichen, so
bleibt auch hier literales Lesen mit vorliteralen Formen im Kontakt. Es
scheint daher sinnvoll, rein literales Lesen nur in ständiger Relation zu vorliteralen Gestalten von Sprachlichkeit zu betrachten, sei es der Oralität, sei es
– innerhalb des Lesens – das laute Lesen oder die spezielle monastische
Übung der »lectio divina«.

1. Oralität und Literalität

Unter Oralität schlechthin wird üblicherweise ein vorliteraler Zustand der
Menschheit ins Auge gefaßt, obgleich dieser nie als solcher, sondern nur
durch Vermittlung und Kritik der Literalität hervortritt. Die folgenden Aussagen über Oralität müssen daher in ihrer unhintergehbaren Indirektheit genommmen werden, so dogmatisch sie klingen. Oralität schlechthin erscheint
als unresezierte »Welt des Klanges«[237]. In ihr existiert Sprache ausschließlich
als gesprochene und gehörte; jedes gestische, auf Visualisierung zielende Zeichen ist sekundär und bleibt in Abhängigkeit vom oralen Sprachsystem. Aber
Klang hat in höchstem Maß die Eigenschaft, unkonservierbar zu sein. Man
kann Töne allenfalls aus der Erinnerung herbeirufen. Aber nachweisen lassen
sie sich sowenig wie nachschlagen. Orale Kultur ist in ihrer Logik gebunden
an Klänge und Töne als einziges Substrat aller Sprache. W.J.Ong hat – unter
Beachtung der zu veranschlagenden Indirektheit – die Sozio- und Psychodynamik der Oralität rekonstruiert[238]. Die ungeheuere Verletzlichkeit des

---

[237] W.J. ONG, Oralität und Literalität. Die Technologisierung des Wortes (amerik.
1982), Opladen 1987, 14f: »Es scheint ... unbezweifelbar, daß Sprache ein orales Phänomen ist. ... Alle menschlichen Wesen besitzen eine Sprache, die ursprünglich immer als
gesprochene und gehörte existierte und in der Welt des Klanges angesiedelt ist. ... Ge-
schriebene Texte müssen stets in irgendeiner Weise direkt oder indirekt auf die Welt des
Klanges, des natürlichen Gewandes der Sprache, bezogen werden, um ihre Bedeutung zu
erschließen.«
[238] ONG, aaO. (s. Anm. 237) 37–80: »Die Psychodynamik der Oralität.« Hier erscheinen Themen wie »Das gesprochene Wort als Macht und Handlung« (37), »Orales Memorieren« (61), »Verbomotorischer Lebensstil« (71), »Die Interiorität des Klanges« (74),
»Oralität, die Gemeinschaft und das Heilige« (77) und »Wörter sind keine Zeichen« (78).
Die Art indirekten Erschließens der Oralität aus der Literalität tritt schön zutage an Wendungen wie »Eher additiv als subordinierend« (42), »Eher aggregativ als analysierend«

Gedächtnisses, an dem alle Erinnerung hängt, bedarf als Gegenmittel nicht nur ständiger Rezitation und Wiederholung der Texte, nicht nur rhythmischer Atemtechnik zur leichteren Behältlichkeit, sondern bedarf darüberhinaus der Rituale und Feste, um das zu Erinnernde durch gesellschaftliche und leibliche Einbindung zu stützen. Daher ist orales Wort niemals nur verbal. Wird es etwa gesungen, dann erscheint Gesang als Repräsentant von Leibesbewegung in sublimster Weise, wie sie zum Wort unvermeidlich gehört[239]. So sehr die Rekonstruktion der primären oralen Klangwelt hinausläuft auf »Interiorität des Klanges«[240], so wird doch die Klanglichkeit des Klanges erst dann richtig zum Ausdruck kommen, wenn unbeschadet seiner gänzlichen Interiorität zugleich die gänzliche Exteriorität hinzugehört. Klang konstituiert Hallzeit und Hallraum, worin sich eine Gemeinde sammelt und heiligt[241].

Nun lassen sich Oralität und Literalität gegensätzlich in Hinsicht darauf typisieren, was sie zur Bewahrung des flüchtigen Wortes leisten. Der Technologisierung des Wortes in der literalen Welt von Schrift und Buch steht, wie Aleida und Jan Assmann dargetan haben haben[242], das oral überlieferte in leibhafter Konkretion gegenüber. Was die verbale Schicht anlangt: prägnante, metaphernreiche Sprache; was die Medialität anlangt: nicht Wort allein, sondern Melos und Rhythmus zugleich, also μουσική, dazu Verbomotorik, Mimik, Gestik; was den Sprecher anlangt: personale Bindung an die Gestalt des Dichters (θεολόγος), dessen umfassende mnemosynisch-musische Kraft darauf zurückgeht, daß er sich – im Zustand von Besessenheit und Leidenschaft, nicht Besonnenheit und Einsicht – durch Hören gesungener Lieder zum Singen seiner eigenen berufen weiß. Folglich ist nicht auszuschließen, daß bei bloßem Verfolg des Gesichtspunkts der Oralität, wie er indirekt, gleichsam im Rücken der omnipräsenten Literalität zu erschließen ist, hinter dem Psalmbuch so etwas wie Psalter zum Vorschein kommt, mit dem Psalter aber zugleich θεολογία und μουσική als diejenigen Phänomene, die Oralität am nachhaltigsten kennzeichnen.

---

(43), »Eher einfühlend und teilnehmend als objektiv-distanziert« (50), »Eher situativ als abstrakt« (54).

[239] ONG, aaO. (s. Anm. 237) 71: »Wie wir sahen, existiert das orale Wort niemals in einem rein verbalen Zusammenhang, wie dies beim geschriebenen Wort der Fall ist. Gesprochene Worte sind stets Modifikationen einer totalen, existentiellen Situation, die immer auch den Körper mit einschließt. Körperbewegungen, auch wenn sie nicht mit Gesang einhergehen, sind bei der oralen Kommunikation nie zufällig oder willkürlich, sondern natürlich und sogar unvermeidlich. Selbst absolute Bewegungslosigkeit während eines mündlichen Vortrages, vor allem eines öffentlichen, ist eine machtvolle Geste.«

[240] ONG, aaO. (s. Anm. 237) 74–77: »Die Interiorität des Klanges«.

[241] ONG, aaO. (s. Anm. 237) 77f: »Oralität, die Gemeinschaft und das Heilige«.

[242] J. und A. ASSMANN, Einleitung zu E.A. HAVELOCK, Schriftlichkeit. Das griechische Alphabet als kulturelle Revolution, Weinheim 1990, 1–35, 16f.

Auf dem Hintergrund dieser knappen Typisierung lassen sich Beziehungen erwägen, die zwischen Gymnastik und Musik einerseits und Lesen und Schreiben anderseits bestehen. Was zunächst das spröde Nebeneinander von »palaestra« und »lectio« anlangt, so gilt, daß – anders als das Äquivalent »exercitium« – »palaestra« von ihrer Herkunft her nie direkt auf Lesen bezogen war. Aber nun zeigen sich doch überraschende Verbindungen. Hier »palaestra«: Ringen als kleinsträumige Nahwelt, gebunden an leibliche Präsenz, Leib an Leib; der Erfolg des Trainings – das Trainiertsein – kann im übrigen weder vom Leibe abgezogen, noch beiseitegeschafft, noch konserviert werden. Der Erfolg *ist* Übung als Üben und Geübtsein. Dort »lectio«: Lesen als bisher nicht dagewesene Großräumigkeit, Energieaustausch auf größte Entfernungen; das Produkt des Schreibens löst sich vom Schreiber, wie denn auch das Erlernen einer phonetischen Schrift mit ihren zwei Dutzend Zeichen ein prinzipiell abschließbarer Vorgang ist, der der ständigen Übung ein für alle Mal enthebt. Plötzlich zeigt sich: »palaestra« und »lectio« stehen sich nicht einfach unverbunden gegenüber, sondern berühren sich in der Schicht, die zwischen ihnen liegt: der Oralität. Die Hörwelt der Oralität ist weder Leib ohne Wort, noch Wort ohne Leib. Einerseits kommt sie her aus dem intensivsten Leibesgedächtnis der »palaestra«, das heißt aus dem Leib, sofern dieser geradezu selbst das Gedächtnis ist, mit seinen Griffen und Verletzlichkeiten. Anderseits weist das Wort, selbst wenn es noch an der agonalen Nahkultur der dichterischen und musischen Agone teilhat, hinaus in die Kultur zunehmender Stellvertretung, in der schließlich – bei völlig quieszierenden Leibeszuständen – das Gedächtnis ausgelagert ist in so mortifizierte Leibesreste wie Membranen und Pergamente. Wenn je dem Stellvertretenden noch das Frühere anhängt, so wird wohl auch in der »lectio« ein Rest Leiblichkeit auffindbar sein, der zurückweist auf leibgebundenes Lernen, wie es in der »palaestra« geübt wurde. Sobald – wie hier in unseren Progymnasmata zum Psalter – der Akzent auf eine Art des Übens fällt, das das Geübtsein nicht von der Übung abzuziehen gestattet, sondern auf Beständigkeit und Wiederholung pocht, so ist von vornherein deutlich, daß diesem Vorgang, auch wenn er sich als Lesen abspielt, ein hoher Grad von Leiblichkeit zukommen muß.

Was zweitens das Nebeneinander von Musik und Lesen anlangt, so läßt sich als erstes beobachten, daß »palaestra« und μουσική untereinander verwandter sind als beide mit »lectio«. Wie Leiblichkeit an der Oralität dasjenige ist, was am extremsten der Literalität entgegenliegt, so ist die konstituierte Klanglichkeit des Oralen dasjenige, was sich am längsten der Verschriftlichung entzieht. Schriften haben sich zuerst in den Gebieten der Herrschaft und der Wirtschaft entwickelt. Dagegen die μουσική, d.h. das Gebiet des kulturellen Gedächtnisses, zeichnet sich durch denkwürdige Schriftresistenz aus. Der Grund hierfür ist einfach. Das kulturelle Gedächtnis von μουσική

bzw. θεολογία lagert in einer derart multimedialen, synästhetischen Vielschichtigkeit, daß es sich der abstrakt linearen Aufzeichnung verschließt. Es
beharrt darauf, oral zu bleiben[243]. Daraus ergibt sich, daß Musik in ihrer
schriftresistenten Gebundenheit ans orale Gedächtnis der Gymnastik mit ihrem leibgebundenen Gedächtnis so nahe kommmt, daß beide untereinander
näher sind als zur Kunst des Lesens und Schreibens. Immerhin gehört auch
zum musischen Gedächtnis leibliche Nähe, zwar nicht Leib an Leib, aber auf
Hörweite. Aber so groß die Differenz auch ist, übergangslos ist sie nicht. Der
Gegenstand ältesten Lesens und Schreibens, das Wort als phonetische Erscheinung, ist nur ein Teil von Musik, deren anderer Teil, der abstrahierte
Ton, sofern bestimmbar durch Tonhöhe und Tondauer, seinerseits bereits auf
dem Wege ist zur – späteren – Literalität.

Somit ist der Psalter in die Spannung von Oralität und Literalität gestellt,
wie sie in den drei Begriffen Gymnastik, Musik und Grammatik in nicht zu
überbietender Extremität erscheint. Als Wirklichkeit mögen die Psalmen
gewesen sein Text, Aktion, Szene, Tanz, Klang, Gesang, Atmosphäre, Geruch und Geschmack, kurz: Sprache als Leib und Leib als Sprache – jetzt sind
sie Text. In einer Abstraktion ungeheuren Ausmaßes wurde die individuelle
und soziale Leiblichkeit der Psalmen reduziert auf Text und Buch. Es ist zu
vermuten: Die zum Text gehörigen oralen, somatischen Umstände sind
schwieriger zu tradieren; ja, wäre das Psalmwort nicht als reiner Text und also
durch Auslagerung in Literalität tradiert worden, so wäre es wohl kaum tradiert worden. Das orale Gedächtnis ist intensiv, dafür kurz. Es hätte uns wohl
die Psalmentradition ohne den Preis der Überführung von Psalter in Psalmbuch nie erreichen können. Oraler Tradition überlassen, wäre er in unsrem
kulturellen Milieu schon längst vergessen. Das Gesetz lautet: Ohne Klangverlust keine Steigerung der Gedächtnisleistung. Wollen wir das eine, so haben wir auch das andere. Notwendig wird daher aus dem Psalter das Psalmbuch. Spätestens der neuzeitliche, zumal protestantische Psalter ist vollständig
literales Psalmbuch, als solches garantiert geruch-, geschmack- und affektfrei.
Und genau von diesem Psalmbuch fordert Luther, es solle Affektschule sein.

---

[243] J. und A. ASSMANN, Art. Schrift, HWPh 8, 1992, 1417–1429, 1417f: »Am ver-
breitetsten … sind Notationssysteme, die im Dienst der Rezitation der kulturellen Über-
lieferungen, des identitätssichernden Wissens der Gruppe in der Gestalt von Mythen,
Genealogien und Riten stehen … Aus Notationssystemen im Funktionsbereich des ›kulturellen Gedächtnisses‹ haben sich jedoch nie oder äußerst selten Schriften entwickelt.
Der Weg von hier in die Schrift ist ungleich länger als bei Wirtschaft, Herrschaft, Kult
und Divination, weil hier der Gegenstand der Aufzeichnung multimedial orchestriert ist.
Jenes Ensemble, das die Griechen mit μουσική bezeichneten (Sprache, Melos, Rhythmus, Tanz, Masken, Mimik, Gestik), versperrt sich einer abstrakt linearen Notation. Deshalb sind viele Kulturen im Funktionsbereich ›Tradition‹ oral geblieben, auch wenn sie in
anderen Bereichen Schrift verwendeten …«

Fordert er dies, so fordert er offenbar ein orales Mehr. Psalter: das heißt Affekt, Musik, Gymnastik. Das ist das orale Mehr. Oralität ist diejenige oberste Schicht von Leiblichkeit, die sich prinzipiell intensivieren läßt bis dahin: »mein Leib und Seele freuen sich in dem lebendigen Gott« (Ps 84). Jedoch in einem denkwürdigen ὕστερον-πρότερον, das nur noch einmal die unhintergehbare Indirektheit und Obliquität des Oralen bestätigt, stellt sich der Sachverhalt ein: Psalter, als orales Mehr des literalen Psalmbuchs an sich das Frühere, ist in jeder jetzt gegebenen Situation das Spätere. Das Erste, eben weil es in jedem gegebenen Moment immer schon nicht mehr da ist, kommt zuletzt: »In fine hoc monendum.« Wie ja auch das Wort »Psalter«, obgleich es das der Sache nach Frühere bezeichnet, die Gebrochenheit und Obliquität an sich trägt, spätester Psalmbuchtitel zu sein.

2. Lautes und leises Lesen

Bisher standen Oralität und Literalität als solche einander gegenüber, wenn auch mit ständigem Hinweis auf die Indirektheit dieses Gegensatzes. Dennoch besteht kein Zweifel: Die Entdeckung der Schrift, Buchstaben- wie Notenschrift, vollzieht sich als »qualitativer Sprung«[244]. Aber nun legen wir diesen groben Raster beiseite, um, einmal angelangt in der Literalität, auf feinere Differenzen innerhalb des Literalen zu achten. Auch das Lesen befindet sich in ständigem Kontext mit Leiblichkeit oder deren Rückständen. Daraus ergibt sich so etwas wie eine Geschichte des Lesens. In ihr spielen die Begriffe des lauten und leisen Lesens eine hervorragende Rolle. Hierbei handelt es sich um den Niederschlag des Gegensatzes von Oralität und Literalität *in* der Literalität. Zunächst gilt der allgemein geteilte Satz: Einstmals war alles Lesen laut, öffentliches wie privates[245]. Wie erst wieder Paul Saenger dar-

---

[244] G. PICHT, Was ist Literatur?, in: DERS., Hier und Jetzt I, Stuttgart 1980, 273–286, 274: »Überall führt die Entdeckung der Schrift zu einem qualitativen Sprung in der Evolution.« W. ARLT, Anschaulichkeit und analytischer Charakter. Kriterien der Beschreibung und Analyse früher Neumenschriften, in: M. HUGLO (Hg.), Musicologie médiévale. Notations et Séquences (Actes de la table ronde du C.N.R.S. à l'institut de recherche et d'histoire des textes, 6./7. sept. 1982), Paris 1987, 29–55, 29; danach L. TREITLER, Mündliche und schriftliche Überlieferung: Anfänge der musikalischen Notation, in: H. MÖLLER/R. STEPHAN (Hg.), Die Musik des Mittelalters (NHbMw 2), Laaber 1991, 54–93, 54.82.

[245] F. NIETZSCHE, Jenseits von Gut und Böse VIII, 247 (KGW VI/2, 198,6ff): »Der antike Mensch las, wenn er las … sich selbst etwas vor, und zwar mit lauter Stimme.« Zu Anfang des Jahrhunderts schlicht formuliert von S. SUDHAUS, Leises und lautes Beten, ARW 9, 1906, 185–200: »Ein leises Beten … bildet … immer die Ausnahme« (187); »Daß die laute Vortragsweise des Gebetes überall die ursprünglichste … ist, bedarf kaum des Beweises« (190). Kein Gebet ohne Bezug auf feste Formulierungen, daher gilt: der »Sitte, mit lauter Stimme zu beten«, entspricht die »Sitte des lauten Lesens« (190). Zum stillen Lesen in der Antike: F.K. MAYR, Art. Hören, RAC 15, 1991, 1023–1111, 1027.

gestellt hat, konnte das Lesen gar nicht leise sein. Die alten Texte, ohne Hilfe der Punktation, ohne Groß- und Kleinschreibung, ohne jede Worttrennung, bestanden aus durchgehenden Reihen von Großbuchstaben; es gab keine deutliche Vorstellung vom Wort als einer Bedeutungseinheit, Einheit war der Buchstabe, allenfalls die Silbe[246]. Es handelte sich um eine rein phonetische Schrift ohne jede ideographische Beimischung. Darüber ist umso weniger Klage zu führen, als die eigentliche Revolution des griechischen Alphabets eben darin bestand, nicht mehr ideographisch, sondern phonetisch zu sein. Haben sich einmal *'aleph* und *beth* von »Rind« und »Haus« gelöst, so sind durch elementare Abstraktion aus akrophonischen Ideographen phonetische Zeichen geworden, die nicht Bedeutungen, sondern Klangströme abbilden. Wird aber Schrift phonetisch produziert, so ist sie auch nur phonetisch zu rezipieren, indem sie als der Klangstrom dekodiert wird, der durch sie enkodiert wurde. Eine ideographische Schrift wäre leise zu lesen, eine phonetische nie. Erst wenn der Klangstrom wiederhergestellt ist und also erklingt, ist das primäre Medium zugegen, in das die Bedeutungen eingelagert sind.

Sobald der urtümliche, unsrer Gewohnheit entgegengesetzte Zustand des lauten Lesens geschildert wird, stellt sich mit großer Regelmäßigkeit eine Musikmetapher ein. Ein phonetisch geschriebener Text wird zu einer verständlichen Botschaft, wenn er wie eine musikalische Notation mündlich und laut aufgeführt wird[247]. Oder es wird – nicht ganz glücklich – gesagt, der Buchstabentext sei wie eine Partitur[248]. Am stärksten hat sich in dieser Hinsicht Josef Balogh ausgedrückt: »In Wirklichkeit sind die Buchstaben nach antiker Auffassung eigentlich – Noten, Tonzeichen«[249]. Ohne Zweifel sind selbst »eigentlich« genannte Noten und Tonzeichen in einer Epoche vor jeder Musiknotation metaphorische Noten und Tonzeichen, wenngleich harte

---

[246] P. SAENGER, Silent Reading: Its impact on late medieval script and society, Viator 13, 1982, 367–414, 370f. Außerdem D.H. GREEN, Orality and Reading: The state of research in medieval studies, Spec. 65, 1990, 267–280.

[247] SAENGER, aaO. (s. Anm. 246) 371: »A written text was essentially a transscription which, like modern musical notation, became an intelligible message only when it was performed orally to others or to oneself.«

[248] H. RAUHE/R. FLENDER, Schlüssel zur Musik, München 1990, 54 (allerdings mit Bezug auf das alte Israel): »Die Schrift ist gleichsam eine ›Partitur‹, die die genauen Angaben darüber enthält, *was* gesungen werden woll. Das *Wie* liegt in der Hand der mündlichen Überlieferung.« ILLICH, aaO. (s. Anm. 98), beobachtet »den Moment, als – nach Jahrhunderten des christlichen Lesens – die Buchseite sich verwandelte; aus der Partitur für fromme Murmler wurde der optisch planmäßig gebaute Text für logisch Denkende« (8; cf. 10: »von einer Partitur zum Textträger«). – »Partitur« hat aber die Mehrstimmigkeit zur Voraussetzung; dazu K. HALLER, Art. Partitur, HmT 1976.

[249] J. BALOGH, ›Voces Paginarum‹. Beiträge zur Geschichte des lauten Lesens und Schreibens, Ph. 82, 1927, 84–109. 202–240, 225.

Metaphern, denn die Buchstaben beziehen sich auf genau denselben Tonstrom, auf den sich auch die Noten beziehen, nur auf ein anderes Segment desselben. Phonetische Buchstabenschrift kommt dadurch zustande, daß sie nicht Bedeutungen schreibt, sondern, Bedeutung Bedeutung sein läßt und sich nur noch auf das Medium konzentriert, in dem Bedeutung transportiert wird, die Tonspur. Aber wiederum trachtet sie nicht danach, die Tonspur in allen Parametern zu kodifizieren, sondern konzentriert sich auf den einen der Lautlichkeit. Sie reduziert diesen auf rund zwei Dutzend Einheiten, einerlei ob Konsonant oder Vokal, während die spätere Musiknotation sich anderer Parameter derselben Tonspur annimmt. Für sie, die Musiknotation, sind Vokale ungleich wichtiger als die Konsonanten, die nur – außer im Fall von Semivokalen – Ende des Klingens sind. Und wiederum an den Vokalen interessiert sie ausschließlich deren Höhen und Längen. Aber einerlei, welchem Parameter sich Buchstaben- oder Notenschrift widmen, so kommen sie darin überein, daß sie Tonstromschriften sind. Daher ihre metaphorische Beziehbarkeit. Eine Tonstromschrift ist somit reine Tonspur (recording of voice), die – unter Vernachlässigung des Dazwischentretens des Auges – mit dem Mund als Tonkopf aufgenommen und für Hörer wie für den Leser selbst zu Ohren gebracht wird. Die Tonspur hat Incipit und Explicit als einzige Pausenzeichen; zwischendrin Text, scriptio continua ohne Absatz und Abstand, ohne Punkt und Komma, einen Quereinstieg gibt es nicht. Daher ist es angemessen, von »voces paginarum« ebenso zu sprechen wie vom »Klang der Seiten«, »Klang der Zeilen«[250]. In der Schilderung der phonetischen Buchstabenschrift stellt sich die Musikmetapher notwendig ein, weil sie wie die Notenschrift ebenso nach dem Klangstrom produziert, wie wiederum als Klangstrom reproduziert wird.

Dies ist es, was mit dem widersprüchlich scheinenden Begriff des oralen Lesens (oral reading) benannt wird. Es handelt sich um Oralität, nicht sofern sie der Literalität schlechthin entgegensteht, sondern sofern sie auch von einer bestimmten Schicht der Literalität erfordert wird. Gegenbegriff wäre optisches Lesen (visual reading), das auch stilles Lesen (silent reading) genannt wird. Folgende Etappen auf dem Weg zum leisen Lesen sind zu nennen: Zunächst Einführung von cola und commata in den Vulgatatext durch Hieronymus und Einrichtung von canones zu den Evangelien durch Euseb, beides erste rudimentäre Hinweise für das Auge als Orientierungshilfe im Text. Ferner Aufstellung von Kapiteltafeln am Eingang des Textes, vor allem bei umfangreichen Werken. Von überragender Bedeutung war die Einführung der Worttrennung, von den britischen Inseln zögernd auf den Kontinent vordringend. Ohne Worttrennung keine optische Merkbarkeit des Wortes;

---

[250] ILLICH, aaO. (s. Anm. 98): »voces paginarum« (58.116), »Klang der Seiten« (57. 129), »Klang der Zeilen« (101.115), »Klang der Buchstaben« (115).

mit Worttrennung Wiederkehr eines ideographischen Elements in die phonetische Schrift. Die Skriptorien, zunächst undenkbar ohne lautes Sich-selbst-Diktieren, werden zunehmend leise und nähern sich langsam dem mönchischen Ideal. In der Ikonograhie der Evangelisten tritt an die Stelle des vorsagenden Engels das Buch, das kopiert wird. Alle diese Veränderungen betreffen zunächst Schreiben und Kopieren, während das Lesen noch laut war: laut in der Gruppe, immerhin murmelnd in der Einsamkeit[251]. Das leise Lesens hebt mit der Wende vom 12. zum 13. Jahrhundert zuerst im Zisterzienserorden an, indem vermehrt Verben des Sehens als Substitute für Verben des Lesen gebräuchlich werden[252]; dann aber vollzieht sich der Übergang vom monastischen zum scholastischen Lesen als Veränderung großen Stils: vom Kloster zur Universität, von der liturgisch geprägten Kleingruppe zum Auditorium der Vorlesung, vom Kriechgang lauten Lesens ausgewählter Väter zur Beherrschung ungeheurer Textmassen der europäischen Tradition in großer Geschwindigkeit, von der Leiblichkeit des Wortes zum reinen Bedeutungslesen[253]. Wenn dargestellt wird, die ehemalige »sacra pagina« sei in der Hochscholastik zu »theologia« geworden, so ist dies vor allem als Übergang vom lauten zum leisen Lesen zu verstehen, obgleich »theologia« – als θεολογία - noch Erinnerungen mit sich führt, die sogar hinter die »sacra pagina« zurückreichen in vorliterarische Oralität. Die Welt oralen Lesens bis zum 12. Jahrhundert, Lesen laut und in der Öffentlichkeit, schafft eine Atmosphäre potentieller Rechtgläubigkeit und Katholizität. Dagegen leises Lesen eröffnet die Dimension der Privatheit und lockert die öffentliche Kontrolle abweichender individueller Gedanken[254]. Aber wiederum entsteht dadurch ein neues Klima geistlicher Erfahrung und geistlicher Übung;

---

[251] SAENGER, aaO. (s. Anm. 246) 374–380.

[252] SAENGER, aaO. (s. Anm. 246) 384: »True silent reading, that is, reading with eyes alone, developed only with the evolution of a more rigorous intellectual life in the twelfth and early thirteenth centuries in the studia of Cistercian abbeys and at the cathedral schools of the eleventh and twelfth centuries from which universities would emerge.« Der polemische Akzent dieser Aussage geht gegen die Behauptung, das leise Lesen sei durch das Mönchtum entstanden (BALOGH, aaO. [s. Anm. 249] 233): im Gegenteil, durch das leise Lesen der Scholastik wurde das laute monastische Lesen zurückgedrängt..

[253] ILLICH, aaO. (s. Anm. 98): Monastisches Lesen (55ff), Scholastisches Lesen (77ff).

[254] SAENGER, aaO. (s. Anm. 246) 399: »The transition to silent reading and composition, by providing a new dimension of privacy, had even more profound ramifications for the culture of the Middle Ages. Psychologically, silent reading emboldened the reader, because it placed the source of his curiosity completely under his personal control. In the oral world of the twelfth century, if one's intellectual speculations were heretical, they were subject to peer correction and control in the very act of their formulation and publication. ... Reading with the eyes alone and written composition removed the individual's thoughts from the sanctions of the group and fostered the milieu which the new university heresies of the thirteenth and fourteenth centuries developed.«

»exercitia spiritualia« sind jetzt die alten Übungen in der prinzipiell neuen Situation des privaten, leisen Lesens[255].

Was den Psalter anlangt, so ist zu sagen: aus dem Psalter als liturgischem Buch wird ein Stundenbuch. Jenes großformatig, aufgestellt im Chor in wenigen Exemplaren für Mönche und Kleriker zur öffentlichen und gemeinschaftlichen Psalmodie; dieses in Kleinformat, tragbar, verteilt in die Hand devoter Laien, um während der Messe oder des Offiziums still gelesen zu werden. Stundenbücher sind, indem sie innerhalb des gemeinschaftlichen Raums der Liturgie eine Welt der Privatheit eröffnen, besonders signifikante Hervorbringungen der Ablösung von der oralen in der oralen Welt. Der Psalter, ehemals Psalmbuch zu oralem Gebrauch, ist jetzt grundsätzlich überführbar in die Qualität eines Stundenbuchs, d.h. eines Psalmbuchs zu stillem Gebrauch[256]. Daher ist zu folgern: Sobald »das Lesen verstummt«[257], verstummt auch der Psalter. Insoweit folgt der beklagte Klangverlust des Psalters genau der Logik, die den Übergang vom lauten zum leisen Lesen bestimmt. Wird das Lesen zum reinen Bedeutungslesen, so wird aus der ehemaligen Theologie des Psalters mit derselben Notwendigkeit eine Theologie der

---

[255] SAENGER, aaO. (s. Anm. 246) 401: »The new privacy gained through silent reading and composition not only served as a conduit for heresy. It also intensified orthodox devotional and spiritual experiences. ... The new spiritual literature that emerged in the fourteenth and fifteenth centuries was consciously composed to be read alone.« N. STAUBACH, Pragmatische Schriftlichkeit im Bereich der Devotio moderna, FMSt 25, 1991, 418–461, 431: »Die grundsätzliche Gleichsinnigkeit dieser exercitia spiritualia [lectio, meditatio, oratio] kommt ... darin zum Ausdruck, daß sie alle ... von Schriftlichkeit geprägt waren ... Zugleich erhält die spirituelle Übung durch den Schreibvollzug eine neue Qualität: Sie geht aus der Innerlichkeit der Gesinnung in Handlung über und objektiviert sich zum Willensakt. ... Die Überlieferung aus dem Bereich der Devotio moderna ist ... durch die aus dem schriftlichen Niederschlag solcher exercitia spiritualia hervorgegangenen neuen Textsorten charakterisiert.«

[256] SAENGER, aaO. (s. Anm. 246) 402: »The distinction which earlier monastic authors had made between oral reading and silent meditation disappeared in the spirituality of the fourteenth and fifteenth centuries as silent reading became an inseparable prelude to contemplation and divine enlightenment. Vernacular devotional tracts were composed to be read silently in the privacy of an individual monk's chamber and even during the oral performance of the Mass. Books of hours, intended to be read silently, mushroomed in popularity, supplanting the traditional oral liturgical texts: breviaries, missals, psalters. Since the new prayer books were used by lay men and women for individual reading, copies were needed in far greater numbers than previously when one copy, read aloud, served a group.« Allerdings sind die von SAENGER angeführten Missale und Breviarium späte liturgische Sammelbücher früherer Einheiten, die – zumindest was das Breviarium anlangt – bereits an der Wende zum stillen Lesen in vollem Umfang teilhaben. Zu den Stundenbüchern: DERS., Books of hours and the reading habits of the later Middle Ages, in: R. CHARTIER (Hg.), The culture of print. Power and the uses of print in early modern Europe, Princeton N.J. 1987, 141–173.

[257] BALOGH, aaO. (s. Anm. 249) 221, cf. 87.96.240.

Psalmen. Sieht man von Resten vorliterarischer Oralität ab, so bestünde die ins Auge gefaßte Epoche der Theologie des Psalters in keinem anderen Substrat als in einer Geschichte des Lesens, deren eine Grenze die gemutmaßte Oralität jenseits aller Literalität wäre, in der θεολογία und μουσική sich noch berühren, die andere das entsinnlichte Bedeutungslesen, das den Klang im Prinzip bereits hinter sich hat.

3. Lectio divina und lectio spiritualis

Von den bisher gebrauchten Kategorien, die sich auf unterschiedliche Arten des Lesens bezogen, sind »lectio divina« und »lectio spiritualis« die ältesten. Sie zeigen an, daß Sensibilität für die Stellung des Lesens in der christlichen und vor allem monastischen Bildung alte Tradition ist. Es ist daher sinnvoll, die auf die bisherigen Paragraphen zerstreuten Hinweise zur »lectio divina« noch einmal im Überblick zusammenzustellen. Es zeigen sich drei Epochen von »lectio«. Zunächst eine sich anbahnende Wende in der Geschichte der »lectio divina« im 12./13. Jahrhundert, dann das Zurücktreten der »lectio divina« hinter der »lectio spiritualis« im Übergang zur Neuzeit, mit dem sich der Abschied vom alten Lesen vollendet[258].

»Lectio divina« ist begrifflich am frühesten zu greifen als Terminus des koinobitischen, an Regeln orientierten Mönchtums. Während das anachoretische Mönchtum der Wüstenväter trotz aller Pflege göttlichen Wortes (φιλολογεῖν) eine Ambivalenz gegen das Lesen als zu fliehende weltliche Literalität nie ganz ablegen konnte[259] und in Teilen des koinobitischen Mönchtums bloß der zufällige Rest des Arbeitstags der Lektüre überlassen blieb[260], bekommt die

---

[258] J. ROUSSE/H.J. SIEBEN, Art. Lectio divina et lecture spirituelle – I. La lectio divina, II. De la lectio divina à la lecture spirituelle, DSp 9, 1976, 470–496; A. DE VOGÜÉ, La lecture quotidienne dans les monastères (300–700), CCist 51, 1989, 241–251; M. SANDOR, Lectio divina and the monastic spirituality of reading, ABenR 40, 1989, 82–114.

[259] Einerseits kann φιλολογεῖν (Athanasius, Vit. Ant. c. 4, MPG 26, 845A; c. 44, 908A) als »Bezeichnung für den lesend-sinnenden Umgang mit der Heiligen Schrift« (BACHT, aaO. [s. Anm. 198] 257) verstanden werden. Dazu K. GIRARDET, Φιλόλογος und φιλολογεῖν, Kl. 2, 1970, 323–333. Andererseits genießt derselbe Antonius den Ruhm, die hl. Schrift ohne Kenntnis der Buchstaben zu wissen: Athanasius, Vit. Ant. c. 1 (841A): γράμματα μὲν μαθεῖν οὐκ ἠνέσχετο; c. 72 (944B); c. 78 (952B); Augustin, De doctr. chr., prooem. 4 (CChr.SL 32,2f): [Antonius sanctus et perfectus vir Aegyptius monachus,] qui sine ulla scientia litterarum scripturas diuinas et memoriter audiendo tenuisse et prudenter cogitando intellexisse praedicatur; später Johannes Gerson, Œuvr. compl. [GLORIEUX] 3,276. Zum charismatischen, illiteraten Anachoretentum außerdem: Johannes Cassian, Inst. V, 33 und 34; Conl. III,14; Cassiodor, De inst. div. litt., praef. 7, MPL 70, 1108D.

[260] Während Pachomius für die geforderte lectio keinerlei Zeit bestimmt, weil sie (bzw. die meditatio) die anderen Tätigkeiten immer nur begleitet und keinen eigenen Moment erfüllt (Reg. Pach.: de scripturis aliquid meditare [3.28.37.59]; de scripturis

»lectio« sogleich mit den ersten westlichen Regeln ein neues, erstaunliches Profil. Regelmäßig erscheint sie als fixierte Zeit von drei Stunden, vom Ende des Tages nicht nur auf Mittag, sondern auf den frühen Morgen versetzt. Indem ihr der beste Teil des Tages reserviert wird, rückt sie in die asketische Gliederung des gesamten Tageslaufs ein und wird zur vornehmsten Übung im Blick auf das ewige Ziel[261]. Einerseits stehen Lesen und Arbeit in gemeinsamer Front gegen den Müßiggang, und so gesehen ist Lesung Arbeit. Dann aber ist Lesung, sofern regulierter, selbständiger Lebensmoment, nur möglich bei Unterbrechung des Arbeitens, und insofern ist Lesung nicht Arbeit. An sich begegnet »lectio« als weiter Begriff; Lesung findet sich in verschiedener Weise in der Liturgie sowohl der Messe wie des Offiziums, sie findet sich in der Lesung bei Tisch; aber unter »lectio divina« in striktem Sinn ist weder das eine noch das andere zu verstehen, sondern die private Lesung am Morgen, sei sie für sich, oder – was eher zu denken ist – als Vorlesung im Kreis des Lesens unkundiger Brüder, soweit die Exemplare reichen. Soviel auch Gegenstand des Lesens sein konnte – hl. Schrift, Auslegung der hl. Schrift, Werke Johannes Cassians, Regeln –, so ist das Ziel doch ausschließlich die Schrift, und hier ganz besonders der Psalter[262]. »Lectio divina« ist sowohl Akt

---

quidpiam revolvere memoriter [6]; de scripturis aliquid replicare [13]; de psalmis et de scripturis aliquid decantare [116]; de scripturis aliquid [memoriter] tenere [140]), überläßt ihr Basilius (Ep. II,3f [an Greg. v. Naz., MPG 32, 228f]) den Rest des Tages nach der Arbeit.

[261] Von der im augustinischen ›Ordo monasterii‹ (um 395) für die lectio festgelegten Zeit nach dem Mittag (c. 3: A sexta usque ad nonam uacent lectioni) unterscheiden sich die anderen Regeln dadurch, daß sie den Hauptteil der lectio auf den frühen Morgen legen: Reg. IV Patr. 3,8–10: Qualiter debent fratres operari praecipimus. Debet ergo iste ordo teneri. A prima hora usque ad tertiam Deo uacetur (cf. Pelagius, Ep. ad Demetr. 23 [s. Anm. 193], die kurz danach – 413/4 – entstanden ist); 2. Reg. Patr. 23: meditem habeant fratres ut usque ad horam tertiam legant; Reg. Mac. 10,1: Matutinumque dictum ita meditem habeant fratres usque ad horam secundam; Reg. Or. 24,1: Quibus erit potestas legendi usque ad horam tertiam; 3. Reg. Patr. 5,1: Matutino dicto fratres lectioni uacent usque ad horam secundam – jetzt taucht in der Leriner Tradition erstmals lectio auf. Reg. Mag. 50,8–15: a prima usque in tertiam sequestratae a se per loca diuersae decadae, ne in uno redacta omnis congregatio suis sibi inuicem uocibus obstrepent, id est lectionibus uacent, unus de decem per loca legat et residui de suo numero audiant. Zu Reg. Ben. 48 s.u. Anm. 264.

[262] So sehr lectio und psalmus distinkte Begriffe sind – lectiones als Lesungen, psalmi als Psalmengesang, also verschiedene Textsorten mit verschiedener klanglicher Verlautbarung –, so berühren und überschneiden sie sich ständig, weil der Psalter anders als durch lectio nicht zugänglich ist – was immer er sonst sein mag. Die Gegenwart des Psalters bei der lectio bezeugen: Reg. Mag. 50,14f: Simul ergo in his horis et psalmos meditari a nescientibus ... admonemus ... Ergo in his tribus horis inuicem legant et audiant, uicibus litteras et psalmos ignorantibus ostendant. 50,64f: alii legant, alii audiant, alii litteras discant et doceant, alii psalmos ... meditentur. Nam cum eos maturauerint et memoria perfecte tenuerint, ... ipsum psalmum aut canticum seu quamuis lectionem memoriter

des Lesens wie gelesener Gegenstand: die Schrift. Nicht um sie von einer
möglichen anderen zu unterscheiden, wird »lectio« mit dem Prädikat »divina«
ausgezeichnet, sondern »lectio divina« ist konkurrenzlos Lesen schlechthin.
Wer die Schrift und insbesondere den Psalter liest, lernt dabei allererst das
Lesen[263]. Wenn daher die ›Regula Benedicti‹ »lectio divina« in denkwürdiger Weise in c. 48 »De opera manuum cotidiana« thematisiert, so ist völlig
deutlich, daß ihr zwar ein selbständiger, von allen anderen Betätigungen
separierter Lebensmoment zugeordnet ist, daß aber eben diesem spezialisier-
ten, von der Arbeit abgesetzten Lesen eine Vergangenheit anhaftet, in der es
sich den Moment mit der Arbeit teilte. »Lectio« erscheint jetzt als selbständig
gewordene »meditatio«, die ursprünglich mit der Arbeit einherging. Ist dies
so, dann versetzt sie in nachvollziehbarem Sinn an den Ort der »officina« und
des »exercitium«, und das Lesen wird schon durch die ihm eigene Auf-
wendigkeit und Mechanizität zum hervorragenden Werkzeug geistlicher
Kunst[264].

Man kann »lectio divina« in ihrer bisherigen Gestalt als orales Lesen bezeichnen, d.h. vorwiegend lautes, auf Memorierung bedachtes, das noch im
Kontakt zu Vorgängen der Arbeitswelt steht, an deren Mühe es teilhat. Nun
erwächst diesem Lesen, dem monastischen, bisher Lesen schlechthin, auf seinem eigenen Gebiet im 12. Jahrhundert Konkurrenz durch das scholastische
Lesen, das durch größere Visualität, Effizienz, Geschwindigkeit hervorsticht.
Jetzt wird deutlich, daß die alte »lectio divina« allein durch Klanglichkeit
einen Hörraum liturgischer Art erfordert hatte, der beim scholastischen Lesen entfällt. Zwar hält das monastische Lesen mit der Beharrlichkeit, die
Brauch und Übung zukommt, auch jetzt noch an, aber in seiner Theorie
muß es bereits gegen das scholastische gerechtfertigt werden. Das scholasti-

---

abbati restituant. 57,4–9: Nebeneinander von Lesung und Psalter auf Reisen. Reg. Ben.
8,3: Quod vero restat post vigilias, a fratribus, qui psalterii vel lectionum aliquid indigent,
meditationi inserviatur. 44,6: psalmum vel lectionem. 48,13: Post refectionem … vacent
lectionibus suis aut psalmis.

[263] Zum Psalter als Elementarlesebuch s.u. Exkurs 4: Schola und Anm. 280.

[264] Reg. Ben. 48 (De opera manuum cotidiana) ist nicht nur abhängig von Reg. Mag.
50 (De actu operum cottidianorum per diuersas horas diuerso tempore), wo die lectio als
exercitium (50,8) und spiritale opus (50,17) beschrieben wird (das, wie in Anm. 261
zitiert, laut lesender- und lernenderweise vollzogen wird), sondern hat im Hintergrund
den komplizierten Ablösungsprozeß, in dem sich die meditatio *während* der Arbeit zur
meditatio *nach* der Arbeit verwandelt hat; dazu: A. DE VOGÜÉ, Les deux fonctions de la
méditation dans les Règles monastiques anciennes, RHSp 51, 1975, 3–16. Der entscheidende Gesichtspunkt hierbei ist nicht die Tatsache der Ablösung und der Spezialisierung,
sondern die Beobachtung, wie das Abgelöste im Zusammenhang mit dem verbleibt,
wovon es sich abgelöst hat. Daß die lectio in Reg. Ben. 4,55 (zwischen Wortabstinenz
4,51ff und oratio 4,56ff) und 73,6 unter den instrumenta artis spiritalis bzw. virtutum
erscheint, stellt sie in den bleibenden metaphorischen Zusammenhang zwischen artes
und ars spiritalis.

sche Lesen führt zur »quaestio« und diese zur »disputatio«. Hingegen das monastische Lesen führt zu »meditatio«, »oratio«, »contemplatio« (bzw. »operatio«). Man hat die jetzt anhebende Möglichkeit von »exercitia spiritualia« im engeren Sinn richtig verstanden, wenn sie als monastische Reaktion auf die Methodisierung und Rationalisierung scholastischen Lesens begriffen wird[265]. Aber daß dies eine Reaktion ist, die selbst bereits von den Bedingungen des stillen Lesens erfaßt wurde, zeigt sich daran, daß Lesen als erstes der vier »exercitia spiritualia« auf einen geistlichen Weg schickt, der als Methodisierung des inneren Lebens bezeichnet werden kann[266].

Es kann nicht wundern, wenn in der Folge »lectio divina« nicht nur als Theorie, sondern auch als Praxis verschwindet. An ihre Stelle tritt die »lectio spiritualis«. Während »lectio divina« dadurch definiert war, daß die hl. Schrift ebenso ihr einziges Objekt ist, wie sie umgekehrt die einzige Art und Weise, sich mit der Schrift zu beschäftigen, so lockern sich jetzt beide Bezüge. »Lectio spiritualis« kann sich auf Schrift ebenso beziehen wie auf sonstige erbauliche Literatur. Bezieht sie sich aber auf die Schrift, so trifft sie dort auf eine bereits fest installierte scholastische Exegese, die dem Interesse am geistlichen Fortschritt das Interesse an Vermehrung von Kenntnissen entgegensetzt. »Lectio« ist jetzt bloße Lesart in Relation zu anderen möglichen Lesarten. Es gibt eine Lesart des Intellekts, es gibt eine Lesart des Affekts[267]. Offenbar ist es Erinnerung an die einstige »lectio divina«, wenn stereotyp

---

[265] F. VANDENBROUCKE, La lectio divina du XIᵉ au XIVᵉ siècle, StudMon 8, 1966, 267–293. C. SPAHR, Die lectio divina bei den alten Cisterciensern, ACi 34, 1978, 27–39, 32. SANDOR, aaO. (s. Anm. 258) 99f: »The monastic approach to reading came, in the twelfth century, into opposition with the parallel scholastic manner of study developing in the secular schools. ... It was in opposition to the scholastic system of a lectio which leads to quaestio and disputatio, that monastic theologians in turn systematized their own lectio as a first step along the inward journey to God through meditatio, oratio, operatio, and contemplatio.«

[266] SANDOR, aaO. (s. Anm. 258) 103f: »It is ... interesting to note that the interiorization of the process of reading, its integration into the stages of the spiritual journey, coincides not only with the general discovery of the inner life but also with the rise of silent reading. ... The transition from group or personal reading to a silent exercise was probably not without its psychological impact, one which is closely related to the interiorization of reading, for the distinction between the outward act of pronunciation of the words read aloud and the subsequent silent rumination over them is abolished, and the entire activity becomes an inner dialogue.«

[267] SIEBEN, aaO. (s. Anm. 258) 487: Lectio spiritualis wird definiert 1. durch Unterscheidung vom scholastischen Studium derselben Schrift, 2. dadurch, daß sie sich auch auf Texte außerhalb der Schrift bezieht, sofern diese erbaulich sind; »la lectio [spiritualis] n'est plus la seule façon d'aborder l'Écriture, et celle-ci n'en est plus l'objet nécessaire. En outre, les deux définitions opposent connaissance et progès spirituel, ou encore aspect intellectuel et aspect affectif (gustus, affectus), alors que ces diverses fins étaient unies dans la lectio divina.«

formuliert wird, es gelte »magis affectum inflammare quam intellectum illuminare«[268]. An derselben Stelle steht Luthers ›Monitum‹ mit seinem Vorhaben, vom Intellekt zum Affekt zu führen, um den Psalter als »thesaurus cumulatissimus intelligentiarum et affectionum« zu erfahren[269]. Es ist völlig deutlich, daß an eben dieser Stelle die Differenz zwischen Theologie der Psalmen und Theologie des Psalters allererst entsteht. Aber zugleich ist auch deutlich, daß im oralen Lesen der »lectio divina« offenbar noch eins war, was jetzt in zwei Lesarten auseinanderfällt. Im Umfeld der »lectio divina« gab es nur Theologie des Psalters. Jetzt dagegen, in der Situation eingetretener Zweiheit, läßt sich selbst durch Bevorzugung einer Seite, also etwa der affektiven gegenüber der intellekuellen, nicht mehr einholen, was durch die Zweiheit an sich bereits entschwunden ist.

Exkurs 4: Schola

»Lectio« lenkt den Blick auf »schola«. Hier sind Beziehungen zwischen Mönchtum und »schola« ebenso zu erwähnen, wie zwischen Psalter und »schola«. Mit letzterem hängt auch das Begriffspaar »schola lectorum«/ »schola cantorum« zusammen. Als Psalterformel findet sich »schola« schließlich in Luthers Nachwort zum Psalter 1525: »Summa der psalter ist eyne rechte schule, darynne man den glauben vnd gut gewissen zu Gott, lernt, vbet vnd sterckt.«[270]

Zwar kann in weitem Sinn Kirche allgemein »schola« genannt werden, zur Unterscheidung von heidnischen Philosophenschulen[271] eine solche mit Christus als »magister«. Sehr bald aber wird »schola« in engerem Sinn zu einem monastischen Begriff. Johannes Cassian gebraucht den Terminus aus-

---

[268] Diese Formel findet sich – mit dem für die Devotio moderna typischen »magisquam« – bei Gerhard Zerbolt von Zutphen, De spiritualibus ascensionibus c. 44: Unde illarum scripturarum lectionibus magis debes incumbere, quae tuum affectum magis inflammant ad spiritualem profectum et ascensum, quam quae in rebus difficilibus et curiosis illuminant intellectum. Johannes Gerson legt sie Bernhard von Clairvaux in den Mund: Credo quia magis ad inflammationem affectus quam eruditionem solam intellectus religio statuta est (Serm. in fest. S. Bern. Œuvr. compl. [GLORIEUX] 5,328) und wiederholt sie sinngemäß in seinem Traktat ›De libris legendis a monacho‹: omne studium [monachi] resolvi debet ad affectum, ut nihil legat, nihil cantet, nihil meditetur quod non ordinetur ad inflammationem affectus, quoniam in hac inflammatione consistit supremus apex theologiae mysticae (9,610f, cf. 612; 2,174.191). J. Mauburnus, Rosetum, Paris 1510, tit. 1 alph. 1u [p. aiii^rb]: non venimus ad illuminandum intellectum, sed ad inflammandum affectum.

[269] WA 5, 47,3f = AWA 2, 63,16f.

[270] WA.DB 10/1, 588,16–18; s.u. Anm. 419,2.

[271] Augustin, Serm. 177,2 (MPL 38, 954); De disc. christ. 14,15 (MPL 40, 678).

schließlich für das koinobitische Mönchtum, sofern es Vorübung für die höhere Stufe des anachoretischen Lebens ist, teilweise identisch mit »palaestra«[272]. Außerdem hat Lérins als »schola Lirinensis« das Wort in koinobitischem Klang auf sich gezogen; ob nur in bildlich-spirituellem Sinn oder auch in realem, ist umstritten[273]. Die ›Regula Magistri‹ knüpft an die bisherige Redeweise an, übertrifft sie aber durch programmatischere Entschiedenheit. Das Kloster ist Schule, aber weder in dem allgemeinen Sinn, in dem Kirche überhaupt Schule Christi genannt wurde, noch im Sinn der bloßen Vorschule für das anachoretische Leben, noch in einem bildlich vagen Sinn, sondern das Kloster ist in eigentlichem Sinn Schule[274]. Durch die ›Regula Benedicti‹ wird der Satz der Magisterregel »Constituenda est ergo nobis dominici scola servitii« zur Hauptsentenz über das Kloster als Schule. Die mitschwingenden Termini »magister«/»magistra« (Christus, Abt, regula), »discipulus«, »docere«, »discere«, »audire«, »oboedientia«, »militia«, »servitium« machen deutlich: »scola« ist, bei aller Bildlichkeit, nicht nur spirituell-metaphorischer Ausdruck, sondern beschreibt ein rechtlich reguliertes Lebens- und Lernverhältnis[275]. Daß »scola«, vom Kloster ausgesagt, immer übertragen gebraucht

---

[272] Johannes Cassian, Conl. III, 1,2 (scolae coenobiorum vs. heremi secreta); XVIII, 16,15 (de primis coenobii scolis ad secundum anachoreseos gradum tendere); XIX, 2,4 (iuniorum scolae vs. anachoretica disciplina); XIX, 11,1 (coenobium als quodammodo scolae et exercitationis … palaestra).

[273] Während die Leriner Regeln den Terminus schola nicht enthalten, findet er sich öfter bei Eusebius ›Gallicanus‹ zur Bezeichnung des Klosters von Lérins: Hom. 35,7 (CChr.SL 101, 406,143); Hom. 39,2 (456,25); Hom. 40,3 (476, 114 v.l.). Zur Frage der bildlichen oder realen Interpretation: KASPER, aaO. (s. Anm. 176) 181–185, 185: »Die Lériner konnten das Bildwort von der schola mühelos verwenden, weil hinter ihm die Realität einer (Elementar-)Schule auf der Insel stand.«

[274] Regula Magisti [DE VOGUÉ SC 105–107], Ths 45: Constituenda est ergo nobis dominici scola seruitii; 1,83 (scolae vs. ecclesiae); 87,9 (sancta scola); 90,12.46 (eius [sc. Domini] militare scolae); 90,29.55; 92,62 (scola monasterii); 92,27 (scola Dei); 92,29 (diuina scola). Dazu die These DE VOGUÉS (SC 105, 115f): »Le monastère est ›comme une église [Reg. Mag. 53,64]‹, mais il n'est pas une église à proprement parler. Son vrai nom est plutôt schola Christi … Pour lui [le Maître], le monastère est école, non pas en tant que préparation à l'érémitisme, ni en tant qu'église au sens propre du terme, mais précisément parce qu'il constitue une communauté sui generis, semblable à l'église mais distincte de celle-ci … [Le Maître] fait de schola le nom propre du monastère en tant que celui-ci se distingue de l'église.« »Eigentlich« hat seinen Maßstab am Kloster; das Kloster ist zwar eigentlich Schule, aber die Schule nicht eigentlich Kloster.

[275] Regula Benedicti, prol. 45 (einzige Stelle). Dazu B. STEIDLE, Dominici schola servitii. Zum Verständnis des Prologes der Regel St. Benedikts, BenM 28, 1952, 397–406. G. PENCO, Sul concetto del monasterio come ›schola‹, CCist 32, 1970, 329–333. K.S. FRANK, Art. Gehorsam, RAC 9, 1976, 425.427; DERS., Vom Kloster als scola dominici servitii zum Kloster als servitium imperii, SMBO 91, 1980, 80–97, 83: »gegen jede nur metaphorische Deutung«; »Schule nicht nur in spiritueller Bedeutung«; »Scola hat auch eine rechtliche Bedeutung.« D. V.D. NAHMER, ›Dominici scola servitii‹. Über Schultermini in Klosterregeln, RB.S 12, 1985, 143–185, 144: »Wenngleich keine

wird, hält die Regelauslegung des Smaragdus von St.Mihiel deutlich fest[276]. Wenn dagegen Cassiodor sein Vivarium als »schola doctrinae christianae« einrichtet, so verfolgt er damit weniger die geistliche, Leib und Geist umfassende Übung, wie sie die Regeln im Auge hatten, als vielmehr christliche Bildung und Vermittlung antiker Kultur in weitestem Sinne[277].

Allerdings findet sich auch in der späteren benediktinischen Tradition eine Schule in wahrstem Sinn des Wortes, nämlich Elementarschule für die pueri oblati, zum Kloster gehörig, aber merkwürdigerweise nicht »schola« genannt im Sinn der monastischen Regeln. Hier wirkt die alte koinobitische Verpflichtung allgemeinen Lesenlernens und -könnens nach[278]. Mit dieser Schule verbindet sich jetzt in einzigartiger Weise der Psalter als Elementarbuch für Anfänger[279]. Hat Lesen gelernt, wer den Psalter gelernt hat, so ist der »littera-

---

Mönchsregel eigentlich von einer ›Schule‹ spricht, so ist dennoch das lateinische Vokabular reichlich vorhanden, mit dem der Römer von Schüler, Lehrer und dem Unterrichten redet: scola, magister, discipulus, docere, discere etc. Sieht man die Texte daraufhin an, so wird man feststellen, daß diese Begriffe sich selten auf Schule und Unterricht beziehen.«

[276] Smaragdus von St. Mihiel, Exp. in Reg. S. Ben. I (zu prol. 45; CCM 8, 1974, 48,1–9): Scola greco vocabulo dicitur locus in quo adolescentes litteralibus studiis operam dare et ad audiendos magistros vacare solent. ... Ergo sicut in scola pueri cum disciplina quae illis necessaria sunt discunt, et quae in futuro prosint capiunt, ita et monachi in monasterii regularis scola, et quae eos in praesenti honeste vivere faciant, et quae in futuro felices reddant discere sagaciter et efficaciter debent implere.

[277] Cassiodors Programm einer schola Christiana bzw. Christi (De inst. div. litt., praef. 1.3; MPL 70, 1106D.1107D) behauptet zwar von den weltlichen Wissenschaften (saeculares scientiae, studia saecularium litterarum), diese hätten ihr Wissen ursprünglich aus jener bezogen (Exp. in ps. 2,8; CChr.SL 97, 45,233f: ad scholas suas traxit doctrina saecularis; 23,10; CChr.SL 97, 219,196f: quae ante scholas uestras longe prius dicta fuisse), faktisch aber ist umgekehrt Cassiodors Psalmenauslegung Überlieferung antiker enzyklopädischer Bildung in einem solchen Ausmaß, daß sogar die Klosterschulen unfähig waren, es zu rezipieren. Exp. in ps. 150,6; CChr.SL 97, 1329,148ff: Ecce de grammatica et de etymologiis, de schematibus, de arte rhetorica, de topicis, de arte dialectica, de definitonibus, de musica, de geometria, de astronomia, et de propriis locutionibus legis diuinae, seriem refertam esse monstrauimus. Dazu R. SCHLIEBEN, Christliche Theologie und Philosophie in der Spätantike. Die schulwissenschaftlichen Methoden der Psalmenexegese Cassiodors, AKG 46, Berlin 1974.

[278] Regula Pachomii 139: Qui rudis monasterium fuit ingressus, docebitur prius quae debeat observare [sc. litteras]. ... Postea vero scribentur ei elementa syllabae, verba ac nomina, et etiam nolens legere compelletur. Regula Magistri 50,12f: In his tribus horis infantuli in decada sua in tabulis suis ab uno litterato litteras meditentur. Nam et inalfabetos maiores usque ad quinquagenariam aetatem litteras meditari hortamur. Caesarius von Arles, Regula virginum 7 [MORIN II, 104,1–3]: Et, si potest fieri, aut difficile, aut nulla umquam in monasterio infantula parva, nisi ab annis sex aut septem, quae iam et litteras discere, et oboedientiae possit obtemperare, suscipiatur; 18 [MORIN II, 105,18]: Omnes litteras discant.

[279] Hieronymus, Ep. 107,12 (an Laeta; CSEL 55, 302,18): discat primum Psalterium; Ep. 128,4 (an Pacatula; CSEL 56,160,8–11): cum autem uirgunculam et rudem edentulam septimus aetatis annus exceperit ..., discat memoriter psalterium; Augustin,

tus« in Wahrheit ein »psalteratus«, gemäß der eindrücklichen Wortprägung der ›Regula Magistri‹[280]. So können »schola« und Psalter in engen Zusammenhang treten[281], wie das karolingische Bildungsprogramm allenthalben einschärft[282]. Jetzt ist leicht zu beobachten, daß im Prinzip Psalter und Schule in zweifachem Sinn zu gebrauchen sind. Ist »schola« das »tirocinium« und der Psalter das dazugehörige gebräuchliche Elementarbuch, so handelt es sich um einen buchstäblichen Sachverhalt auch in dem Sinn, daß es um das Erlernen von Buchstaben geht, mit dem Ziel der Teilhabe an der literalen Tradition. Ist dagegen Schule das »monasterium« und der Psalter das hervorragende Instrument der »ars spiritalis«, dann handelt es sich um einen übertragenen Sachverhalt, von dem zu vermuten ist, daß er im wesentlichen der Hörwelt der Oralität zugehört. Solange der Psalter in einzigartiger Weise in beide Schulen gehört, in die literale wie die orale – »et à la formation générale et à l'étude

---

Conf. IX, 4,8; Cassiodor, Exp. psalm., praef. 16 (CChr.SL 97, 22,38–43): Psalterii … proprium est quod per eum legis diuinae sanctitas introitur. Non enim tirones incohant a Genesi, non ab apostolo, non inter ipsa initia auctoritas euangelica sancta pulsatur; sed, licet psalterium quartus codex sit auctoritatis diuinae, primum tamen tirones incohantes scripturas sanctas, inde legendi faciunt decenter initium. Ders., De inst. div. litt., praef. 2 (MPL 70, 1107B): debemus lectionis ordinem custodire; ut primum tirones Christi, postquam psalmos didicerint, auctoritatem divinam in codicibus emendatis iugi exercitatione meditentur. – Der oft zitierte Text Ps.-Chrysostomus, De poen. (MPG 64, 12; McKinnon [s. Anm. 21] Nr. 195): Ὦ τῶν παραδόξων πραγμάτων! πολλοὶ μήτε γραμμάτων πεῖραν τὴν ἀρχὴν εἰληφότες, ἐκμαθόντες, ὅλον τὸν Δαυὶδ ἀποστιχίζουσιν.

[280] Regula Pachomii 140: Et omnino nullus erit in monasterio, qui non discat litteras et de scripturis aliquid teneat: qui minimum, usque ad novum testamentum et psalterium. Regula Magistri 57,6: psalteratus, identisch mit litteratus (24,3; 50,12.28; 57,11). Regula Pauli et Stephani 15,1 [Vilanova 114]: qui litteras uel psalmos discunt; 31 [Vilanova 119f]: ad meditandas litteras uel psalmos aut lectiones. So auch in den Viten: Gregor von Tours, Vit. patr. VIII, 2 (MGH.SRM I¹, 692,15): litteris doceret ac psalmis imbueret. Dazu P. Riché, Le Psautier, livre de lecture élémentaire d'après les vies des saints mérovingiens, in: Études mérovingiennes. Actes des journées de Poitiers 1.–3. Mai 1952, Paris 1953, 253–255; Ders., Éducation et culture dans l'occident barbare VIᵉ ⁻ VIIIᵉ siècles, Paris 1962, 156ff; Ders., Les écoles et l'enseignement dans l'occident chrétien de la fin du Vᵉ siècle au milieu du XIᵉ siècle, Paris 1979, 221ff.

[281] Gregor von Tours, Vit. Patr. XX,1 (MGH.SRM I¹, 741,14f): Qui tempore debito cum reliquis pueris ad scolam missus, quaepiam de psalmis memoriae conmendavit. Dazu D. Illmer, Formen der Erziehung und Wissensvermittlung im frühen Mittelalter, München 1971, 150ff; Ders., Totum namque in sola experientia usuque consistit. Eine Studie zur monastischen Erziehung und Sprache, in. F. Prinz (Hg.), Mönchtum und Gesellschaft im Frühmittelalter, Darmstadt 1976, 430–459.

[282] Karl der Große, Admonitio generalis 72 (23. März 789; MGH.Cap I, 60,2ff): Et ut scolae legentium puerorum fiant. Psalmos, notas, cantus, compotum, grammaticam per singula monasteria vel episcopia et libros catholicos bene emendate. Alcuin an Aethelhard von Canterbury (MGH.Ep IV, 190,7ff): Tua quoque veneranda sapientia specialiter deducat in domum Dei lectionis studium, ut sint ibi legentes iuvenes et chorus canentium et librorum exercitatio.

de la liturgie«, »et pour l'office, et pour l'école« –, darf von dieser Epoche
gesagt werden: »La culture du Haut Moyen Age est une culture que l'on
pourrait appeler psalmodique.«[283] Psalmodie entsteht, sobald »lectio« und
»cantus« komplementäre Bemühungen sind. Die Komplementarität der Termini »schola lectorum«/»schola cantorum« spricht darauf an[284]. Allerdings
darf der schöne Gleichklang der beiden Termini eine fundamentale Differenz
nicht vergessen lassen. Während »schola lectorum« in großer begrifflicher
Konstanz als Schule der Schriftlichkeit durch die Jahrhunderte tradiert wird,
ist »schola cantorum« vor Einführung der musikalischen Notation im 9.
Jahrhundert etwas anderes als danach: Schule ausschließlich in mündlicher
Tradition, daher nicht ohne Spannung zum Begriff der Schule, sofern diese
mit »lectio« wesentlich verbunden ist. Der Psalter gehört in die »schola
lectorum« ebenso wie in die »schola cantorum«[285], und mit Rücksicht darauf,
daß die »schola cantorum« der Art nach eine andere Schule ist als die »schola
lectorum«, muß behauptet werden: Wenn je einmal der Psalter der Nachwir-

---

[283] Riché, Les écoles (s. Anm. 280) 223–225.

[284] H. Leclercq, Art. Schola. I. La schola cantorum. II. La schola lectorum, DACL
15/1, 1950, 1008–1013. J. Smits van Waesberghe, Neues über die Schola Cantorum zu
Rom, in: Zweiter internationaler Kongreß für katholische Kirchenmusik, Wien 1955,
111–119; Ders., Musikerziehung (s. Anm. 213) 14–17. H. Hucke, Die Tradition des
Gregorianischen Gesanges in der römischen Schola cantorum, in: Zweiter int. Kongreß
(s.o.), 120–123; Ders., Art. Schola cantorum, NCE 12, 1967, 1143. S.J.P. van Dijk,
Gregory the Great founder of the urban schola cantorum, EL 77, 1963, 335–356.

[285] Isidor von Sevilla, De ecclesiasticis officiis (II, 11/12; CChr.SL 113, 70–72) setzt
nebeneinander De lectoribus und De psalmistis (id est cantoribus) – II/11 De lectoribus
wurde 816 vom Conc. Aquisgranense als cap. 3 übernommen (MGH.Conc II/1, 319);
dem entspricht Hrabanus Maurus, De institutione clericorum I, 11 [Knoepfler 28f] De
lectoribus ac psalmistis. Die Parallelität von lector und cantor gilt insbesondere für die
frühe karolingische Zeit.
Chrodegang von Metz, von dem berichtet wird, er habe erstmals – nach römischem
Vorbild – in Metz eine schola cantorum einrichten lassen, fordert in seiner ›Regula
canonicorum‹ (um 755) cap. 50 De cantoribus (MPL 89, 1079C – übernommen als cap.
137 vom Conc. Aquisgran.; MGH.Conc II/1, 414,17–24): Psalmi namque in ecclesia
non cursim et excelsis atque inordinatis seu intemperatis vocibus, sed planae et dilucidae
et cum conpunctione cordis recitentur, ut et recitantium mens illorum dulcedine pascatur
et audientium aures illorum pronuntiatone demulceantur, quoniam, quamvis cantilenae
sonus in aliis officiis excelsa soleat edi voce, in recitandis tamen psalmis huiuscemodi
vitanda est vox. Constituantur interea seniores fratres, probabilioris scilicet vitae, qui tempore statuto vicissim cum cantorum scola sint, ne hi, qui discere debent, aut otio vacent
aut inanibus et supervacuis fabulis instent. Cap. 51 Quales ad legendum et cantandum in
ecclesia constituendi sint (aaO. 1079D – übernommen als cap. 133 vom Conc. Aquisgran.; MGH.Conc II/1, 409,27–30): Tales ad legendum, cantandum et psallendum in
ecclesia constituantur, qui non superbe, sed humiliter debitas Domino laudes persolvant
et suavitate lectionis ac melodiae et doctos demulceant et minus doctos erudiant plusque
velint in lectione vel cantu populi aedificationem quam popularem vanissimam adula-
tionem.

kung aller oralen Tradition gänzlich entzogen und ausschließlich der literalen Tradition überstellt wäre, dann ist aus dem Psalter das Psalmbuch geworden. Der Psalter unterscheidet sich vom Psalmbuch durch ein orales Mehr.

Während sich das Thema »Psalter als Schule«, abhängig von der andauernden Spannung zwischen »schola lectorum« und »schola cantorum« und ihren Verschiebungen, bis zum Ende der »schola cantorum« und damit auch zum Ende des Psalters als Schule entwickelt hat, d.h. in Richtung vollständiger Literalisierung und Entklanglichung, nahm das Thema »Kloster als Schule« eher die umgekehrte Richtung. Dies geschah unter kräftigem Einfluß Bernhards von Clairvaux und seiner Gefährten. »Schola« war das Kloster zuerst nur als koinobitische Vorschule zum anachoretischen Leben, dann als Schule schlechthin; Bernhard löst den in ›Regula Benedicti‹ c. 1 noch stehengebliebenen Gegensatz von koinobitischem Leben – geschehend in der Schule von Regel und Abt – und idiorhythmischem Leben – geschehend unter alleiniger Anleitung der Erfahrung – auf, indem er das Kloster als Ort der eigenen Erfahrung und der Affekte versteht, bei Abgrenzung gegen das scholastische Studium. Das Kloster wird »schola affectuum« vorzüglich mit dem Ziel, »schola pietatis«, »schola caritatis« zu sein[286]. Während Johannes Gerson im-

---

Leidradus von Lyon schreibt an Karl den Großen (813/14; MGH.Ep IV, 542,34–543,9): Et ideo officio quidem vestrae pietatis placuit, ut ad petitionem meam mihi concederetis unum de Metensi ecclesia clericum, per quem Deo iuvante et mercede vestra annuente ita in Lugdunensi ecclesia restauratus est ordo psallendi, ut iuxta vires nostras secundum ritum sacri palatii nunc ex parte agi videatur quicquid de divinum persolvendum officium ordo deposcit. Nam habeo scolas cantorum, ex quibus plerique ita sunt eruditi, ut etiam alios erudire possint. Praeter haec vero habeo scolas lectorum, non solum qui officiorum lectionibus exerceantur, sed etiam qui in divinorum librorum meditatione spiritalis intelligentiae fructus consequantur. Ex quibus nonnulli de libro evangeliorum sensum spiritalem iam ex parte proferre possunt, alii adiuncto libro etiam apostolorum, plerique vero librum prophetarum secundum spiritalem intelligentiam ex parte adepti sunt; similiter libros Salomonis vel libros psalmorum seu Iob.

[286] Bernhard von Clairvaux, Ep. 106,2 (an Heinrich Murdach; Op. omn. [Lyon 1662] I, 50b–51a): O si semel paululum quid de adipe frumenti vnde satiatur Hierusalem, degustares; quam libenter suas crustas rodendas literatoribus Iudaeis relinqueres? O si te vnquam in schola pietatis sub magistro Iesu merear habere sodalem? ... Experto crede, aliquid amplius inuenies in syluis, quam in libris. Ligna et lapides docebunt te, quod a magistris audire non possis. An non putas posse te sugere mel de petra oleumque de saxo durissimo? An non montes stillant dulcedinem, et colles fluant lac et mel [Jl 3,18; Ant. mon., 1. Antiphon zum 1. Advent], et ualles abundabunt frumento? Multis occurentibus mihi dicendi tibi, vix me teneo. Sed quia non lectionem sed orationem petis, adperiat Dominus cor tuum, in lege sua, et in praeceptis suis. Vale. Wilhelm von St. Thierry, De natura et dignitate amoris 9,26 (MPL 184, 396D): Haec est specialis charitatis schola, hic ejus studia excoluntur, disputationes agitantur, solutiones non ratiocinationibus tantum, quantum ratione et ipsa rerum veritate et experientia terminantur. Dazu: E. Gilson, Die Mystik des heiligen Bernhard von Clairvaux, Wittlich 1936, 98ff: Schola caritatis; M.J. Domínguez, El Monasterio: ›Schola Domini‹, según San Bernardo,

merhin auch der Literarschule zubilligt, Schule zu sein, »schola intellectus«, die »schola affectuum« aber als Nachwirkung der Oralschule bevorzugt[287], macht Johannes Mauburnus klar: die monastische Schule ist ausschließlich Affektschule[288]. Solange der Psalter auf seinem – wie es scheint unaufhaltsamen – Weg der Literarisierung und des Klangverlustes noch in der bernhardischen Affektschule gehalten wird, wie es bei Luther der Fall ist[289], könnte diese sinnvollerweise nur als »schola cantorum« gedacht werden.

Cist.12, 1960, 227–240; PENCO, Sul concetto (s. Anm. 275) 332; U. KÖPF, Religiöse Erfahrung in der Theologie Bernhards von Clairvaux, BHTh 61, Tübingen 1976, 46f.176.227.

[287] J. Gerson, Œuvr. compl. [GLORIEUX] 3,209: duplex schola: intellectus et affectus; die schola intellectus pflegt die cognitio litteratoria (3,276f; cf. 5,328 [Sermo in festo S. Bernardi]: schola litteratoria vs. schola religionis, amoris), dagegen die schola affectus besteht im exercitium der drei Stufen der mystischen Theologie purgatio, illuminatio, perfectio: Et haec quidem schola dici potest schola religionis vel amoris sicut schola intellectus dicenda est schola scientiae vel cognitionis (3,276). Generell gilt: Nota quod religio est schola affectuum (3,217; identisch mit schola devotionis, orationis et fletuum [8, 23.25] als monastischer Übung [9,608]), wozu es keinerlei Literalität bedarf (3, 217.276; 9, 609f).

[288] Mauburnus, Rosetum, Paris 1510, tit.1 alph. 1u [p. aiii^rb]: schola nostre religionis non est schola theologice vel philosophice speculationis, sed christiane simplicitatis discipline et deuotionis: non venimus ad illuminandum intellectum, sed ad inflammandum affectum ... Omnia ergo nostra transeant in affectum, sed sanctum, sed pium, sed castum, et redigamus omnem intellectum in capituitatem in [et?] obsequium Christi.

[289] WA 5, 47,13f = AWA 2, 63,26f (cf. AWA 1, 405): Bernhards Kenntnis der Schriftaffekte als Quelle seiner gesamten Bildung.

II. Vorreden

Für die Theologie des Psalters ist das Zusammenspiel von Psalter und Vorrede auf den Psalter konstitutiv. Nach den Vorbegriffen – allerkürzeste Psalterformeln, Luthers ›Monitum‹ entnommen – sind jetzt Vorreden zu betrachten. Die Vorrede schildert den Psalter in Brauch und Übung und lädt dazu ein. Psalter ist wesentlich nicht Psalmbuch, sondern Klanggeschehen. Daher kein Psalterbrauch ohne Umgang mit Musik. Stellt eine Vorrede den Psalter in Brauch und Übung dar, so ist von ihr genauerer Aufschluß über seine Klanggestalt zu erwarten.

Nirgends in der Welt, schon gar nicht in der christlichen, ist die Übung des Psalters ungebrochen. Weder wirkt einfach Tempelbrauch nach, der bereits durch die Synagoge unterbrochen war, falls diese überhaupt Ort des Psalmengesangs war. Noch arbeitet die Zeit, sofern sie als Rationalisierungsprozeß betrachtet wird, für die musikalische Paradosis. Wir sind von der Epoche der Theologie des Psalters geschieden, weil der Psalter in jeder Hinsicht zu einem Psalmbuch wurde. Insoweit sind wir von ihr geschieden in historischem Sinn. Aber darüber hinaus sind wir auch grundsätzlich von aller Theologie des Psalters geschieden, denn diese ist als Erklingen des Unhörbaren ein Geschehen »im höhern Chor«, steht also unter eschatologischem Vorbehalt. Dieser prinzipiellen Geschiedenheit, in der wir nie nicht sind, stellen wir uns hier nicht schlechthin, sondern ausschließlich in Auseinandersetzung mit der historischen Geschiedenheit, die nicht sein müßte, wohl aber ist. Was die historische Epoche der Theologie des Psalters anlangt – die übrigens die prinzipielle Differenz zum höheren Chor gerade im Zustand ihrer Blüte einschärfte –, so gilt als obere Grenze Luthers ›Vorrede auf den Psalter‹: letztes nennenswertes Exemplar dieser Gattung. Die untere Grenze dürfte in der Zeit liegen, die gern als »Renaissance des Davidpsalters im 4. Jahrhundert« bezeichnet wird[290]. Äußeres Kennzeichen dieser Epoche ist unter anderem das Auftreten von Vorreden auf den Psalter oder dies, daß anderswoher stammende Texte oder Textteile als Vorreden oder in Vorreden gebraucht werden. Der Terminus »Vorrede« wird hier in weitem Sinn so gebraucht, daß er dies alles umfasst. Wenn Psaltervorreden entstehen, sobald der Psalter als

---

[290] H. Schneider, Psalmenfrömmigkeit einst und heute, GuL 33, 1960, 359–369, 364ff.

Psalterpraxis reflektiert wird, diese aber vom ersten Moment an mit Gesang vonstatten geht, so läßt sich präzisieren: Psaltervorreden entstehen, sobald Psalter und griechische Theologietradition aufeinandertreffen. Denn θεολογία ist, wie zu sehen war, selber Gesang. Dieses innere Kennzeichen der Epoche der Theologie des Psalters findet sich in der Bezeichnung eines Psalms als ὕμνος σὺν θεολογία[291]: Lobgesang, geschehend als Nennung Gottes.

Ohne Zweifel bedürften Vorreden auf den Psalter von ihren Anfängen bis auf Luther einer Untersuchung um ihrer selbst willen, die hier nicht beabsichtigt ist. Die umfassende Monographie zur Geschichte ihrer Arten, Funktionen und Topoi steht aus[292]. Hier ist lediglich innerhalb der in § 1.3 gesetzten Grenzen zu verfahren. Selbst das bescheidenere Vorhaben einer durchgängigen traditionsgeschichtlichen Untersuchung der Vorrede Luthers übersteigt bei weitem, was hier vorzutragen ist. Luthers »In fine monendum« aus den ›Operationes in psalmos‹ evoziert Athanasius und Augustinus als Gestalten, die in erster Linie für den Umgang mit dem Psalter stilbildend gewesen sind. Also müssen auf der Suche nach der Klanggestalt des Psalters zuerst diese beiden herangezogen werden. Danach ist zu fragen, was aus dem Klang in Luthers Vorrede geworden ist.

§ 5 Athanasius und die griechische Tradition

Die Nennung des Athanasius in den ›Operationes in psalmos‹ zielt, wie die Herausgeber nachgewiesen haben, auf dessen ›Epistola ad Marcellinum‹. Dieser Brief ist in der Tat ein herausragendes, aber keineswegs einzelnes Dokument der Renaissance des Psalters im 4. Jahrhundert, gerade auch für das musikalische Interesse. Zum Thema Psalter und Musik findet sich, ebenfalls zu Beginn der Epoche der Theologie des Psalters, Gregor von Nyssas ›In inscriptiones psalmorum‹ I,3, eine dem Akzent nach andere Darstellung, derjenigen des großen Basilius nicht unähnlich. Schließlich gehört zum Rückblick auf die griechische Tradition aus dem Blickwinkel von Luthers Vorrede unbedingt die Erwähnung des sogenannten ›Oktoechos‹, samt seiner Rückwirkung auf die Psalterpraxis. Um nur große Linien zu nennen: Wenn die Ausführungen des Athanasius im Rahmen monastischer Psalterspiritualität und -praxis liturgisch zu verstehen sind, diejenigen des Gregor von Nyssa

---

[291]   Euseb von Caesarea, Comm. in psal., arg. (MPG 23, 72C).
[292]   Es liegen vor: J.B. Pitra, ASSSP II, 1884, 399ff: Excursus in quadam Prooemia psalmorum; G. Mercati, Osservazioni a proemi del salterio di Origene Ippolito Eusebio Cirillo Alessandrino et altri con frammenti inediti (StT 142), Vatikanstadt 1948; A.J. Minnis, Medieval theory of authorship, London 1984, 42–63; H. Meyer, Der Psalter als Gattung in der Sicht der mittelalterlichen Bibelexegese, FMSt 20, 1986, 1–24.

zwar wohl im selben Kontext, aber mit speziellem Akzent auf griechischer Musikspekulation und -theorie, so kommt es dem Oktoechos bei aller Beimischung praktischer, spekulativer und mythischer Elemente erstmals zu, so etwas wie eine in strengerem Sinn musikologische Ebene zu erkennen zu geben.

1. Athanasius, ›Epistola ad Marcellinum‹

Der Text, der hier im Mittelpunkt steht, präsentiert sich nicht primär als Vorrede, sondern als Brief. Die Funktion der Vorrede kam ihm erst im Lauf der Überlieferung zu. Kaum ein Jahrhundert nach seiner Entstehung findet sich der Brief an Marcellinus im Codex Alexandrinus im Zusammenhang mit Vorreden auf den Psalter. Seine Nachwirkung auf verschiedene Arten von Psalterprologen in der orientalischen Tradition ist stark[293]. Aber der jetzt im Gewand einer Vorrede erscheinende Brief ist seinerseits nur eine im Gewand des Briefes erscheinende Vätertradition. Er besteht aus epistolarem Proömium (c. 1) und Epilog (c. 33) als Rahmen für die Rede eines Mönchsvaters (γέρων) über den Gebrauch der Psalmen (c. 2–32)[294]. Die formelle wie inhaltliche Parallele zur früheren ›Vita Antonii‹ desselben Verfassers springt in die Augen. Auch diese präsentiert sich als brieflicher Rahmen (prooem./c. 94) für eine von Athanasius nur referierte monastische Tradition über das Leben des Anachoreten Antonius (c. 1–93). Wenn sich wahrscheinlich machen läßt, daß die Anordnung im Fall der ›Vita Antonii‹ keineswegs Fiktion ist, ja auch die Suche nach dem Namen des ungenannten Gewährsmanns nicht erfolglos bleiben muß, dann liegt entsprechend für die ›Epistola ad

---

[293] Athanasius, Epist. ad Marc., MPG 27, 12–46. Zur Textkonstitution: M.J. RONDEAU, L'épître à Marcellinus sur les psaumes, VigChr 22, 1968, 176–197, 176f; DIES., Les commentaires patristiques du psautier (IIIᵉ–Vᵉ siècles) I: Les travaux des pères grecs et latins sur le psautier, Rom 1982, 79f (s.u. Anm. 299); M. TETZ, Athanasius und die Einheit der Kirche, ZThK 81, 1984, 196–219, 208 Anm. 38; 209 Anm. 44f. Deutsche Übersetzung [FISCH] bisher nur in BKV¹ II, 1875, 335–366; englische Übersetzungen: A RELIGIOUS OF C.S.M.V. [Sr. Penelope], St. Athanasius on the incarnation, London 1953, 97–119; E. FERGUSON, Athanasius, Epistola ad Marcellinum in interpretationem psalmorum, EkklPh 60, 1978, 378–403; R.C. GREGG, Athanasius The Life of Antony and the Letter to Marcellinus, London 1980, 101–129. Während die Epist.ad Marc. nach 361 (drittes Exil) oder nach 363 (Julians Tod) datiert wird (FERGUSON, aaO. 379), gehört der Cod. A aus der ehemaligen Alexandriner Patriarchatsbibliothek in die Zeit vor 450. Zur Verwendung des Briefs als Psalterprolog in der griechischen Tradition: RONDEAU, aaO. 176ff; SEEBASS, aaO. (s. Anm. 17) 100.

[294] Athanasius, Epist. ad Marc. c. 1 (12A); c. 33 (44D): γέρων. Weitere Erinnerungen an den Rahmen im Text: c. 2 (12B); c. 9 (17D); c. 30 (41C). Zur Rekonstruktion monastischer Psaltertradition unabhängig von Athanasius: A. DAVRIL, La psalmodie chez les pères du désert, CCist 49, 1987, 132–139.

Marcellinum‹ die Vermutung nahe, das Referat anachoretischer Psaltertradition sei nicht fiktiv und die Suche nach dem Namen des γέϱων nicht
aussichtslos[295]. In dem Maß, wie der jeweilige Gewährsmann eigenes Profil
gewinnt, wird Athanasius zu »Athanasius«. Durch ihn und seine charakteristischen Wendungen blicken wir in beiden Werken hindurch auf frühere, in
beiden Fällen monastische Überlieferung.

a. Einzigartigkeit des Psalters. Die im Brief an Marcellinus enthaltene Psaltertradition beginnt mit der Entfaltung der Einzigartigkeit des Psalters unter
allen biblischen Schriften (c. 2). Zwar ist nach 2.Tim 3,16 die Schrift Alten
und Neuen Testaments von Gott eingegeben und nützlich zur Lehre. Aber
das Buch der Psalmen[296] gewährt dem Aufmerksamen eine besondere Beobachtung. Während jeder sonstige Teil der Bibel seine spezielle Botschaft darbietet, zum Beispiel der Pentateuch Weltentstehung, Patriarchen- und
Israelsgeschichten, die Propheten Verheißung des Erretters usw., präsentiert
sich das Psalmbuch als Paradies und Mustergarten, das teils von jedem anderem Buch etwas in sich trägt und in Liedern kundtut, teils wiederum sein
Proprium darin hat, daß allein es – der Psalter – durch Gesang hervortritt[297].
Der Psalter ist Mustergarten nicht nur, weil er Inhalte der anderen umfaßt,
sondern weil er sie auf eine neue Ebene hebt: die des Gesangs. Auf die Frage
nach der Botschaft ist zu antworten: Botschaft des Psalters ist nichts als Summe aller Botschaften der biblischen Bücher. Woraus folgt: Der Psalter hat,
streng genommmen, keine eigene Botschaft. Sein Proprium ist nicht so sehr

---

[295] M. Tetz, Athanasius und die Vita Antonii, ZNW 73, 1982, 1–30, vermutet Serapion als Gewährsmann (6ff). Während Tetz in früheren Äußerungen zur Epist. ad Marc.
die Frage der Fiktion in vorsichtiger Schwebe zu lassen scheint (Zur Biographie des
Athanasius von Alexandrien, ZKG 90, 1979, 158–192, 190), neigt er seit seiner Hypothese zur Vit. Ant. dazu, auch bei der Epist. ad Marc. die Annahme einer literarischen
Fiktion zurückzuweisen (aaO. [s. Anm. 293] 208); das zu erwartende Gegenstück ›Athanasius und die Epistola ad Marcellinum‹ steht noch aus. Terminologische Bezüge zur Vit.
Ant. s.u. Anm. 333 und 341.

[296] Athanasius redet fast ausschließlich vom Psalter als ἡ βίβλος τῶν ψαλμῶν (tit. und
passim), von ψαλτήϱιον nur c. 1 (12A: Buch) und c. 28f (40B; 41A: Instrument). Auch
zwischen Rahmen und Tradition ist diesbezüglich kein Unterschied zu beobachten.

[297] Athanasius, Epist. ad Marc. c. 2 (12C): Ἡ δέ γε βίβλος τῶν ψαλμῶν [i] ὡς
παϱάδεισος τὰ [ergänze: τῶν πάντων] ἐν αὐτῇ φέϱουσα μελῳδεῖ, καὶ [ii] τὰ ἴδια δὲ
πάλιν μετ᾿ αὐτῶν ψάλλουσα δείκνυσι. Unter den Rezipienten dieses regelmäßigen Topos
der Psaltervorreden steht Theodoret von Cyrus, Meth. (MPG 84, 20A–22A), in direkte-
ster Abhängigkeit von der Epist.ad Marc. »Paradisus« außerdem bei Cassiodor, De inst.
div. litt. c. 4 (s.u. Anm. 429). – Die eigentliche Pointe dieses Satzes erscheint bei Vergleich mit der ›Didascalia apostolorum‹ (VI, 3–5, McKinnon [s. Anm. 21] Nr. 71; frühes
3. Jh.). Während diese verschiedene Gattungen der Schrift – Historie (Königsbücher),
Weisheit und Dichtung (Prophetie), Lied (Psalmen), Gesetz (Thora) – nur nebeneinander
stellt, treten in der Epist. ad Marc. die Psalmen nicht nur als Inhalt aller Inhalte, sondern
auch als Geschehen in der Art und Weise des Gesangs hervor, und somit als einzigartig.

Botschaft als Art und Weise der Darbietung von Botschaft. Insofern unterscheidet sich das Proprium der übrigen Bücher der Art nach vom Proprium des Psalters. Jenes liegt auf der Ebene des Was, wobei verschiedene Gattungen wie Gesetz, Erzählung, Prophetie im Blick sind; dieses liegt auf der Ebene des Wie. Inhaltlich unterscheidet sich der Psalter von der übrigen Schrift nur quantitativ, indem er alle Inhalte summiert. In der Art und Weise dagegen unterscheidet er sich durch eine neue Qualität: der Psalter erklingt.

Mit diesen beiden Kennzeichnungen wird zugleich der erste große Abschnitt des Textes (c. 2–14) strukturiert[298]. C. 3–8 stellen im einzelnen dar, wie – inhaltlich gesehen – das Psalmbuch die ganze übrige Schrift enthält, nicht nur das Alte Testament, sondern, durch dessen prophetische Teile hindurch, auch das Neue; ja, es redet nicht nur über den Erretter (περὶ τοῦ σωτῆρος), sondern spricht sogar Worte wie aus seinem eigenen Munde (ἐκ προσώπου τοῦ σωτῆρος)[299]. So zeigt sich bereits im Inhalt der Schrift so etwas wie ein und dieselbe Symphonie des Geistes. Aber kaum ist das Wort »Symphonie« in diesem der Musik entlehnten Sinn gebraucht, so wendet es sich bereits und fordert seinen ursprünglichen musikalischen Sinn wieder zurück (c. 9)[300]. Wie sich einerseits das je Eigene der biblischen Schriften im Psalter wiederfindet und dadurch inhaltliche Symphonie entsteht, so findet sich anderseits die Eigentümlichkeit des Psalters – der Gesang – häufig in anderen Schriften wieder. So ensteht durch die Cantica Moysi (Dt 32), Ezechiae (Jes 38), Habacuc (Hab 3) eine wunderbare Symphonie des Klingens. Also ist es ein und dieselbe Symphonie des Geistes, die die verschiedenen Geistesgaben durchwaltet. Dieses zweite Kennzeichen des Psalters, seine einzigartige Klanglichkeit, deren Ursachen und Wirkungen, kommt in c. 9–14 zur Darstellung. Das Walten des göttlichen Geistes ist zu erkennen an einem

---

[298] E. FERGUSON, Athanasius' ›Epistola ad Marcellinum in interpretationem Psalmorum‹, StPatr 16, 1985, 295–308, 296f (ebenso wie bereits DERS., aaO. [s. Anm. 293] 381), ordnet den Text in die Abschnitte: The Psalms encompass the entire Old Testament (c. 2–9), und: Special qualities of the Psalms (c. 10–14), wobei die Stellung des Übergangskapitels 9 unpräzis bleibt.

[299] Athanasius, Epist. ad Marc. c. 7 (16CD): ἐκ προσώπου τοῦ σωτῆρος; c. 9 (17D): περὶ τοῦ σωτῆρος. Dazu H.J. SIEBEN, Studien zur Psalterbenutzung des Athanasius von Alexandrien im Rahmen seiner Schriftauffassung und Schriftauslegung, Diss. theol. [Masch.] Paris 1968; DERS., Herméneutique de l'exégèse dogmatique d'Athanase, in: CH. KANNENGIESSER (Hg.), Politique et théologie chez Athanase d'Alexandrie, Paris 1974, 195–214; M.J. RONDEAU, L'élucidation des interlocuteurs du Psaumes et le développement dogmatique (IIIᵉ–Vᵉ siècle), in: BECKER/KACZYNSKI, aaO. (s. Anm. 155) II, 509–577, 537ff; DIES., Les commentaires patristiques du psautier (IIIᵉ–Vᵉ siècles) II: Exégèse prosopologique et théologie, Rom 1985, 218ff.

[300] Athanasius, Epist.ad Marc. c. 9 (17D): ἔστι τοῦτο πάσαις αὐταῖς ἀπάγγελμα, καὶ συμφωνία ἡ αὐτὴ τοῦ πνεύματος. Καὶ γὰρ ὥσπερ [c. 3–8] τὰ τῶν ἄλλων ἐν ταύτῃ δυνατὸν εὑρεῖν· οὕτως [c. 9] καὶ τὰ ταύτης ἐν ταῖς ἑτέραις πολλάκις εὑρίσκεται.

ständigen »wie« – »so« (ὡς-οὕτως)[301], »zwar« – »aber« (μὲν-δέ)[302], mit dem die jeweilige Einzigartigkeit eines Schriftteils, hier die des Psalters, in Beziehentlichkeit zu allen anderen gehalten wird.

Besteht die Einzigartigkeit des Psalters darin, daß er gesungen wird, so ist es das fundamentale Problem der Interpretation des Briefs an Marcellinus, daß eben dieser Gesang als solcher nirgends erklingt. Kein Tondokument begleitet ihn. Vielmehr ist von der musikalischen Eigentümlichkeit des Psalters immer nur die Rede, und folglich erscheint das Eigentümliche ausschließlich in dem Medium, das gerade für das Nichteigentümliche charakteristisch ist, nämlich in mehr oder weniger begrifflicher Sprache. Hinzu kommt, daß die prinzipielle Verborgenheit der Klanggestalt des Psalters noch einmal kompliziert wird durch die Dunkelheit der Begriffe, in denen sich die Einzigartigkeit des Psalters ausdrückt. Dieses zunächst philologische, noch nicht musikalische Rätsel steckt in zwei parallelen Formeln. Die erste lautet (c. 9): »das Psalmbuch, dem Sangbarkeit eigentümlich ist, singt eben das, was in den anderen Büchern bloß weitläufig (διεξοδικῶς) gesagt wurde, melodiös mit der ins Breite gehenden Stimme (τῇ κατὰ πλάτος φωνῇ)«[303]; die zweite Formel (c. 27): »es ziemt sich für die göttliche Schrift, Gott zu preisen nicht nur mit einer in die Länge (τῇ συνεχείᾳ), sondern auch einer in die Breite gehenden Stimme (τῇ κατὰ πλάτος φωνῇ)«[304]. Es ist zu vermuten, daß es sich um technische Ausdrücke der griechischen Musiktheorie handelt. Der Schlüssel liegt im Terminus συνέχεια. Die Unterscheidung von zwei Weisen der Rede, hier κατὰ συνέχειαν, dort κατὰ πλάτος[305], reicht zurück auf den Aristoteliker Aristoxenos[306] und wird durch musiktheoretische Traktate bis in die Zeit der

---

[301] Athanasius, Epist. ad Marc. c. 9.13f.27f, immer bezogen auf Erscheinungen von Harmonie oder Symphonie, die der Geist innerhalb der Schrift oder zwischen Musik und Seele bewirkt.

[302] Athanasius, Epist. ad Marc. c. 1f.10f, immer bezogen auf Schrift in ihrer Ganzheit einerseits, auf den Psalter in seiner Besonderheit anderseits.

[303] Athanasius, Epist. ad Marc. c. 9 (20B): ἡ τῶν ψαλμῶν βίβλος, ἔχουσα τὸ ἴδιον τῶν ᾠδῶν, ἅπερ [v.l.] ἐν ταῖς ἄλλαις βίβλοις διεξοδικῶς εἴρηται, ταῦτα αὐτὴ τῇ κατὰ πλάτος φωνῇ μετὰ μέλους ψάλλει. Dazu FERGUSON, aaO. [s. Anm. 293] 387 Anm. 64: The terminology here offers the most difficult point in interpretation in the translation.

[304] Athanasius, Epist. ad Marc. c. 27 (37D): ἔπρεπε τὴν θείαν γραφὴν μὴ μόνον τῇ συνεχείᾳ, ἀλλὰ καὶ τῇ κατὰ πλάτος φωνῇ τὸν θεὸν ὑμνεῖν. Natürlich ist τὸν θεὸν ὑμνεῖν ein Äquivalent zu θεολογεῖν; aber weder hierfür noch für verwandte Termini findet sich in der Epist. ad Marc. ein Beleg.

[305] Athanasius, Epist. ad Marc. c. 27 (40A): Κατὰ συνέχειαν μὲν οὖν εἴρηται, οἷά ἐστι τὰ τοῦ νόμου καὶ τῶν προφητῶν, καὶ τὰ ἱστορούμενα πάντα, μετὰ τῆς καινῆς διαθήκης· κατὰ πλάτος δὲ λέγεται, οἷά ἐστι τὰ τῶν ψαλμῶν καὶ ᾠδῶν καὶ ᾀσμάτων ῥήματα.

[306] Aristoxenos, Harmonica I, 8f, unterscheidet hinsichtlich der Bewegung der Stimme zwei Arten, die stetige und die in Intervallen fortschreitende (δύο τινές εἰσιν ἰδέαι κινήσεως, ἥ τε συνεχὴς καὶ ἡ διαστηματική [MARQUARD 12,3f]). Die Stimmbewegung wird nach Tonhöhen unterschieden: das eine Mal durchläuft die Stimme einen Tonraum ohne anzuhalten, das andere Mal bleibt sie stehen zuerst auf einer, dann auf einer unter-

›Epistola ad Marcellinum‹, d.h. bis ins 4. Jahrhundert, überliefert[307]. Überall bezeichnet κατὰ συνέχειαν in einhelliger Tradition die Sprech- oder Lesestimme mit ihren charakteristischen, unvermerkt gleitenden Tonhöhen, im Unterschied zur diastematischen Stimme, die mit klar unterscheidbaren Tonhöhen singt. Die feinste Rubrizierung findet sich bei Aristides Quintilian, der innerhalb der Sprechstimme noch einmal differenziert und dadurch drei Arten von Stimmbewegung erhält. Zwischen der Sprechstimme der gewöhnlichen Unterhaltung und der gehobenen Singstimme liegt die sogenannte mittlere Stimme, die an beiden teilhat. Sie begegnet beim Vorlesen von Gedichten[308]. So ergibt sich: die Stimme κατὰ συνέχειαν ist gewöhnliche

scheidbaren anderen Tonhöhe. »Die stetige nun nennen wir die sprechende, denn wenn wir sprechen, bewegt sich die Stimme örtlich in der Weise, dass sie nirgends stehn zu bleiben scheint. Bei der andern aber [welche wir die in Intervallen fortschreitende nennen] ist es umgekehrt: denn sie scheint stehn zu bleiben, und Jedermann nennt ein solches Verfahren nicht mehr Sprechen sondern Singen« (Τὴν μὲν οὖν συνεχῆ λογικὴν εἶναί φαμεν, διαλεγομένων γὰρ ἡμῶν οὕτως ἡ φωνὴ κινεῖται κατὰ τόπον ὥστε μηδαμοῦ δοκεῖν ἵστασθαι. Κατὰ δὲ τὴν ἑτέραν [ἣν ὀνομάζομεν διαστηματικὴν] ἐναντίως πέφυκε γίγνεσθαι· ἀλλὰ γὰρ ἵστασθαί τε δοκεῖ καὶ πάντες τὸν τοῦτο φαινόμενον ποιεῖν οὐκέτι λέγειν φασὶν ἀλλ᾽ ἄδειν [MARQUARD 12, 26–31]).

[307] Klaudios Ptolemaios (2. Jh. n. Chr.), Harmonica I, 4 (Περὶ φθόγγων καὶ τῶν ἐν αὐτοῖς διαφορῶν), unterscheidet zunächst die isotonische und anisotonische Art der Stimme, dann innerhalb der letzteren die zusammenhängende Stimme (mit ineinander übergehenden Tonhöhen – wie die Farben der Iris) und die getrennte (mit deutlichen Intervallen zwischen den Tonhöhen): τῶν δὲ ἀνισοτόνων [φθόγγων] οἱ μέν εἰσι συνεχεῖς, οἱ δὲ διωρισμένοι, συνεχεῖς μὲν οἱ τοὺς τόπους τῶν ἐφ᾽ ἑκάτερα μεταβάσεσιν ἀνεπιδήλους ἔχοντες. ... διωρισμένοι δέ εἰσιν οἱ τοὺς τόπους τῶν μεταβάσεων ἐκδήλους ἔχοντες [DÜRING 10, 5–12]. – Kleonides (2. Jh. n. Chr.), Isagoge c. 2: Ταῦτα δὲ θεωρεῖται ἐν φωνῆς ποιότητι, ἧς κινήσεις εἰσὶ δύο, ἡ μὲν συνεχής τε καὶ λογικὴ καλουμένη, ἡ δὲ διαστηματικὴ τε καὶ μελῳδική (MusScrGr [JAN 180, 11–13]). – Nikomachos (2. Jh. n. Chr.), Enchiridion c. 2: Τῆς ἀνθρωπίνης φωνῆς οἱ ἀπὸ τοῦ Πυθαγορικοῦ διδασκαλείου δύο ἔφασκον ὡς ἑνὸς γένους εἴδη ὑπάρχειν· καὶ τὸ μὲν συνεχὲς ἰδίως ὠνόμαζον, τὸ δὲ διαστηματικὸν ἀπὸ τῶν ἑκατέρω συμβεβηκότων τὰς κλήσεις ποιούμενοι. τὸ μὲν γὰρ διαστηματικὸν τὸ ἔνῳδον καὶ ἐπὶ παντὶ φθόγγῳ ἱστάμενον καὶ δήλην ποιοῦν τὴν ἐν ἅπασι τοῖς μέρεσι παραλλαγὴν ὑπελάμβανον ἀσύγχυτόν τε ὑπάρχον καὶ τοῖς μεγέθεσι τοῖς καθ᾽ ἕκαστον φθόγγον διηρθρωμένον καὶ διεστώς, ὥσπερ κατὰ σωρείαν καὶ οὐ κατ᾽ ἔγκρασιν τῶν τῆς φωνῆς μορίων ἀλλήλοις παρακειμένων, εὐχωρίστων τε καὶ εὐδιαγνώστων καὶ παντοίως μὴ συνεφθαρμένων. τὸ γὰρ ἔνῳδον τοιοῦτόν ἐστι τὸ πάντας ἐμφαῖνον τοῖς ἐπιστήμοσι τοὺς φθόγγους, ἡλίκου ἕκαστος μεγέθους μετέχει. εἰ γὰρ μὴ οὕτως τις χρῷτο αὐτῷ, οὐκέτι ᾄδειν λέγεται ἀλλὰ λέγειν. τὸ δὲ ἕτερον τὸ συνεχές, καθ᾽ ὃ ὁμιλοῦμέν τε ἀλλήλοις καὶ ἀναγινώσκομεν, οὐδεμίαν ἔχοντες ἀνάγκην ἐμφανεῖς τὰς τῶν φθόγγων τάσεις καὶ διακεκριμένας ἀπ᾽ ἀλλήλων ποιεῖσθαι, ἀλλὰ εἴροντες τὸν λόγον ἕως τῆς τοῦ φραζομένου τελειώσεως (MusScrGr [JAN 238,18–239,12]). Wenn jemand beim Sprechen oder Lesen deutliche Tonintervalle macht, so ist dies weder Sprechen noch Lesen, sondern Singsang (μελεάζειν [JAN 239,17]). – Gaudentios (2.–5. Jh. n. Chr.), Harm. Intr. 1, unterscheidet zwischen φωνὴ λογική, καθ᾽ ἣν ἀλλήλοις διαλεγόμεθα, und φωνὴ διαστηματική (MusScrGr [JAN 328, 4–8]).

[308] Aristides Quintilian (1.–4. Jh. n. Chr.) nimmt die bisherige Tradition auf, indem er zugleich den Gesichtspunkt der Zeit zur Unterscheidung heranzieht. De musica I, 4:

Sprechstimme, allenfalls Lesestimme. Es sind gerade die nichtpsalmischen Teile der Schrift, die mit dieser Stimme wiedergegeben werden.

Schwieriger ist die Frage: was heißt ἡ κατὰ πλάτος φωνή? Zunächst irritiert, daß nicht von diastemastischer, in deutlichen Intervallen fortschreitender Stimme die Rede ist, wie aufgrund der zitierten Tradition zu erwarten wäre. Umgekehrt findet sich in dieser nirgends der Hinweis auf das πλάτος der Stimme, wenn es darum geht, das Singen zu charakterisieren. Immerhin läßt der genannte Aristoxenos erkennen, daß die Beschreibung der singenden Stimme als κατὰ πλάτος φωνή genau dasjenige ist, was er mit ihrer Beschreibung als diastematische Stimme zu beseitigen hoffte. Diese hat Höhe und Tiefe (die als ὀξύ und βαρύ nichts Räumliches sind), aber keine Breite[309]. Daraus geht hervor, daß πλάτος auch von Aristoxenos als Versuch einer Charakterisierung der Singstimme anerkannt wird, wenngleich als mißlungener. Im Hintergrund steht die antike Streitfrage, ob Klang materielles oder immaterielles Geschehen sei. Während Aristoxenos Klang als ausdehnungslosen Punkt auf der Klangleiter darstellt, ohne jede Breite, scheinen Pythagoräer und vor allem Stoiker im Rahmen ihrer Pneumalehre eine sublime Materialität des Klanges anzunehmen. Diese begnügen sich nicht mit Aspekten des zeitlichen Klangverlaufs oder der Zahlenverhältnisse, sondern wollen die

---

τῆς δὲ κινήσεως ἡ μὲν ἁπλῆ πέφυκεν, ἡ δὲ οὐχ ἁπλῆ· καὶ ταύτης ἡ μὲν συνεχής, ἡ δὲ διαστηματική, ἡ δὲ μέση. συνεχὴς μὲν οὖν ἐστι φωνὴ ἡ τάς τε ἀνέσεις καὶ τὰς ἐπιτάσεις λεληθότως διά τι τάχος ποιουμένη, διαστηματικὴ δὲ ἡ τὰς μὲν τάσεις φανερὰς ἔχουσα, τὰ δὲ τούτων μεταξὺ λεληθότα, μέση δὲ ἡ ἐξ ἀμφοῖν συγκειμένη. ἡ μὲν οὖν συνεχής ἐστιν ᾗ διαλεγόμεθα, μέση δὲ ᾗ τὰς τῶν ποιημάτων ἀναγνώσεις ποιούμεθα, διαστηματικὴ δὲ ἡ κατὰ μέσον τῶν ἁπλῶν φωνῶν ποσὰ ποιουμένη διαστήματα καὶ μονάς, ἥτις καὶ μελῳδικὴ καλεῖται [Winnington–Ingram 5,24–6,7].

[309] Aristoxenos, Harm. I,3: »Zuerst nun vor Allem muss der welcher über harmonische Composition handeln will die Bewegung der Stimme unterscheiden und zwar die örtliche. Es gibt nämlich nicht nur eine Art derselben, denn sie macht die genannte Bewegung sowohl wenn wir sprechen, als auch wenn wir singen, da es Höhe und Tiefe offenbar in beidem gibt. Dies aber ist die örtliche Bewegung, bei welcher Höhe und Tiefe entsteht, doch ist nicht jede der beiden Bewegungen von derselben Art. Sorgfältig aber hat niemals Jemand definirt, welches der Unterschied jeder von beiden ist; und doch ist ohne diese Abgrenzung nicht leicht zu sagen was der Klang sei. Man muss aber etwas genauer darüber sprechen, wenn man nicht in die Lage des Lasos und einiger Epigoneer, welche ihm eine Breite zuschrieben, gerathen will« (Πρῶτον μὲν οὖν ἁπάντων τὴν τῆς φωνῆς κίνησιν διοριστέον τῷ μέλλοντι πραγματεύεσθαι περὶ μέλους αὐτὴν τὴν κατὰ τόπον. οὐ γὰρ εἷς τρόπος αὐτῆς ὢν τυγχάνει· κινεῖται μὲν γὰρ καὶ διαλεγομένων ἡμῶν καὶ μελῳδούντων τὴν εἰρημένην κίνησιν, ὀξὺ γὰρ καὶ βαρὺ δῆλον ὡς ἐν ἀμφοτέροις τούτοις ἔνεστιν. αὕτη δ΄ ἐστὶν ἡ κατὰ τόπον καθ΄ ἣν ὀξύ τε καὶ βαρὺ γίγνεται, ἀλλ΄ οὐ ταὐτὸν εἶδος τῆς κινήσεως ἑκατέρας ἐστίν. ἐπιμελῶς δ΄ οὐδενὶ πώποτε γεγένηται περὶ τούτου διορίσαι τίς ἑκατέρας αὐτῶν ἡ διαφορά· καί τοι τούτου μὴ διορισθέντος οὐ πάνυ ῥᾴδιον εἰπεῖν περὶ φθόγγου τί ποτ΄ ἐστίν. ἀναγκαῖον δὲ τὸν βουλόμενον μὴ πάσχειν ὅπερ Λάσος τε καὶ τῶν Ἐπιγονείων τινὲς ἔπαθον, πλάτος αὐτὸν οἰηθέντες ἔχειν, εἰπεῖν περὶ αὐτοῦ μικρὸν ἀκριβέστερον [Marquard 4, 5–23]).

Leiblichkeit des Klangs mit dem Kennzeichen der Breite (Volumen) erfassen[310]. Daraus folgt: ἡ κατὰ πλάτος φωνή ist in der Tat Charakterisierung der Singstimme, sofern sie sich von der bloßen Sprechstimme unterscheidet, nicht aber so, daß dabei der formale Gesichtspunkt der Intervall- oder Zeitverhältnisse, sondern der materiale des Klangvolumens und der Klangleiblichkeit ausschlaggebend ist. Nach der geläufigen Antithese wäre es weniger die formale als die ethische Seite des Musikbegriffs, die mit dieser Kennzeichnung zum Zug kommt. Wenn dies richtig ist, so verbindet die ›Epistola ad Marcellinum‹ die Einzigartigkeit des Psalters nicht nur mit einem Singen, sofern es sich vom Sprechen deutlich unterscheidet, sondern tut dies zudem so, daß sie die ethische Seite der griechischen Musiktheorie bevorzugt. Ist aber der ethische Musikbegriff derjenige, der Musik als Klangleiblichkeit und also in Ausdehnung bis auf Tanz, Sport, Gymnastik versteht[311], so verbindet sich die Einzigartigkeit des Psalters leicht mit einer solchen Leiblichkeit und Übung, wie sie in den Vorbegriffen Palaestra, Exercitium und Lectio erschienen war.

Im Rückblick auf die Einzigartigkeit des Psalters unter den Büchern der heiligen Schrift erscheint zweierlei von besonderer Bedeutung. Erstens, daß der Psalter ohne Rücksicht auf Biblizität in Kategorien griechischer Musiktheorie charakterisiert wird. Seine Besonderheit im Rahmen der Bibel wird dadurch zu einem musikalischen Sachverhalt, wie er ganz allgemein in Eingangspartien griechischer Musiktraktate verhandelt wird. Das zweite ist dies, daß von den beiden Möglichkeiten, die Eigentümlichkeit der singenden Stimme zu beschreiben – diastematisch oder in Hinsicht auf das Klangvolumen (κατὰ πλάτος) –, diejenige gewählt wird, die (falls die vorgelegte Interpretation richtig ist) der ethischen Richtung der Musikauffassung nahe steht, obgleich der Begriff des Diastematischen gebräuchlicher war[312]. Ist aber die ethische Musikauffassung im Spiel, so darf nach der Wirkung von Musik gefragt werden.

---

[310] Zu Pythagoräern, Lasos und Epigonos als Vertretern der Lehre vom πλάτος des Klangs MARQUARD, aaO. (s. Anm. 306) 200f; A.J. NEUBECKER, Altgriechische Musik, Darmstadt 1977, 18. Die stoische Auffassung von Klang als Leib einerseits (σῶμα δ᾽ ἐστὶν ἡ φωνή SVF II, 140; cf. 141.387) und von Leiblichkeit als Höhe, Breite und Tiefe (cf. SVF II, 382) anderseits ermöglichte es, den Klang als πλάτος zu bezeichnen; eine direkte Aussage hierzu findet sich aber in den SVF nicht. Dazu A. RIETHMÜLLER, ›Stoff‹ der Musik ist Klang und Körperbewegung‹, in: H.U. GUMBRECHT/K.L. PFEIFFER (Hg.), Materialität der Kommunikation, Frankfurt/M. 1988, 51–62, 56.

[311] RIETHMÜLLER, aaO. (s. Anm. 310) 60.

[312] Daß πλάτος ein Terminus früher Musiktheorie war, scheint den Theoretikern der Athanasiuszeit nicht mehr gegenwärtig gewesen zu sein; umso erstaunlicher, wie der Ausdruck in die Epist. ad Marc. kommt. Nikomachus z.B. gebraucht κατὰ πλάτος nur noch als Wendung für literarische Weitläufigkeit (MusScrGr [JAN 260, 7; 261, 18; 264, 1]) und damit für dasselbe, was bei Athanasius διεξοδικῶς hieß und also dem πλάτος genau entgegengesetzt war.

b. Wirkung des Psalters. Während der große Mittelteil des Briefs an Marcellinus die Gesamtheit der Psalmen in zwei Durchgängen klassifiziert, einmal in großen Zügen nach verschiedenen Gattungen quer durch den Psalter hindurch (c. 14), dann ausführlicher jeden Psalm einzeln mit Angabe der Lebenssituation, in die er gehört (c. 15–25 [26]), handeln die beiden Passagen c. 10–14 und c. 27–29 von der einzigartigen Wirkung des Psalters. Wirkung von Musik läßt sich nicht schildern, ohne daß Seele und Affekte ins Auge gefaßt werden als dasjenige, was zuallererst Wirkung zeigt. Hier gewährt der Psalter eine zweite spezielle Beobachtung[313]. Unbeschadet der Gemeinsamkeit mit andern biblischen Büchern hat das Psalmbuch die erstaunliche Eigentümlichkeit, daß es die Bewegungen einer jeden Seele, ihre Umschwünge und Wiederaufrichtungen aufgeschrieben und in sich ausgeprägt enthält[314]. In diesem Satz ist jedes Wort von Bedeutung, und zwar, wie sich zeigen wird, von einer musikalischen. Um mit dem letzten zu beginnen: Wiederaufrichtung. Hier ist generell zu sagen: Es handelt sich um einen terminus technicus aus dem Bereich der ethischen Bedeutung von Musik. Wiederaufrichtung (διόρθωσις oder ἐπανόρθωσις) bezeichnet seit Platon die stabilisierende Wirkung von Musik, sofern sie einen Zustand der Instabilität beendet[315]. Die musikethische Funktion des Begriffs ist völlig eindeutig. Nicht nur bedienen sich musikethisch Gesinnte wie etwa Plutarch und Iamblich für die Wirkung der Musik des Ausdrucks ἡ τῶν ἠθῶν ἐπανόρθωσις oder ἡ τῶν παθῶν

---

[313] Während unserem Abschnitt »a. Einzigartigkeit des Psalters« die erste Beobachtung (παρατήρησις c. 2 [12B]) zugrundeliegt, geht der Abschnitt »b. Wirkung des Psalters« aus der zweiten Beobachtung (c. 10 [20C]) hervor. Zu diesem Terminus, der nur an den genannten beiden Stellen erscheint (aber auch παρατηρεῖν c. 14 [25C]), s. H.J. METTE, Parateresis. Untersuchungen zur Sprachtheorie des Krates von Pergamon, Halle/S.1952, 32.45ff. Dieser Gliederung entspricht in c. 27 (37D–40A) die Nennung von hauptsächlich zwei Gründen für die musikalische Gestaltung des Psalters: πρῶτον μέν ..., δεύτερον δέ ...

[314] Athanasius, Epist. ad Marc. c. 10 (20C): [Ἡ βίβλος τῶν ψαλμῶν] πρὸς γὰρ τοῖς ἄλλοις, ἐν οἷς πρὸς τὰς ἄλλας βίβλους ἔχει τὴν σχέσιν καὶ κοινωνίαν, λοιπὸν καὶ ἴδιον ἔχει τοῦτο θαῦμα, ὅτι καὶ τὰ ἑκάστης ψυχῆς κινήματα, τάς τε τούτων μεταβολὰς καὶ διορθώσεις ἔχει διαγεγραμμένας καὶ διατετυπωμένας ἐν ἑαυτῇ. Zu διόρθωσις außerdem c. 12 (24D); c. 13 (25B: θεραπεία τε καὶ διόρθωσις); κίνησις c.10 (21B); c.27 (40A); κίνημα c.10 (20D); c.12 (24CD); c. 13 (25B), c. 14 (25C); c. 27 (40A); c. 28 (40B); μεταβολή nur hier.

[315] Platon, Rep. IV 425a: ἐπανορθοῦν im Zusammenhang mit der Wirkung von Musik auf die Bildung des Staates. Außerdem: Nom. II 653d. (Die damonisch-platonische Beziehung zwischen Musik und Polis klingt verbal nach in Epist. ad Marc. c. 12 [24D]: διόρθωσις τῆς ἡμῶν πολιτείας, wobei der Sinn des Wortes mit dem platonischen nicht mehr viel zu tun hat.) Aristoteles macht wahrscheinlich, daß διόρθωσις wohl zuerst ein staatsbezogener Terminus gewesen ist, cf. Pol. 1317a35 u.ö. Obgleich er nur in der ›Politik‹ von διόρθωσις Gebrauch macht, fehlt der Begriff vollständig in deren Abschnitt über die Musik (Pol. VIII), was umso verständlicher ist, als darin die Musik gerade aus ihrer einseitigen Bindung an die Politik entlassen wird. KOLLER, Mimesis (s. Anm. 52),

ἐπανόρθωσις[316], sondern auch ihre formalistischen Gegner fixieren die Kritik genau an diesen Begriffen[317]. Dieser polemische Gegensatz darf noch in der Athanasiuszeit für so gegenwärtig gelten, daß die Aussagen der ›Epistola ad Marcellinum‹ als deutliche Parteinahme für den ethischen Standpunkt betrachtet werden müssen.

Beim zweiten Begriff – Umschwung (μεταβολή) – weisen die frühen Belege in dieselbe Region. Platon handelt im bekannten Abschnitt der ›Politeia‹ von Umschwüngen der Tonarten in einem Atemzug mit Umschwüngen der Staatsverfassungen, wobei die jeweilige Veränderung vom Besseren zum Schlechteren verläuft. Somit ist μεταβολή ein deutlicher Gegenbegriff zu διόρθωσις[318]. In der Beziehung zwischen Musik und Polis scheint der Bedeutungskern von μεταβολή zu liegen, so sehr dieses Wort darüberhinaus in allgemeinstem Sinn Verwendung fand. Was die speziell musikalische Konnotation von μεταβολή anlangt, so bleibt offen, durch welches Segment von Musik der Umschwung bewirkt wird. Ps.-Longin hat die Tonart im Auge, wenn er vom Wechsel der Töne (αἱ τῶν ἠχῶν μεταβολαί) spricht und diesen – ohne Rücksicht auf Platons Besorgtheit für die Aufrechterhaltung eines geordneten öffentlichen oder privaten Zustands – als Stilmittel geradezu fordert[319]. Dagegen Quintilian definiert μεταβολή als »transitus« von einem Rhythmus zum andern[320]. Aristides Quintilian kennt beide Arten von Umschwung und weiß von ihrer Wirkung auf die Seele[321].

24, führt die Übertragung in die Musik auf Damon (cf. Platon, Rep. 400b; 424c) zurück. Jahrhunderte später erinnert Aristides Quintilian an die ἐπανόρθωσις διὰ μουσικῆς als eine Lehre der Alten (De mus. II, 4 [WINNINGTON–INGRAM 57, 11ff]).

[316] Strabon, Geogr. I, 2,3: μουσικοί als ἐπανορθωτικοὶ τῶν ἠθῶν; X, 3,10: Καὶ διὰ τοῦτο μουσικὴν ἐκάλεσε Πλάτων καὶ ἔτι πρότερον οἱ Πυθαγόρειοι τὴν φιλοσοφίαν, καὶ καθ᾽ ἁρμονίαν τὸν κόσμον συνεστάναι φασί, πᾶν τὸ μουσικὸν εἶδος θεῶν ἔργον ὑπολαμβάνοντες. οὕτω δὲ καὶ αἱ Μοῦσαι θεαὶ καὶ Ἀπόλλων Μουσηγέτης, καὶ ἡ ποιητικὴ πᾶσα ὑμνητική. ὡσαύτως δὲ καὶ τὴν τῶν ἠθῶν κατασκευὴν τῇ μουσικῇ προσνέμουσιν, ὡς πᾶν τὸ ἐπανορθωτικὸν τοῦ νοῦ τοῖς θεοῖς ἐγγὺς ὄν. Plutarch, De mus. 33 (ZIEGLER 28,6): Gebrauch von μουσική zur τῶν ἠθῶν ἐπανόρθωσις. Iamblich, De vit. pyth. 111 (ALBRECHT 116): ἐπανόρθωσις ψυχῆς durch Verse Homers und Hesiods.

[317] Philodem von Gadara, De mus. IV, 19 (NEUBECKER 78, cf. 190), negiert die Möglichkeit von τῶν ἠθῶν ἐπανόρθωσις durch Musik; ebenso Sextus Empiricus, Adv. Math. VI (Adv.Mus.) 23.26 [FABRICIUS 361f/BURY 4, 382.384]: ἐπανόρθωσις ἠθῶν, τῶν παθῶν.

[318] Platon, Rep. III 397b; IV 424c; Nom. II 660b; Aristoxenos, Harm. c. 38 (MARQUARD 54, 18ff). Μεταβολή als seelisches und tonliches Phänomen: Klaudios Ptolemaios, Harm. III, 7 [DÜRING 99f]: Πῶς αἱ τοῦ ἡρμοσμένου μεταβολαὶ ἐοίκασι ταῖς περιστατικαῖς τῶν ψυχῶν μεταβολαῖς (dazu J. LOHMANN, Der Ursprung der Musik, in: DERS., Musiké und Logos, Stuttgart 1970, 27–87, 64).

[319] Ps.-Longin, De subl. 39, 2 (BRANDT 104, 9).

[320] Quintilian, Inst. orat. IX, 4,50; dazu P. CAHN, Art. Transitus, HmT 1973.

[321] Aristides Quintilian, De mus.; harmonisch: I, 5 (WINNINGTON-INGRAM 7, 12); I, 11 (22, 11.15); I, 12 (29, 14); III, 17 (116, 26); III, 26 (130, 25ff); rhythmisch: I, 13 (32,

Der dritte Begriff, seiner Stellung nach wohl Oberbegriff der beiden bisherigen, ist κίνησις bzw. κίνημα. Zuerst begegnete κίνησις als Bewegung der sprechenden oder singenden Stimme in den Eingangspartien griechischer Musiktraktate. Offenbar kann die Darstellung von Musik nicht beginnen, ohne daß man sogleich des Phänomens der Bewegung ansichtig wird[322]. Anders als die bisherigen beiden Begriffe ist κίνησις bereits in frühester Schicht mit μουσική verbunden. Diese Bindung ist so fundamental, daß Aristides Quintilian in keiner seiner drei Musikdefinitionen auf den Begriff der Bewegung verzichten kann. Musik ist Wissen von den Bewegungen der Stimme und des Leibes[323]. Aber nicht von ihnen wird an unserer Stelle geredet, sondern von Bewegung und – wenn κίνημα in Differenz zu κίνησις verstanden werden darf – Bewegtheit der Seele. Platon hat im ›Timaios‹ die Spanne von Bewegung zu Bewegtheit der Seele exemplarisch durchschritten. Ohne Zweifel geschieht Führung vernünftigen Lebens durch Bewegung, Bewegung des Leibes durch Gymnastik, Bewegung der Seele durch Musik und Philosophie. Beste Bewegung wäre die, die sich selbst bewegt, wie es denn zur Würde der Seele gehört, sich selbst zu bewegen und damit die Verwandtschaft zum All nachzuvollziehen. Zweitbeste Bewegung ist immerhin diejenige, die zum einem Teil durch anderes erfolgt. Dagegen ausschließliches Bewegtwerden wäre schlechteste Bewegung. Während einerseits reine Selbstbewegung auf der Basis von Gymnastik, andererseits reine Bewegtheit als Katharsis im Sinn des Purgiertwerdens geschieht, empfiehlt Platon für die mittlere Form ein Schaukeln wie auf Seereisen, d.h. Selbstbewegung bei überwiegender Bewegtheit[324]. Das hier erstmals begegnende, für den Psalter fundamental werdende Meerbild führt Platon in den ›Nomoi‹ weiter. Indem Mütter ihre Kinder schaukeln, ist ihnen, als befänden sie sich auf einem Schiff, und wie Kinder eben durch dieses Bewegtsein zur Ruhe kommen, so ist es der begleitende Gesang, der durch erregte Bewegung das Gegenteil, nämlich Meeresstille (γαλήνη) hervorbringt[325]. Seele ist polare Spannung

---

10), I, 19 (40, 1f). Wirkung auf die Seele: II, 14 (80, 20; 81, 17); II, 15 (83, 18.25). Zusammenfassend KOLLER: »Μεταβολή ist … der Umschlag von einer Tonart zur andern und von Rhythmus zu Rhythmus innerhalb des gleichen Dithyrambus« (Mimesis [s. Anm. 52] 183).

[322] S. Anm. 306–309.

[323] Aristides Quintilian, De mus. I, 4 (4, 22f): [μουσική ἐστιν] γνῶσις τοῦ πρεπόντος ἐν <φωναῖς τε καὶ> σωματικαῖς κινήσεσιν; I, 4 (5, 8f): τὰ δὲ περὶ μέλος τέλειον συμβαίνοντα κίνησις φωνῆς τε καὶ σώματος; I, 4 (5, 19): ὕλη δὲ μουσικῆς φωνὴ καὶ κίνησις σώματος.

[324] Platon, Tim. 88b–89c.

[325] Platon, Nom. VII 789bff, insbesondere 790c–791a (s.u. Anm. 460). Daran, daß auch θεολογία/θεολογίαι, von alten Männern und Weibern den Kindern vorgesungen (Rep. II 378d), hierher gehört, besteht kein Zweifel.

zwischen reiner Bewegung und reiner Bewegtheit. Zwischen denselben Polen – um so zu sagen: zwischen dem apollinischen und dem dionysischen – bewegt sich auch die Musik. Es muß offen bleiben, ob zwischen den beiden Bewegungen ein Verhältnis der Ähnlichkeit oder der Unähnlichkeit herrscht. Man darf für den von Athanasius überlieferten monastischen Begriff der κινήματα oder κινήσεις τῆς ψυχῆς wohl einen platonischen Hintergrund dieser Art annehmen.

Nun war die erste Eigentümlichkeit des Psalters ein musikalisches Phänomen, nämlich dies, daß er mit bestimmten Tonhöhen und also mit erklingender Singstimme laut wird. Als zweite staunenswürdige Eigentümlichkeit zeigte sich, daß der Psalter Seelenbewegungen enthält, und zwar zwischen reiner Bewegung und reiner Bewegtheit alle, samt Übergängen zum Schlechteren oder Besseren. Dies ist ein psychologischer Sachverhalt. Wie hängen die beiden Eigentümlichkeiten zusammen? Beide sind wahrzunehmen durch Hören. Zwar gilt für die Schrift, daß sie als ganze gelesen und gehört wird, weil anders als laut sie nicht zu lesen ist. Daran partizipiert auch das Psalmbuch[326]. Aber sobald das Psalmbuch laut wird, klingt es für den Hörer, wie wenn er aus fremdem Mund eigene Töne vernähme, bei gänzlicher Aufhebung der Distanz, in welcher die Worte der anderen biblischen Bücher zum Hörer verharren[327]. Der Psalter zeigt diese erstaunliche Wirkung, sobald im bloßen Hören sich noch ein zweites, spezifischeres Hören einstellt, das einerseits in den Worten unmittelbar Seelenbewegungen vernimmt, anderseits diese aber nur vernehmen kann, wenn die bloße Sprechstimme vergeht und eine Singstimme vernommen wird. Im Fall des Psalters ist der Lektor Kantor[328]. Daraus folgt: Die psychologische Eigentümlichkeit des Psalters *ist* die

---

[326] Athanasius, Epist. ad Marc. c. 10–12: das Lesen (ἀναγινώσκειν) ist durchweg mit ἀκούειν verbunden (20CD; 21BC; 24C); FERGUSON spricht zu Recht von »oral reading« (aaO. [s. Anm. 293] 389 Anm.70), »public oral reading of the Scriptures, including the Psalms« (aaO. [s. Anm. 298] 301). Zu ἀναγινώσκειν und ἐντυγχάνειν P. CHANTRAINE, Les verbes grecs signifiant ›lire‹, AIPh 10, 1950, 115–126.

[327] Athanasius, Epist. ad Marc. c. 11f (21BC; 24A–C).

[328] Lektor: ταύτην ... βίβλον ὁ λαμβάνων (c. 11 [21C]); ὁ ἀναγινώσκων (c. 12 [24C]); Kantor: ὁ ψάλλων (c. 12 [24B]); Gesamtausdruck: τὰ γεγραμμένα λέγειν καὶ ψάλλειν (c. 31 [41D]). Im speziellen Fall des Psalters handelt es sich nicht nur um lautes Lesen und Hören schlechthin (der Begriff »oral reading« ist dafür noch nicht präzis genug), sondern um ἡ τῶν ψαλμῶν ἐμμελὴς ἀνάγνωσις, oder um ἐμμελῶς τὰς ᾠδὰς ψάλλεσθαι, καὶ τοὺς ψαλμοὺς μεθ᾿ ᾠδῆς ἀναγινώσκεσθαι (c. 28 [40C]; c. 29 [41A]). Zum Begriff ἐμ[ἐκ-]μελὴς κίνησις τῆς φωνῆς »die in der Melodie [un-]brauchbare Bewegung der Stimme«) s. Aristoxenos, Harm. c. 8 [MARQUARD 12,20 u.ö.]. Dazu FERGUSON, aaO. (s. Anm. 298) 301: Chapter 12 uses cantor (ὁ ψάλλων) and reader (ὁ ἀναγινώσκων) synonymously for the same person. This interchange of singer and reader may serve to introduce what is surely the most interesting liturgical information supplied by this treatise, namely the manner of rendering the Psalms.

musikalische (und umgekehrt). Dieses »ist« hat seine Wahrheit ausschließlich und unmittelbar im Hören; das ganze ausführliche Sehvokabular des Briefs an Marcellinus bezieht seine Wahrheit nur aus dem Hören und hat, wenn es nicht das Lesen als visuellen Vorgang betrifft, nur einen unscharfen, bildlichen Sinn[329].

Zur Beschreibung der besonderen Wirkung des Psalters werden in zwei Kapiteln zwei Modelle aus der griechischen Tradition herangezogen: Seelenlehre (c. 27) und Affektenlehre (c. 28). Beidesmal ist zu schildern, wie durch Psalmengesang ein Zustand von Unausgeglichenheit in den der Ausgeglichenheit überführt wird. Was zuerst die Seelenlehre anlangt, so dient die platonische Unterscheidung von drei Seelenteilen dazu, verschiedene Unstimmigkeiten durchzuspielen, die entstehen können, sobald die Relation zwischen Logos, Thymos und Epithymia gestört ist. Jeder Seelenteil hat unterschiedliche Bewegung oder Bewegtheit; erst wenn unter der Dominanz des Logos sich die übliche Entzweiung legt, entsteht ein Zustand von ἁρμονία und συμφωνία. Allerdings darüber, wie Psalmengesang einen solchen Zustand herbeizuführen vermag, findet sich keine deutliche Auslassung. Während der Brief an Marcellinus mit dem schwachen Vergleich zwischen Psalmengesang und einstimmigem Zusammenklang von (drei?) auletischen Instrumenten aufwartet (als ob es gelte, drei Personen in Harmonie zu versetzen, nicht aber drei divergierende Teile von ein und derselben Person), finden sich hierzu in der griechischen Musiktheorie entwickeltere Überlegungen[330]. Die unbefriedigend gebliebene Durchführung des ersten Modells nötigt zum zweiten Versuch, der jetzt in engerem Sinn mit der Affektenlehre zu tun hat. Zwischen Seelenlehre und Affektenlehre besteht die Beziehung, daß einerseits die platonische Seelenlehre mit den beiden

---

[329] Die vielfältige Bildterminologie: εἰκών, παράδειγμα, τύπος, εἴσοπτρον, auf die H.J. SIEBEN, Athanasius über den Psalter, ThPh 48, 1973, 157–173, 163ff aufmerksam macht, ist immer nur soweit gedeckt, wie sie sich auf die visuelle Seite des Lesens bezieht.

[330] Athanasius, Epist. ad Marc. c. 27 (40AB). Zum platonischen Hintergrund: Die aus der Analogie zwischen Seele und Staat entwickelten Seelenteile (Rep. IV 435a–441c) werden durch Musik und Gymnastik in ausgewogener Mischung gehalten (441e). Zur speziellen Beziehung Seele-Musik finden sich zwei untereinander nicht kompatible Ansätze: 1. Musik (μουσική) als Einheit von λόγος, ἁρμονία und ῥυθμός wird der Seele so zugeordnet, daß die Logoi dem Logistikon, Harmonie und Rhythmus den affektiven Teilen entsprechen (441e–442a). 2. Die Beziehung zwischen Seele und Musik wird durch eine Dreiheit ermöglicht, die ausschließlich in der melodiösen Schicht der Musik (ἁρμονία) zu finden ist: die drei Seelenteile entsprechen dem dreitönigen Hauptakkord der Oktave (Harmonie von Neate, Hypate und Mese; Rep. IV 443d – wiederaufgenommen von Klaudios Ptolemaios, Harm. III, 5: Πῶς ἐφαρμόζει τὰ σύμφωνα ταῖς πρώταις διαφοραῖς τῆς ψυχῆς μετὰ τῶν οἰκείων εἰδῶν [DÜRING 95–98]. Dazu G. WILLE, Rhythmisch-musikalische Heilpädagogik in der Antike, Orff-Jahrbuch 1962, 41–52, 44 Anm. 25f. – Die Epist. ad Marc. macht von keiner der beiden Theorien Gebrauch.

irrationalen Seelenteilen des Zornmütigen und des Begehrlichen selbst schon Affektenlehre ist, anderseits aber auch jede Affektenlehre, weil sie sich immer auf die dem Vernünftigen entgegengesetzte Seite beziehen muß, nie zu bilden ist, ohne daß sie sich dem weiteren Rahmen einer Seelenlehre eingliedert.

Was zweitens die Affektenlehre anlangt, so geht es auch hier darum, dem Logos zur Herrschaft über die Verwirrungen des Affektiven und Leiblichen zu verhelfen. Wie in der Musik das Plektron das Instrument zwingt und beherrscht, so macht sich der Logos den Menschen zum beherrschbaren Psalterium, um einen Zustand von Unverwirrtheit herbeizuführen[331]. Wenn auch diesmal der Vergleich nicht den auletischen, sondern den kitharodischen Instrumenten entnommen ist und somit den Worten nach näher an Psalterphänomene heranreicht, so erklärt er doch die Wirkung des Psalmengesangs nicht, weil dieser im Bild nur als zu Beherrschendes erscheint, nicht aber als Geschehen, von dem selbst beherrschende Wirkung ausgeht. Offenbar reicht die traditionelle Figur absoluter Affektbezwingung durch die Vernunft nicht aus, die Wirkung des Psalmengesangs zu erklären. Soll vom Psalmengesang eine vernünftige Wirkung ausgehen, so müßte gerade die abstrakte Entgegensetzung von Vernunft und Affekt, von Herrschaft und Dienen aufgegeben werden. Dies geschieht, indem sich – verdeckt – ein ganz neues Bild meldet: Psalmengesang als Seefahrt. Dies bedarf einer ins einzelne gehenden Interpretation.

Die zentrale Definition lautet: Psalmengesang, also dasjenige, womit der Psalter unter allen Büchern der Schrift einzigartig ist, ist Abbild der Unverwirrtheit der Seelenkräfte und ihres vollkommenen, wellenlosen Zustandes[332]. Das Wogenlose (ἄκυμον) befindet sich im Zustand von Meeresstille (γαλήνη)[333]. Der entscheidende Punkt des Meerbildes ist es, daß der beruhigte, vernünftige Zustand des Meeres nur aus diesem selbst und gerade nicht aus Herrschaft von außen erklärt werden kann. Daher unterläuft das

---

[331] Der Logos wirkt durch Wille und Herrschaft: βούλεσθαι, θέλειν, κρατεῖν, ἄρχειν; das Affektive wird dadurch in einen Zustand des Gehorchens versetzt: ὑπακούειν, δουλεύειν (c. 27f [40AB]). Im Bild: ὡς ἐν ἁρμονίᾳ τὸ πλῆκτρον, οὕτως αὐτὸς ὁ ἄνθρωπος ψαλτήριον γενόμενος (c. 28 [40B]).

[332] Athanasius, Epist.ad Marc. c. 28 (40C): Τῆς ... τῶν λογισμῶν ἀταραξίας καὶ ἀκύμονος καταστάσεως εἰκὼν καὶ τύπος ἐστὶν ἡ τῶν ψαλμῶν ἐμμελὴς ἀνάγνωσις. Parallel c. 29 (41A): ἡ ἐμμελὴς ... ἀνάγνωσις σύμβολόν ἐστι τῆς εὐρύθμου καὶ ἀχειμάστου καταστάσεως τῆς διανοίας. Daran schließen an: Basilius, Hom. in psal. I, 2 (MPG 29, 212C): Ψαλμὸς γαλήνη ψυχῶν, und Ambrosius, Exp. psal. I, 9 (CSEL 64, 7,26): psalmus als imago tranquillitatis (s.a. J. Reuchlin u. Anm. 345).

[333] ἀκύμων (c. 28 [40C]) und γαληνιᾶν (c. 29 [41A]) sind primär auf das Meer bezogen; ἀχείμαστος (c. 29 [41A]) auf Wind und Wetter. Zur Berührung mit der Vit. Ant. c. 35 (MPG 26, 896A): οἱ ... λογισμοὶ ... ἀτάραχοι καὶ ἀκύμαντοι διαμένουσιν; c. 36

Meerbild die abstrakte Entgegensetzung von Herrschaft der Vernunft und Beherrschtwerden der Affekte und nötigt dazu, so etwas wie Vernunft der Affekte ins Auge zu fassen, oder doch wenigstens Vernunft nicht zu definieren, ohne daß sie als affektives Phänomen wahrnommen wird. Erst wenn unter Anleitung des Meerbildes der Affekt nicht nur als zu beherrschender auftritt, sondern so, daß er selbst unter bestimmten Voraussetzungen herrscht, wird der Psalmengesang aus der bloßen Regulation durch Vernunft und Wort entlassen und instand gesetzt, selbst Wirkung zu zeitigen, und zwar vernünftige. Vernünftige aber nicht, ohne daß sie zugleich affektiv wäre. Sobald die abstrakte Entgegensetzung von Vernunft und Affekt zu Ende gekommen ist, entsteht das Bedürfnis, innerhalb des Affekts deutlicher zu differenzieren.

Die erste grundlegende Unterscheidung ist die zwischen euthymischen und athymischen Affekten, eine Unterscheidung, die auf diejenige zwischen Affekten der Vernunft und Affekten der Unvernunft hinausläuft. Die Stellung des Psalmengesangs darin ist völlig klar. Athymie singt nicht; Psalmengesang ist an sich bereits Zeichen von Euthymie[334]. Aber dennoch ist Euthymie ein lebendiges, vielschichtiges Gebilde. Im Psalmengesang erscheint sie immer als jetzt gerade abziehende Athymie. Am euthymischen Zustand für sich allein besteht kein Interesse. Man wüßte über ihn vor Leerheit nichts zu sagen[335]. Leichter wird die Darstellung der athymischen Zustände aus der Sicht der Euthymie. Hier findet eine zweite Unterscheidung statt, die in einer kunstvoll in zwei parallele Gegensätze gegliederten Periode vollzogen wird. Dabei entstehen vier systematische Örter für vier athymische Zustände[336]. Schon auf den ersten Blick ist zu erkennen, daß die jeweils zweiten Stellen der beiden Gegensätze Bezeichnungen tragen, die auf die klassischen Leidaffekte λύπη und φόβος verweisen. Diese werden allgemein unterschieden in Hinsicht auf die Zeit: λύπη ist Schmerz über gegenwärtiges Leid, φόβος Furcht vor zukünftig negativer Wirkung. Folglich werden sich wohl die beiden parallelen Gegensatzpaare unterscheiden wie Gegenwart und Zu-

---

(896C): ἡ τῶν λογισμῶν ἀταραξία in gemeinsamer monastischer Terminologie: RONDEAU, aaO. (s. Anm. 293) 194f. Zu γαλήνη s.u. Anm. 459.515.

[334] Athanasius, Epist. ad Marc. c. 28 (40C): Καὶ τοῦτ᾽ ἔστιν ἡ εὐθυμία τῆς ψυχῆς, τὸ καλῶς αὐτὴν διακεῖσθαι, ὡς γέγραπται· Εὐθυμεῖ τις ἐν ὑμῖν; ψαλλέτω [Jak 5,13]. Die Lesart εὐθυμία ist aus überliefertem ἐπιθυμία nach Sachkriterien konjiziert. Der Terminus »Athymie« findet sich nicht.

[335] Die konkurrierenden Ausdrücke für den euthymischen Zustand ἀταραξία, ἀπάθεια haben den Vorzug der Negation der Negation.

[336] Athanasius, Epist. ad Marc. c. 28 (40CD): Οὕτως [i] τὸ μὲν ἐν αὐτῇ ταραχῶδες καὶ τραχὺ καὶ ἄτακτον ἐξομαλίζεται· [ii] τὸ δὲ λυποῦν θεραπεύεται, ψαλλόντων ἡμῶν· Ἵνα τί περίλυπος εἶ, ἡ ψυχή μου, καὶ ἵνα τί συνταράσσεις με [Ps 41,6.12; 42,5]; Καὶ [iii] τὸ μὲν ἐσφαλμένον ἐπιγνώσεται λέγουσα· Ἐμοῦ δὲ παρὰ μικρὸν ἐσαλεύθησαν οἱ πόδες [Ps 72,2]· [iv] τὸ δὲ φοβηθὲν ἐπιρρώσει τῇ ἐλπίδι ἐν τῷ λέγειν· Κύριος ἐμοὶ βοηθός, καὶ οὐ φοβηθήσομαι τί ποιήσει μοι ἄνθρωπος [Ps 117,6].

kunft. Das ist der Schlüssel zum Verständnis der Periode über athymische Zustände. Es ist üblich, den klassischen Leidaffekten klassische Freudaffekte entgegenzusetzen: der λύπη die ἡδονή als Lust am Gegenwärtigen, dem φόβος die ἐπιθυμία als Begierde nach Zukünftigem. Der offenkundige Mangel, daß die Freudaffekte terminologisch nicht so klar wie die Leidaffekte genannt sind, behebt sich, sobald erkannt wird: die Termini der Freudseite gehören unter die klassischen Filiationen der Grundaffekte und weisen unfehlbar darauf zurück[337]. Was der Satz über die vier Athymien enthält, ist somit die klassische Affektetafel, nur mit der Veränderung, daß 1. bei den Freudaffekten anstelle von Grundbegriffen Filiationen genannt werden, und 2. die Entgegensetzung von zwei je zeitgleichen Paaren, wie sie zu erwarten gewesen wäre, gestört ist. Alle genannten vier Affekte – das ist das Entscheidende – sind Athymien, einerlei ob positiv oder negativ, einerlei ob Freud oder Leid. Die zum Psalmengesang vorausgesetzte Opposition von euthymischen und athymischen Zuständen ist nicht identisch mit der Differenz von positiven und negativen Affekten, liegt vielmehr quer dazu. Daher ist es erforderlich, die Worte jeweils genau abzuhören, um nicht der geläufigen Verwechslung der Euthymie mit Freudaffekten, der Athymie mit Leidaffekten zu erliegen[338]. Die Verwechslung hätte sofort zur Folge die Unentrinnbarkeit des Leids.

Aber die Frage ist noch einmal zu wiederholen: Worin besteht die Wirkung des Psalmengesangs? Wie wird das Athymische, einerlei ob positiv oder negativ, in Richtung Euthymie gelichtet? Hierzu finden sich wohl Andeutungen, aber von einer zusammenhängenden Theorie sind sie weit entfernt. Die erste Schicht der Wirkung ist die verbale. Der jeweilige athymische Affekt wird zum Guten bewogen, indem ihm ein Psalmspruch entgegentritt, der ihn – nach altmonastischer Übung – bannt und schreckt. Worin die Wirkung des verbalen Inhalts besteht, ob darin, daß die vorliegende Athymie in Gleichförmigkeit einfach als solche ausgesprochen wird, oder darin, daß sie auf die Gegenläufigkeit eines Spruches stößt, bleibt offen; beides ist mög-

---

[337] τὸ τραχύ (Unausgeglichenheit heftiger Art) ist eine »filia« der ἐπιθυμία. Τραχυτὴς δὲ ἐπιθυμία ἀνώμαλος (Andronicus, SVF III, 397), also ein auf Zukunft bezogener negativer Affekt, der in Opposition zu einem gegenwärtigen positiven steht. τὸ ἐσφαλμένον (Täuschung) ist »filia« der ἡδονή: Γοητεία δὲ ἡδονὴ κατ´ ἀπάτην ἢ διὰ μαγείας (Andronicus, SVF III, 401), also ein auf Gegenwart bezogener positiver Affekt, der in Opposition zu einem zukünftigen negativen steht. Diese Anordnung weicht von der klassischen Affektetafel ab. S.u. Anm. 495.

[338] Anzeichen dafür, daß diese Verwechslung sich bereits im Text heranschleicht, könnte der Umstand sein, daß gegen jeden Affekt ein Psalmspruch aufgeboten wird, nur nicht gegen den ersten. Damit entsteht der Anschein, als ob das Euthymiezitat Jak 5,13 als Ersatz für den ἡδονή-Spruch gelten könnte.

lich[339]. Aber soweit wäre noch keine Einzigartigkeit des Psalters erforderlich; verbaler Inhalt ist auch die übrige Schrift. Folglich muß verbale Wirkung allein einen mehr oder weniger großen Anteil an Unwirksamkeit enthalten, wenn so etwas wie Einzigartigkeit des Psalters Platz finden soll. Warum werden Psalmsprüche über den verbalen Inhalt hinaus noch gesungen?[340] Gemäß Platons Gliederung der μουσική in Logos, Melodie und Rhythmus wäre nach den beiden letzteren zu suchen. Offenbar wirken Psalmgesänge durch ihren Rhythmus, indem sie die Seele aus Ungleichheit in Gleichheit versetzen. Ob dies geschieht, indem die Seele im athymischen Zustand einen entsprechenden Rhythmus findet, oder indem sie in den nichtentsprechenden eurhythmischen fortgezogen wird, darüber findet sich kein Wort[341]. Schließlich spielt die Melodie eine hervorragende Rolle beim Entstehen von Harmonie, das heißt beim Übergang von Asymphonie in Symphonie. Es ist ein Nebenweg, Harmonie und Symphonie auf den Einklang mehrerer Stimmen zu beziehen. Bei Platon dagegen ist Harmonie eine Qualität der einstimmigen Melodie, die durch verschiedene Tonskalen konstituiert wird. Aber darüber, wie Tonskalen und Affekte zusammenhängen, ob Harmonie entsteht durch Entsprechung zwischen Tönen und Affekten oder gerade durch Nichtentsprechung, gibt es in der ›Epistola ad Marcellinum‹ keine detaillierte Betrachtung[342].

2. Nachwirkung des Athanasius

Zu dem, was allenfalls Geschichte der Nachwirkung der ›Epistola ad Marcellinum‹ zu heißen verdiente, sind hier nur ein paar Punkte zusammenzutragen. Man könnte sich wohl eine solche Geschichte in drei Kapiteln vorstellen: 1. Textüberlieferung in Ost und West, wozu auch der Gebrauch als Vorrede auf den Psalter zu keinem geringen Teil gehört; 2. explizite, direkte Bezugnahmen, Erwähnungen, Zitate; 3. stillschweigende Berührungen, zu er-

---

[339] Athanasius führt hier durch, was im Hauptteil des Briefes c. 15–26 für fast alle Psalmen im einzelnen nachgewiesen war. Den Psalmspruch zu Affekt 2 könnte man als faktisch, den zu Affekt 3 und 4 als kontrafaktisch verstehen.

[340] Athanasius, Epist. ad Marc. c. 27 (37D): Διὰ τί δὲ μετὰ μέλους καὶ ᾠδῆς ψάλλονται οἱ τοιοῦτοι λόγοι.

[341] Rhythmus und Melodie gehören gemeinsam zur Beschreibung der Besonderheit des Psalters (c. 29 [40D/41A]): οἱ ... κατὰ τὸν προειρημένον τρόπον ψάλλοντες, ὥστε τὴν μελῳδίαν τῶν ῥημάτων ἐκ τοῦ ῥυθμοῦ τῆς ψυχῆς καὶ τῆς πρὸς τὸ πνεῦμα συμφωνίας προσφέρεσθαι, οἱ τοιοῦτοι ψάλλουσι μὲν τῇ γλώσσῃ, ψάλλοντες δὲ καὶ τῷ νοΐ [1.Kor 14,15; s. Anm. 91]. Im Rhythmus geschieht ῥυθμίζειν τὴν ψυχήν, ἐξ ἀνισότητος εἰς ἰσότητα ἄγειν, eine εὔρυθμος κατάστασις der Seele wird erreicht (41AB; ῥυθμίζεσθαι τὴν ψυχήν auch Vit. Ant. 55 [MPG 26, 921B]).

[342] ἁρμονία (c. 27ff [40a–41A]); συμφωνία (c. 27.29 [40AD]); ἀσύμφωνος (c. 27 [40A]), in Beziehung auf das πάθος (c. 10 [20D]; c. 29 [41AB]).

schließen mit mehr oder weniger Wahrscheinlichkeit. Es ist klar: so distinkt die ersten beiden Kapitel, so diffus das dritte.

Zur Textüberlieferung liegen Hinweise vor, ebenso zur Verwendung als Psalterprolog wie als selbständige, meist gekürzte Einleitung in den Gebrauch des Psalters[343].

Die direkten Bezugnahmen sind schnell dargestellt. Am Eingang des Mittelalters ist Cassiodor zu nennen, erster Zeuge der Bekanntschaft des Westens mit dem Marcellinus-Brief[344]. Dann wieder am Ende des Mittelalters Reuchlin als intensiver Rezipient[345]. Endlich steht in dieser Linie Luther, der zwar die ›Epistola‹ nicht explizit erwähnt, aber dessen Nennung von Athana-

---

[343] Hinweise zur Textgeschichte und zur Wirkungsgeschichte als Vorrede: RONDEAU, aaO. (s. Anm. 293) 176–178. Separate, gekürzte Druckausgaben etwa unter dem Titel »Athanasius, Opusculum in psalmos«: BM.GC, s.v.

[344] Cassiodor, Expositio psalmorum (CChr.SL 97/98), praef. 16 (22,29ff); in ps. 150,6 (1330, 189ff); De institutione divinarum litterarum c. 4 (MPL 70, 1115CD).

[345] J. Reuchlin, S. Athanasius in librum psalmorum (s. Anm. 66), überträgt im Widmungsschreiben den Topos der Einzigartigkeit des Psalters auf die gänzliche Einzigartigkeit des Athanasius unter allen Psalmenkommentatoren (A iii^r). Dabei wird der Umgang mit dem Psalter dem Umgang mit Musik darin parallelisiert, daß zwar »contemplatio« schon lobenswert ist, »actio« aber noch lobenswerter. Die sonstigen Psalmenausleger strebten nach Auslegung des Gesagten und Betrachtung des Verstandenen (expositionem sermonis et intelligentiae contemplationem), aber wie davon Gebrauch (usus) zu machen sei, fragten nie kaum. Einzig Athanasius hat »actio« höher gestellt als »contemplatio«. Wie beim Psalter, so bei der Musik. Nicht deren spekulative Seite ist Aufgabe eines Kitharoden; dieser hat vielmehr, wie es sich für einen Praktiker gebührt, zu wissen, wie die Saiten im Zeitpunkt der Trauer oder der Freude zu spannen sind. Entsprechend der jeweiligen Affektart (secundum genus quodlibet affectionum): Dorisch im Krieg, Phrygisch in der Gefahr usw. Darin ist Athanasius Meister (A iii^r). Er hat sein Psalterium (also offenbar: Psalter = Musik) so eingerichtet, daß es im einzelnen teils zur Reizung teils zur Hemmung (aut incitantur aut reflectuntur [A iii^v]; et excitamur et incendimur et lenimur et languescimus [A iv^r]), in jedem Fall aber zur Besserung dient. Gerade zum Allerhöchsten, zur oberen Heiterkeit des Gemüts jenseits irdischer Beschwer, pflegen wir zu bewegen durch Gesang. An dieser Stelle wandelt sich plötzlich – wohl in Aufnahme von Marsilio Ficinos aus dem Schwung des furor divinus geschehenden Unterscheidung zwischen musica vulgaris und divina (Op. omn. I, 614) – das »psalterium« in gemeinem Verständnis zum »diuinum psalterium« (A iv^r): jenes mit Fingern/Plektren gespielt, durch Klänge/Töne und Zahlen, durch Sinne und Verstand auf die höhere, göttliche Aufgabe zwar vorbereitend, dieses aber hineinführend in eine solche Symphonie von Seligkeit, in der nicht mehr Sinn (sensus) und Verstand (ratio), sondern die Vernunft (mens) herrscht, wo sich Substanzen in Akzidentien und Wörter in Dinge wandeln. Jetzt werden aus Saiten Psalmen, die Tonskala bringt die Zahlen der Psalmen hervor und aus dem zehnsaitigen Psalter mit seinen 15 Tonstufen je Saite ergibt sich die »summa psalterii«: 150 Psalmen, durch deren Zusammenklang der Übergang zu Gott geschieht. Das ist »terminus«, »finis« und »meta« ebenso des Psalters wie aller Musik (Haec meta uniuersi psalterii quin potius totius musicae); das ist aber zugleich auch der Punkt, an dem die hervorragendsten Lehrer griechischer Musik wie Platon, Hesiod, Pythagoras und insbesondere Orpheus sich mit David als Urheber des hebräischen Psalters berühren (wie

sius die direkte Bekanntschaft impliziert[346]. Selbst bei zu erwartenden Ergänzungen wären damit die ersten beiden Kapitel der Wirkungsgeschichte des Briefes an Marcellinus bereits absolviert; alles weitere gehört in das diffuse dritte.

a. Basilius, ›Homiliae in psalmos‹ I, 1–2. Gleich von Anfang an steht der Prolog des Basilius zu seinen Psalmenhomilien im Verdacht der Abhängigkeit von der ›Epistola ad Marcellinum‹. Allerdings fällt es nicht leicht, diesen Verdacht durch nachweisliche Zitate zu erhärten. Wohl gibt es Berührungen in den Motiven der Besonderheit des Psalters unter allen Büchern der Schrift, der Wirkung des Psalters auf die πάθη und als ἐπανόρθωσις, der Darstellung seiner musikalischen Qualität, schließlich des Psalters als Meeresstille (γαλήνη) der Seele. Aber es gibt auch charakteristische Unterschiede: Basilius lobt das Vergnügen (τέρψις) an der Musik, das Athanasius kritisierte; diesem wiederum ist, abgesehen von θεραπεύειν, die ganze medizinisch-pharmazeutische Schicht unbekannt, deren sich Basilius ausführlich bedient. Psalmengesang geschieht, um einen Zustand des Leidens durch musikalische Psychagogie und Gewährung von Lust in Besonnenheit und Lust zu überführen[347]. Vor allem aber erscheint – dem Athanasius unbekannt –, im Basiliusprolog zum ersten Mal ein Satzgebilde, das in katalogartig aneinander gefügten Sätzen die Qualitäten des Psalters schildert und seine Segnungen und wunderbaren Wirkungen preist[348]. Es entsteht der Hymnus auf den Psalter, der ja bereits an sich selbst nichts als Hymnus ist. Wir nennen diese lite-

---

Giovanni Pico della Mirandola dargetan hat: s. Anm. 66). Wer es mit dem Psalterium nach Anweisung des Athanasius wagt (periculum fecit) und beginnt Hymnen zu singen, erfährt Frieden (pax), Ruhe (quies/tranquillitas), Heiterkeit (laeticia; B iᵛ-B iiʳ).
Melanchthon macht sich, allerdings bei Zurückweisung der Orpheus-David-Parallele, den ficinisch-reuchlinischen Schwung zueigen, der zur harmonia coelestis emporführt: Der Psalter besitzt eine »vis et energia …, quae animos nostros per harmoniam psalmorum expergefacit, et impetu quodam percitos rapit ad caelestia. [/] Atque hoc habent psalmi veluti γνήσιον, ut exempla sacrae historiae omnibus nostris affectibus tranquillandis component. … Verum hanc suavitatem distillat in pios animos psalmorum spiritus et haec illa caelestis harmonia, quam spiritus dei temperat. Nihil est, quod vetustas gentilium epodas mihi suas aut Orphei hymnos iactet; longe sunt huius citharae voces aliae, quae hominum animos ita caelo sociant, ut plane in divina transforment« (WA 5, 24,38–25,13 = AWA 2, 21,14–22,11).
[346] Luther, WA 5, 22,36; 46,13 = AWA 2, 13,13; 62,6f. Zum Zusammenhang: HAMMER, AWA 1, 64ff.398ff.
[347] Basilius von Caesarea, Hom. in psal. 1,1 (MPG 29, 208A–212C).
[348] Basilius von Caesarea, Hom. in psal. 1,2 (MPG 29,212C–213B). Ähnliche Psalterhymnen finden sich u.a. bei Gregor von Nyssa, Serm. in asc. Chr. (s. Anm. 155); In inscr. psal. I, 3 (Op. V [s.u. Anm. 351], 29,23–30,14); Johannes Chrysostomus, Exp. in psal. 41,1 (MPG 55, 156f; dazu A. NAEGELE, Über Arbeitslieder bei Johannes Chrysostomus, BSGW.PH 57, 1905, 101–142; M.-J. RONDEAU, Une pseudo-préface aux psaumes de St. Jean Chrysostome, JThS.NS 20, 1969, 241–245); Proklos von Konstantinopel, Orat.

rarische Gattung »Lob des Psalters«. Sie verbreitet sich rasch und geradezu
überallhin. Wo immer sie auftaucht, ist sie zumindest indirekt Erinnerung an
den Psalterprolog des Basilius – mit der ›Epistola ad Marcellinum‹ hat dies
nichts zu tun. Der Basiliusprolog hat – verstärkt dadurch, daß er im Westen
als Psalterprolog Augustins galt – seine eigene Wirkungsgeschichte gehabt,
die ebenso wie die des Athanasius direkt im Umkreis Luthers ankommt. Ja,
wenn Luther »praesertim Athanasius et Augustinus« nennt, so sind es präzis
nur die Fernwirkungen von Athanasiusbrief und Basiliusprolog, die bei ihm
anlangen[349]. Zwei Wirkungsgeschichten oder eine? Vermutlich weder das
eine noch das andere, sondern zwei relativ selbständige Gestalten von ein und
derselben monastischen Psaltertradition, die in unterschiedlicher Rezension
in beiden Texten bearbeitet und dargeboten wird[350].

b. Gregor von Nyssa, ›In inscriptiones psalmorum‹ I,3. Mit der monastischen
Psaltertradition, wie sie soeben im Hintergrund von Athanasius und Basilius
zu vermuten war, dürfte auch ein Text Gregors von Nyssa in entfernterem
Zusammenhang stehen. Er intensiviert aus dem – wohl nur knapp früheren –
Basiliusprolog diejenigen Punkte, an denen dieser vom Brief des Athanasius
abweicht. Das bedeutet: Zurücktreten des Monastischen, Dominanz griechischer Musikspekulation. Auch Gregors Text entpuppt sich als bloße Weitergabe empfangener Tradition, diesmal aber nicht solcher von anachoretischen
Vätern, sondern von griechischen Weisen, wie sogleich zu sehen sein wird[351].

II, 1 De incarn. Dom. (MPG 65, 691BC); Ambrosius, Expl. psal. 1, 9 (CSEL 64,7f; dazu:
ABERT, aaO. (s. Anm. 19), 94ff; FISCHER, aaO. (s.u. Anm. 404); Nicetas von Remesiana,
De psalmodiae bono c. 5 (JThS 24, 1922/23, 235f [TURNER]). S.u. Anm. 429.

[349] Luther, WA 5, 46,13f = AWA 2, 62,6f. Zu Athanasius s. Anm. 346; zu »Augustinus« die Hinweise im Apparat des AWA. Der Basiliusprolog konnte Luther auf verschiedenen Wegen bekannt werden: Ludolf der Kartäuser, Expos. in psalt. [verfaßt ca.
1340–43], Speyer 1491, Prolog (p. a ii^va); Johannes Usleuber Frondinus, Psalterium,
Leipzig 1511, Vorrede (p. a ii^r–v; s. AWA 1, 43–45); Georg Spalatin, Vorrede zu Luthers
Auslegung des 109. (110.) Psalms 1518; WA 1, 689,7–35.

[350] Während FERGUSON für die Abhängigkeit des Basiliusprologs von Athanasius plä-
diert (aaO. [s. Anm. 293] 380f; aaO. [s. Anm. 298] 296), was aber bereits eine zeitliche
Schwierigkeit mit sich bringen könnte (Marcellinusbrief nach 361/363, Basiliusprolog
vor 370), schlägt TETZ gemeinsame Abhängigkeit von derselben monastischen Psaltertradition vor: »Abgesehen vom kurzen Anschreiben gibt der Brief [an Marcellinus] sich
als eine von Athanasius wiedergegebene Unterweisung eines Mönchsvaters. Man hielt
dies eher für eine literarische Fiktion. Doch wenn ich recht sehe, kannte auch Basilius
von Cäsarea bei seiner Psalmenauslegung diese Unterweisung über den Psalter; sie
scheint bei ihm ihrem Grundanliegen nach ungebrochener tradiert zu sein, während
Athanasius kritisch überarbeitend referiert« (aaO. [s. Anm. 293] 208).

[351] Gregor von Nyssa, In inscriptiones psalmorum (Op. V [McDONOUGH] 24–175);
als Entstehungszeit kann die Zeit von 370–378 vermutet werden. Die ersten Kapitel

Bereits die ersten Worte – μακάριος ἀνήρ – signalisieren den Skopus: der Psalter weist dem Menschen den Weg zur Seligkeit (μακαριότης), und zwar in der Weise, daß er diesen Weg durch die dargebotene Psalmenfolge Schritt um Schritt selbst vollzieht. Der Psalter ist Gang von der menschlichen Psalmodie bis zur obersten Hymnodie, wie sie der jenseitigen göttlichen Seligkeit zukommt. Menschliche Seligkeit bleibt bei allem Abstand der göttlichen durch Teilhabe und Annäherung verbunden[352].

Ist Seligkeit göttliches Vergnügen und Genuß (θεία ἡδονή), so kann auch der Weg hierzu nicht ohne Lust oder wenigstens Verlangen danach gedacht werden. Genuß ist nicht von vornherein zu verdächtigen; sondern wie die Ärzte gewohnt sind, die Bitterkeit ihrer Medikamente auf dem Weg zur Gesundheit durch Honig zu versüßen, so hat der große David der dürren, manchmal rätselhaften Psalterlehre Honigsüße beigemischt, zur Therapie menschlichen Lebens[353].

Was ist der Sinn des dem Psalter eigentümlichen göttlichen Vergnügens? Wodurch wird es verursacht? Die schnelle Antwort lautet: Dadurch, daß die Worte gesungen werden. Das ist richtig, verlangt aber nach gründlicherer Betrachtung. Diese wird in zwei ungleichen Teilen im Stil einer Weisheitslehre durchgeführt[354].

---

widmen sich der Psalmodie im allgemeinen (περὶ πάσης ὁμοῦ τῆς ψαλμωδίας [24,9f]), womit nichts anderes gemeint ist als das Psalmbuch als ganzes (ἡ θεία τῆς ψαλμωδίας γραφή [26,14f]). Das für die musikalische Gestalt wesentliche Kapitel I, 3 zitiert eine Weisheitstradition (s.u. Anm. 354).

[352] Gregor von Nyssa, In inscr. psal. I, 1 (25f); die entscheidenden Stichworte sind σκοπός und ἀκολουθία. Dazu M.-J. RONDEAU, Exégèse du psautier et anabase spirituelle chez Grégoire de Nysse, in: Epektasis (FS J. Daniélou), Paris 1972, 517–531.

[353] Gregor von Nyssa, In inscr. psal. I, 2 (27–29); der medizinische Vergleich des Psalters mit einem therapeutischen Mittel (28,28–29,2) wird I, 1 (25,13ff) vorbereitet und I, 3 (33,7ff; 34,13ff) durchgeführt. Hier ist die Berührung mit dem Basiliusprolog ebenso stark wie die Differenz zum Marcellinusbrief: während Athanasius die bloße τέρψις des Psalters ablehnt (c. 27 [37D]; 29 [40D]), fordert Basilius eben diese (I, 1 [212B]; I, 2 [213A]) samt ihrer ἡδονή mit demselben Bild der von Ärzten versüßten Medizin.

[354] Gregor von Nyssa, In inscr. psal. I, 3 (29–34), beginnt mit der Frage: Τίς οὖν ἡ ἐπίνοια τῆς ἀφράστου ταύτης καὶ θείας ἡδονῆς, ἣν κατέχεε τῶν διδαγμάτων ὁ μέγας Δαβίδ, δι᾽ ἧς οὕτω γέγονεν εὐπαράδεκτον τῇ φύσει τῶν ἀνθρώπων τὸ μάθημα; (30, 15–17) Die Antwort liegt auf der Hand: πρόχειρον μὲν ἴσως παντὶ τὸ εἰπεῖν τὴν αἰτίαν, καθ᾽ ἣν ἐν ἡδονῇ τὴν ἐν τούτοις μελέτην ποιούμεθα· τὸ γὰρ μελῳδεῖν τὰ ῥήματα εἴποι τις ἂν αἴτιον εἶναι τοῦ μεθ᾽ ἡδονῆς περὶ τούτων διεξιέναι (30, 18–21). Hier hakt Gregor im Lauf des Kapitels zweimal mit dem Bedürfnis genauerer Betrachtung ein: 1. ἐγὼ δὲ κἂν ἀληθὲς ᾖ τοῦτο, φημὶ δεῖν μὴ παριδεῖν ἀθεώρητον (30, 21f); hieraus folgt der Hauptteil (30,22–34,2); 2. ἀλλὰ καὶ τοῦτο προσήκει μὴ παραδραμεῖν ἀθεώρητον (34, 2f); hieraus folgt der kurze Schlußabschnitt (34, 3–15). Beidesmal wird eine von Gregor mitgeteilte Weisheitstradition gegen die Vielen bzw. die Außenstehenden abgegrenzt. Ad 1: ἔοικε γὰρ μεῖζόν τι ἢ κατὰ τὴν τῶν πολλῶν διάνοιαν ὑποσημαίνειν ἡ διὰ τῆς μελῳδίας

Die erste Theorie zur Herkunft des außerordentlichen Vergnügens am Psalter beginnt damit, daß der Mensch ein kleiner Kosmos im großen ist und von diesem alles in sich befaßt[355]. Das All wird von kosmischer Musik durchwaltet; die Vielgestaltigkeit der Klänge – ohne Vielgestaltigkeit keine Melodie, wie der Blick auf den Kitharaspieler zeigt – stimmt durch wunderbare Ordnung und Rhythmus mit sich selbst zusammen; so entsteht himmlische Hymnodie, deren Hörer nicht das Gehör, sondern die Vernunft ist. Allein David hatte das außerordentliche Vermögen, sie zu vernehmen[356]. Kosmische Hymnodie ist Zusammenklang der Gegensätze von Stillstand und Bewegung, von Fixsternen und Planeten, wie David sie im 148. Psalm bezeugte. Sie ist erste, archetypische, wahre Musik. Wenn aber der große Kosmos von musikalischer Harmonie durchwaltet wird, deren Urheber Gott ist (Hebr 11,10) – »deus summus musicus«[357] –, dann befindet sich der Mensch als kleiner Kosmos in genauer Entsprechung hierzu, und alles vom All Gesagte bezieht sich entsprechend auf ihn[358]. Auf diesem Hintergrund läßt sich die anfängliche Frage nach der Ursache des Vergnügens am Psalter wiederaufnehmen. Deshalb hat David wie ein kluger Arzt seinen Lehren Melodien als Honig beigemischt, weil alles der Natur Gemäße der Natur günstig ist und

---

φιλοσοφία. τί οὖν ἐστιν ὃ φημί; ἤκουσά τινος τῶν σοφῶν τὸν περὶ τῆς φύσεως ἡμῶν διεξιόντος λόγον, ὅτι ... (30, 22–25); ad 2: οὐ κατὰ τοὺς ἔξω τῆς ἡμετέρας σοφίας μελοποιοὺς καὶ ταῦτα τὰ μέλη πεποίηται (34, 3f; Fortsetzung s.u. Anm. 360).

[355] Dazu H.-I. MARROU, Une théologie de la musique chez Grégoire de Nysse?, in: Epektasis (FS J. Daniélou), Paris 1972, 501–508, 504ff; J. PÉPIN, Art. Harmonie der Sphären, RAC 13, 1986, 593–618, 615f: in der Rezeption der Lehre von der Sphärenharmonie geht Gregor weit über den zögernden Basilius hinaus.

[356] Gregor von Nyssa, In inscr. psal. I, 3 (30,25–31,16); der Hinweis auf David mit Anspielung auf Ps 19,2.

[357] Der bei Gregor implizierte Topos »deus summus musicus« findet sich deutlicher: Apuleius, De mundo 35,165: Postremo quod est in triremi gubernator, in cursu rector, praecentor in choris, lex in urbe, dux in exercitu, hoc est in mundo deus. Hermes Trismegistos XVIII,1 (NOCK/FESTUGIÈRE II, 248): ὁ γὰρ κατὰ φύσιν μουσικὸς [θεός]. Athanasius von Alexandrien, Or. c. gent. 38 (MPG 25, 77A): Καθάπερ γὰρ εἴ τις πόρρωθεν ἀκούει λύρας ἐκ πολλῶν καὶ διαφόρων νευρῶν συγκειμένης, καὶ θαυμάζει τούτων τὴν ἁρμονίαν τῆς συμφωνίας, ὅτι μὴ μόνη ἡ βαρεῖα τὸν ἦχον ἀποτελεῖ, μηδὲ μόνη ἡ ὀξεῖα, μηδὲ μόνη ἡ μέση, ἀλλὰ πᾶσαι κατὰ τὴν ἴσην ἀντίστασιν ἀλλήλαις συνηχοῦσι· καὶ πάντως ἐκ τούτων ἐννοεῖ οὐχ ἑαυτὴν κινεῖν τὴν λύραν, ἀλλ᾽ οὐδὲ ὑπὸ πολλῶν αὐτὴν τύπτεσθαι· ἕνα δὲ εἶναι μουσικόν, τὸν ἑκάστης νευρᾶς ἦχον πρὸς τὴν ἐναρμόνιον συμφωνίαν κεράσαντα τῇ ἐπιστήμῃ, κἂν μὴ τοῦτον βλέπῃ· οὕτω ... ἕνα καὶ μὴ πολλοὺς νοεῖν ἀκόλουθόν ἐστι τὸν ἄρχοντα καὶ βασιλέα τῆς πάσης κτίσεως. Rupert von Deutz, In Ioh. I (MPL 169, 212A): magnus musicus Deus. Negiert bei Philodem von Gadara, De mus. IV, 22 [35,15f; NEUBECKER 85.117.201]: Gott ist kein Musiker.

[358] Gregor von Nyssa, In inscr. psal. I, 3 (31,17–32,21); die Analogie zwischen Makround Mikrokosmos wird anschließend als Verhältnis von Teil und Ganzem (32,21–33,1) und als Beziehung zwischen Leibesorganisation und einem Orchester (33,1–6) durchgeführt.

sie heilt. Kosmische Harmonie wirkt als Therapie der menschlichen Natur durch Wohlklang und Eurhythmie. Durch sie kann sich der Mensch sein Ethos (ἦθος) zwischen dem Pathos (πάθος) des Zuviel und des Zuwenig erhalten[359].

Die zweite Theorie zur Herkunft des mit dem Psalter verbundenen Genusses geht näher auf die bestimmte musikalische Gestalt des Psalmengesangs ein, über die bisher noch nichts gesagt war. Wie es nicht jedermanns Sache ist, vom verborgenen Zusammenhang zwischen kosmischer Hymnodie und erklingender Psalmodie zu wissen, so verhält es sich auch mit dem Wissen von der konkreten musikalischen Praxis der Psalmodie: außenstehende Melodieschöpfer wissen davon nichts. Nicht auf Psalmodie anwendbar ist das klassische griechische System der Prosodie. Diese regelte die Aussprache (λέξις) durch prosodische Akzente, die teils Höhe oder Tiefe des Tons (τόνοι), teils Länge oder Kürze der Zeit (χρόνοι), teils — von Gregor nicht mehr erwähnt — leichte oder starke Aspiration der Eingangsvokale (πνεύματα), teils Trennung oder Verbindung von Wörtern (πάθη) anzeigten. Die Negation ist deutlich: Psalmodie kann mit Mitteln griechischer Prosodie nicht erfaßt werden, wie ja auch ihr Text nicht griechische Poesie ist, sondern Übersetzung hebräischer. Die Position dagegen bleibt dunkel. Den göttlichen Psalmworten ist eine kunst- und schmucklose Melodie einverwoben, durch die der Sinn des Gesagten zum Ausdruck kommt, und zwar so, daß die bestimmte Art der Anordnung des gesungenen Tons nach Möglichkeit den Inhalt des Wortes offenbart[360].

3. Der ›Oktoechos‹

Der Ertrag der bisherigen klassischen Texte zur Rekonstruktion der Klanggestalt der Psalmodie ist eher gering. Wenn die Interpretation richtig war, so wollte Athanasius das Nicht-Synechetische, Gregor das Nicht-Prosodische des Psalmengesangs betonen, beide somit die von der bloßen gehobenen Sprechstimme zu unterscheidende Singstimme, bei aller Differenz in allem Übrigen. Nun wäre die griechische Tradition der Psalmodie aus unsrer, der Rezipienten, Sicht unvollständig ohne Erwähnung des ›Oktoechos‹. Durch

---

[359] Gregor von Nyssa, In inscr. psal. I, 3 (33,7–34,1).

[360] Gregor von Nyssa, In inscr. psal. I, 3 (34,4–13): [negativ] οὐ γὰρ ἐν τῷ τῶν λέξεων τόνῳ κεῖται τὸ μέλος, ὥσπερ ἐν ἐκείνοις ἔστιν ἰδεῖν, παρ᾽ οἷς ἐν τῇ ποιᾷ τῶν προσῳδιῶν συνθήκῃ, τοῦ ἐν τοῖς φθόγγοις τόνου βαρυνομένου τε καὶ ὀξυτονοῦντος καὶ βραχυνομένου τε καὶ παρατείνοντος, ὁ ῥυθμὸς ἀποτίκτεται, [positiv] ἀλλὰ ἀκατάσκευόν τε καὶ ἀνεπιτήδευτον τοῖς θείοις λόγοις ἐνείρας τὸ μέλος, ἑρμηνεύειν τῇ μελῳδίᾳ τὴν τῶν λεγομένων διάνοιαν βούλεται, τῇ ποιᾷ συνδιαθέσει τοῦ κατὰ τὴν φωνὴν τόνου τὸν ἐγκείμενον τοῖς ῥήμασι νοῦν ὡς δυνατὸν ἐκκαλύπτων. Dazu MARROU, aaO. (s. Anm. 355) 503.

ihn erweitert sich die Information über die Klanggestalt des griechischen Psalters ein wenig, aber nicht direkt, sondern nur durch einen Knäuel kaum entwirrbarer Probleme hindurch. Allerdings wird dabei aus der griechischen Tradition in Wahrheit eine byzantinische.

Um vom Sichersten auszugehen: ›Oktoechos‹ (ἡ ὀκτώηχος βίβλος) im nächstliegenden Sinn ist ein liturgisches Buch, gebräuchlich in zahlreichen orientalischen Kirchen, das hymnische, das heißt nichtbiblische Propriumstexte für Tagzeiten und Liturgie in wöchentlichem Zyklus bietet. Dies geschieht in der Weise, daß der Gebrauch am ersten Sonntag nach Pfingsten beginnt und sich in achtwöchigem Rhythmus durch das ganze Jahr hinzieht, mit Ausnahme der Fasten- und Osterzeit[361]. Mit diesem Buch hängt der Terminus »Oktoechos« ursprünglich zusammen. Seine Texte werden in acht verschiedenen Tönen (ἦχοι) dargeboten, die von Woche zu Woche wechseln und deren Abfolge nach acht Wochen wieder von vorne beginnt. Dieser ursprüngliche Sinn von »Oktoechos« ist aber zeitlich der späteste. In Ausdehnung der buchlichen Bedeutung kann auch das Prinzip, das zur Anordnung der Texte führte, so bezeichnet werden. In nochmaliger Ausdehnung kann »Oktoechos« schließlich das musikalische System der acht Modi heißen, und dieser weiteste Sinn betrifft wohl das historisch früheste Phänomen, das hier am meisten interessiert[362].

Um wieder vom Evidentesten auszugehen: Das musikalische System der acht Töne ist im ›Oktoechos‹ genannten Buch als solches gar nicht vorharden, sondern wird als anderswoher bekannt bereits vorausgesetzt. Abgesehen vom Titel finden die Töne Erwähnung am Anfang und Ende des Abschnitts der jeweiligen Woche. Am Anfang werden die gültigen Töne in der Reiherfolge ἦχος α'–δ' und πλ. α'–δ' genannt, wobei dem 3. Plagalton der selbstän-

---

[361] Ὀκτώηχος τοῦ ἐν ἁγίοις πατρὸς ἡμῶν Ἰωάννου τοῦ Δαμασκηνοῦ περιέχουσα τὴν ἐν ταῖς κυριακαῖς τοῦ ἐνιαυτοῦ ψαλλομένην ἀναστάσιμον ἀκολουθίαν, Venedig 1587 und 1877. Es handelt sich hierbei, wie der Titel besagt, um den sog. kleinen Oktoechos, der nur die Sonntagsproprien enthält; der große Oktoechos (ἡ παρακλητική) umfaßt alle Tage der Woche (E. Wellesz, A History of Byzantine Music and Hymnography, Oxford 1961², 139f). Die Zuschreibung an Johannes Damascenus ist seit dem byzantinischen Musiktraktat des Hagiopolites aus dem 15./16. Jahrhundert üblich. – Syrien: J. Jeannin/J. Puyade, L'Octoëchos Syrien, OrChr.NS 3, 1913, 82–104. 277– 298; Cody (s.u. Anm. 362); Armenien: B. Outtier, Recherches sur la genèse de l'octoéchos arménien, EtGr 14, 1973, 127–211; Byzanz: O. Strunk, The antiphons of the octoechos, JAMS 13, 1960, 50–67, in: Ders., Essays on music in the Byzantine world, New York 1977, 165–190; H. Husmann, Die oktomodalen Stichera und die Entwicklung des byzantinischen Oktoëchos, AfMw 27, 1970, 304–325; Rußland: K. Weber, Oktoechos-Studien I, Leipzig 1932 (Repr. Nendeln 1968); Serbien: E. Wellesz, Die Struktur des serbischen Oktoëchos, ZfMw 2, 1919/20, 140–148.

[362] A. Cody, The early history of the octoechos in Syria, in: N.G. Garsoïan/ Th.F. Mathews/R.W. Thomson (Hgg.), East Byzantium: Syria and Armenia in the formative period, Washington 1982, 89–113, 89 Anm.2.

dige Name ἦχος βαρύς zukommt. Wiederum am Ende der Texte stehen, sozusagen in das Verklingen des jeweiligen Tons hinein, sechszeilige Strophen, die die bestimmte Art des zu verabschiedenden Tones mit Applaus besingen. Diese Strophen gehören ins Rubrum; sie besingen den Ton, ohne selbst gesungen zu werden. Dies sind die einzigen Stellen, an denen der ›Oktoechos‹ die Töne eigens zum Gegenstand der Rede erhebt. Sie werden mit Prädikaten gepriesen, die teils ihre Stellung, teils ihre Ethosqualität betreffen[363]. Information darüber hinaus wäre in mittelalterlichen Handbüchern byzantinischer Musiktheorie zu suchen; diese bieten Listen der acht ἦχοι in der Reihenfolge ἦχ. α’, ἦχ. β’, ἦχ. γ’, ἦχ. δ’ – πλ. α’, πλ. β’, πλ.γ’, πλ. δ’, jeweils mit Intonationsformeln für den liturgischen Gesang, wie sie zum Zweck des Unterrichts gebräuchlich waren. Diese schematischen Formeln ([ἐν-/ἀπ-]ἠχήματα) wurden nicht im Chor gesungen, sondern dienten als didaktische Gedächtnisstützen, um Gestalt und Architektur des jeweiligen Tons, die generelle Linie seines Steigens und Fallens in Erinnerung zu rufen[364].

Zur Erklärung von Herkunft und Systematisierung der Töne gibt es zwei Ansätze, die sich trotz Verschiedenheit nicht von vornherein ausschließen. Der erste Ansatz ist mythisch. Die rätselhafte Tatsache, daß ein gebräuchliches Repertoire auf gegebene Tonformeln zu reduzieren ist, deren Zahl sich auf acht begrenzt, ist eine so erstaunliche Einschränkung des freien Umgangs mit dem Tonvorrat, daß sie nur durch traditionelle Bindungen erklärt werden kann. Was die Achtzahl anlangt, deren traditionaler Druck sogar so groß ist, daß sie sich gegen die Siebenzahl der griechischen Tonskalen durchsetzt, so wird man die Nachwirkung ältester mythischer Bestände aufrufen. Sei es als liebgewordener Zierrat oder Spielerei, sei es als prägende Gewalt: das System der acht Töne hat immer wieder überlebt. Der mythische Ansatz läuft über Korrespondenzen, die zwischen der einzelnen Tonformel oder ihrer Zusammenstellung zum System und einem Sachverhalt kosmologischer, thauma-

---

[363] Die Tonstrophen sind in den Ausgaben Venedig 1587 und Venedig 1877 identisch. Die Stellung der Töne spielt bei Ton 1, 2, 3, 5, 6, 8 eine Rolle; Ton 1 wird als erster der ganzen μουσικὴ τέχνη gerühmt, Ton 8 als Siegel, Spitze und Schlußstein, der alle übrigen Töne in sich enthält. Ton 2–7 werden nach ihrem Ethoscharakter beschrieben: Ton 2 als honigsüßer, vergnüglicher Sirenenton; Ton 3 männlich und schlicht; Ton 4 prunkvolltänzerisch (μουσικώτατος); Ton 5 threnodisch; Ton 6 Verdopplung der Eigenschaften des zweiten Tons, klingend wie eine Zikade; Ton 7 gewappnet und stark. Dabei finden nicht nur melodische, sondern auch rhythmische Eigenschaften Beachtung: ἰσάριθμος (Ton 3); εὔρυθμος (Ton 5). Den hervorragenden Tönen wird nicht nur Achtung gezollt (Ton 3), sondern Applaus gespendet (Ton 1, 2, 8).

[364] J. RAASTED, Intonation Formulas and Modal Signatures in Byzantine Music Manuscripts, MMB.S 7, Kopenhagen 1966, 9. 42–49; M. HUGLO, L’introduction en Occident des formules Byzantines d’intonation, SEC 3, 1973, 81–90: die byzantinischen Formeln als Worte (85), als Töne (90).

turgischer oder ethischer Art gesucht und schließlich gefunden werden. Es liegt in seiner Tendenz, daß bei zunehmender Überschreitung von zeitlichen und räumlichen Grenzen immer mehr mit immer mehr vergleichbar wird, Griechisches mit Orientalischem, Naher Orient mit Fernem Orient, bis die Verbindung von Oktoechos und Mythos so stark wird, daß sich schließlich die Annahme nahelegt, der Oktoechos sei so alt wie die Menschheit[365]. Das Prinzip des mythischen Ansatzes ist symbolische Beziehbarkeit des Oktoechos auf alles und jedes.

Demgegenüber klingt die Frage nach der Ankunft des Oktoechos in der kirchlichen Psalmodie eng und bescheiden. Der zweite Ansatz ist historisch. Psalmodie und System der acht Töne waren nicht immer schon beieinander, wie insbesondere diejenigen Töne zeigen, die in das oktoechische System nicht passen, aber dennoch überliefert worden sind. Daher ist die Frage sinnvoll, wann und wo die Herrschaft des Oktoechos begann, die schließlich in einigen Kulturkreisen dazu führte, andere als oktoechische Musik gar nicht mehr zu kennen. Hier stehen sich Früh- und Spätdatierung gegenüber. Während die ältere Hypothese den ersten christlichen Gebrauch des Oktoechos dem Bischof Severus von Antiochien zu Beginn des 6. Jahrhunderts zuweist[366], häufen sich jetzt Argumente für das Syrien des 8. Jahrhunderts, das bereits mit der traditionellen Zuweisung an Johannes Damascenus im Blick war. Hier, im hellenistischen Syrien, sollte sich die Beziehung zwischen orientalischen Tonformeln und griechischen Tonskalen, zwischen kalendarischer Achtheit und Anordnung kirchlicher Hymnen einstellen, aus der der Oktoechos als charakteristisch byzantinisches Produkt entstanden ist[367]. Offenbar hat sich der Oktoechos als musikalisches System der acht Töne von der primären Bindung an die Hymnographie gelöst, um nach raschem Vordringen bis Byzanz und ins Frankenreich schließlich zu einem

---

[365] E. WERNER, The origin of the eight modes of music (Octoechos). A study in musical symbolism, HUCA 21, 1948, 211–255, wiederabgedruckt in: DERS., The Sacred Bridge. The interdependence of liturgy and music in Synagogue and Church during the first millennium [I.], New York 1959, 373–406: It is our conviction that the principle of eight modes is one of the oldest attempts of mankind to organize the chaotic and to select with discrimination (212 bzw. 374). Außerdem WERNERs Darstellungen: New studies on the history of the early octoechos, Int. Soc. f. Mus. Research, Congress 5, Amsterdam 1953, 428–437; Die Musik im alten Israel, NHbMw I, 1989, 76–112, 107ff: Der Oktoëchos im Alten Orient. D. WULSTAN, The origin of the modes, SEC 2, 1971, 5–20. T. BAILEY, Modes and myth, Studies in music from the university of Western Ontario 1, 1976, 43–54.

[366] Frühdatierung: JEANNIN/PUYADE, aaO. (s. Anm. 361) 87; WERNER, The origin (s. Anm. 365) 232f; WELLESZ, A History (s. Anm. 361) 44; BAILEY, aaO. (s. Anm. 365) 44.

[367] Spätdatierung: CODY, aaO. (s. Anm. 362) 102–106; P. JEFFERY, The sunday office of seventh-century Jerusalem in the Gregorian chantbook (Iadgari), StLi 21, 1991, 52–71, 59ff.

universalen Prinzip kirchlichen Gesanges zu werden, insbesondere aber der
Psalmodie.

§ 6 Augustin und die lateinische Tradition

In diesem Paragraphen kommt das Vorhaben, sich an Vorreden auf den Psalter oder vorredenartigen Texten zu orientieren, dadurch in Bedrängnis, daß
das, was in der Tradition und von Luther als Augustins Vorrede auf den Psalter angesehen wurde, in Wahrheit nicht von Augustin stammt; was aber hier
von ihm herangezogen werden wird, eine Reihe von Texten aus den ›Confessiones‹, in Wahrheit weder Vorrede ist, noch je so gebraucht wurde. Auch
hat das Wort »Tradition« in diesem Paragraphen einen anderen Sinn als im
vorhergehenden. Dort zeigte sich alles Spätere abhängig von Athanasius oder
der von ihm verarbeiteten früheren Überlieferung. Dagegen befinden sich
die in der lateinischen Tradition maßgeblichen Ambrosius und Johannes
Cassian in keinerlei Abhängigkeit von Augustin; abhängig sind aber alle drei
von der griechischen Tradition, deren Darstellung gerade hinter uns liegt.
Augustins Äußerungen zum Psalmengesang in den ›Confessiones‹ und an
anderen Stellen haben wiederum ihre eigene Wirkungsgeschichte, die jetzt
nicht umfänglich darzustellen ist. Was die genannten beiden Gestalten aus der
Nachbarschaft Augustins anlangt, so ist zwar der Text des Ambrosius aus der
›Explanatio psalmorum‹ ein vorredenartiger Text, aber derjenige des Johannes Cassian ist es nicht. Hier handelt es sich um Abschnitte aus dessen ›Conlationes‹. Bei all diesen Texten wird die Wirkung der griechisch-monasti-
schen Psaltertradition, wie sie erstmals Athanasius darbot, deutlich spürbar.
Diese Beziehung ist ebenfalls im Spiel, wenn dem griechischen ›Oktoechos‹
im jetzigen Paragraphen als lateinische Entsprechung der ›Tonar‹ zur Seite
gestellt wird. Dieser nimmt in der abendländischen Tradition, wie zu sehen
sein wird, den systematischen Ort einer Vorrede auf den Psalter ein, wenngleich weniger Vorrede in Worten, als Vorgesang in Intonationsformeln.
Daher steht der Tonar zum Psalter als Klang in der genauesten Beziehung.

1. Augustin, ›Confessiones‹

Augustin hat sich an vielen Stellen seines Werkes in vielerlei Weise zu
Psalmengesang und angrenzenden Themen geäußert, vor allem in den
›Enarrationes in psalmos‹ und ›Confessiones‹, nirgends aber in selbständiger
Thematisierung und Konzentration. Umgekehrt hat er in einzigartiger Kon-
zentration über musikalische Themen in ›De musica‹ gehandelt, aber berührt
darin nie den Psalmengesang. Das Erstaunliche, daß ›De musica‹, obgleich zu

großen Teilen aus der Zeit stammend, die in den ›Confessiones‹ als Epoche intensivster Berührung mit dem Psalmengesang geschildert wird, mit Psalmodie gar nichts zu tun hat, bedarf zunächst der Klärung. Im Enzyklopädieplan des frühen Augustin gehört Musik zu den sieben freien Künsten. Trivium: die niederen, sprachbezogenen Disziplinen Grammatik, Rhetorik und Dialektik; Quadrivium: die höheren, zahlbezogenen Disziplinen Arithmetik, Musik, Geometrie und Astrologie. Musik ist quadriviale Wissenschaft[368]. Sie ist es, sofern sie sich aus aller Sprachbezogenheit löst, die naheliegende Beziehung zu Grammatik und Rhetorik verläßt und sich um Zahlenverhältnisse kümmert, die der Tonstrom in temporaler (›De musica‹ I–VI: De rhythmo) wie intervallischer Hinsicht (›De musica‹ VII–XII: De melo; nicht verfaßt) aufweist[369]. Wissenschaft (»scientia«) ist Musik, weil sie sich als Teil höherer theoretischer Bildung streng von aller praktischen Ausübung und ihrer Art von Kenntnissen unterscheidet. Diese sind mühsam im Gestrüpp der Sinnlichkeit durch hörende Übung (»usus«) und Nachahmung (»imitatio«) zu erwerben und werden im Gedächtnis (»memoria«) gespeichert; jene dagegen, die »musica scientia«, führt zur intelligiblen Schau höherer Ordnungen[370]. Hieraus geht mit aller Klarheit hervor, daß nach Augustins Definition unser durch die Vorbegriffe »palaestra«, »exercitium« und »lectio« hindurch zurückgelegter mühsamer Anmarsch mit »musica« in des Wortes eigentlichem Sinn überhaupt nichts zu tun hat.

Im Hintergrund dieser begrifflichen Strategie steht die alte Auseinandersetzung zwischen »musica« und »cantus«, bzw. »musicus« und »cantor«. Der Verlauf dieses Verhältnisses in Antike und Spätantike darf als zunehmende Separierung charakterisiert werden. Im antiken Sprachgebrauch kann zwar der μουσικός zugleich Aöde und Kitharode sein, aber als bloßes Adjektiv ruft μουσική nach ἐπιστήμη und bietet somit Anlaß zur Unterscheidung zwischen dem μουσικός als Fachmann und dem ἰδιώτης als Nichtspezialisten,

---

[368] Augustin, De musica (MPL 32, 1081–1194). Vom Enzyklopädieplan des frühen Augustin (De ord. II, 35–43; cf. Conf. IV, 16,30) wurde teilweise verwirklicht: De grammatica, De dialectica, De musica. Zur Musik: H. Davenson (H.-I. Marrou), Traité de la musique selon l'esprit de Saint Augustin, Neuchâtel 1942; Wille, aaO. (s. Anm.14) 603–623; C.J. Perl, Augustinus und die Musik, AugM 3, 1955, 439–452; H.I. Marrou, Augustinus und das Ende der antiken Bildung, Paderborn 1981, 183ff.205ff; B. Brennan, Augustine's ›De musica‹, VigChr 42, 1988, 267–281; B.A. Föllmi, Das Weiterwirken der Musikanschauung Augustins im 16. Jahrhundert, Bern 1994.

[369] Augustin De mus. I, 1,1 (MPL 32, 1083): cum videas innumerabilia genera sonorum, in quibus certae dimensiones observari possunt, quae genera fatemur grammaticae disciplinae non esse tribuenda; nonne censes esse aliam aliquam disciplinam, quae quidquid in hujusmodi sit vocibus numerosum artificiosumque, contineat?

[370] Augustin, De mus. I, 2,2 (MPL 32, 1083): Die Musikdefinition »musica est scientia bene modulandi« enthebt die Musik der bloß usuellen Musikpraxis, die durch usus, imitatio, meditatio, memoria tradiert wird (De mus. I, 4,7.9; 5,10).

der halt singt und spielt, wie es Brauch ist. Ist aber, wie regelmäßig in der römischen Welt, Musik zu einem Teil des Quadrivium geworden, so ist sie als zahlbezogene theoretische Wissenschaft dem Trivium entfremdet, entfremdet vor allem auch der lebenspraktischen Situation der Rhetorik und ihrer öffentlichen Übung. »Musica« wird jetzt bestimmt durch die literale Überlieferung der Musiktraktate (Περὶ μουσικῆς, ›De musica‹); dagegen lebt begreiflicherweise »cantus« – nichts als sprachbezogene Musik! – ausschließlich in oraler Tradition. Jetzt gilt: wer singt, musiziert nicht. In dieser Situation entsteht die frühe christliche Bildung eines Clemens von Alexandrien oder Origenes: Vernachlässigung, wenn nicht Abweisung der theoretischen Musik als paganem Wissen, dagegen höchste Schätzung der praktizierten, gesungenen Musik und ihrer wohltätigen Wirkung auf den Ausgleich der Temperamente, samt Ausblicken auf die kosmische Musik der Sphären, dem Inbegriff göttlicher Harmonie. Daß angesichts der Gefahr der Scheidung von Musiktheorie und Gesangspraxis von Augustin, indem er als erster Kirchenlehrer ›De musica‹ schreibt, ein Signal mit großer Fernwirkung ausgeht, ist ohne Zweifel richtig[371]. Aber es ändert nichts daran, daß Augustin, wenn er über Musik schreibt, nicht am »cantus« interessiert ist, wie umgekehrt durch Augustin die den Gesang betreffenden Begriffe dargestellt werden, ohne daß er Anlaß zur Berücksichtigung von »musica« empfindet[372]. So kommt es, daß in den Abschnitten der ›Confessiones‹, in denen die Begegnung mit dem Psalter geschildert wird, von »musica« nicht die Rede ist. Psalter und Musik sind, obgleich der Psalter gesungen wird, zwei ganz verschiedene Welten.

a. Wort und Affekt. Von allen trivialen und quadrivialen Wissenschaften war Augustin am vitalsten mit der Rhetorik verbunden; sie war sein Beruf. Nun war soeben zu sehen, daß nach Lage der Dinge Psalter und Musik in keine Beziehung treten. Jetzt dagegen wird zu erkennen sein, daß Psalter und Rhetorik beginnen aufeinander zuzugehen, nicht ohne Spannung, aber gerade so nicht ohne Beziehung[373]. Im IX. Buch seiner Confessiones versetzt Augustin die erste Begegnung des Neubekehrten mit dem Psalter nach Cassiciacum, das heißt in die Zeit der Weinleseferien des Jahres 386, nach denen ins Rhetorenamt nicht mehr zurückzukehren er entschlossen war. Rückblickend scheint ihm, als sei mit der Ablösung von der Rhetorik zugleich auch dem Wissenschaftsplan insgesamt – an dem er faktisch darüber hinaus festgehalten hat – der Nerv gezogen. Ist dies richtig, dann hatte der Auftritt des

---

[371] S. CORBIN, Musica spéculative et cantus pratique. Le rôle de saint Augustin dans la transmission des sciences musicales, CCMéd 5, 1962, 1–12.

[372] G. WILLE, Art. Cantatio, canticum, cantus, AugL 1, 1992, 724–728.

[373] Erstmals beobachtet von H.J. SIEBEN, Der Psalter und die Bekehrung der voces und affectus. Zu Augustinus, Conf. IX, 4.6 und X, 33, ThPh 52, 1977, 481–497, 485.

Psalters Folgen nicht nur für die Rhetorik, sondern für Trivium und Quadrivium insgesamt. Wenn aber insgesamt, dann auch für die Musik. Darin liegt eine Denkaufgabe, deren Umriß sich in Augustins Bekehrung erstmals abzeichnet, deren Lösung aber ein ganzes europäisches Mittelalter in Anspruch nehmen sollte. Hier geht es darum, das Entstehen des Themas Psalter und Musik, das auf direktem Weg nicht möglich war, auf indirektem Weg in Augustins Text zu beobachten.

Rhetorik und Psalter treffen aufeinander, Rhetorik im Abzug, der Psalter kommend. Rhetorik als Teil des paganen Wissenschaftsbetriebs in »schola« und »gymnasium«, Psalter dagegen als »schola« und »gymnasium« in neuem Sinn; jene Schlangengift im Garten der Kirche, diese heilsames Kraut[374]. Wie in der monastischen Tradition hat er die Wirkung eines Medikaments. Da er einerseits nicht an sich, sondern nur in Relation zur entschwindenden Rhetorik auftritt, anderseits aber die Rhetorik selbst schon seit ihren Anfängen als Seelenarznei beschrieben wurde, so ist der Psalter präzis Dosis gegen die rhetorische Dosis: »antidotum«[375]. Vermutlich stieß Augustin auf den Psalter als Elementarbuch für Katechumenen[376]. Zwar ist er in erster Linie Lektüre, nicht mündliche Rede wie die Rhetorik. Aber da Lesen nie leise vonstatten geht, verbindet sich mit dem Text die Stimme, mit der Stimme der Affekt. Indem sich dies alles beim Lesen einstellt, ist Lesen und Bewegtsein, Lesen und Entbranntsein ein und dasselbe. Dadurch, daß die laute Psalterlektüre sogleich durchschlägt auf den Affekt, tritt der Psalter in Konkurrenz zur Rhetorik, deren genuine Aufgabe es war, die Affekte des Hörers zu bewegen. Offenbar erfüllt der Psalter dies noch wirksamer als die Rhetorik selbst. Wirksamer als Rhetorik ist der Psalter (i) durch seine bisher unbekannte Intensität der Affekte. Im Umgang mit ihm entsteht Vertraulichkeit (»familiaritas«) des Herzens ohne jede Konkurrenz[377]. Es ist, als ob Psalmworte in der lesenden Rezeption sich verwandelten in selbstproduzierte eigene[378]. Anders

---

[374] Augustin, Conf. (CChr.SL 27 [VERHEIJEN]) IX, 4,7.

[375] Augustin, Conf. IX, 4,8; Psaltermedizin als Honig IX, 4,11 (s. Anm. 353). So bereits Gorgias im ›Lob der Helena‹, FVS 82 B 11,14: τὸν αὐτὸν δὲ λόγον ἔχει ἥ τε τοῦ λόγου δύναμις πρὸς τὴν τῆς ψυχῆς τάξιν ἥ τε τῶν φαρμάκων τάξις πρὸς τὴν τῶν σωμάτων φύσιν. ὥσπερ γὰρ τῶν φαρμάκων ἄλλους ἄλλα χυμοὺς ἐκ τοῦ σώματος ἐξάγει, καὶ τὰ μὲν νόσου τὰ δὲ βίου παύει, οὕτω καὶ τῶν λόγων οἱ μὲν ἐλύπησαν, οἱ δὲ ἔτερψαν, οἱ δὲ ἐφόβησαν, οἱ δὲ εἰς θάρσος κατέστησαν τοὺς ἀκούοντας, οἱ δὲ πειθοῖ τινι κακῆι τὴν ψυχὴν ἐφαρμάκευσαν καὶ ἐξεγοήτευσαν. Aufgenommen von Platon, Theait. 167a; Phaidr. 270b.

[376] Augustin, Conf. IX, 4,8: rudis, catechumenus; s. Anm. 279.

[377] Augustin, Conf. IX, 4,8: familiaris affectus animi mei; 4,12: simplex affectus; 6,14: affectus pietatis (cf. X, 33,50).

[378] Augustin, Conf. IX, 4,8: In der Exegese des 4. Psalms unterscheidet Augustin in prosopologischer Weise zwischen Worten, die er selbst sagen kann (v. 2.7b–9), und unter denen, die er nicht selbst sagen kann, zwischen solchen, die ein guter Geist (v. 3–6

wäre auch die Produktion von so etwas wie Confessiones gar nicht zu erklären. Sie gehen hervor aus der einzigartigen Kraft des Psalters, Rezeption in
Produktion zu verwandeln. Es wäre viel zu distanziert, den Gebrauch des
Psalters in den Confessiones Zitat zu nennen; in den ersten zehn Büchern
gibt es nur zwei explizite Psalmzitate. In Wahrheit sind die ›Confessiones‹
nach Heinrich Lausbergs glänzendem Ausdruck »amplifiziertes Psalterium«[379]. Mit dem Bericht über die erste Begegnung mit dem Psalter schildert
Augustin somit auch die Sprachwurzel seiner Confessiones. Der Psalter erfüllt die Aufgabe, die die Rhetorik hätte erfüllen sollen, indem er (ii) mit
neuen Worten neue Affekte bildet. Psalterübung ist Sprach- und Affektschule zugleich. Hier werden die Elemente jener christlichen Sondersprache
gelernt, die sich von der klassichen unterscheidet, und mit ihnen formieren
sich neue Affekte. Affekte wie »timor«, »spes«, »exsultatio«, »dolor« erhalten,
obgleich teilweise in alter Sprachgestalt, einen neuen Sinn[380]. Schließlich
übertrifft der Psalter die Rhetorik (iii) durch den außerordentlichen Reichtum seiner Affekte, ja durch Vollständigkeit. Er enthält alle Affekte[381].

Rhetorischere Rhetorik bietet der Psalter, weil er nicht nur gelesen oder
laut rezitiert, sondern gesungen wird. Die in Hymnen und Gesängen wohl-
klingende Kirche ist selbst nichts als lautwerdender Psalter und amplifiziertes
»psalterium« und stellt als solche die Macht dar, die Augustin bei der Taufe
und beim Tod der Mutter getragen hat[382].

b. Verborgene Verwandtschaft. Wort und Affekt sind durch verborgene Verwandtschaft verbunden. Dies stärker, wenn Worte nicht nur gesprochen, son-

---

propheta) und solchen, die ein böser Geist (v. 7a manichaei) gesagt haben muß. Zur
Prosopologie s. Anm. 299.

[379] H. Lausberg, Rezension von G.N. Knauer, Psalmzitate [in Augustins Konfes-
sionen, Göttingen 1955], ThRv 53, 1957, Sp. 16. Psalmzitate in strengem Sinn gibt es in
Conf. I–X nur zwei, beide im hiesigen Zusammenhang IX, 4,8 und 12,31; alle anderen
sind »appropriierte Ineinssetzungen« (aaO. Sp. 16). Außerdem: S. Poque, Les psaumes
dans les ›Confessions‹ in: A.-M. la Bonnardière (Hg.), St. Augustin et la Bible, BiToTe
33, 1986, 155–166.

[380] Augustin, Conf. IX, 4,9. Psalter als Sprach- und Affektschule bei Sieben, aaO. (s.
Anm. 373) 486f; dort auch der Interpretationsvorschlag: Conf. VII Bekehrung des Intel-
lekts; Conf. VIII Bekehrung des Willens; Conf. IX Bekehrung der Affekte über der
Begegnung mit dem Psalter (485f). Die Bekehrung der Affekte kann sich abspielen a.
indem ein altes Wort einen neuen Sinn erhält, oder b. indem einem alten Wort ein neues
Wort entgegentritt (statt superbia/turgidus spiritus/typhus [IX, 4,7f] humilitas [IX, 6,14]).

[381] Augustin, Conf. X, 33,49: omnes affectus; s. Anm. 82.

[382] Augustin, Conf. IX, 4,8 [Cassiciacum Herbst 386]: legere-recitare-cantare; 6,14
[Mailand Frühjahr 387]: Quantum fleui in hymnis et canticis tuis suaue sonantis ecclesiae
tuae uocibus commotus acriter! Voces illae influebant auribus meis et eliquabatur ueritas
in cor meum et exaestuabat inde affectus pietatis, et currebant lacrimae, et bene mihi erat
cum eis; 12,31 [Ostia Herbst 387]: Totenliturgie für Monica Ps 101,1.

dern gesungen werden. Im X. Buch der Confessiones, in dem Augustin den Sachverhalt der »occulta familiaritas« mehr streift als entwickelt, bleibt, anders als im IX., die Stellung des erklingenden Psalters zweideutig. Während der gesungene Psalter in Augustins Rückblick eindeutig sein Christwerden förderte, erscheint er jetzt im Blick auf sein Christsein unter der Rubrik der Versuchung. Zweideutig ist alle Ohrenlust. Sie bietet ebenso heilsame Wirkung wie Gefahr des Erliegens. Diese Ambivalenz gliedert den Abschnitt über die Versuchung durch Wohlklang im ganzen wie in allem einzelnen[383]. Was über die verborgene Verwandtschaft zwischen Gesang und Affekt gesagt wird, gehört selbst in die Ambivalenz hinein, und zwar vornehmlich auf deren heilsame Seite.

Was zuerst die Seite der Klangkritik anlangt, so wäre diese leicht zu verstehen, wenn es sich einfach um Abwesenheit jeden Klanges handelte. Sobald aber klar ist, daß Negation von Klang schlechthin bei gleichzeitigem Lautwerden des Psalters wohl ein Ding der Unmöglichkeit sein dürfte, entsteht die Frage, an welcher Eigenschaft des Klangs die Kritik einsetzt und wie diese zu fixieren sei. Offenbar betrifft Klangkritik nur eine bestimmte Art des Erklingens des Davidpsalters, nämlich die Wiedergabe mit kunstvoller, lieblicher Stimme und Melodie, und diese betrifft sie ganz[384]. Der Gegensatz ist dann nicht Singen vs. Nichtsingen, sondern So-Singen vs. Nicht-so-Singen[385]. Gesungen würde in jedem Fall, nur eben kunstlos. An dieser Stelle greift die Klangkritik noch einmal zu und versagt sogar dem kunstlosen Sin-

---

[383] Augustin widmet Conf. X, nachdem der Rückblick Conf. I–IX mit der Taufe ans Ziel gekommen ist, der Erforschung seines gegenwärtigen Zustandes. Er findet eine (nach 1.Joh 2,16) dreifache Versuchung, concupiscentia carnis (Conf. X, 30,41–33,50), concupiscentia oculorum (Conf. X, 34,51–35,57), ambitio saeculi (Conf. X, 36,58–39,64). Im Abschnitt über die concupiscentia carnis findet sich nach den Begierden Sexualität und Essen und Trinken, nach der Verführung durch Wohlgerüche schließlich der hier interessierende Passus über die Verführung durch Wohlklang (Conf. X, 33,49f). Dieser Abschnitt ist streng nach der im Einleitungssatz genannten Zweideutigkeit der Ohrenlust (A. Verstrickung, B. Lösung) komponiert. Zwei zwischen Klang und Bedeutung schwankende Sätze (A. Nunc in sonis …, B. Attamen cum ipsis sententiis …), die jeweils auf das Gegenteil dessen hinauslaufen, womit sie begonnen haben, werden im folgenden in je zwei antithetischen Sätzen entfaltet (A.1 Aliquando enim …, A.2 Sed …, B.1 Aliquando autem …, B.2 Verum tamen cum …). Der abschließende Versuch der Zusammenfassung (Ita fluctuo inter periculum uoluptatis et experimentum salubritatis …) gerät trotz Zuneigung zum kirchlichen Brauch des Singens nur noch einmal (Tamen … accidit) zu einer neuerlichen Wiederholung des Schwankens.

[384] Augustin, Conf. X, 33,50: Aliquando autem hanc ipsam fallaciam immoderatius cauens erro nimia seueritate, sed ualde interdum, ut melos omne cantilenarum suauium, quibus Dauidicum psalterium frequentatur, ab auribus meis remoueri uelim atque ipsius ecclesiae (Fortsetzung s.u. Anm. 386). Kritisch im Blick ist die Beseelung der Worte mit Klängen: cum suaui et artificiosa uoce cantantur (X, 33,49); die suaue sonans ecclesia war in Conf. IX, 6,14 gerade unkritisch gewürdigt.

[385] Augustin, Conf. X, 33,49: cum ita cantantur, quam si non ita cantarentur.

gen die Qualität des Gesangs, wie von Athanasius von Alexandrien berichtet
wird, er habe die Anagnosten Psalmen mit so maßvoller Stimmbewegung
vortragen lassen, daß seine Verlautbarung mehr Vortrag als Gesang war[386].
Hier könnte die Klangkritik ein letztes Mal eingreifen. Sobald nämlich unterschieden wird zwischen dem Gesang und den Dingen, die gesungen werden
sollen, vergeht mit dem Gesang auch der bloße Vortrag. Jetzt interessieren
nur noch intelligible Gegenstände. Aber je weiter die Klangkritik zupackt,
desto heftiger protestiert dagegen Augustins Erinnerung an die einstige Rolle

---

[386] Augustin, Conf. X, 33,50: tutiusque mihi uidetur, quod de Alexandrino episcopo
Athanasio saepe mihi dictum commemini, qui tam modico flexu uocis faciebat sonare
lectorem psalmi, ut pronuntianti uicinior esset quam canenti. Nach Quintilian ist der
flexus vocis sowohl ein rhetorischer wie musikalischer Sachverhalt (rhetorisch Inst. orat.
I, 8,1.3: beim Lesen, in Opposition zum Singen; musikalisch Inst. orat. I, 10,22.25: beim
Singen; zwischendrin Inst. orat. XI, 3,60: beim Vortrag (pronuntiatio) als cantus ob-
scurior. Hat somit im flexus vocis (Tonfall) die gesamte Skala vom einfachen Lesen bis
zum kunstvollen Singen Platz, so ist modicus flexus uocis entweder kunstloses Singen in
kleinsten Tonräumen (bei Vermeidung kunstvoller Kantilenen), oder überhaupt nicht
Singen, sondern rednerischer Vortrag. Was von beidem Augustin meint, ist schwer zu
sagen, weil er sich nur annähernd ausdrückt (pronuntianti uicinior ... quam canenti; dazu
ABERT, aaO. [s. Anm. 391] 10.67.83f; WAGNER, aaO. [s. Anm. 13] I, 31). – In jedem Fall
entstehen zwei kritische Punkte der Interpretation:
1. »Athanasius von Alexandrien«, wie er von Augustin Conf. X, 33,50 aufgrund mündlicher Kunde geschildert wird, ist nicht von vornherein identisch mit Athanasius von
Alexandrien als Verfasser der ›Epistola ad Marcellinum‹, wie er im vorangegangenen Paragraphen erschien. Über die Frage, ob Augustin die ›Epistola‹ gekannt hat, rätselt SIE-
BEN, aaO. (s. Anm. 373) 495f, mit offenem Ausgang. Unabhängig davon gilt: Augustin
zitiert Athanasius mit Neigung weg vom Singen in Richtung Vortrag, Athanasius selber
erscheint in der ›Epistola ad Marcellinum‹ umgekehrt mit Neigung weg vom bloßen
Vortrag zum Singen, wie es der Eigentümlichkeit des Psalters entspricht. Sicher eines
kunstlosen Singens, wie es die Abweisung der τέρψις zeigt, die von den Kappadoziern
zugelassen, ja gefordert wurde. Klangkritik mit Athanasius als Autorität dürfte monastischen Ursprungs sein: ›Gerontikon S. Pambonis Abbatis‹, SEMSP I, 2–4; dazu O. WES-
SELY, Die Musikanschauung des Abtes Pambo, AÖAW.PH 89, 1952, 46–62, 59. Erst
wenn man die Aussage Augustins über Athanasius (pronuntianti uicinior ... quam
canenti) im Sinn von »eher Rhetorik als Musik« scharf pointiert, ergibt sich der Gegensatz zu der umgekehrten Aussage »eher Musik als Rhetorik«, die die Essenz von Augustins Begegnung mit dem Psalter in Conf. IX war, wie er jetzt selbst gegen seinen klang-
kritischen Rigorismus einwendet (s.u. Anm. 387).
2. »Athanasius von Alexandrien«, wie er von Augustin Conf. X, 33,50 zitiert wird, lehrt
nicht von vornherein dieselbe Gesangsweise der Psalmen, wie sie Conf. IX, 7,15 als
canere secundum morem orientalium partium, durch Ambrosius nach Mailand übertragen, geschildert wird. Die Nähe des Ambrosius zu den Texten des Basilius und Gregors
von Nyssa macht wahrscheinlich, daß er von diesen eine eher kunstvolle Gesangsart
übernommen hat. Augustin nennt die Einführung ostkirchlichen Gesangs »institutum«
(IX, 7,15), denselben Terminus wiederholt er, wo er kunstvollen, über die athanasiani-
sche Weise hinausgehenden Gesang (cum liquida uoce et conuenientissima modulatione
canere X, 33,50) als nützlich anerkennt (s.u. Anm. 387).

des Kirchengesangs bei seiner Bekehrung. Er legt sie so zurecht, daß selbst kunstvoller Gesang, wenn propädeutisch gebraucht, demjenigen nicht schaden kann, der sich in Wahrheit nicht von ihm bewegen läßt, sondern von den Dingen, die gesungen werden[387].

Was sodann die Seite lustvoller Klangerwartung anlangt, so ist bei Unterdrückung von Kritik klar, daß sich die Gemüter der Menschen kräftiger bewegen lassen, wenn die heiligen Worte in kunstvoller Weise gesungen werden[388]. Aber Augustin hält den Klangwunsch ständig am Zügel der Kritik, so daß er in keinem Augenblick dogmatistisch werden kann. In diesem Kräftefeld steht der Satz über die verborgene Verwandtschaft von Gesang und Affekt[389]. Er wurde dogmatistisch verstanden und rezipiert[390]. Dann wird er zum Hauptsatz einer Lehre vom Ethos in der Musik[391]. Aber im unmittelbaren Kontext ist diese maximale Behauptung von Klangwunsch so sehr eingelassen in das Gegenspiel der Klangkritik, daß deren Druck nun auch an der Art des Behauptens deutlich zu spüren ist. In diesem Satz ist jedes Wort von Wichtigkeit, jedes klingt auf dem Hintergrund einer eingeschliffenen Sprechweise. Die eigentümliche Schwebung zwischen Klangwunsch und Klangkritik kommt präzis zum Ausdruck durch »nescio qua«. »Nescio quid«

---

[387] Augustin, Conf. X, 33,50: Verum tamen cum reminiscor lacrimas meas, quas fudi ad cantus ecclesiae in primordiis recuperatae fidei meae, et nunc ipsum cum moueor non cantu, sed rebus quae cantantur, cum liquida uoce et conuenientissima modulatione cantantur, magnam instituti huius utilitatem rursus agnosco. In der Bekehrung Augustins gehörte »moueri« zum gesungenen Wort (Legebam … et quomodo mouebar Conf. IX, 4,10; commotus acriter IX, 6,14; moueri animos X, 33,49), dies wird jetzt negiert (cum moueor non cantu, sed rebus quae cantantur X, 33,50) und sogleich wieder gesetzt (ut me amplius cantus quam res, quae canitur, moueat X, 33,50).

[388] Augustin, Conf. X, 33,50: Aliquando enim plus mihi uideor honoris eis [sc. sonis] tribuere, quam decet, dum ipsis sanctis dictis religiosius et ardentius sentio moueri animos nostros in flammam pietatis, cum ita [sc. suaui et artificiosa uoce] cantantur, quam si non ita cantarentur.

[389] Augustin, Conf. X, 33,49: et omnes affectus spiritus nostri pro sui diuersitate habere proprios modos in uoce atque cantu, quorum nescio qua occulta familiaritate excitentur.

[390] Isidor von Sevilla, De eccl. off. I, 5 (CChr.SL 113,6) De psalmis; Hrabanus Maurus, De inst. cler. II, 48 (KNOEPFLER 156) De psalmis; Johannes Tinctoris, Lib. de nat. et propr. tonorum I, 32 (CSM 22,69,2–4); Heinrich Müller, Geistliche Seelenmusik, Rostock 1659, 85: »gleichsam eine heimliche Verwandtschafft«; Giovanni Bona, De divina psalmodia, Paris 1672, c. 17, 1,7: cantus occulta proprietate mentem reuocat ad diuina. I. Kant, Kritik der Urteilskraft § 49 (B 195), betrachtet die »ästhetische Idee« als »Aussicht in ein unabsehliches Feld verwandter Vorstellungen.«

[391] H. ABERT, Die Lehre vom Ethos in der griechischen Musik (1899), Tutzing 1968², schließt aus Augustins Satz: »Das Geheimnis der ethischen Macht der Musik beruht also in letzter Linie auf der hörbaren Bewegung. Sie steht in unmittelbarer Wechselbeziehung zu der Bewegung der Seele selbst« (48); das ist der »Hauptsatz« (2) oder der «Fundamentalsatz« (28) der Lehre vom Ethos.

spielt seit Cicero eine standardisierte, bis in die Confessiones und darüber hinaus zu verfolgende Rolle im Begreifen des Unbegreiflichen. Es verweist auf ein geheimnisvolles Etwas, das der ästhetischen Erfahrung in Natur und Kunst, der religiösen Erfahrung in Seele und Gewissen begegnet[392]. Daß die Theorie der Unbegrifflichkeit in die Nähe einer Metapherntheorie führt, sei nur am Rande erwähnt. Das »quaedam« in Luthers ›Monitum‹ hat schon früher darauf aufmerksam gemacht. Ausgehend von Augustins »nescio« erklärt sich die Rede vom »occultum« dann ganz von selber. Verborgen ist nicht das nicht Begegnende, sondern das anders als begrifflich Begegnende. Nur dann könnte Klangkritik den Klangwunsch tilgen, wenn alles Begegnende ausschließlich begrifflich begegnete. Sobald aber nur im geringsten etwas zwar begegnet, aber unbegrifflich begegnet, dringt ein Tönen und Klingen heran, das für den Begriff in jeder Hinsicht unwesentlich gewesen wäre. Das ist das Verborgene, aber als Verborgenes Hervortretende, nicht verborgen um seiner selbst willen, wie es der durch Klangkritik ungezügelte Wunsch gerne gehabt hätte. Aber mit Augustins präzisem Terminus »nescio« ist die Beziehung des Klangwunsches auf die Klangkritik ständig gegeben.

Es folgt die schwer greifbare »familiaritas«. Es handelt sich offenbar um einen Terminus für eine Beziehung, die einerseits weniger ist als Gleichheit, andererseits mehr als Ungleichheit: Verwandtschaft, gegeben, nicht gemacht. Zum Begriffsfeld »Verwandtschaft« gehört in Augustins Satz auch »proprius«: Bezeichnung für das, was in unverwechselbarer, individuellster Weise zugehörig ist. Man kann hier nicht im Lateinischen bleiben; im Hintergrund steht wohl ältere pythagoräische Terminologie: συγγένεια, οἰκειότης. Es ist pythagoräische Tradition, musikalische Phänomene in verwandtschaftlicher Beziehung zu außermusikalischen zu sehen, insbesondere aber zur Seele. Was οἰκειότης oder verwandte Ausdrücke anlangt, so werden diese häufig gebraucht, um zu schildern, wie Harmonie und Rhythmus in unvertauschbare Ähnlichkeit zur Seele treten[393]. Ebenso συγγένεια: als συγγένεια τῶν ὄντων

---

[392] Augustin, Conf. IV, 16,28; V, 10,18; X, 8,13. 17,26. Dazu W.v. WARTBURG, Non sapio quid, in: Studia philologica (FS D. Alonso) III, Madrid 1963, 579–584; E. KÖHLER, »Je ne sais quoi«. Ein Kapitel aus der Begriffsgeschichte des Unbegreiflichen (1953/54), in: DERS., Esprit und arkadische Freiheit, München 1984, 230–286; DERS., Art. Je ne sais quoi, HWPh 4, 1976, 640–644.

[393] Um einige Beispiele zu nennen: Nach Platon, Prot. 326b, ist es im Rahmen des klassischen Bildungsprogramms das Ziel der Kitharisten, die Seelen der Kinder mit Rhythmen und Harmonien vertraut zu machen (οἰκειοῦσθαι); ins Grundsätzliche vertieft: alle Bildung beruht auf Musik, weil diese mit Rhythmen und Harmonien am tiefsten ins Innere der Seele dringt, wodurch ein Verhältnis von οἰκειότης entsteht (Rep. III 402 a; cf. ὁμοιότης, φιλία, ξυμφωνία 401d). Plutarch, De mus. 33: jede Art von Rhythmus oder Melos hat τὴν τῆς οἰκειότητος δύναμιν τελείαν. Iamblich, De myst. III, 9 spricht darüber hinaus von der οἰκειότης zwischen Melodien und Göttern. Umgekehrt bezieht sich die Kritik an derlei Pythagoreismen präzis auf diesen Terminus: Philodem,

in allgemeinster ontologischer Absicht verwendet, dann aber auch speziell für Verhältnisse von Seele und All, soweit sie durch musische Phänomene vermittelt werden[394]. Platon zögert nicht, das Verwandtschaftsverhältnis des näheren sogar als geschwisterlich zu schildern: geschwisterlich sind nicht nur, was praktische Musik anlangt, die Relationen zwischen Musik und Ethos der Seele, zwischen Gymnastik und Musik, sondern geschwisterlich sind auch, was theoretische Musik anlangt, Astronomie und Harmonie, »wie die Pythagoräer behaupten und wir zugestehen«[395]. Was auch immer in Verwandtschaft gezogen wird, Musik und Seele, Musik und Ethos, Musik und Kosmos, so muß von dieser älteren Redeweise die neuere scharf unterschieden werden, die gerne von der Verwandtschaft zwischen Sprache und Musik spricht[396]. Diese ist hier schon deshalb nicht thematisch, weil die dazu erforderliche Scheidung von Sprache und Musik noch nicht vorausgesetzt werden kann. Daher gilt im Blick auf Augustins Satz: Die Relation der Familiarität ist nicht zu suchen zwischen »uox« und »cantus«, sondern zwischen »omnes affectus spiritus nostri« und »proprii modi in uoce atque cantu«. Von welcher Art soll die Beziehung sein? Wohl kaum theoretischer Art, weil sie sonst ohne den Vorbehalt des »nescio« entwickelt werden könnte[397]. Also von usueller Art. Es zeigt sich faktisch, daß bestimmte Affekte durch bestimmte Klänge erweckt werden, wie es in der Begegnung Augustins mit dem Psalter der Fall war. Aber worin die Wirkung besteht, ist nicht zu sagen.

Ein gutes Stück weiter käme man, wenn sich der Begriff »modus« präzisieren ließe. Ohne Zweifel kennt die klassische Rhetorik »modi« als gesungene

---

De mus. IV, 20,32; 35,37: Musik in keinem Verhältnis (οἰκεία, οἰκεῖον) zur Frömmigkeit; IV, 1B,6: Musik ohne jede Relation zum Ethos des Menschen.

[394] Um wiederum nur Beispiele zu nennen: Platon läßt den Pythagoreer Simmias die Stimmung der Leier, verwandtschaftlich (ξυγγενῆ) dem Leiblichen wie dem Göttlichen verbunden, auf die Seele übertragen (Phaid. 85e); er selbst macht Gebrauch von der συγγένεια zwischen Harmonie und Seele (Tim. 47cd). Aristoteles nimmt darauf nur kritisch Bezug: De an. I 408a8; Pol. VIII 1340b17: καί τις ἔοικε συγγένεια ταῖς ἁρμονίαις καὶ τοῖς ῥυθμοῖς εἶναι. Klaudios Ptolemaios, Harm. III, 7 (DÜRING 99,26); Aristides Quintilian, De mus. I, 26; II, 2; Iamblich, De myst. III, 9 fahren trotz der aristotelischen Kritik fort, von συγγένεια zu sprechen. Wiederum zielt Philodem, De mus. IV, 30,15, auf die συγγένεια als Inbegriff der generischen Musiktheorie.

[395] Geschwisterlich (ἀδελφός) verhalten sich nach Platon zueinander Künste und Ethos (Rep. 401a), die vier Lebensformen und bestimmte Klangphänomene (Rep. 402c), Gymnastik und Musik (Rep. 404b) und schließlich Astronomie und Harmonie (Rep. 530d).

[396] ADORNO, aaO. (s.u. Anm. 592) 251.649 »verwandt«; EGGEBRECHT, aaO. (s.u. Anm. 549) 89: »Verwandtschaft«.

[397] Anders MAYR, aaO. (s. Anm. 245) 1105: »Augustins Verständnis des Zusammenhangs von Musik und Hören (...) wird gemäß der pythagoreisch-platonischen Tradition (...) nicht von der Musikpraxis (...), sondern von der Musiktheorie (Einsicht in die mathematische Struktur) her begründet.«

Weisen mit ihrer das Gemüt bezwingenden Macht, sie kennt auch verschiedene Arten von Weisen[398]. Wenn aber Augustins Berührung mit dem Psalter eine Wendung gegen Rhetorik implizierte, dann müßte »modus« sich in einem präziser durch Psalterpraxis definierten Sinn verstehen lassen. Ob man die spätere Bedeutung der verschiedenen Melodieformeln hineinlesen darf?[399] Es ist nicht unangenehm, die herandrängende Behauptung, jeder Herzensregung entspreche eine eigene musikalische Formel, alsbald wieder zurücknehmen zu können durch das allgemeine »nescio«, das den ganzen Satz regiert.

Nachdem Augustin mit seinem Satz von der verborgenen Verwandtschaft zwischen Affekt und Musik dem Klangwunsch nachgegeben hat, ist klar, daß auch dieser Passus mit der gehörigen Kritik zu beschließen ist[400]. Hier wird ein Erkennen durch Sinne ausgeschlossen, es sei denn, daß Sinnenerkenntnis der Vernunfterkenntnis folgt. Das ist die völlige Verkehrung der in Confessiones IX geschilderten Sinnenerkenntnis durch vorausgehenden Psalmengesang.

2. Nachbarschaft Augustins

Es fiele schwer, Augustins Begegnung mit dem Psalter nicht in einer Linie mit monastischer Psaltertradition zu sehen. Allerdings noch schwerer fiele es, genaue Bezüge zu präzisieren. Sowohl in Hinsicht des Klangwunsches wie der Klangkritik übersteigt Augustin die bisherigen alexandrinischen oder kappadozischen Tendenzen der Psalmodie bei weitem. Daß ein Autor durch die Begegnung mit Psalmodie in einen so heftigen, mit so hoher Reflexion ausformulierten Konflikt gerät, ist etwas völlig Neues. Demgegenüber schreiten die beiden aus Augustins Nachbarschaft zu nennenden Psaltertheologen, Ambrosius und Johannes Cassian, auf geläufigeren Bahnen: Ambrosius in spürbarer Beziehung zu den Kappadoziern, Johannes Cassian in Nachfolge zu den ägyptischen Vätern, die er aus eigener Anschauung kennt.

a. Ambrosius, ›Explanatio psalmorum‹ I, 1–12. Auf doppelte Weise hat Ambrosius in der Psalmodie gewirkt: literarisch durch die vorredenartige Eröffnung

---

[398] Rhetorische modi: Quintilian, Inst. orat. IX, 4,10: natura ducimur ad modos; 4,13: numeris ac modis inest quaedam tacita vis; zu den veschiedenen Gattungen von modi: IX, 4,11; XI, 3,17. Cicero, De orat. III, 187

[399] Der Nennung aller Affekte (omnes affectus spiritus nostri – systematisiert durch die klassische Vierzahl der Affekte Conf. X, 14,21) entspricht die Nennung aller Modi (melodiae cantilenarum omnimodarum Conf. X, 6,8).

[400] Augustin, Conf. X, 33,49: Sed delectatio carnis meae, cui mentem eneruandam non oportet dari, saepe me fallit, dum rationi sensus non ita comitatur, ut patienter sit posterior, sed tantum, quia propter illam meruit admitti, etiam praecurrere ac ducere conatur. Ita in his pecco non sentiens, et postea sentio.

seiner Psalmenerklärung, faktisch durch Einführung des Psalmengesangs in der Mailänder Kirche, wie Augustin in den Confessiones berichtet.

Zwar eröffnet Ambrosius seine Psaltervorrede wie ein lateinischer Gregor von Nyssa: Glückseligkeit sei Ziel des Lebens, Genuß Mittel hierzu. Aber in scharfem Gegenschlag betont er darüber hinaus: ebendieselbe Lust gebrauche der Teufel als Stachel des Irrtums[401]. Natürliche Lust, solange sie unverkehrt ist, bezieht sich sowohl auf das Trishagion der Cheruben und Seraphinen, wie es vor Anbeginn der Welt erklang, als auch auf das endliche Halleluja der himmlischen Chöre. Nicht zu vergessen, daß unter urständlichen Bedingungen Harmonie der Sphären wie Klang der belebten und unbelebten Natur den allumfassenden Weltenklang mit süßem Ton wiedergeben. Aber durch teuflischen Trug hat die Menschheit die Teilhabe daran verloren. Der heilige David schenkte den Menschen anstelle jenes himmlischen Verkehrs sein Psalterium, um das Verlorene wenigstens insoweit wiederherzustellen[402]. Der Psalter tritt somit nicht nur auf als biblisches Buch im Zusammenhang mit den übrigen Büchern der hl. Schrift – dies tut er auch, wie Ambrosius in Aufnahme der erstmals bei Athanasius angetroffenen monastischen Psalter-

---

[401] Ambrosius, Expl. psal. 1, 1 (CSEL 64, 3,1–5): [1.] Summum incentiuum uirtutis proposuit deus futurae beatitudinis delectationem; uehemens quoque calcar erroris delectationem esse diabolus excogitauit. utriusque sententiae praestat indicium primus humani generis Adam a domino deo in paradiso positus uoluptatis. – H.J. AUF DER MAUR, Das Psalmenverständnis des Ambrosius von Mailand, Leiden 1977, der die erste Psalmenhomilie auf die Zeit »nach der Einführung des Psalmengesangs in Mailand oder eher nach der Einführung einer neuen Art von Psalmodie, also nach 386, und möglicherweise nach der Expositio zu Ps 118 im Jahre 389« und also »auf ca. 390« datiert (14), ist so sehr auf den Zusammenhang zwischen Ambrosius und Basilius konzentriert (s. die Synopse 345–347), daß er den naheliegenden Zusammenhang mit Gregor von Nyssa vergißt (s. Anm. 353).

[402] Ambrosius, Expl. psal. 1, 2f (CSEL 64, 3,17–4,18): [2.] Laudant angeli dominum, psallunt ei potestates caelorum et ante ipsum initium mundi Cherubim et Seraphim cum suauitate canorae uocis suae dicunt: sanctus sanctus sanctus. innumera angelorum milia adsistunt et seniores et turba magna sicut uoces aquarum multarum concinunt: alleluia. ipsum axem caeli fert expressior sermo cum quadam perpetui concentus suauitate uersari, ut sonus eius extremis terrarum partibus audiretur, ubi sunt quaedam secreta naturae. nec id ab usu naturae alienum uidetur, quandoquidem uox missa gratiore plausu e nemoribus resultet aut montibus et suauiore sono reddant quod acceperint. in scopulis quoque ipsis et lapidibus repperit natura quod delectaret; aliorum specula, aliorum usus delectat aut gratia. ferae ipsae atque aues loci amoenioris aut modulatioris uocis delectatione mulcentur, lactantibus quoque paruulis aut seueritas terrori est aut blanditiae uoluptati. naturalis igitur delectatio est. [3.] Unde et Dauid sanctus, qui aduerteret, unde homo et qua esset fraude deiectus …, itaque reparare eam studens et reformare psallendi munere caelestis nobis instar conuersationis instituit. – Die Leichtigkeit, mit der Ambrosius Engelsgesang und Sphärenharmonie zusammenfügt, ist auf dem Hintergrund eines systematischen Problems zu sehen, das HAMMERSTEIN, aaO. (s. Anm. 97) 10.116–119, entfaltet; zu des Ambrosius sonstigen Äußerungen über die Sphärenharmonie s. PÉPIN, aaO. (s. Anm. 355) 616f.

tradition ausführlich darstellt[403] –, sondern er ist in erster Linie maximaler Ersatz eines Verlorenen, nämlich des universalen Lobpreises, einerlei ob er ursprünglich als Ton der Himmelsachse und der Natur oder als Gesang der engelischen Chöre wahrgenommen worden ist. Als Gotteslob wird der Psalter alsbald selbst Gegenstand des Lobes, wobei Ambrosius über die bei Basilius begegnenden Lobsprüche hinaus den Psalter für lobenswert hält, weil er dem Gotteslob der Gesamtgemeinde, nicht nur spezieller monastischer Gemeinschaften dient[404].

Daß Ambrosius den Psalmengesang in der neuen Weise der Antiphonie eingeführt habe, ist eine Überlieferung, die in dieser Form erstmals bei Isidor von Sevilla anzutreffen ist, dann aber eine Vorgeschichte hat, in der Paulinus und Augustinus die Hauptrolle spielen. Was sich als historischer Kern hinter dieser Mitteilung verbirgt, ist ebenso schwer zu entwirren wie die Unterscheidung von Antiphonie und Responsion, die damit ins Spiel kommt. Völlig klar ist, was Isidor mit antiphonischem Psalmengesang meint:

> Antiphonas Greci primi conposuerunt, duobus choris alternatim concinentibus quasi duo seraphin … Apud Latinos autem primus idem beatissimus Ambrosius antiphonas instituit, Grecorum exemplum imitatus; exhinc in cunctis occiduis regionibus earum usus increbuit.[405]

---

[403] Ambrosius entfaltet Expl. psal. 1, 4–8 die beiden Gesichtspunkte a. der Psalter enthalten in der übrigen Schrift (1, 4–6), b. die übrige Schrift enthalten im Psalter (1, 7–8), wobei der Psalter als Konzentrat aller biblischen Heilmittel (medicina) gilt: quicumque legerit, habet quo propriae uulnera passionis speciali possit curare remedio. quicumque cernere uoluerit, tamquam in communi animarum gymnasio et quodam stadio uirtutum diuersa genera certaminum reperiens praeparata id sibi eligat, cui se intellegit aptiorem, quo facilius perueniat ad coronam (CSEL 64, 6,6–11). Die einzelnen Sportdisziplinen sind biblische Gattungen wie historia, lex, prophetia, correptio, moralitas.

[404] Ambrosius, Expl. psal. 1, 9 (CSEL 64, 7,20–23): psalmus enim benedictio populi est, dei laus, plebis laudatio, plausus omnium, sermo uniuersorum, uox ecclesiae, fidei canora confessio, auctoritatis plena deuotio, libertatis laetitia, clamor iocunditatis, laetitiae resultatio. Als ambrosianisches Eigengut ausgewiesen durch B. Fischer, Psalmus est libertatis laetitia (1963), in: Ders., Die Psalmen als Stimme der Kirche, Trier 1982, 97–102.

[405] Isidor von Sevilla, De eccl. off. I, 7 De antiphonis (CChr.SL 113, 7f); dagegen I, 9 De responsoriis (CChr.SL 113, 8): Responsoria ab Italis longo ante tempore sunt reperta, et vocata hoc nomine quod, uno canente, chorus consonando respondeat. Antea autem id solus quisque agebat; nunc interdum unus, interdum duo, vel tres communiter canunt, choro in plurimis respondente. Etym. VI, 19,7f: Antiphona ex Graeco interpretatur vox reciproca: duobus scilicet choris alternatim psallentibus ordine commutato, sive de uno ad unum. Quod genus psallendi Graeci invenisse traduntur. Responsorios Itali tradiderunt. Quos inde responsorios cantus vocant, quod alio desinente id alter respondeat. Inter responsorios autem et antiphonam hoc differt, quod in responsoriis unus versum dicit, in antiphonis autem versibus alternant chori. Dazu H. Leeb, Die Psalmodie bei Ambrosius, Wien 1967, 103ff.

Antiphonisch ist Psalmengesang, sofern er wechselchörig ist, im Unterschied zum responsorialen Gesang zwischen Vorsänger und Chor, der wiederholend oder alternierend stattfinden kann. Isidor stilisiert die Einführung antiphonischen Gesangs als Tat des Ambrosius; dagegen seine Vorlage, die ›Vita Ambrosii‹ des Paulinus, spricht allgemein davon:

> Hoc in tempore primum antiphonae, hymni et vigiliae in ecclesia Mediolanensi celebrari coeperunt. Cuius celebritatis devotio usque in hodiernum diem non solum in eadem ecclesia, verum per omnes paene provincias Occidentis manet[406].

Die Frage, ob Paulinus unter antiphonischem Gesang dasselbe versteht wie später Isidor, wird wohl negativ zu beantworten sein. Im Hintergrund seines Textes steht der bekannte Bericht Augustins:

> Tunc hymni et psalmi ut canerentur secundum morem orientalium partium, ne populus maeroris taedio contabesceret, institutum est: ex illo in hodiernum retentum multis iam ac paene omnibus gregibus tuis et per cetera orbis imitantibus[407].

Dieser frühesten Nachricht über die Einführung einer neuen Art von Psalmengesang in Mailand ist der Begriff der Antiphonie noch unbekannt, stattdessen wird das Neue als Psalmodie nach dem Brauch des Ostens bezeichnet. Ist nun aber im Westen am Ende des 4. Jahrhunderts nur die responsoriale Psalmodie allgemein verbreitet, so muß es unter den orientalischen Arten von Psalmodie diese gewesen sein, die im Okzident eingeführt wurde. »Antiphon« bei Paulinus wäre dann, anders als bei Isidor und im späteren Sprachgebrauch, nur ein anderes Wort für »Responsion«.

b. Johannes Cassian, ›Conlationes‹ IX/X. Anders als Ambrosius, der unter dem Einfluß der kappadozischen Psalmodie stand, setzt Johannes Cassian die Tradition des ägyptischen Mönchtums fort. Unter die vorredenartigen Texte zum Psaltergebrauch dürfen auch seine Conlationes IX und X gerechnet werden, beide ›De oratione‹ überschrieben, die sich ihrerseits an die Bücher ›De canonico nocturnarum/diurnarum orationum et psalmorum modo‹ (Inst. II/III) anschließen. Im Mittelpunkt steht das Gebet ohne Unterlaß (1.Thess 5,17)[408]. Immerwährend ist das Gebet schon deshalb, weil es eben-

---

[406] Paulinus Diaconus, Vita S. Ambrosii [KRABINGER] c. 13, verfaßt um 420 mit Blick auf die Ereignisse des Jahres 386. Dazu LEEB, aaO. (s. Anm. 405), 98ff.

[407] Augustin, Conf. IX, 7,15, verfaßt um 397 im Rückblick auf die arianischen Wirren 386. Dazu LEEB, aaO. (s. Anm. 405), 91ff; T. BAILEY, Antiphon and psalm in the Ambrosian office, Ottawa 1994.

[408] Johannes Cassian, Inst. II,1; 9,2 (verfaßt 419–426) als Vorankündigung von Conl. IX und X (verfaßt 425–429); dort die Thematisierung von 1.Thess 5,17 in IX, 3,4; 6,5; 7,3; X, 14,2. Dazu B. SIRCH, ›Deus in adiutorium meum intende‹. Psalmenmeditation und Psalmodie im Zusammenhang mit dem monastischen Ideal des immerwährenden Gebetes (1 Thess 5,17), in: BECKER/KACZYNSKI (Hgg.), aaO. (s. Anm. 155) I, 315–343.

soviele Gebetsarten wie Zustände der Seele gibt[409]. Jede Seelenverfassung wird zum Gebet durch die Anrufung Gottes, wie sie eingangs mit der überlieferten Psalmformel »deus in adiutorium meum intende: domine ad adiuvandum mihi festina« (Ps 69,2) geschieht. Alles Begegnende hat darin Platz, sei es Hemmung oder Fortschritt, Freude oder Leid, es sei die Vielfalt dessen, was die Seele durch Vielgestaltigkeit der Affekte zu beschleichen vermag: die Psalmformel kann alle Affekte in sich aufnehmen. Wie sie die Mannigfaltigkeit herandrängender Gedanken besänftigt, so wehrt sie die Anläufe der Dämonen unfehlbar ab[410]. Die Psalmformel stellt im Chaos der Affekte und Dämonen allererst den Raum her, in dem das Psalmgebet seinen Ort findet. Wie die Psalmformel alle Affekte auf sich zieht und in Distanz bringt, so kann, wer sich ihrer bedient, alle Affekte der Psalmen in sich aufnehmen und umgekehrt seine Affekte in Psalmen wiederfinden wie in einem Spiegel[411]. Die Beziehungen zur ›Epistola ad Marcellinum‹ liegen auf der

---

[409] Johannes Cassian, Conl. IX, 8,1: tot enim sunt [species orationum] quot in una anima, immo in cunctis animabus status queunt qualitatesque generari.

[410] Johannes Cassian, Conl. X, 10,1.2.14: Ps 69,2 als formula spiritalis theoriae, disciplinae atque orationis, pietatis. Von ihr gilt: recipit … omnes adfectus quicumque inferri humanae possunt naturae et ad omnem statum atque uniuersos incursus proprie satis et conpetenter aptatur (X, 10,3). Ebenso: sie umfaßt in einem kurzen Spruch quodammodo affectus orationum cunctarum (X, 12).

[411] Johannes Cassian, Conl. X, 11,4–6 (CSEL 13, 304,16–306,3): [4.] … quorum iugi pascuo uegetatus omnes quoque psalmorum adfectus in se recipiens ita incipiet decantare, ut eos non tamquam a propheta conpositos, sed uelut a se editos quasi orationem propriam profunda cordis conpunctione depromat uel certe ad suam personam aestimet eos fuisse directos, eorumque sententias non tunc tantummodo per prophetam aut in propheta fuisse conpletas, sed in se cotidie geri inplerique cognoscat. [5.] tunc enim scripturae diuinae nobis clarius perpatescunt et quodammodo earum uenae medullaeque panduntur, quando experientia nostra earum non tantum percipit, sed etiam praeuenit notionem, sensusque uerborum non per expositionem nobis, sed per documenta reserantur. eundem namque recipientes cordis affectum, quo quisque decantatus uel conscriptus est psalmus, uelut auctores eius facti praecedemus magis intellectum ipsius quam sequemur, id est ut prius dictorum uirtutem quam notitiam colligentes, quid in nobis gestum sit uel cotidianis geratur incursibus superueniente eorum meditatione quodammodo recordemur, et quid nobis uel negligentia nostra pepererit uel diligentia conquisierit uel prouidentia diuina contulerit uel instigatio fraudauerit inimici uel subtraxerit lubrica ac subtilis obliuio uel intulerit humana fragilitas seu inprouida fefellerit ignoratio, decantantes reminiscamur. [6.] omnes namque hos adfectus in Psalmis inuenimus expressos, ut ea quae incurrerint uelut in speculo purissimo peruidentes efficacius agnoscamus et ita magistris adfectibus eruditi non ut audita, sed tamquam perspecta palpemus. nec tamquam memoriae conmendata, sed uelut ipsi rerum naturae insita de interno cordis parturiamus adfectu, ut eorum sensus non textu lectionis, sed experientia praecedente penetremus. atque ita ad illam orationis incorruptionem mens nostra perueniet, ad quam in superiore tractatu, quantum dominus donare dignatus est, ordo conlationis ascendit: quae non solum nullius imaginis occupatur intuitu, sed etiam nulla uocis, nulla uerborum prosecutione distinguitur, ignita uero mentis intentione per ineffabilem cordis excessum

Hand[412]. Aber darüberhinaus bietet Johannes Cassian besonderen Reichtum in der Schilderung der Affekte, auf die der Psalmengesang bezogen ist. Affekte führen über bloß äußere Kenntnis hinaus ins Innerste der Worte, d.h. in ihre Kraft. Sie sind durchweg Sache der Erfahrung. Wie bei der Erfahrung gilt: »experientia magistra«, so bei den Affekten: »magistri adfectus«[413]. Aber belehrend sind sie nur als selbst zu Belehrende, und folglich liegt im Psalmengesang zugleich Ausgang und Ziel der ganzen Bewegung. Ausgang, sofern in der Vielgestaltigkeit der Affekte die Vielfalt des Lebens ankommt und darin die Attacken der Dämonen, die sich mit den Affekten melden; Ziel, indem der zerstörerische Ernst der dämonischen Affekte durch die Verwandlungskraft von Psalmformel und Psalmgesängen überführt wird in freies Spiel, das aber seinerseits nicht affektlos ist, sondern Spiel von Affekten.

3. Der ›Tonar‹

Obgleich alle drei lateinischen Väter deutlich den Psalter als Gesang im Auge haben, ist weniger deutlich, weshalb seine lobenswerten außerordentlichen Wirkungen nur durch Gesang zustande kommen sollen, und geradezu undeutlich, wenn nicht schlicht fehlend sind Angaben zur bestimmten musikalischen Gestalt von Psalmodie. Diesem Mangel kann auch durch den jetzigen Abschnitt nicht begegnet werden. Aber im Rückblick auf die lateinische Tradition der Psalmodie erscheinen nicht nur theologisch-spirituelle Texte, sondern auch der musikalische Brauch selbst, wie er Jahrhunderte nach den lateinischen Vätern in sogenannten ›Tonaren‹ erfaßt und geordnet wurde. Schon um seiner unübersehbaren Spuren willen gehört der Tonar mit zur lateinischen Tradition.

Als ›Tonar‹ (»tonarius«, »tonale«) wird seit der frühen karolingischen Zeit dasjenige Buch bezeichnet, das die Gesänge des gregorianischen Repertoires nach Listen in tonaler Ordnung darbietet. Oberstes Gliederungsprinzip sind die acht Töne, wie sie aus der byzantinischen Liturgie bekannt waren. Darüber hinaus wird innerhalb der einzelnen Töne unterschieden nach Gesichtspunkten, die teils den Text, teils die Melodie betreffen. Textlich so, daß innerhalb der zu einem Ton gehörigen Stücke diejenigen zusammengefaßt werden, die zu einer bestimmten Gattung der Meßproprien gehören oder zu

---

inexplebili spiritus alacritate profertur, quamque mens extra omnes sensus ac uisibiles effecta materies gemitibus inenarrabilibus atque suspiriis profundit ad deum.

[412] Johannes Cassian, Conl. X De oratione, und Athanasius, Epist. ad Marc., berühren sich in folgenden Topoi: omnes adfectus (s. Anm. 82); Psalmworte als eigene Worte; Spiegel (cf. Conl. X, 11,4–6 mit Epist. ad Marc. c. 11/12.

[413] Johannes Cassian, Conl. XIX, 7: magistra experientia (Conl. III, 7,4; XII, 16,3: experientia magistrante; cf. Regula Benedicti c. 1,6: experientia magistra); Conl. X, 11,6: magistris adfectibus (s. Anm. 411).

Antiphonen des Offiziums; melodiös so, daß innerhalb dieser Gattungen wiederum die zusammengestellt sind, die in der Psalmodie dieselbe Schlußkadenz erfordern, sodaß ein System von Differenzien erkennbar wird, das die Anordnung lenkt. Der Zweck des Tonars ist letztlich liturgisch. Bei Stücken wie Offiziumsantiphonen oder Proprien zu Introitus und Communio, die stets mit Psalmodie verbunden sind, kann der dazugehörige Psalmton samt jeweiliger Schlußkadenz leicht aufgefunden werden; Stücke ohne formelle Psalmodie wie Graduale, Alleluia, Offertorium lassen sich immerhin nach ihrem Ton zusammenstellen. Obgleich der Tonar im Prinzip das gesamte Repertoire umfassen könnte, enthält er in den meisten Fällen nur exemplarische Stücke. Er nimmt an der Schwierigkeit der Überlieferung des Cantus gregorianus in die fremde fränkische Welt in der Weise teil, daß er Gesänge mit ähnlichen Melodien zusammenstellt und nach Abzug der Differenzien auf wenige, nämlich acht Tonformeln reduziert. Somit bietet er eine Gedächtnisstütze, die die Vielfalt des Repertoires erschließt. Eine systematische Kompilation dieses Ausmaßes bedurfte außer liturgischer Erfahrung des theoretischen Wissens. Manche Verfasser von Tonarien sind namentlich dadurch bekannt, daß sie ihrem Werk Prooemien vorausschickten, die leicht den Umfang und das Gewicht eines umfassenden Traktats über Musik annahmen[414].

Zwar dienen Tonare liturgischem Zweck, aber an sich selbst sind sie keine liturgischen Bücher. Liturgische Bücher wie ›Antiphonale‹ oder ›Graduale‹ sind unmittelbar Gesangbücher, dagegen der Tonar ist Hilfsbuch hierzu, genauer: Hilfsbuch zu einer im wesentlichen noch nicht schriftlich fixierten Gesangsüberlieferung. Der vollständige Tonar enthält die beiden wichtigsten Gattungen von Musiktheorie: Klassifizierung der tradierten Gesänge (im Corpus des Tonars) und Musiktraktat (im Prooemium). In beiden Teilen erweist sich der Tonar als Werk der Musiktheorie. Darin besteht bei aller sonstigen Vergleichbarkeit der wichtigste Unterschied zum byzantinischen Oktoechos, der an sich liturgisches Buch ist[415]. Beim Oktoechos bringt die

---

[414] M. HUGLO, Les tonaires. Inventaire, analyse, comparaison, Paris 1971; HILEY, aaO. (s. Anm. 524) 325–335. Als ältester Tonar gilt der von St. Riquier (BN Paris lat. 13159; vor 800, cf. NHbMw 2, 1991, 152f). Ältester namentlich bekannter Verfasser eines Tonars ist Regino von Prüm; sein Prooemium ist die ›Epist. de harm. inst.‹ (SEMSP I, 230–247; der Tonar selbst findet sich in SMMA II, 3–73; vor 892). Hält man sich vor Augen, daß die mit Aurelian von Réôme beginnende theoretische Beschäftigung mit Musik mit der Behauptung anhebt, »octo tonis consistere musicam« (Mus. disc. c.8 [SEMSP I, 39]; um 850; cf. Berno von Reichenau, De cons. ton. div., Epist. dedic.: »octo tonis manifestum est musicam consistere« [SEMSP II, 114f]), so ist es nicht übertrieben, in der Ordnung des gesamten Repertoires nach den acht Tönen die Besinnung auf Musik überhaupt am Werk zu sehen.

[415] Zur Differenz von Oktoechos und Tonar in Hinsicht auf die Reihenfolge der Töne und ihrer Benennung: HUGLO, aaO. (s. Anm. 364); DERS., Le développement du

Anordnung in acht Töne unmittelbar Liturgie hervor, dagegen die Anordnung des Tonars stört die gegebene liturgische Ordnung. Weil diese im Westen an keiner Stelle durch die Acht Töne strukturiert wird, läßt sich die Ordnung des Gesangs nach Tönen nur auf der theoretischen Ebene außerhalb der musikalischen Praxis durchführen. Indem Tonare die Vielfalt des Repertoires auf acht Tonfamilien reduzieren, dienen sie der Einführung in Gesangspraxis und Psalmodie. Sie stellen somit eine unvermutete Variante von Vorrede auf den Psalter dar: Vorrede ohne Worte, sondern mit Tönen. Im Kern der Tonare steht der Versuch, zur besseren Merkbarkeit der acht melodischen Familien Intonationsformeln zu vermitteln, in Gestalt entweder von latinisierten byzantinischen ἠχήματα, oder von Neumen, oder von lateinischen Merksprüchen[416]. Immer geht es darum, das Charakteristische eines Tons als Klangformel dem Gedächtnis als Letztes, nicht weiter Reduzierbares einzuprägen. Dadurch bietet der Tonar so etwas wie ein Vorwort auf den Psalter in der Weise eines Prooemiums in strengem Sinn des Wortes. Dieses weist die Form der Achtzahl auf, die sich nach näherer Unterscheidung in authentische und plagale Töne leicht als zweifache Vierzahl zu erkennen gibt. Wenn der Psalterprolog der Hinführung zur Psalmodie dient, dann muß er sich mit der Grundfigur der Achtzahl oder der doppelten Vierzahl verbinden, wie sie mit dem Klang des Psalters daherkommt. Der Tonar als achtteiliges Psalterprooemium muß wohl auch auf die Form des Psalterprologs Einfluß nehmen, wie es in Luthers ›Vorrede auf den Psalter‹ manifest werden wird.

§ 7 Luther und der deutsche Psalter

Von Theologie des Psalters war in unsrem Zusammenhang immer im Sinn einer bestimmten Epoche die Rede; die Epoche hat Anfang und Ende. Während Athanasius und Augustin dem Anfang nahestanden, rückt Luther in die Nähe des Endes. In unserem zweiten Kapitel müßten somit die Eckpunkte einer Theologie des Psalters erscheinen. Was eigentlich der sammelnde Ge-

---

vocabulaire de l'Ars Musica à l'époque carolingienne, Latomus 34, 1975, 131–151; H. Hucke, Karolingische Renaissance und Gregorianischer Gesang, Mf 28, 1975, 4–18.

[416] Tabellen der Intonationsformeln bei: Huglo, aaO. (s. Anm. 364) 90; T. Bailey, The intonation formulas of western chant, Toronto 1974, 48ff.60ff.81ff; Hiley, aaO. (s. Anm. 524) 331–333. Während die Neumen textlos sind, gehören zu den byzantinischen [ἀπ-]ἠχήματα die Kunstworte I. Noannoeane, II. No(n)eais, III. Noenone, IV. Noeais, V. Noea(n)ne, VI. Noeais, VII. Noeoeane, VIII. Noeagis; zu den lateinischen Merkformeln die Texte I. Primum querite regnum dei, II. Secundum autem simile est huic, III. Tertia dies est quod hec facta sunt, IV. Quarta vigilia venit ad eos, V. Quinque prudentes intraverunt ad nuptias, VI. Sexta hora sedit super puteum, VII. Septem sunt spiritus ante thronum dei; VIII. Octo sunt beatitudines.

sichtspunkt ist, unter dem wir von Theologie des Psalters sprechen, und davon, daß sie Anfang und Ende habe – das steht nach wie vor aus. Einstweilen ist zu sagen: Die Epoche der Theologie des Psalters beruht auf einer »culture psalmodique«, von der Paul Riché mit Blick auf das Hochmittelalter geredet hat[417]. Allenthalben zentrale Stellung des Psalters, ausgehend von der monastischen Kultur, Psalter sowohl Elementarbuch des Schulunterrichts wie Grundbuch von Liturgie in allen Verästelungen. Idealisierend hieße dies: Psalter auf dem Weg zu einem Zustand, in dem nicht nur alles was Sprache, sondern auch alles was Musik ist, nur noch als primäres Psalterphänomen gedacht werden kann und muß. Aber psalmodische Kultur hat den Psalter als erklingende Psalmodie zur Voraussetzung (§ 9).

Erhebt sich psalmodische Kultur in dem Maß, wie der Psalter als einzigartig heraustritt aus den übrigen Büchern der hl. Schrift, so muß der deutsche Psalter in der Übersetzung Martin Luthers daraufhin befragt werden, ob er nicht Resultat eines Vorgangs ist, mit dem dieser umgekehrt zurücktritt in die Reihe der anderen biblischen Bücher als eines unter vielen. Der Augenschein – anders kein Zugang – zeigt den deutschen Psalter der Lutherbibel als gedrucktes Buch, monochrom schwarz, ohne Rubrum, ohne Einrichtung zur Psalmodie, keine Töne, keine Noten. Stattdessen gewährt zu Eingang die Illustration »König David als Psaltersänger und -spieler« einen Blick durch das Druckerzeugnis hindurch auf ein Buch im Buche, dessen sich der abgebildete David zum Gesang bediente: das Psalmbuch einer vergangenen Epoche. Sodaß just mit Beginn des Psalters zwei Psalmbücher erscheinen: Psalter deutsch und Psalter als Klang, jener präsent, dieser nur noch bildliche Reminiszenz. In der Tat: die Herausforderung, auf die Luthers deutscher Psalter antwortet, war das Übersetzungsproblem, Übersetzung im Sinn des Transports von Bedeutung zu Bedeutung. Aber aus den vielen Dimensionen von Übersetzung ist diese nur eine einzige. Indem sich alle Aufmerksamkeit darauf konzentriert, daß die Psalmen deutsch sprechen lernen, wird Luthers deutscher Psalter, je vollkommener er in dieser Hinsicht wird, in anderer Hinsicht und hinterrücks zu einem großartigen Dokument des Verstummens des Psalters.

Zwischen dem deutschen Psalter als eben diesem Dokument und dem im Bild erinnerten Psalter als Klang aus der Epoche psalmodischer Kultur steht Luthers ›Vorrede auf den Psalter‹[418]. Als Vorrede blickt sie voraus auf den

---

[417] Riché, s. Anm. 283.

[418] Die hier im Mittelpunkt stehende Vorrede von 1528 (bzw. 1545; im folgenden Nr. 3) steht in einer Reihe mit anderen Vor- oder Nachreden Luthers zum Psalter. – 1. ›Vorrhede auff den psalter‹ 1524 (WA.DB 10/1, 94 und 96; cf. 10/2, LXXXVIIf): Thematisiert das Übersetzungsproblem; Erläuterung von Begriffen im Stil eines Vokabulars mit dem Ziel, den Psalter »heller« (94,11) zu machen: »Der gleychen mehr wird mit der zeyt die vbung selbs [NB: als übersetzende Verständnisübung] klar vnd erkendlich ma-

Psalter, wie er jetzt ist: verstummt. Aber zugleich ist sie zweifellos Höhepunkt einer langen Reihe von Psaltervorreden, voll nachklingender Tradition. Aber eben nachklingend. Besteht zwischen jenem Vorblick und diesem Nachklang eine nicht geringe Spannung, so muß die Vorrede offenbar als Text gelesen werden, in dem sich diese Spannung trifft und auslebt. Psalter als Klang ist unter Bedingungen des verstummten Psalters nur noch erinnerbar wie Buch im Buche oder wie Klang im Nachklang, jetzt gerade vollends verschwindend. Die Spannung, die in Luthers Vorrede steckt, müßte sich dadurch bewahrheiten, daß wir auf Phänomene stoßen, denen der Charakter von Nachklang zukommt.

1. Verstummter Psalter

Das Phänomen des Verstummens des Psalters irritiert durch seine Vielschichtigkeit. Einerseits ist es dehnbar bis ins immer Grundsätzlichere. Andererseits wächst der Wunsch nach Präzision.

Auf den Weg ins Grundsätzliche weisen folgende Fragen. Es verstummt der Psalter – aber verstummt allein der Psalter? Das Verstummen wird hier in die Nähe gebracht zur Reformation – aber ist dies nicht ein Geschehen auf viel breiterer Front, keineswegs bloß aus religiösen Motiven? Es handelt sich wohl um ein generell neuzeitliches Phänomen – aber alsbald muß die Fixie-

---

chen« (96,32f). – 2. Nachwort zum Psalter 1525 (WA.DB 10/1, 588 und 590; cf. 10/2, XC): Thematisch ist der spirituelle Gebrauch des Psalters: »DEr Psalter hat fur andern büchern der heyligen schrifft die tugent an sich, Das er nicht alleyne allerley gutts lere: vnd exempel furlegt, sondern auch auffs aller feynest, mit auserweleten worten zeygt vnd weyset, wie man Gottes gepott solle halten vnd erfullen, das ist, wie eyn hertz geschick: seyn sol, das eynen rechten glauben habe, vnd wie eyn gutt gewissen sich halte gegen Gott ynn allen zufellen, wie es zu trösten vnd auff zu richten sey, Summa der psalter is: eyne rechte schule, darynne man den glauben vnd gut gewissen zu Gott, lernt, vbet vnd sterckt« (588,11–18; s. Anm. 270). Gefordert ist dazu »vbunge« (590,30) in »lesen vnd verstehen« (590,34; cf. 588,32). – 3. ›Vorrhede [auff den Psalter]‹ 1528 (WA.DB 10/1, 98–104; cf. 10/2, LXXXVIII): Im Vergleich mit Nr. 1 und 2 setzt 3 eindeutig die Art des Nachworts 1525, nicht des Vorworts 1524 fort. Außer in den letzten beiden Absätzen (105, 10ff.21ff) nimmt sie keinen Bezug auf das Übersetzungsproblem, sondern entfaltet den Topos von der Einzigartigkeit des Psalters aus der bekannten monastisch-spirituellen Tradition. – 4. ›Praefatio‹ 1529 (WA.DB 10/2, 189–192; cf. LXXXVIIIf): Übersetzung von Nr. 3 durch Justus Jonas. – 5. Nachwort zum Psalter [›Dem Leser‹] 1531 (WA.DB 10/1,590, cf. 10/2, XC): Enthält den Leitsatz für die große Revision der Psalterübersetzung 1531 (dazu O. REICHERT, Der Deudsch Psalter D. Martin Luthers zu Wittemberg 1531–1931, LuJ 13,1931, 29–68). – 6. Vorwort zum lateinischen Psalter 1537 (WA.DB 10/2, 185–188; cf. LXXXIX): zur Revision des Vulgata-Psalters. – 7. Vorrede zur Neuburger Psalterausgabe 1545 (WA.DB 10/2, 155–157; cf. LXXXIX): zum spirituellen Gebrauch des Psalters. – Die Übersicht lehrt, daß bereits mit den beiden ersten Stücken die zwei thematischen Gattungen von Vor- bzw. Nachwort zugegen sind, die nicht mehr überschritten werden: Psalterübersetzung und Psalterbrauch.

rung des Verstummens auf die Epochenschwelle der Neuzeit als unbefriedigend erscheinen. War der Psalter nicht im Grunde immer schon auf dem Weg zum Verlust seines Klanges? Wenn aber das Verstummen weder den Psalter allein betrifft, noch fixierbar ist ausschließlich auf die Schwelle von Reformation oder Neuzeit, ist dann nicht zu vermuten, menschliche Sprache sei immer schon auf dem Weg zum Verstummen und also nur »die erste Sprache des menschlichen Geschlechts sei Gesang gewesen«?[419] Dies ist sicher die fundamentalste Erklärung des Verstummens, jenseits derer es eine fundamentalere nicht gibt. War einst alles Gesang, so ist seither mit der Notwendigkeit des Faktischen ein irreversibler Prozeß im Gang. Singende Völker verschwinden im Sog der sprechenden; die μουσική Altgriechenlands verklingt; die Übung lauten Lesens vergeht; der Psalter verstummt: Epochen einer generellen Verstummungsgeschichte, die die erste Sprache des Menschengeschlechts rationalisierte und humanisierte bis zur jetzigen, zwar nicht klingenden, dafür aber bedeutenden Gestalt. Anstelle gesungener Poesie Prosa der Welt. Wird ein Mensch dieser weitesten Dimension von Klangverlust ausgesetzt, so reagiert er darauf entweder mit der unnachahmlichen Kühle, daß es eben so sei, oder mit der trauernden Wut, daß es nicht so sein solle, ebenso unnachahmlich. So sehr nun auch der Weg ins Grundsätzliche unverzichtbar ist, so sehr müssen dagegen detailliertere Beschreibungen aufgeboten werden. Nimmt man den Ausgang bei der Klanggestalt des Psalters, zu der der Tonar als System von Intonationsformeln eine Art Prooemium in Tönen bietet, so lassen sich Veränderungen musikalischer wie sprachlicher Art beobachten, die in der Lage sind, die Rede vom Klangverlust zu präzisieren und einzugrenzen.

---

[419] J.G. Herder, Ueber die neuere Deutsche Litteratur. Fragmente 1768, SW (Suphan) 2, 72: »Lange Zeit war bei den Alten *singen* und *sprechen* (…) einerlei«; Abhandlung über den Ursprung der Sprache 1772, SW (Suphan) 5, 57: »die erste Sprache des Menschlichen Geschlechts sei Gesang gewesen.« Im Hintergrund: Horaz, De art. poet. 391–407; Strabon, Geogr. I, 2,3 (s. Anm. 316); dazu Koller, aaO. (s. Anm. 52) 193–203: Musik-Dichtersprache-Prosa. J.C. Scaliger. Poetices libri septem 1561 (Repr. Bad Cannstatt 1987), praef.: Nam ut omittam omnium gentium consensum, regis Prophetae cantiones, hymnum in ore Seruatoris nostri: satis patet cum ipsius naturae primordiis cantum primum extitisse. G. Vico, Principj di una scienza nuova (1725[1]), II/2 Della logica poetica: Del canto e del verso si sono preposite quelle Degnità [§ 58] che, dimostrata l'origine degli uomini mutoli, dovettero da prima, come fanno i mutoli, mandar fuori le vocali cantando; di poi, come fanno gli scilinguati, dovettero pur cantando mandar fuori l'articolate di consonanti. Di tal primo canto de'popoli fanno gran prova i dittonghi ch'essi ci lasciarono nelle lingue … Finalmente si dimostra che le lingue incominciaron dal canto … (Opere [Ferrari] 5, 130f). J.J. Rousseau, Essai sur l'origine des langues 1781, zur ersten Sprache der Menschheit ch. 4 [Porset 51]: »l'on chanteroit au lieu de parler«. J.G. Hamann, Metakritik über den Purismum der Vernunft 1784 (SW [Nadler] 3, 286,17f): »Die älteste Sprache war Musik.«

Was die musikalischen Veränderungen anlangt, so ist die erste die des Tonartensystems. Die klassische abendländische Psalmodie war mit der Systematisierung zu acht Psalmtönen engstens verbunden, diese wiederum galten als Musterfälle der acht Kirchentonarten. Sie beruhen auf dem Tetrachord D–G, wobei jeder Ton in authentischer wie plagaler Weise ausgeführt wird. Zwar war die Achtzahl der Psalmtöne von Anfang an umstritten, weil Töne überliefert wurden, die nicht ins System paßten. Sinnvoll ist dieser Streit nur unter Voraussetzung des bestehenden, allenfalls zu erweiternden Systems. Aber nachdem Glarean den Tetrachord nach beiden Seiten durch C und A erweitert hatte und aus C- und A-Skala das Modell der Dur/Moll-Parallele und der moderne Begriff der Tongeschlechter entstanden war, wurde die Ablösung vom System der Kirchentöne eingeleitet. Im selben Zug verliert der Psalter seinen herkömmlichen Klang. Eine zweite Veränderung betrifft den Status der Psalmtöne als Melodiemodelle. Bekanntlich könnte prinzipiell jeder Psalm in jedem Psalmton gesungen werden. Zwar waren traditionelle Einschränkungen im Spiel, wie z.B. Ps 113 »In exitu Israel de Aegypto« nur im neunten Psalmton gesungen wurde, ebenso wie Vorlieben für bestimmte Psalmtöne, etwa den ersten und achten. Aber diese im Prinzip offene, nur faktisch begrenzte Konjugierbarkeit eines jeden Psalms durch jeden Ton kommt an ihr Ende, sobald etwa, wie in der Reformation, das Evangelium stets im achten, die Epistel stets im sechsten Ton oder das Magnificat nur noch im neunten Ton gesungen wird. Dann sind aus ehemaligen Melodiemodellen Melodien geworden, die allenfalls nach neu zu erfindenden Melodien rufen. Indem das bloße Melodiemodell mißbraucht wird als Melodie, verliert wiederum der Psalter seinen herkömmlichen Klang. Eine dritte Veränderung betrifft die Einstimmigkeit. Psalmodie ist einstimmiger Gesang, und zwar so, daß jede Melodie in sich selbst steht, ununterlegbar einer anderen. Mehrstimmigkeit ist nur denkbar durch Erfindung von Melodien, die es liturgisch gar nicht gibt. Geht der Weg faktisch in Richtung Mehrstimmigkeit, so ist dies Besiegelung des Verlusts des klingenden Psalters in seiner herkömmlichen Gestalt. Es entsteht einerseits der Falsobordone-Psalm, mehrstimmige Durchkomposition eines ganzen Psalms zum Zweck der Deklamation bei syllabischer Grundhaltung[420], anderseits die Psalmmotette, Fragmentierung des Psalmganzen zum Spruchkomplex, der unter Preisgabe der strikten cantus-firmus-Achse in geschmeidiger Mehrstimmigkeit komponiert wird, entsprechend dem humanistischen Sprachideal[421]. – Was heißt

---

[420] K. RUHLAND, Der mehrstimmige Psalmvortrag im 15. und 16. Jahrhundert. Studien zur Psalmodie auf der Grundlage von Faburdon, Fauxbourdon und Falsobordone, Diss.phil. München 1975; K. FISCHER, Die Psalmkompositionen in Rom um 1600 (ca. 1570–1630), Regensburg 1979, 136ff.

[421] W. DEHNHARD, Die deutsche Psalmmottete in der Reformationszeit, Diss.phil. Frankfurt/M. 1971; FISCHER, aaO. (s. Anm. 420) 192ff.

nach all dem Klangverlust des Psalters? Offenbar geschieht Klangverlust nicht
einfach als Übergang von Musik zu Nicht-Musik, sondern Klangverlust ist
ein innermusikalischer Vorgang, der – um solche Termini zu gebrauchen –
vom Traditionalen zum Artifiziellen, vom Einfachen zum Komplexen führt,
falls man diesen Entgegensetzungen trauen wollte. Ist Klangverlust des Psalters eine Chimäre?

　　Was die sprachlichen Veränderungen anlangt, so gelangt der herkömmliche Psalter unter den doppelten Druck von poetischer Form und Übersetzung. Die mißliche poetische, im Grunde prosaische Form des lateinischen
Psalters erfährt Verbesserungen durch Reimoffizium und Reimpsalter. Letzterer entwickelt sich weiter zum deutschen Liedpsalter, als dessen Erfinder
Luther mit seinen sieben Psalmliedern gilt. Vollständigkeit des Liedpsalters,
wie sie am Rand der lutherischen Kirche und bei den Reformierten in gro-
ßem Stil verwirklicht wurde, muß offenbar desto mehr angestrebt werden, je
mehr die Unsingbarkeit des Psalters erfahren wird[422]. Obgleich bereits innerhalb des Liedpsalters unterschieden werden könnte zwischen »Psalmlied« und
»Liedpsalm« je nach Intensität der Bindung an die biblische Vorlage, so bleibt
diese Unterscheidung flüssiger als die andere zwischen »Liedpsalter« und
»Psalmdichtung«, wobei jener zum Gesang bestimmt ist, dieser dagegen eine
lyrische Gattung ohne Anspruch auf Gesang[423]. Insgesamt kann behauptet
werden: Reimpsalterien sind Besiegelung des Klangverlusts des Psalters: die
Psalmdichtung, indem sie gar nicht mehr nach Klang strebt, der Liedpsalter,
indem er den Klang vom Psalter abzieht. Aber nun kommt durch die Übersetzung ins Deutsche noch ein weiterer Aspekt hinzu. Thrasybulos
Georgiades nennt ihn »Versprachlichung der Sprache«. Er versteht darunter
den innersprachlichen Prozeß des Verstummens, an dessen Anfang die Musikalität des Altgriechischen, an dessen Ende die unmusikalische Bedeutungs-
kraft des Deutschen steht. Gerade die deutsche Sprache hat sich jener These
zufolge am klarsten von allen musikalischen Komponenten anderer europä-
ischer oder älterer Sprachen getrennt, indem der Gesichtspunkt des Bedeutens den des Erklingens absolut überwiegt. Ist somit Deutsch für Georgiades
das einzigartige Beispiel einer durch »restlose« Versprachlichung verstummten Sprache[424], so hieße »deutscher« Psalter, wie ihn Luther hervorgebracht

---

[422] L. Finscher, Art. Psalm, C.IV: Das Psalm-Lied, MGG¹ 10, 1962, 1705–1711;
M. Jenny, Art. Kirchenlied I, TRE 18, 1989, 611ff.

[423] E. Trunz, Über deutsche Nachdichtungen der Psalmen seit der Reformation, in:
FS J. Pfeifer, Berlin 1967, 365–380; Ders., Art. Psalmendichtung, RDL² 3, 1970, 283–
288; A. Stadler, Das Buch der Psalmen und die deutschsprachige Lyrik des 20. Jahr-
hunderts. Zu den Psalmen im Werk Bertold Brechts und Paul Celans, Köln/Wien 1989;
I.–C. Bach/H. Galle, Deutsche Psalmendichtung vom 16. bis zum 20. Jahrhundert.
Untersuchungen zur Geschichte einer lyrischen Gattung, Berlin 1990.

[424] Th. Georgiades, Der griechische Rhythmus (1949¹), Tutzing 1977²: die Musikalität der altgriechischen Sprache, hervorgebracht durch die Quantitätsrhythmik, ist »für

hat, soviel wie »verstummter« Psalter, der jetzt allenfalls auf Vertonung wartet. Darüber hinaus darf nicht unerwähnt bleiben, daß erstmals Luthers deutscher Psalter dasjenige Psalmbuch ist, das ausschließlich in Gestalt eines gedruckten Buches vorliegt und daher an den Prozessen der Visualisierung, Individualisierung und Kommerzialisierung teilhat, wie sie beim frühneuzeitlichen Entstehen des modernen Lesens zu beobachten sind[425]. Der gemeinschaftlich erklingende Psalter liegt jetzt weit zurück.

Was heißt »Verstummen des Psalters«? Einerseits erscheint die ganze Schwierigkeit dieser Wendung bereits darin, daß der globalen Behauptung, der Psalm habe immer schon Klang mit sich geführt, nicht anders zu begegnen ist als mit der ebenso globalen Vermutung, daß er anders als stumm zu keinem Zeitpunkt gewesen sei und also die Klage über sein Verstummen sich in Wahrheit als bloßes Lamentieren entpuppt. Andererseits – bei Zurücklassung der globalen Behauptungen – ist wohl in der Tat so etwas wie ein Verstummen des Psalters zu beobachten, wie es, befördert vom Buchdruck, als Übergang vom lauten zum leisen Lesen, als Versprachlichung der Sprache und als korrespondierende Musikalisierung der Musik faßbar war. Aber auch hier kehrt die grundsätzliche Schwierigkeit wieder. Wenn nämlich Sprache sich immer mehr ausrationalisiert und perfektioniert zur versprachlichten Sprache, und parallel dazu Musik sich immer mehr ausrationalisiert und perfektioniert zur rein innermusikalischen Musik, dann scheint im Hintergrund so etwas wie eine ursprüngliche Einheit von Musik und Sprache erwartet gewesen zu sein, an der der Grad jenes Verstummens gemessen wird. Aber darüber, worin diese Einheit bestanden haben soll, etwas behaupten zu wollen, hieße dem Dogmatismus Tür und Tor zu öffnen.

Immerhin bieten die beiden im Verstummen des Psalters angetroffenen Kategorien der Versprachlichung der Sprache und der Musikalisierung der

---

immer verstummt« (16); die deutsche Sprache vollendet den Prozeß der Entsinnlichung des Klangleibes älterer Sprachen, indem sie ausschließlich auf Bedeutung, auf von aller Sinnlichkeit befreite Wahrheit aus ist (140ff). DERS., Musik und Sprache (1954[1]), Berlin 1984[3], charakterisiert Luther: »Das Wort als Erklingendes ist für ihn nichts Autonom-Gegenständliches, nichts Formelhaftes (…), nicht als vollzogenes ›Werk‹ greifbar – was alles im lateinischen Wort als Abglanz der antiken Haltung mit enthalten ist. Das Wort ist für Luther nur gegenwärtiger Bedeutungsgehalt« (61). In der deutschen Sprache müssen Erklingen und Bedeuten sich decken (53ff; »Zusammenfallen von Bedeutung und Erklingen« 64), und zwar »restlos« (55.59). DERS., Sprache als Rhythmus (1949), in: Kleine Schriften, Tutzing 1977, 81–96, 94: »restlose[.] Versprachlichung der Sprache«. DERS., Nennen und Erklingen, Göttingen 1985, formuliert im Rückblick, daß »in der deutschen Sprache in besonderem Maße Sprache reiner Prägung, d.h. von der musikalischen Komponente befreite, gänzlich ›versprachlichte‹ Sprache vorliegt« (239 Anm. 8).

[425] M. GIESECKE, Der Buchdruck in der frühen Neuzeit. Eine historische Fallstudie über die Durchsetzung neuer Informations- und Kommunikationstechnologien, Frankfurt/M. 1991; DERS., Sinnenwandel Sprachwandel Kulturwandel. Studien zur Vorgeschichte der Informationsgesellschaft, Frankfurt/M. 1992.

Musik die Möglichkeit, Luthers Äußerungen präzise zu fassen. Seine Vorreden zum Psalter sind nur die eine Seite der Sache. Von ihnen ist zu vermuten,
daß sie, indem sie den Weg des Psalters zu seiner Versprachlichung und damit
seinem Verstummen begleiten, zugleich noch etwas nachklingen lassen vom
gewesenen Klang. Dagegen die Anweisung zum Gesang ist – andere Seite –
aus den Psaltervorreden ausgewandert in Luthers Vorreden zu den Gesangbüchern. Zur Liste der Vorreden auf den Psalter rückt, teilweise mit denselben Entstehungsjahren, die Liste seiner Vorreden zu den Gesangbüchern und
anderer gottesdienstlicher Musik in eindrückliche Parallele[426]. Wie aus der
Reihe der Psaltervorreden diejenige von 1528 hervorsticht, die in der deutschen Fassung als »Lobe vnd preise des Psalters«, in der lateinischen Übersetzung als »Psalmorum Encomium« bezeichnet wird[427], so aus der anderen
Reihe diejenige des Jahres 1538, die unter dem Titel ›Encomium Musices‹
überliefert worden ist[428]. Noch ganz abgesehen vom Inhalt dieser beiden
Vorreden oder Enkomien läßt sich bereits die entscheidende Frage fixieren:
Warum zwei und nicht eines?

---

[426] Die Reihe der Vorreden auf Gesangbücher beginnt im selben Jahr wie die der
Psaltervorreden: 1. ›Vorrhede Martini Luther‹ [auf das Wittenberger Gesangbuch] 1524
(WA 35,474f): Biblische Begründung, weshalb das Singen Gott angenehm sei; daher:
»Auch das ich nicht der meynung byn, das durchs Euangelion sollten alle künste zu boden
geschlagen werden und vergehen …, Sondern ich wollt alle künste, sonderlich die
Musica gerne sehen ym dienst des, der sie geben und geschaffen hat« (475, 2–5). – 2. ›Ein
newe Vorrede Marti. Luth.‹ 1528 (WA 35,475f): Gegen Raubdrucke. – 3. ›Vorrhede auff
alle gute Gesangbücher‹ 1538 (WA 35,483f; cf. WA 48,293ff): Beginnt als Prosopopoiie
der »Fraw Musica« im Sinn eines Selbstlobs der Musik: Z.1–14 Ich-Aretalogie, ab
Z.15 Übergang zur Sie-Aretalogie, ab Z.25 Übergang zum Ich-Gedicht: ur-
bildliche musica mundana (»alle Vögelein«, »die liebe Nachtigal«), die, obgleich selbst
lobeswürdig, »Vielmehr« auf Gott verweist als den letzten Ziel allen Lobes, Z.39f musica
humana (»auch mein gesang«) als Nachahmung der musica mundana: das Gesangbuch,
das jetzt anschließt. Dieses *ist* offenbar »Musik«. – 4. Praefatio zu Georg Rhaus Sammelwerk ›Symphoniae iucundae‹ [›Encomium musices‹ s.u. Anm. 486] 1538 (WA 50, 368–
374): Zwar nicht Vorrede zu einem Gesangbuch in strengem Sinn, aber in deutlicher
Verwandtschaft zu diesen, indem sie sich ausschließlich auf den Begriff »musica« konzentriert. – 5. Vorrede zur Sammlung der Begräbnislieder 1542 (WA 35, 478–483): Zwar
herrscht – terminologisch – engste Verbindung zwischen Musik und Gesang (»Musica
oder Gesenge/Gesang« 479,19f; 480,1), faktisch aber läßt sich die schöne Musik wie ein
Gewand von den bisherigen (falschen) Texten abstreifen und dem wahren Gotteswort
anlegen (480,1–10). – 6. Vorrede zum Babstschen Gesangbuch 1545 (WA 35, 476f):
Alter und neuer Gottesdienst u.a. – Nur in Gesangbuchvorreden gebraucht Luther den
Begriff der Musik (Musik = Gesang), in Psaltervorreden nicht. Dies gipfelt in Nr. 3 und
4, wo Musica zum ausschließlichen Gesichtspunkt wird.
[427] Luther, WA.DB 10/1, 99 Marginal; WA.DB 10/2, 189,7.
[428] Luther, Praefatio zu den Symphoniae iucundae, WA 50, 368–374; von Johann
Walter 1564 in deutscher Fassung aufgenommen in seine Schrift »Lob vnd preis Der Him-
lischen Kunst Musica«; von M. Praetorius 1605 überliefert unter dem Titel ›Encomium
Musices‹ (W. BLANKENBURG, Johann Walter. Leben und Werk, Tutzing 1991, 85).

2. ›Encomium psalmorum‹

Aus den vielen Gesichtspunkten von Luthers ›Vorrede auf den Psalter‹ sind
hier drei von Wichtigkeit: das Lob des Psalters, der Psalter als Sinnen- und
Herzbuch, das Bild vom menschlichen Herzen als Schiff auf einem wilden
Meer, das von den Stürmen aus vier Himmelsrichtungen getrieben wird.
Gilt Luthers Vorrede einerseits dem deutschen und also dem verstummten
Psalter, und ist sie anderseits Gipfel und Ende der ganzen Epoche der Theo-
logie des Psalters, so muß sie daraufhin befragt werden, ob in ihr noch etwas
ankommt vom einstigen Psalterklang. Klang im Zustand des Verklingens ist
Nachklang (ἀπήχημα). Also fragen wir danach, ob so etwas wie Nachklang
des Psalters in Luthers Vorrede vernehmbar wird.

a. Lob des Psalters. Die klassische Rhetorik kennt als drittes der möglichen
Redegeschlechter das »genus ἐπιδεικτικόν« bzw. »laudativum«. Dieses hat
nicht wie die beiden anderen damit zu tun, durch Zu- oder Abmahnen etwas
bewegen zu wollen, sondern zu feiern, was ist. Die dazugehörige Gattung ist
das Enkomion. Lob des Psalters ist ein in der Epoche der Theologie des
Psalters häufiger Redestil, charakteristischerweise nicht des Athanasius, aber
der kappadozischen Väter und aller, die an dieser Tradition partizipieren. Als
Lob des Psalters sei ein Satzkatalog bezeichnet, der in Anlehnung an die Gattung des Hymnus den Psalter in seiner Einzigartigkeit unter allen Büchern
der Schrift zum Subjekt macht und ihn in seinen vielfältigen Eigenschaften
und außerordentlichen Wirkungen feiert. Am Eingang von Luthers Vorrede
steht die Erinnerung an das traditionelle Psalterlob[429].

---

[429] Psalterlob dieser Definition findet sich bei Basilius, Gregor von Nyssa, Johannes
Chrysostomus, Proklos von Konstantinopel, Ambrosius, Nicetas von Remesiana (zu diesen s. Anm. 348 und die dortigen Verweise) u.ö. Hinzuzufügen ist Cassiodor, Expositio
psalmorum, praef. 16 (CChr.SL 97, 22,25–28): [Psalterium =] Thesaurus in pectore
mundo semper excrescens, consolatio magna lugentium, spes beata iustorum, pericli-
tantium utile suffragium, unde semper quod expedit tollitur, eiusque fons indefecta
perennitate seruatur; De inst. div. litt., c. 4 (MPL 70, 1115CD): Psalterium est enim
quaedam coelestis sphaera, stellis densa micantibus, et (ut ita dixerim) quidam pavo pul-
cherrimus, qui velut oculorum orbibus et colorum multiplici et decora varietate depin-
gitur; paradisus quinetiam animarum, poma continens innumera, quibus suaviter mens
humana saginata pinguescat. – In Luthers Umgebung findet sich Psalterlob dieser
Traditon bei Ludolf dem Kartäuser, Johannes Usleuber Frondinus und Georg Spalatin (zu
diesen s. Anm. 349). – ›De laude psalmorum‹: Johannes Wallensis (von Johannes Mauburnus als Verfasser einer solchen Schrift genannt: Rosetum [s. Anm. 211], tit.5, fol.15ᵛᵃ).
Das Zustandekommen des Buchtitels zeigt schön das Tübinger Exemplar (UB: Gb 79 a)
des Froschauer-Drucks des Athanasius, Augsburg 1500, in dem handschriftlich eingetra-
gen ist: »de laude psalmorum« (p. aᴵʳ). – In seiner ›Vorrede auf den Psalter‹ 1528/45
nimmt Luther die Tradition des Psalterlobs mit den Worten auf: »ES haben viel heiliger
Veter den Psalter sonderlich fur andern Büchern der Schrifft gelobet vnd geliebet«

Aber dies ist bei Luther nur die erste Schicht. Psalterlob ist nicht nur zu rezipieren, sondern jetzt aktuell zu produzieren. Es fällt auf, daß Luther in keiner Weise den traditionellen Enkomienstil wiederholt. Nicht der Psalter wird gelobt, folglich ist dieser auch nicht Subjekt hymnischer Attributionen, und jede quasigöttliche Stellung, wie sie dem hymnischen Subjekt als Zentrum machtvoller Wirkung gebührt, geht ihm ab. Gelobt wird der Psalter nur mittelbar, sofern in Wahrheit Gott gelobt und gedankt wird für die Gabe des Psalters, und zwar jetzt des deutschen[430]. Wird im Sinn der ersten Schicht der Psalter dafür gelobt, daß er – der Psalter – außerordentliche, göttliche Wirkungen vollbringt, so gilt im Sinn der zweiten Schicht – eben der Luthers – das Lob dem Psalter nur, sofern er außerordentliches göttliches Wort und Hervorbringung ist, wofür in Wahrheit nicht er, sondern sein Urheber zu loben ist. Gehört jene Schicht noch ganz in die abziehende antike Welt und ihrer Vielsinnigkeit des Göttlichen, so meldet sich in dieser die Ankunft einer neuen Welt, in der das Göttliche, abgezogen von aller Welt, nur noch *einen* Sinn hat.

Aber wiederum diese beiden ersten Schichten, rezipierende und produzierende, sind keine erschöpfende Darstellung des Psalters. Vielmehr, indem Psalterlob als genitivus obiectivus zum genitivus subiectivus wird, rückt der Psalter nicht nur als Gegenstand von Lob in den Blick, sondern als selbst lobend. Gerade nachdem soeben der Psalter in Relation zu seinem Urheber, zu Gott, präziser zum Hl. Geist zu erkennen war, kann gesagt werden: Das Werk lobt seinen Meister selbst am besten[431]. Auch das ist Psalterlob, nämlich Lob, welches die Psalmen verrichten. Dabei wird nicht ausschließlich an die bestimmte Gattung der Lob- und Dankpsalmen zu denken sein, sondern

---

(WA.DB 10/1, 99,2f; zu »sonderlich« s. Athanasius, Epist. ad Marc., c. 2 [12BC] τὸ ἴδιον/ τὰ ἴδια; c. 10 [20c] παρατήρησις ἐξαίρετος, ἴδιον θαῦμα usw.).

[430] Luther, Vorrede auf den Psalter 1528/45 (WA.DB 10/1, 99,4f): »Doch müssen wir vnser Lob vnd Danck auch daran beweisen.« Und der Schluß (105, 10–12. 21–24): »DArumb lasst vns nu auch fursehen, das wir Gott dancken, fur solche vnaussprechliche güter, vnd mit vleis vnd ernst dieselbigen annemen, brauchen vnd vben, Gott zu lob vnd ehre … DAS helffe vns der Vater aller Gnaden vnd Barmhertzigkeit, durch Jhesum Christum vnsern HErrn, Welchem sey Lob vnd Danck, Ehre vnd Preis fur diesen Deudschen Psalter, vnd fur alle seine vnzeliche vnaussprechliche Wolthat in ewigkeit, AMen, AMEN.«

[431] WA.DB 10/1, 99,3f): »Vnd zwar lobt das werck seinen Meister selbs gnug« (Sir 9,24). Als Autor des Psalters erscheint »Der heilige Geist« (99,27). Vom Hl. Geist als Poet des Psalters in Konkurrenz zu menschlichen Poeten spricht Luther in der ›Vorrede‹ zu ›Der 111. Psalm ausgelegt‹ 1530 (WA 31/1, 393,15–20): »Und hatte auch willen, davon [sc. vom Kommunionspsalm 111] ein sonderlich new lied zu machen, Aber weil der heilige geist, der hohest und beste Poet odder tichter zuvoren bereit besser und feiner lieder (nemlich die lieben Psalmen) gemacht hat, Gott damit zu dancken und loben, hab ich meine garstige und schnöde Poeterey odder geticht lassen faren, Und diesen Psalm, des heiligen geists lied und geticht, fur mich genomen, den selbigen ausgelegt …«

auch die entgegengesetzten Klagepsalmen dürften als poetische Werke ihren Meister loben, weil sie trefflich und im Ernst geredet sind. Somit sind sie trotz Klage gleich lobenswert wie die Lobpsalmen. Lob ist hier nicht materiale Lobdichtung, Lobgedicht, sondern dasjenige Loben, das durch die völlige Angemessenheit und Wirksamkeit der Dicht*art* implizit stattfindet, was auch immer die Gattung des Gedichts im einzelnen sein mag. Psalterlob in diesem Sinn ist nichts anderes als Gotteslob[432].

Aber alsbald zeigt sich, daß der Begriff des Psalterlobs durch die bisherigen drei Schichten noch nicht erfüllt ist. Auf der Ebene des genitivus obiectivus erschien Psalterlob sowohl als zu rezipierendes wie als zu produzierendes, auf der Ebene des genitivus subiectivus war bisher nur vom Gotteslob die Rede, sofern es zu rezipieren ist. Offenbar ist noch eine vierte Stelle frei: Wiederholung des Wesens des Psalters als Gotteslob durch eigene Produktion. Luthers Aussage, daß auch wir unser Lob und Dank zu beweisen haben, bezieht sich nicht nur auf das Väterlob des Psalters (Schicht 1), dem es zu antworten gilt (Schicht 2), sondern auch auf das innere Gotteslob des Psalters (Schicht 3), dem durch eigene Produktion zu entsprechen ist (Schicht 4)[433]. Wird aber Psalterlob im Sinn des vom Psalter vollzogenen Gotteslobs zu unserer Aufgabe, so geschieht es im selben Moment, daß der Psalter als überflüssig herausfällt und wir als lobende Subjekte an seine Stelle treten und über unserem Dichten und Loben wohl so etwas wie ein Gesangbuch entstehen muß, ein vom Psalmbuch unterschiedenes, aber geschwisterliches Buch des Gotteslobs. Entscheidend ist, daß der Satz »Doch müssen wir vnser Lob vnd Danck auch daran beweisen« zwei, nicht nur ein Arbeitsvorhaben enthält. Die Vorrede auf den Psalter ist nur die eine Seite der Aufgabe (Schicht 2), während die andere (Schicht 4) in Vorreden auf die Gesangbücher vorgestellt wird: jene als ›Encomium psalmorum‹, diese als ›Encomium musices‹.

b. Psalter als Sinnenbuch. Was die sinnliche Erscheinung des Psalters anlangt, so lautet die Hauptaussage: Jetzt ist der Psalter ans Licht getreten, früher lag er in Finsternis. Aber natürlich ist damit keine sinnliche Erscheinung des Psalters gemeint, sondern eine intelligible. Der durch Exegese und Übersetzung verstehbar gewordene Psalter ist der endlich hell gewordene Psalter[434].

---

[432] Der Psalter als ganzer, nicht nur in seinen Lobpsalmen, ist »ein lobe buch« (WA 38, 18,6): Psalterlob im Sinn von »laus dei« (WA 5, 23,26 = AWA 2, 15,5).

[433] WA.DB 10/1, 99,2–5: »ES haben viel heiliger Veter den Psalter sonderlich fur andern Büchern der Schrifft gelobet vnd geliebet, Vnd zwar lobt das werck seinen Meister selbs gnug. Doch müssen wir vnser Lob vnd Danck auch daran beweisen.«

[434] WA.DB 10/1, 99,9; 105,13f: »finsternis …, das man nicht wol einen Psalmen recht verstund«, »Denn vor hin zur zeit der finsternis, welch ein Schatz hette es sollen geacht sein, wer einen Psalmen hette mügen recht verstehen.«

Gehört somit der dunkle oder helle Psalter in den Bereich des Verstehens und der Intelligibilität, so überrascht daneben eine Reihe von Aussagen zur Sinnlichkeit des Psalters. Selbst im Zustand der Finsternis, während der Psalter »vnter der banck« lag, ging unfehlbar sinnliche Wirkung von ihm aus, zwar nicht deutliche Botschaft für das Verstehen, aber immerhin deutlich für den Geruch. Wohlduft, unwirksam in intelligibler Hinsicht, wirksam aber als Andacht und Kraft[435]. Wenn Luthers Vorrede, wie allenthalben deutlich, ihren Platz an der Stelle beansprucht, wo die Finsternis weicht, so heißt dies, daß der Psalter nicht nur sinnenhaft, d.h. sinnlich (aber am Sinn vorbei) wirken muß, sondern er wirkt jetzt direkt, indem er die Intelligenz erleuchtet und auf Geruch ganz verzichtet. Vom Geruch bleibt nur noch übrig die Reminiszenz. Beim Lesen des verstehbar gewordenen Psalters stellt sich die Empfindung von Süßigkeit ein: Lesen als Riechen[436]. Offenbar steht Luthers Vorrede systematisch an dem Punkt, wo sinnliche Sinnlichkeit in geistliche übergeht und die sinnliche zur bloßen Reminiszenz wird. Jetzt ist die Empfindung, daß der Psalter riecht, nicht mehr Riechen des Riechbaren, sondern, weil es Worte sind, die riechen, Riechen des Unriechbaren. Riechen als geistlicher Sinn unterscheidet sich vom Riechen des Riechbaren als Riechen des Unriechbaren. Auch ein Tier riecht; aber einem Menschen, der sich durch Sprachfähigkeit vom Tier unterscheidet, gebührt Riechen als auf Sprache bezogener Sinn[437].

Als zweiter Sinn zum Genuß des Psalters eingeladen ist der Geschmack. Zwar kann selbst ein Tier essen, trinken, fasten, dürsten, aber dem gottlosen Menschen schmeckt am Psalter nichts[438]. Dies kommt davon, daß Schmekken des Psalters kein Schmecken des Schmeckbaren ist, sondern Schmecken

---

[435] WA.DB 10/1, 99,8–12: »Das der Psalter die weil vnter der banck, vnd in solchem finsternis lag, das man nicht wol einen Psalmen recht verstund, Vnd doch so trefflichen edlen geruch von sich gab, das alle frome hertzen auch aus den vnbekandten worten andacht vnd krafft empfunden, vnd das Büchlin darumb lieb hatten.« In der lateinischen Übersetzung wird deutlich: Riechen tut der Psalter, sofern er gesungen wird. ... ut interim Psalmi, in tenebris neglecti iacerent, ut ne unum quidem Psalmum haberemus commode redditum aut intellectum. Quia tamen hic liber Dauidis canebatur in omnibus templis et horarijs precibus, a tot milibus frequentabatur. Ea ipsa quamuis frigida tractatione Psalmorum, aliquis tamen odor uitae oblatus est, plaerisque bonae mentis hominibus, et utcunque ex uerbis illis etiam non intellectis, semper aliquid consolationis et aurulae senserunt e Psalmis pij, ueluti ex roseto, leniter spirantis, Haud aliter atque per ameniβimum pratum ingredienti, ei qui ignoret herbarum et florum uim, suauis aliquis odor ad nares perueniat (WA.DB 10/2, 189,12–19).

[436] WA.DB 10/1, 101,6f: »Da ist der Psalter ein ausbund, Darin er auch so wol vnd süsse reucht, wenn man darinne lieset«; cf. »riechen« (101,17). Dazu J. Chatillon, Art. Dulcedo, DSp 3, 1957, 1777–1795. Zur Süßigkeit des Psalters: Gregor von Nyssa (s. Anm. 155) und Ambrosius, Ex. psal. I, 4 (CSEL 64, 4,20): dulcis Psalmorum liber.

[437] WA.DB 10/1, 101,17: »riechen« (vom Tier).

[438] WA.DB 10/1, 101,17f; 103,31f.

des Unschmeckbaren. Der Psalter ist Himmelsbrot, Manna, gewährt nicht Nahrung durch Nährendes, sondern durch ein Minimum von Nährendem, wenn nicht gar Nicht-Nährendem. Nährendes bietet der Psalter als Wortspeise: lesendes Essen. Was sich beim Lesen als Essen bildet, ist »sapientia saporosa«[439].

Auf der Grenze zwischen niederen und höheren Sinnen steht das Gefühl. Hierzu findet sich nur die einzige Aussage: Wenn der Psalter wirkt, dann als Brennen. Brennen natürlich von Worten: Lesen als Fühlen. Dem gegenüber bleibt das Gefühl des Psalters als »Enchiridion oder Handbuch« ganz äußerlich[440].

Je höher die Sinne, desto wörtlicher kommen sie beim Psalter zum Zuge. Während Riechen und Schmecken des Psalters, wörtlich verstanden, harte Fügungen wären, und Fühlen auch nicht ganz ohne Anstoß abginge, geht Sehen des Psalters anscheinend in Wohlgefallen auf. Hier ist ja das zu lesende Buch samt seiner Illustration. Die Worte werden gesehen, in der Tat; aber eben als Worte bleiben sie unsichtbar. Ist also beim Sehen des Psalters das Sehen des Sichtbaren ganz unwesentlich, so kommt ihm durch Riechen und Schmecken, also durch Belehrung von den niederen Sinnen, die Vermutung zu Hilfe, ob nicht das Sehen des Psalters vielmehr ein Sehen des Unsichtbaren sei. Hier greifen die großen Gedankenschritte der Psaltervorrede ein. Der erste: Besser als die Werke der Heiligen zu sehen ist, ihre Worte zu hören[441]. Das ließe sich im bekannten Sinn des Primats des Hörens verstehen, was das Sehen nicht weiter befördert. Daher der zweite: Besser als die Worte der Heiligen zu hören ist, ihnen ins Herz zu sehen[442]. Sehen an sich wäre ein

---

[439] WA.DB 10/1, 105,17–20: »Vnd besorge doch, ja leider sehen wirs, das vns gehet, wie den Jüden in der wüsten, die da sprachen vom Himelbrot [Num 21,5], Vnser Seelen eckelt fur der geringen Speise. Aber wir sollen auch wissen, das daselbs bey stehet, wie sie geplagt vnd gestorben sind, das vns nicht auch so gehe.« – Zur Herkunft des Topos Psalter als Wortspeise s. Anm. 199; manducatio spiritualis (W.v.St. Thierry, Epist. aur. § 115; Thomas a Kempis II [POHL] 430,25: lectio sacra cibus). Mit anderer Wendung (die Geschmacklosigkeit des Manna als der Denkpunkt): Honorius Augustodunensis, Sel. psal. exp., praef. (MPL 172, 274AB): Unde sicut olim manna habuit omne delectamentum et omnem saporem suavitatis; sic carmen hujus libri [sc. Psalterii] habet omne spirituale delectamentum, et est convertibile ad omnem sensum cujuslibet intentionis.

[440] WA.DB 10/1, 103,22; 99,26.

[441] Psalter als Werkbuch (Legenden-, Passional- und Exempelbuch WA.DB 10/1, 99,6–101,3); als Wortbuch (101,4–17). Zum Übergang: »Da ist der Psalter ein ausbund, … Das er nicht allein die werck der Heiligen erzelet, Sondern auch jre wort, Wie sie mit Gott geredt vnd gebetet haben, vnd noch reden vnd beten. Das die andern Legenden vnd Exempel, wo man sie gegen dem Psalter helt, vns schier eitel stumme Heiligen furhalten. Aber der Psalter rechte wacker lebendige Heiligen vns einbildet« (101,6–11). Kurz: »Das edlest werck am Menschen ist, das er reden kan« (101 Marginal).

[442] Psalter als Herzbuch (WA.DB 10/1, 101,19–103,18). Zum Übergang: »ZV dem, thut der Psalter noch mehr, Das er nicht schlechte gemeine rede der Heiligen vns fur-

animalischer Sinn[443]. Erst Ins-Herz-Sehen ist geistlich, denn es ist Wort-
sehen, d.h. Sehen, das absolut nichts Sichtbares sieht und also Sehen des Unsichtbaren ist. Unsichtbar, weil ausschließlich gehört. Der Sinn geistlichen
Sehens findet die reichste Verwendung in der Psaltervorrede. Wer in das Herz
der Heiligen sieht, erblickt Lustgärten samt Blumen, oder blickt in den Himmel (oder sieht ein Schiff auf einem wilden Meer, von Sturmwinden getrieben)[444]. Ein vielfältiges ikonisches Vokabular schildert Augen, die selig sind
zu sehen, was sie im Psalter lesen[445]. Gewiß ist der Psalter als bloßes Lesebuch
zugleich Duftbuch, Schmeckbuch, Fühlbuch; aber vor allem ist er Sehbuch:
Lesen als Sehen. Sehenlassen eines Unsichtbaren durch Worte.

Und das Gehör? Zunächst gilt: Tiere hören, und insoweit hören Menschen
bereits als Tier[446]. Aber zum Umgang mit dem Psalter ist ein unterscheidbares
menschliches Hören erforderlich, das als Worthören zu bezeichnen ist[447].
Dies geschieht beim Psalmbuch durch Lesen als Hören[448]. Der Psalter ist
Hörbuch. Also lautes Lesen als Erfüllung des Hörens? Nun lehrte gerade die
Betrachtung der niederen Sinne, was bei Beschränkung auf die höheren
leicht verloren geht, daß nämlich der geistliche Sinn aus der Plattheit des
sinnlichen Sinns erst noch hervorgetrieben werden muß. Dies geschieht jeweils durch die Bindung eines Sinnes an Sprache und Wort. Beim Hören als
höchstem Sinn liegt die Beziehung zum Wort geradezu spannungslos nahe.
Erst wenn selbst hörende Ohren nichts hören, ist dem Hören der Schock der
Versetzung zugemutet, mit dem es aus seiner sinnlichen Plattheit vertrieben
wird. Im selben Moment meldet sich im Hören des Hörbaren Hören des
Unhörbaren samt der dazugehörigen Seligkeit der Ohren, die hören[449]. Am
lauten Lesen liegt ebenso wenig wie am sinnlichen Hören. Nun steht aber,
was beim Psalter zu hören ist, auf der Schwelle zwischen Singen und Sagen[450]. Singen ist bezeichnenderweise tierische Tätigkeit[451]; findet Psalmen-

---

bildet, Sondern die aller besten, so sie mit grossem ernst in der aller trefflichsten sachen
mit Gott selber geredt haben. Da mit er nicht allein jr wort vber jr werck, Sondern auch
jr hertz vnd gründlichen schatz jrer Seelen vns furlegt, Das wir in den grund vnd quelle
jrer wort vnd werck, das ist, in jr hertz sehen können, was sie für gedancken gehabt
haben, Wie sich jr hertz gestellet vnd gehalten hat, in allerley sachen, fahr vnd not«
(101,19–25).

[443] WA.DB 10/1, 101,17.
[444] WA.DB 10/1, 103,9ff; 101,14ff.
[445] »Bild« (105,6); »furbilden« (99,24; 101,20; 103,18), »einbilden« (101,11); »Maler«
(103,17); »abmalen« (103,18); »malen« (105,5); »Farbe«, »Gestalt« (105,6); »Spiegel«
(105,7). Matth 13,16 (105,16).
[446] WA.DB 10/1, 101,17.
[447] WA.DB 10/1, 101,31: »wort hören«.
[448] WA.DB 10/1, 105,15: »lesen oder hören«.
[449] WA.DB 10/1, 105,16f: Matth 13,16.
[450] WA.DB 10/1, 103,3f: »redet vnd singet«.
[451] WA.DB 10/1, 101,17; zum »Fliegengesumm« s. Anm. 92ff.

gesang im Chor aller Heiligen statt[452], so offenbar als inneres, unhörbares Singen, das ebenso aus dem äusseren Singen hervorgetrieben wird, wie die Sinne insgesamt auf ihrem Weg zum geistlichen Sinn.

In der Tat ist der Psalter Sinnenbuch, Buch aller Sinne. Kein Sinn bleibt unangesprochen, solange darin gelesen wird. Der Psalter bildet das Zentrum der reichen Kultur geistlicher Sinne, wie sie die Epoche der Theologie des Psalters begleitete[453]. Psalterklang, auf dem hier ständig die Aufmerksamkeit und daher abstrakte Isolierung liegt, ist in Wirklichkeit eingelassen in die ganze Buntheit (ποικιλία) der sinnlichen Welt. Wie es ihr geht, so ihm. Luthers Vorrede auf den Psalter steht auf der Grenze zwischen Psalter als Inbegriff der alten Kultur geistlicher Sinne und deutschem Psalter, der die Kraft in die Aufgabe des Verstehens investiert[454]. Kurz: der Psalter befindet sich auf dem Weg von der Buntheit eines Sinnenbuchs zur Monochromie des Sinnbuchs. Der Psalter *war* Sinnenbuch, und zwar so, daß selbst die Dunkelheit seines Sinns seine Wirksamkeit als Sinnenbuch nicht hindern konnte. Jetzt ist er Sinnbuch. Dem Sinnbuch haftet die Welt der Sinne nur noch als abziehende an. Zwar gehört zum geistlichen Sinn, daß der entsprechende sinnliche aus sich vertrieben wird, und insofern gehört das Ende der sinnlichen Welt notwendig hinzu. Aber für sich allein besteht kein geistlicher Sinn, sondern dieser besteht nur, solange er in Spannung zum sinnlichen Sinn besteht. Dagegen mit dem Aufgang des Sinns ist das bunte Spiel der Sinne im Prinzip verlassen, selbst wenn es sich noch meldet als bloße Reminiszenz. Wie Sinne

---

[452] WA.DB 10/1, 103,30.

[453] K. RAHNER, Die geistlichen Sinne nach Origenes (1932), in: DERS., Schriften zur Theologie 12, Einsiedeln 1975, 111–136; Die Lehre von den ›geistlichen Sinnen‹ im Mittelalter (1933), aaO., 137–172; M. CANÉVET, Art. Sens spirituel, DSp 14, 1990, 598–617. Den Versuch, die Lebendigkeit der geistlichen Sinne auf der Ebene der sinnlichen Sinne zu wiederholen, hat Wolfgang Helmgard Freiherr von Hohberg (1612–1688) in seinem ›Lust=und Artzeney=Garten des Königlichen Propheten Davids. Das ist Der gantze Psalter in teutsche Verse übersetzt / sammt anhangenden kurtzen Christlichen Gebetlein. Da zugleich jedem Psalm eine besonder neue Melodey / mit dem Basso Continuo, auch ein in Kupffer gestochenes Emblema, so wol eine liebliche Blumen oder Gewächse / sammt deren Erklärung und Erläuterung beygefügt worden‹, Regensburg 1675 (Teilrepr. Graz 1969). Er will »den Geruch und Geschmack / mit holdseligen Blumen / Gewächsen und Früchten; die Augen mit unterschiedenen Sinnbildern / und das Gehör mit seiner Sathanvertreibenden Härpffen / entsprossenen vom Geist her / entsprossenen Liedern … unterhalten« (p. iiij[r/v]). A. SCHÖNE, Hohbergs Psalter-Embleme (1970), in: S. PENKERT (Hg.), Emblem und Emblematikrezeption, Darmstadt 1978, 30–46, 31, spricht von einer »multimedialen Verbund-Technik«; faktisch aber handelt es sich darum, daß der eine Psalter als Gegenstand geistlichen Sinns in je einzelne sinnliche Sinne und Medien auseinandergelegt wird: Wort, Sinnbild, Melodie, Geruch, Geschmack, und bezeichnenderweise muß auch der Gedicht- und der Gebetcharakter der Psalmen in je eigenen Produkten dargestellt werden. »Multimedial« war eher der unbearbeitete Psalter selbst.

[454] WA.DB 10/1, 99,9; 105,14f: »recht verstehen« durch »verstendliches Deudsch«.

unerheblich sind für den Sinn, so auch der Klang. Ist Klang da, dann nur noch als Nachklang.

c. Menschliches Herz als Schiff auf einem wilden Meer. Vorbereitet durch Werke und Worte erscheint im Zentrum der Psaltervorrede der Begriff »Herz«. Herz klingt nach »Kern aller Dinge«. In der Tat gibt es in der Psaltervorrede keinen Gesichtspunkt, der darüber hinauswiese. Aber »Herz« ist nur ein anderes Wort für »Affekt«. Obgleich bereits in der griechischen Tradition Herz und Affekte in engstem Zusammenhang stehen, ist leicht zu vermuten, daß in diesem Wort eher die griechische, in jenem die biblische Sprechweise am Werk ist. Sprachlogisch wirkt »Herz« wegen Nichtanwendbarkeit des Plurals so, daß es die Vielzahl möglicher Affekte in Richtung Grundaffekt – »Grunderfahrung« – zieht[455]. Vom Herzen war bereits im vorangegangenen Abschnitt die Rede. Wenn wir nach dem Ort jenes Riechens und Schmeckens, Brennens, Sehens und Hörens fragen, dann lautet die Antwort: der Ort der geistlichen Sinne ist das Herz. Aber bei aller Berührung sind Herz und Sinne nicht einfach dasselbe. Den fünf Sinnen steht gegenüber eine mehr oder weniger unzählige Vielzahl von Affekten. Die Affekte kommen über die Sinne, aber sie stellen eine noch viel stärkere Bewegtheit und eine andere Mischung von Bewegtheit dar. Dennoch gilt: Ort von Affekten und geistlichen Affekten ist das Herz. In diesem Abschnitt geht es darum, einige Beobachtungen festzuhalten, die den Umriß des kommenden § 8 *Affekt* andeuten.

Steht im Zentrum der Psaltervorrede das menschliche Herz, und gehört zum Herzen das lebendige Wort, das nicht nur zu hören, sondern zu sehen, fühlen, schmecken und riechen gibt, so ist von vornherein zu vermuten, daß ein solches Herz mythopoetisch ist, d.h. Bilder produziert. Wenn Luther als zentralen Satz der Vorrede formuliert: »ein menschlich Hertz ist wie ein Schiff auff eim wilden Meer«, so hängt die Wahrheit dieses Satzes daran, daß das »ist« als Herzensphänomen erkannt wird. Das mit dem Herzen wahrgenommene Wort läßt etwas sehen; was gesehen wird, hat den Status, daß es »ist wie«. Das im Zentrum der Vorrede erscheinende Bild vom menschlichen Herz als Schiff in den Winden ist durch nichts vorbereitet. Seine Unvermitteltheit

---

[455] Luther, Praefatio zum lateinischen Psalter 1529 (WA.DB 10/2): affectus cordis (190,33); cor et affectus (190,38); affectus = cor (191,5); affectus = hertz (191,16f). Indem jetzt das Thema des Affekts auftaucht, kehren wir wieder zurück zum Beginn von Luthers ›Monitum‹ (Operationes in psalmos, WA 5, 46,14f = AWA 2, 62,7f): ut affectibus psalmorum affectus nostros accommodemus et attemperemus; in der Übersetzung Stephan Roths: »man sol sie [die Psalmen] auff unsere Affect auch ziehen und deuten, und unser hertz, synn und gemüt darnach lencken.« Dazu G. METZGER, Gelebter Glaube, Göttingen 1964, 70: »Zentrum der Affekte ist das Herz«; ZUR MÜHLEN, Die Affektenlehre im Spätmittelalter und in der Reformationszeit, aaO. (s.u. Anm. 499) 106 Anm. 38: »Grunderfahrung«.

erscheint wie die eines Zitats unbekannter Herkunft, das redaktionell in den Kontext eingefügt wurde[456]. Die einfachste Lösung dieses erstaunlichen Sachverhalts wäre gewiß die, das Zitat einfach als solches in der Tradition nachzuweisen. Aber es will sich nicht finden lassen. Somit sind umständlichere Wege zu gehen, wie es wohl auch der Komplexität dieses Traditionsstücks entspricht. Das Schiff zieht mit sich das Bild des Meeres, dessen Wildheit ruft den Sturmwinden, und diese wiederum eröffnen so etwas wie Weltraum und Weltgeographie, orientiert nach vier Himmelsrichtungen. Kaum ist dieser Bildkomplex installiert, so beginnt er bereits zu wirken, indem vier Örter deutlich positioniert werden: »Hie«-»Dort«, »Hie«-»Dort«. Und alsbald entlassen die Örter, sobald die Mäuler der Winde als artikulierende Münder in Anspruch genommen werden, vier Psalmgattungen, die sich als »Wort von Freuden«, »Wort von Trawrigkeit«, »Wort von Furcht vnd Hoffnung« am Rande angezeigt finden. Sodaß am Ende eine Gattungslehre des Psalters entstanden ist, die beansprucht, nicht weniger als alles, was in der Welt der Fall ist, zu umfassen. Nachdem im Zentrum der Vorrede auf diese Weise der Psalter als allumfassendes Buch konstituiert ist, wird er zum Schluß der allumfassenden Gemeinschaft der Heiligen zum Gebrauch übergeben.

Auf der Suche nach der Herkunft der zitierten Tradition ist zunächst zu vermuten: sie handelt vom Herzen, also ist sie wohl biblisch. In der Tat: Was etwa das Schiff- und Meerbild anlangt, so dürfte die »Stillung des Sturmes« das hervorragendste biblische Paradigma sein[457]; auch das Bild der vier Winde erscheint häufig, vorwiegend in apokalyptischen Texten[458]. Aber vierfache Himmelsgeographie und Windelehre verraten an sich nicht viel spezifisch Biblisches, und das einzigartige synoptische Wort für Meeresstille – γαλήνη μεγάλη – weist weit über den biblischen Kontext hinaus. Zudem hätten für die Darstellung der geistlichen Affekte aus biblischer Tradition Schemata wie die sieben Gaben des Hl. Geistes nach Jes 11 oder der Dreimal-drei-Katalog der Früchte des Geistes nach Gal 5 nähergelegen. Stattdessen führt die an sich schon randständige Vierwindelehre die klassische vierteilige Affektelehre heran, die sich von jenen biblischen Katalogen hauptsächlich darin unterscheidet, daß sie analog zu den entgegengesetzten Himmelsrichtungen paarweise Gegensätze enthält. Weist aber das Traditionszitat im Zentrum von Luthers Psaltervorrede derart über eine bestimmbare biblische Lozierung hinaus, so entsteht leicht die Situation, daß man vor

---

[456] Das Zitat reicht präzis von WA.DB 10/1, 101,35 (Anschluß mit »Denn«) bis 103,18 (der folgende Satz 103,19f nimmt den bei 101,33 liegengebliebenen Faden mit der Formel »(wie gesagt)« wieder auf. S.u. Anm. 479.

[457] Matth 8,23–27//Mark 4,35–41//Luk 8,22–25; G. KETTENBACH, Einführung in die Schiffahrtsmetaphorik der Bibel, Frankfurt/M. 1994.

[458] Jer 49,36; Hes 37,9; Dan 7,2 (Winde und Meer); 8,8; 11,4; Sach 2,10; 6,5; 1.Chr 9,24; Mark 13,27//Matth 24,31 (cf. Did 10,5); Apk 7,1 (Winde und Meer).

lauter Allgemeinheit der Traditionsstücke gar nicht mehr weiß, wo etwa nicht zu suchen ist. In dieser Situation verfahre ich so, daß ich einige zufällige Berührungen nenne, um den systematischen Kern von Luthers Tradition freizulegen.

Als früheste Verbindung von Meerbild und seelischen Zuständen in der Spannung zwischen Ruhe und Bewegtheit sei ein Text von Aristipp von Kyrene genannt:

τρεῖς γὰρ ἔφη ['Αρίστιππος] καταστάσεις εἶναι περὶ τὴν ἡμετέραν σύγκρασιν· μίαν μὲν καθ' ἣν ἀλγοῦμεν, ἐοικυῖαν τῷ κατὰ θάλασσαν χειμῶνι, ἑτέραν δὲ καθ' ἣν ἡδόμεθα, τῷ λείῳ κύματι ἀφομοιουμένην· εἶναι γὰρ λείαν κίνησιν τὴν ἡδονὴν οὐρίῳ παραβαλλομένην ἀνέμῳ· τὴν δὲ τρίτην μέσην εἶναι κατάστασιν καθ' ἣν οὔτε ἀλγοῦμεν οὔτε ἡδόμεθα, γαλήνῃ παραπλησίαν οὖσαν[459].

Deutlich ist die Friktion, daß einerseits nach der Logik des Bildes – Bewegung übergehend in Ruhe – die γαλήνη an dritte Stelle gehört, und dementsprechend verläuft der Text. Anderseits aber plaziert die Sachlogik γαλήνη in die Mitte, wie es den Erfordernissen der epikureischen und pyrrhonischen Lehre entspricht. Bisher ist ein direkter Vergleich Meer – Seele im Spiel. Sobald aber das Schiff hinzutritt, ist nicht mehr das Meer an sich, sondern die Seefahrt Bild für die Fahrt des Lebens, wovon die antiken Philosophen häufig sprechen[460].

---

[459] Aristipp von Kyrene (der Jüngere 435–366), fr. 201 (MANNEBACH; aus Euseb, De praep. ev. XIV, 18,32); cf. fr. 202: μέσας τε καταστάσεις ὠνόμαζον ἀηδονίαν καὶ ἀπονίαν (aus Diog. Laërt. II, 90). Die Beziehung zu Athanasius liegt auf der Hand (κατάστασις s. Epist.ad Marc. c. 10 [21B]; 15 [28C]; die Dreiheit kehrt wieder in ἀχείμαστος, ἀκύμων, γαληνιᾶν s. Anm. 332f). Dazu H. BLUMENBERG, Schiffbruch mit Zuschauer. Paradigma einer Daseinsmetapher, Frankfurt/M. 1979, 9 Anm. 1. – Meeresstille (γαληνότης/tranquillitas) als mittlerer Zustand: Cicero, Tusc. V, 16 [ORELLI IV/1,356]: illi beati, quos nulli metus terrent, nullae aegritudines exedunt, nullae libidines incitant, nullae futiles laetitiae exultantes languidis liquefaciunt voluptatibus. Ut maris igitur tranquillitas intelligitur, nulla ne minima quidem aura fluctus commovente: sic animi quietus et placatus status cernitur, quum perturbatio nulla est, qua moveri queat. Sextus Empiricus, Pyrrh. Hyp. I, 4,10 [FABRICIUS 4/BURY 1,8]; Adv. Eth. (Adv. Math. XI) 5,141 [FABRICIUS 716 /BURY 3,454].

[460] Seefahrt als Bild für Lebensfahrt: Platon, Phaid. 85cd; Tim. 89a; Nom VII 790cd [s. Anm. 325]. 803b; CIG 6208; Philo, De sacr. Abel 13; Porphyrius, Vita Plot. 22, 25ff; De antr. 34; Olympiodor, In Gorg. 47, 6 [WEST.]: ἰστέον ὅτι οἱ φιλόσοφοι τὸν βίον τὸν ἀνθρώπειον θαλάττῃ ἀπεικάζουσιν διὰ τὸ ταραχῶδες καὶ γόνιμον καὶ ἁλμυρὸν καὶ ἐπίπονον. Boethius, De cons. phil. I, 3: in hoc vitae salo. Dazu H. RAHNER, Antenna crucis I: Odysseus am Mastbaum, ZKTh 65, 1941, 123–152; Antenna crucis II: Das Meer der Welt, ZKTh 66, 1942, 89–118; Die Seefahrt des Lebens, in: DERS., Griechische Mythen in christlicher Deutung, Zürich 1945[1], 430–444; ΕΥΠΛΟΙΑ, in: DERS./ E.v. SEVERUS, Perennitas (FS Th. Michels), Münster 1963, 1–7. See- oder Lebensfahrt unter den Stürmen des Lebens: Cicero, Tusc. VI, 15 (ORELLI IV/1, 356); Proklos, Hymn. IV, 10; Iamblich, De myst. II, 7; Augustin, De beat.vit. I, 1f; C. acad. I, 1,1; Boethius, De cons. phil. I, 3: circumflantibus agitemur procellis.

Bereits im bisherigen Meerbild war die Anwesenheit von Winden unterschiedlicher Stärke oder Windstille als deren Abwesenheit vorausgesetzt. Es
kann sein, daß das Meer entfällt, und die Winde nicht nach Stärke, sondern
nach Windrichtung unterschieden werden, wie im folgenden Text von Hans
Aßmann von Abschatz:

> Vier Winde sind die unsre Ruhe stören!
> Bald scherzt um uns der Hoffnung leichter West,
> Bald spürt man daß ein furchtsam Ostwind bläst;
> Bald pfleget uns, der besten Sinnen Pest,
> Ein fauler Süd der Freude zu betören;
> Bald läßt sich drauf des Traurens Nordwind hören.
> So mancher Sturm kann unsre Ruhe stören.[461]

Neu erscheint hier die Orientierung der Winde am Schema der vier Him-
melsrichtungen. Gegenüber bisher zwei Meeresbewegungen gibt es jetzt vier
Windrichtungen mit entsprechender Vierzahl der Affekte. Anders als in Lu-
thers Viertelsdrehungen springen die Affekte bei Aßmann von Gegensatz zu
Gegensatz, und während Luther sie mit den räumlichen Angaben »Hier«-
»Dort« eröffnet, entstehen sie hier in augenblicklicher, also zeitlicher Plötz-
lichkeit: »Bald«-»Bald«-»Bald«-»Bald.« Außerdem liegt eine nicht geringe
Differenz darin, daß von Aßmanns vernehmlichem Wunsch nach Ruhe bei
Luther direkt überhaupt nichts zu hören ist, und folglich auch nicht von
Sturmwinden im Sinne von Störung. Anders als dem Meer und seinen Zu-
ständen läßt sich den Winden und ihren Richtungen eine deutliche Systema-
tisierung auferlegen, vor allem dann, wenn die Windrichtungen nach der
Vorgabe der Himmelsrichtungen und also präzis zu denken sind. Allerdings
ergeben die vier Himmelsrichtungen eine sehr undetaillierte Windrose.
Standard der griechischen Architekten und Vitruvs war die Achtstrich-
windrose, die vier Haupt- und vier Nebenwinde genau nach Haupt- oder
Zwischenhimmelsrichtungen anordnet[462].

---

[461] Hans Aßmann von Abschatz (1646–1699), Poetische Übersetzungen und Gedichte,
Leipzig/Breslau 1704, 162; nach M. Wehrli (Hg.), Deutsche Barocklyrik, Basel 1967⁴,
54. A. Gryphius (1616–1664) beginnt sein Sonett »An die Welt«: »MEin offt bestürmtes
Schiff der grimmen Winde Spil / der frechen Wellen Baal, das schir die Flutt getrennet«
und endet »Ade, verfluchte Welt: du See voll rauer Stürme!« Die darauffolgenden vier
Sonette sind je einem der vier Winde gewidmet: »Morgen Sonnet«, »Mittag«, »Abend«,
»Mitternacht« (Gedichte [Elschenbroich] 9–12). – Die naheliegende Erwartung, ein
Emblem zu finden, das sämtliche Elemente von Luthers Herz-Meer-Schiff-Wind-Bild
enthält, wird enttäuscht (A. Henkel/A. Schöne [Hgg.], Emblemata, Stuttgart 1967,
verzeichnen nichts).

[462] A. Rehm, Griechische Windrosen, SBAW.PPH 1916/3, München 1916: Während Homer die vier Kardinalwinde auf die vier Himmelsgegenden verteilt (9) und Aristoteles das Zwölfwindsystem lehrt (42), hat das hellenistische Achtwindsytem breite
Akzeptanz gefunden (70ff), wobei die Unterscheidung von Haupt- und Nebenwinden

Luthers Passus über das menschliche Herz als Schiff auf dem Meer enthält eine so verbreitete Tradition, daß kaum angenommen werden kann, sie sei etwa nicht bekannt, selbst bei Unkenntnis der zitierten beiden Texte. Dagegen der Nachweis einer direkten Traditionsbeziehung gestaltet sich schwierig. Selbst wenn die folgenden Texte von Johannes Gerson im Umkreis dessen liegen, was Luther lesend zur Kenntnis genommen hat, so bedürfte die Behauptung einer direkten Beziehung erst noch des Beweises. Aber auch ohne solchen werfen Gersons Texte auf Luthers Vorrede ein erhellendes Licht. Da ist zunächst der ausführliche Passus aus ›De theologia mystica‹, in dem – entsprechend der generellen These vom Vorrang des Affekts vor dem Intellekt – das Meer der Sinnlichkeit (»mare sensualitatis«) gemalt wird, das mit dem Schiff der Vernunft (»navis ratiocinationum naturalium«) auf den Hafen der Ewigkeit hin (»portus vel littus aeternitatis«) zu befahren ist:

> Cor ›impii quasi mare fervens‹, Isa. lvii. 20 … Quid autem mutabilius, quid inquietius, quid proclivius ad emigrationem [sc. per navem] quam sensualitas invenitur. Nunc arrogantia tumet, nunc attollitur spe, nunc desperatione dejicitur, nunc effer-

eingreift. K. TALLQVIST, Himmelsgegenden und Winde, StOr 2, 1928, 105–185. Der Turm der Winde zu Athen, erbaut nach der regulären Oktogonrose der griechischen Architekten, hat folgendes Schema (R. BÖKER, Art. Winde, E. Windrosen, PRE II/8, 1958, Sp. 2365):

Vitruv, De arch. I, 6,12, überliefert dem Abendland folgendes »Schema« der acht Winde (ed. FENSTERBUSCH, Abb. 3):

vescit et extra se rapitur per iracundiam, nunc per invidiam in seipsa frangitur atque fatigatur.[463]

Gerson und Luther reden vom selben, vom menschlichen Herz als Schiff und als Meer samt seinen Wechselfällen, als Fahrendes und zu Befahrendes zugleich. Während das Meer mit seinem fünfmaligen »Nunc« sein unendliches Chaos vollführt, gewähren die Winde als Urheber von Meeresbewegung ein geordneteres, prinzipiell abschließbares Bild, indem sie aus vier Himmelsgegenden vier Hauptwinde senden:

> Inde quasi juxta poeticam fictionem aperto Eoli antro [Homer, Od. X,47ff; Vergil, Aen. I,56ff] mox flaverunt venti passionum qui velut ex adversis partibus agmine facto, conturbaverunt tempestate magna mare nostrum. Nam quis nesciat, quis non quotidiano naufragio periclitatus agnoscat moestum illud Ecclesiae canticum: ›Confusa sunt hic omnia / Spes, metus, moeror, gaudium‹ [Adam v.St.Viktor, Sequ. 34,17f]. Nonne quatuor istae passiones venti sunt totidem cardinales; gaudium quasi ab Oriente, moeror ab Occidente, spes a Meridie, metus a Septentrione rapido impetu flantes? A quibus exagitatum mare nostrum nunc ad coelum per spem et gaudium ascendit, nunc descendit usque ad abyssos per moerorem et metum. ›Hinc metunt, cupiunt, gaudentque, dolentque‹, ait egregius poeta Virgilius [cf. Aen. VI, 733][464].

Zwar kommt Gerson mit Luther und Aßmann darin überein, Winde als Affekte zu identifizieren und dabei jeweils Gegensatzpaare entsprechend den entgegengesetzten Windrichtungen zu bilden. Aber welche Affekte welchen Himmelsrichtungen zuzuschreiben sind, dazu bieten die drei verschiedenen Autoren drei verschiedene Vorschläge[465].

---

[463] Johannes Gerson, De theologia mystica (speculativa 1402/03), cons. 34 (Œuvr. compl. [GLORIEUX] 3, 280). Weitere Stellen: 9, 12.21 (s.u. Anm. 504). 579. Zur Herkunft des Meerbildes verzeichnet A. COMBES in seiner gelehrten Ausgabe (Lugano 1958) nichts. Gerson, offenbar mit Gespür für die Seltenheit dieses Bildes im theologischen (nicht im philosophischen!) Kontext, muß weit zurückgreifen: Hanc vero similitudinem de hoc mari et portu non hic novam configimus; dudum enim divinus Dionysius in tertio De divinis nominibus illam nobis aperuit (3, 281; cf. DN III [MPG 3, 680D]).

[464] Gerson, De theol. myst. [spec.], cons. 34 (3, 280f); den Zusammenhang zwischen Gerson und Luthers Psaltervorrede hat G. EBELING entdeckt: Lehre und Leben in Luthers Theologie (1984), in: DERS., Lutherstudien III, Tübingen 1985, 27 Anm. 73): »Beidemal sind es dieselben Hauptaffekte, nur unter Vertauschung des ersten und letzten Gliedes der Aufzählung. Bei Gerson bilden die beiden Bewegungsrichtungen: nach oben und in die Tiefe, die Haupteinteilung. Dadurch wird die theologische Anwendung: die Ausrichtung auf das ewige Ziel, vorbereitet. Luther dagegen verbindet die Unterscheidung von Glück und Unfall mit den Zeitdiastasen Zukunft und Gegenwart. Dadurch wird durch das Bild ausschließlich und umfassend die menschliche Anfechtungssituation geschildert. Bei Gerson liegt der Hauptakzent auf einer Umpolung der Affekte, bei Luther auf der Vielfalt der Lebenssituationen, die im Psalter angesprochen sind.«

[465] Osten: gaudium (Gerson), Hoffnung und Vermessenheit (Luther), Furcht (Aßmann); Süden: spes (Gerson), Sicherheit und Freude (Luther), Freude (Aßmann);

Nicht genug damit, Meer, Winde und Affekte in einen Bewandtniszusammenhang zu versetzen, greift Gerson mit Behendigkeit andere Vierheiten wie die der Elemente, Planeten, Körpersäfte, Temperamente samt den
vier Zuständen der Rota fortunae auf, um sie den bisherigen zuzuordnen.
Die Tatsache, daß er in Hinsicht auf solche Windrosen bildlich von einem
Zodiakus spricht, läßt den astrologischen Kontext ahnen[466]. Mit Vorliebe
nennt Gerson Adaptionen dieser Art »gamma«, Spiel. Eben so, spielerisch,
verbindet er mit der Quaternität der Himmelsrichtungen eine bestimmte
Lehre von den Vokalen. Den ursprünglich vier Vokalen des alten Menschen,
der Windrose in folgender Weise zuzuordnen:

> Sic habemus quatuor orbis extrema: quae sunt Oriens A, Occidens U, Septentrio E,
> Meridies O[467],

Westen: moeror (Gerson), Furcht und Sorge (Luther), Hoffnung (Aßmann); Norden:
metus (Gerson), Grämen und Traurigkeit (Luther), Trauer (Aßmann). Zur Tradition:
B. MAURMANN, Die Himmelsrichtungen im Weltbild des Mittelalters, MMAS 33, München 1976; P. MICHEL, Tiere als Symbol und Ornament. Möglichkeiten und Grenzen der
ikonographischen Deutung, gezeigt am Beispiel des Zürcher Großmünsterkreuzgangs,
Wiesbaden 1979, 146f: Symbolik der Himmelsrichtungen.

[466] Gerson, Tractatus de canticis (ca. 1424) II, 3: Possemus adaptiones alias sumere vel
ex quatuor elementis et eorum qualitatibus primis; vel ex dispositione coelestium plane-
tarum; vel excombinatione seu configuratione complexionis humanae, ex humoribus
ipsum corpus per nervos et arterias agitantibus. Sed ad praesens sufficiant adaptiones prae-
missae (9, 584; zur Rota fortunae und zum Zodiakus S. 582). Tafeln der Vierheiten (Jahreszeiten, Lebensalter, Elemente, Qualitäten, Säfte, Temperamente, Farben, Tierkreis-
zeichen): CASSIRER, aaO. (s. u. Anm. 595) 69 Beilage VI; E. SCHÖNER, Das Viererschema
in der antiken Humoralpathologie, SAGM.B 4, 1964, Tafel nach S. 114. Die generelle
Nähe dieses Fragekreises zur WARBURG-Schule verkündet das den Bänden der SWI vor-
angestellte Signet. Dazu E. M. v. HORNBOSTEL, Tonart und Ethos, in: W. LOTT/H. OST-
HOFF/W. WOLFFHEIM (Hgg.), FS für Johannes Wolf, Berlin 1929, 73–78.

[467] Gerson, Tract. de cant. II, 3 (9, 581f). Eine zwölfstrichige Rose der Vokale, mit
allerdings ganz anderer Orientierung, findet sich etwa bei L. A. F. ARENDS, Ueber den
Sprachgesang der Vorzeit und die Herstellbarkeit der althebräischen Vocalmusik, Berlin
1867, 57:

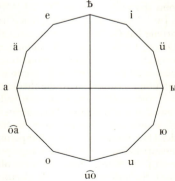

sei von der Kirche, der Mutter des neuen Menschen, das I hinzugefügt worden als Mischung aller Vokale, und deshalb stehe I im Kreuzungspunkt des Vokalgevierts. Wie darin besondere Fähigkeit zu Compassio und Misericordia zum Ausdruck komme, so in den übrigen vier Vokalen die klassischen vier Affekte:

A sit amor gaudens, spes E, compassio Iota,
O timet, Uque dolens odit et ista notes.[468]

Selbst bei aller Unstimmigkeit im einzelnen, die durch die verschiedenen Adaptionsspiele in nicht geringer Zahl produziert wird, kann man sich der Anmutung nicht von vornherein verschließen, zwischen Winden und Affekten könne ebenso ein gewisser Bewandtniszusammenhang bestehen, wie zwischen diesen und den Vokalen. Gibt es nicht so etwas wie Naturtöne der Affekte?[469]. Aber zwischen der bloßen Wahrscheinlichkeit eines solchen

---

Man wird sich nicht wundern, wenn – kraft des Zusammenhangs der Dinge und der einfachen Tatsache, daß Vokale so etwas wie Färbungen von Tönen sind – der Weg von der Rose der Vokale unmittelbar zur Rose der Farben führt, wie sie z.B. G.Th. FECHNER dargestellt hat (Das Büchlein vom Leben nach dem Tode, Leipzig 1900⁴, 18). Ähnlich die Farbenrose bei R. HAMMERSTEIN, Musik und bildende Kunst. Zur Theorie und Geschichte ihrer Beziehungen, Imago Musicae 1, 1984, 1–28, 14:

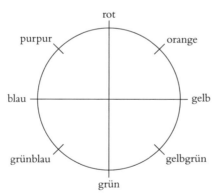

Dazu A. Rimbauds Gedicht ›Voyelles‹, das mit der Zeile beginnt: »A noir, E blanc, I rouge, U vert, O bleu: voyelles«.
[468] Gerson 4, 1 (›Canon pro psalterio mystico‹); 4, 9, cf. 170; 8, 169: adaptatio quinque vocalium ad voces quinque affectionum; 8, 250. 589; 9, 542. 581. 714. Die Ordnung der Hauptaffekte (affectiones principales 8, 168; 9, 22.542), wie sie sich aus der Verbindung mit den Vokalen ergibt, müßte mit der anfänglichen Ordnung der Hauptwinde (venti cardinales 3, 281) übereinstimmen, was sie aber nicht tut.
[469] Gerson, Tract. de cant. I, 3 (9, 554): quinque voces affectuum secundum quinque vocales; II, 3 (9, 581): voces seu notulae passionum.

Zusammenhangs im allgemeinen und der bestimmten Behauptung, es sei im einzelnen Fall so, liegt eine schwer überwindbare Kluft. Sobald nämlich ein bestimmter Vokal einem bestimmten Affekt zugeordnet wird, überwiegt schnell die Unwahrscheinlichkeit. Immerhin wird über die Windrose der Affekte der rein vokalische Tonstrom zugänglich, in dem sich die Affekte auslauten, je nach verschiedener Färbung. Das damit ins Auge gefaßte Phänomen, die reine Vokalise, ist ohne Zweifel ein musikalisches Phänomen, sodaß erstmals in der Windrose der Affekte eine eindeutig klangliche Konnotation ankommt.

Angelangt bei den Tönen ist sogleich deutlich, daß vokalische Einfärbung des Tonstroms nur eine von vielen Schichten des Tonlichen darstellt. Hinzu kommen Tondauer und Tonhöhe. Während Gerson zur Tondauer nichts Signifikantes zu sagen hat, versucht er die Bestimmung der Tonhöhen auf dem eingeschlagenen Weg zu erreichen. Sind Affekte Töne, Töne aber Vokale, so ist die dazugehörige Tonhöhe teils dadurch zu erschließen, daß Oben und Unten −

> secundum elevationem et depressionem[470] −

einen deutlichen Affektwert enthält, teils dadurch, daß die Notennamen des Guidonischen Hexachords als Bestimmungen des Affektwerts bestimmter Tonstufen verstanden werden:

> Unde remotis consonantibus aut mutis ab ut, re, mi, fa, sol, la, supersunt hic vocales quinque u, e, i, o, a, quas aliter hic ordinamus mutantes a, e, i, o, u [471].

Aber zur Beziehung zwischen Affekt und Ton (bzw. einer bestimmten Schicht von Ton) ist dies nur *ein* Vorschlag. Im Hintergrund liegt noch, wie Gerson darlegt, die kirchliche Überlieferung von den Acht Tönen, in der sich melodiöse Eigenschaften seit alters mit solchen der Temperamente berühren:

> quatuor esse species melodiae …: una vocatur mistolidista, secunda lidista, tertia dorista, quarta frigista. Prima movet ad compassionem, secunda mollit ad concupiscentiam, tertia ad virilitatem …; quarta rigidior est vehementiorque, rapiens animos ad terribilia vel aggredienda vel sustinenda. Porro juxta varietatem complexionum

---

[470] Gerson 8, 169; 9, 587. 594.

[471] Gerson 9, 542 (cf. 583); wenn die Fortsetzung lautet: Applicamus consequenter affectiones nostras quinque, quae sunt amor seu gaudium, spes seu desiderium, compassio quasi mixta, dehinc timor seu metus, postremo dolor vel odium … istis quinque vocalibus [sc. A–E–I–O–U], so ist die von Gerson damit verbundene Tonreihe D–C–H–A–G (8, 169; 9, 714) in keiner Weise mit dem Guidonischen Hexachord identisch, der seine Notennamen dem Hymnus ›Ut queant laxis *re*sonare fibris‹ und also dem Zufall entnimmt; Guido macht zum Tonstufenwert der Vokale seinen eigenen Vorschlag: De disc. art. mus. 17 (SEMSP II, 19). Dazu J.L. IRWIN, The mystical music of Jean Gerson, EMH 1, 1981, 187–201.

variatur complacentia et judicium melodiarum; immo et traditio quam frequentat Ecclesia de varietate tonorum octo, posset ad hanc melodiarum diversitatem appropriari; ut quod prima est septimi toni, secunda quinti, tertia primi, quarta tertii[472].

Der bisherige Weg führte durch Gersons Vermittlung vom Meer- und Windebild über Himmelsgegenden, Affekte, Klänge, Farben bis zum System der Acht Töne, ganz zu schweigen von den vernachlässigten Planeten, Jahreszeiten und Elementen, die ja wohl auch noch dazugehörten. Offenbar findet man vom einen zum anderen desto sicherer, je mehr Verwandtschaft zwischen den einzelnen Bereichen besteht, und sei es auch nur verborgene (»occulta familiaritas«). Und umso unfehlbarer wird der Weg sein, wenn er auch umgekehrt begangen werden kann, weil die Acht Töne bereits von sich aus in jene anderen Bereiche verweisen. In der Tat findet sich im Jahrhundert Gersons und danach eine zunehmend scholastischer werdende Lehre von den Affekten der Acht Töne, den zugeordneten Temperamenten, Farben, Planeten, Musen, Gottheiten, so daß jeder Ton unfehlbar in gewisse anthropologische, kosmologische und theologische Zusammenhänge verweist[473]. Darin meldet sich ältere Tradition[474]. Soweit erkennbar finden sich die ersten

---

[472] Gerson 9, 528; cf. 537: traditio de tonis octo; cf. 586: ars tradita de tonis affectionum, quemadmodum de vocalibus neumis invenitur.

[473] Bartolomeo Ramos de Pareia, Musica practica III, Capitulum tertium, in quo musicae mundanae, humanae ac instrumentalis per tonos conformitas ostenditur (Bologna 1482, ed. J. WOLF 56–61). Cf. Marsilio Ficino, De vita III, 21f (Florenz 1489). Adam von Fulda, De musica II, 15 (1490; SEMSP III, 356) schreibt Guido von Arezzo den Vers zu:
Omnibus est primus, sed et alter tristibus aptus;
Tertius iratus, quartus dicitur fieri blandus;
Quintum da laetis, sextum pietate probatis;
Septimus est iuvenum, sed postremus sapientum.
Cf. Franchino Gafori, Musica practica (1508): Planetentonleiter (abgebildet bei H. SCHAVERNOCH, Die Harmonie der Sphären, Freiburg/München 1981, Taf. X). J. Frisius, Synopsis isagoges musicae (Zürich 1552; MGG¹ 14, Taf. 77.2). Giovanni Bona, De divina psalmodia, Paris 1672, c. 17,4 (p. 429ff).

[474] Hermannus Contractus (1013–1054), De musica (SEMSP II, 126b: elementa, tempora); Johannes Afflighemensis (um 1100), De musica 10 (SEMSP II, 241a: tempora); 15 (251a: Alios ... morosa et curialis vagatio primi delectat, alios rauca secundi gravitas capit; alios severa et quasi indignans persultatio tertii iuvat; alios adulatorius quarti sonus attrahit; alii modesta quinti petulantia ac subitaneo ad finalem casu moventur; alii lacrymosa sexti voce mulcentur; alii mimicos septimi saltus libenter audiunt; alii decentem et quasi intonalem octavi canorem diligunt); Johannes Aegidius Zamorensis (um 1260/70), Ars musica 13 (SEMSP II, 387f); Marchettus von Padua (Anf. 14. Jh.), Luc. in art. mus. pl. VI,2 (SEMSP III, 84: tempora, plagae mundi, elementa, evangelia, die vier Grundrechnungsarten, humores seu complexiones corporis); W. Burley, Komm. zu Arist., Pol. VIII (um 1340; dazu M. HAAS, Musik und Affekt im 14. Jahrhundert: Zum Politik-Kommentar Walter Burleys, Schweizer Jahrbuch für Musikwissenschaft NF 1, 1981, 9–22, 21 Anm. 25); Johannes de Muris (um 1350), Tract. de musica 14 (SEMSP III, 217–219).

expressen Beziehungen zwischen Ton und Affekt bei Guido von Arezzo[475].
Im übrigen ist die Beziehung der Acht Töne auf Achtheiten kosmologischer
Art so alt wie ihre Einführung in die Liturgie des Frankenreichs. Hucbald
appropriiert im 10. Jahrhundert erstmals die Acht Töne den vier Haupt- und
Nebenwinden der Vitruvischen Achtstrichrose und den Wellenbewegungen
des Meers[476], und der älteste Theoretiker der acht Töne, Aurelian von
Réôme, erklärt diese als Nachahmung des Zusammenklangs von Fixstern-
und Planetenhimmel[477]. Sodaß behauptet werden kann: Mit dem Weg vom
Meer- und Windebild zu den Acht Tönen samt seinen Nebenwegen wurde
nur eine Beziehung reaktiviert, die, wenn auch fragmentarisch, im Abendland mit der Lehre von den Acht Tönen schon immer verbunden war. Daß
die Tradition der verborgenen Verwandtschaft der Lebensbereiche mit ihrer
Vier- oder Achtheit auch auf den Psalter wirkt, ist von vornherein zu erwarten, wie ja der Psalter bereits von sich aus als Mittelpunkt aller anthropologi-
scher, kosmologischer und theologischer Beziehbarkeiten fungiert. Aller-

---

[475] Guido von Arezzo (um 992–nach 1033), Reg. al. de ign. cant. (SEMSP II, 39b):
Praeterea et modorum diversae species non minima praepollent quantitate seu qualitate,
dum unus in modum historiae recto et tranquillo feratur cursu; alter vero anfractis saltibus
concinatur; alius videatur garrulus, et saevus in sublime extollens audientium animos.
Item vero placidus laetitiamque indicans morum; quod cuique prudenti satis patebit,
curare si studuerit.

[476] Hucbald von St. Amand (um 900), De harm. inst. (SEMSP I, 141a): Ut Vitruvius
dixit in libro de architectura [I, 6,12; s. Anm. 462], secundum physicos non plus sunt
quam octo venti: principales quatuor et subiecti quatuor, quatuor vero, qui adduntur ut
sint duodecim, sic sunt ut quatuor semitonia ad octo tonos. Nam in undis maris et
fluminum semper magis sonat prima unda, quam septem sequentes. – Zu den Tönen 9–
12 (toni parapteres) s.u. Anm. 544. Wenn Vitruvs Achtstrichrose der Lehre von den acht
Tönen und den acht Affekten aus Luthers Windrose zugrundegelegt wird, ergäbe sich
folgende Tonrose:

Anders die Anordnung der Töne in der Tonrose des Johannes Afflighemensis, De musica
19 (SEMSP II, 255).

[477] Aurelian von Réôme, Musica disciplina c. 8 (SEMSP I, 40).

dings ist die Überlieferung, die dem Psalter die Vierheit der Elemente, Qualitäten, Temperamente, Jahreszeiten und Winde zuordnet, äußerst bescheiden[478]. Es scheint, als ob die fragmentarische Überlieferungsweise der Lehre von der Verwandtschaft des Seienden, wie sie sich in den Vier- bzw. Achtheiten entfaltet, genau deren Verfassung entspricht, daß sie immer dann, wenn sie unter Mißachtung ihres Status als bloßer »occulta familiaritas« ans Licht gezogen und dogmatistisch fixiert wird, nichts als Falsches produziert, daß sie aber umgekehrt auch nicht wohl unterlassen werden kann und somit in der Schwebe zwischen Nichtunterlaßbarkeit und Nichtvollendbarkeit verbleibt.

Immerhin läßt sich nach diesem weitläufigen Umweg die Frage nach der Herkunft von Luthers Tradition etwas deutlicher beantworten.

> Denn ein menschlich Hertz ist wie ein Schiff auff eim wilden Meer, welchs die Sturmwinde von den vier örtern der Welt treiben. Hie stösset her, furcht vnd sorge fur zukünfftigen Vnfal. Dort feret gremen her vnd traurigkeit, von gegenwertigem Vbel. Hie webt hoffnung vnd vermessenheit, von zukünfftigem Glück. Dort bleset her sicherheit vnd freude in gegenwertigen Gütern.
>
> SOlche Sturmwinde aber leren mit ernst reden vnd das hertz öffenen, vnd den grund eraus schütten. Denn wer in furcht vnd not steckt, redet viel anders von vnfal, denn der in freuden schwebt. Vnd wer in freuden schwebt, redet vnd singet viel anders von freuden, denn der in furcht steckt. Es gehet nicht von hertzen, (spricht man) wenn ein Trawriger lachen, oder ein Frölicher weinen sol, das ist, Seines hertzen grund stehet nicht offen, vnd ist nicht er aus.
>
> WAS ist aber das meiste im Psalter, denn solch ernstlich reden, in allerley solchen Sturmwinden? Wo findet man feiner wort von freuden, denn die Lobpsalmen oder Danckpsalmen haben? Da sihestu allen Heiligen ins hertze, wie in schöne lüstige Garten, ja wie in den Himel, Wie feine hertzliche lüstige Blumen darinnen auffgehen von allerley schönen frölichen Gedancken gegen Gott, vmb seine Wolthat.
>
> WJderumb, wo findestu tieffer, kleglicher, jemerlicher wort, von Trawrigkeit, denn die Klagepsalmen haben? Da sihestu aber mal allen Heiligen ins hertze, wie in den Tod, ja wie in die Helle. Wie finster vnd tunckel ists da, von allerley betrübtem anblick des zorns Gottes. Also auch, wo sie von furcht vnd hoffnung reden, brauchen sie solcher wort, das dir kein Maler also künte die Furcht oder Hoffnung abmalen, vnd kein Cicero oder Redkündiger also furbilden[479].

So – vor allem so gekonnt[480] – redet kein Mensch aus dem Stand. Vielmehr ist ein langer und komplexer Verabredungsweg anzunehmen, auf dem ein Text dieser Qualität entsteht. In dem Meer- und dem an Himmelsregionen

---

[478] SEEBASS, aaO. (s. Anm. 17) 122–128; dazu Taf. 81 (Elemente, Jahreszeiten, Körpersäfte, Qualitäten); Taf. 82 und 96 (4 Winde).

[479] WA.DB 10/1, 101,34 – 103,18 (s. Anm. 456).

[480] B. STOLT, Luther, die Bibel und das menschliche Herz, Muttersprache 94, 1983/84, Sonderheft, 1–15, 6f; Rhetorik und Literatur, Daphnis 16, 1987, 557–580, 578.581; Lieblichkeit und Zier, Ungestüm und Donner, ZThK 86, 1989, 282–305, 298f.304;

orientierten Windebild steckt offenbar nicht nur eine Affektenlehre (§ 8), sondern zugleich eine umfassende Sprach- und Gattungslehre des Psalters (§ 10), die sich in verwandtschaftlichen Vier- oder Achtfachheiten entfaltet. Während diese explizite Erwähnung finden, ist die mit Vier- oder Achtfachheit ursprünglich zusammenhängende Lehre von den Psalmtönen (§ 9) in Luthers Text vollständig und restlos ausgefallen. Dennoch kann nicht ausbleiben, daß die vier oder acht Winde etwas herbeitragen, wovon explizit keine Rede ist. Sie bringen die vier oder acht Töne als Klang. Deshalb muß Luthers ›Vorrede auf den Psalter‹ eben so, wie sie vorhin (§ 7.2b) als Dokument abziehender Sinnlichkeit gelesen wurde, jetzt (§ 7.2c) als Dokument gerade noch zu erinnernden und also nachhallenden Klanges begriffen werden.

3. ›Encomium musices‹

Sobald dem ›Encomium psalmorum‹, wie es in Luthers ›Vorrede auf den Psalter‹ vollführt wurde, ein selbständiges ›Encomium musices‹ zur Seite tritt, rückt die Tatsache in schärferes Licht, daß in Psaltervorreden von Musik nie explizit die Rede war, in den Gesangbuchvorreden dagegen sehr wohl. Dort wurde der übersetzte deutsche Psalter begrüßt, nicht der klingende. Dementsprechend ist die Art und Weise, wie das Thema der Musik ankommt, von äußerster Obliquität. Psalmen, Rede des Herzens, wie ein Schiff auf einem wilden Meer, von Sturmwinden getrieben, können nicht nicht klingen. Also klänge Klang nach, selbst wenn man ihn vergäße. Demgegenüber faßt das ›Encomium musices‹ den Klang ohne Umschweife in direkter Intention ins Auge. Ohne Zweifel handelt es sich bei den beiden Enkomien um eine Parallelaktion. Der neuralgische Punkt wurde bereits genannt: Warum zwei und nicht vielmehr eins?

Zunächst gilt: Zwar ist Lob der Musik spätestens seit Quintilian ein traditionelles Thema[481]. Aber obgleich als Thema älter als das Lob des Psalters, ist es als Gattung jünger. Unter der Gattung eines Lobs der Musik sei verstanden, daß nicht nur generell Musik als eines der möglichen enkomiastischen Themen gelobt wird, sondern daß, analog zum Lob des Psalters, die Musik in ihrem Wesen und wunderbaren Wirken, in Ursprung und Taten, zum hymnischen Subjekt erhoben und also gefeiert wird. Lob des Psalters in diesem Stil fand sich erstmals bei Basilius von Caesarea und begleitete seitdem die

---

Martin Luthers rhetorische Syntax, in: G. Ueding (Hg.), Rhetorik zwischen den Wissenschaften, Tübingen 1991, 207–220, 213f.

[481] Quintilian, Inst. orat. I, 10,17: laudem ... dicere artis pulcherrimae [sc. musices]; Philodem von Gadara, De mus. IV, 21: ἐπαινουμένης [sc. μουσικῆς], dazu Neubecker, aaO. (s. Anm. 141) 198.

Epoche der Theologie des Psalters. Analoges Lob der Musik findet sich erstmals bei Aurelian von Réôme, der seinen Musiktraktat mit ›De laude musicae
disciplinae‹ beginnt[482]. Aber eigentliche Konjunktur gewinnt das Lob der
Musik erst ab Spätmittelalter und Reformation, dann aber kräftig[483]. In der
protestantischen Welt ist Lob der Musik eine stehende Übung, bis in die
gegenwärtige Singkultur hinein[484]. Psalterlob erklingt jetzt nicht mehr; das
Lob der Musik hat auf breiter Front das Lob des Psalters abgelöst. Gewiß war
es einmal so, daß Psalter und Musik geradezu restlos koinzidierten. Aber nach
diesem Scheitelpunkt der Theologie des Psalters übernahm die Musik die
Eigenschaften des Psalters. Sie trägt jetzt die ehemaligen Psalterprädikate allein davon. Der ›Complexus effectuum musices‹ des Johannes Tinctoris belegt dies in eindrucksvoller Weise[485]. Luthers ›Praefatio‹ zu den ›Symphoniae

---

[482] Aurelian von Réôme, Musica disciplina c. 1 (SEMSP I, 29f)); zur Herkunft dieser
Kompilation s. A. EKENBERG, Cur cantatur? Die Funktion des liturgischen Gesanges
nach den Autoren der Karolingerzeit, Stockholm 1987, 142–151.

[483] J. Gerson, Carmen de laude musicae (1424/26; Œuvr. compl. [GLORIEUX] 4, 135f;
zitiert von Adam von Fulda, De mus. I, 2 [SEMSP III, 334f]); Carmen de laude canendi
(1424/26; 4, 162f). Zu einem unter der Verfasserschaft Marsilio Ficinos überlieferten
Traktat ›De laudibus musicae‹ s. P. KRISTELLER, Humanismus und Renaissance II, München 1976, 286 Anm. 64). Ph. Beroaldus, De laude musicae oratio, Basel 1509. Luther
blickt bereits auf eine reiche Tradition der Bearbeitung dieses Themas zurück: De laude
et virtute musicae sileo, quae ab aliis abunde tractantur (Op. in psal. 4,1; WA 5, 98,37f =
AWA 2, 162,14); von ihm gibt es auch in Zukunft keinen selbstbenannten Text dieses
Titels. Für die Reformation stilbildend war Johann Walters ›Lob und Preis der löblichen
Kunst Musica‹ (um 1538; Faksimileausgabe hg. W. GURLITT, Kassel 1938; WGA VI,
153ff) und ›Lob und Preis der himmlischen Kunst Musica‹ (Wittenberg 1564; WGA VI,
157ff), welch letzterem Werk er Luthers ›Praefatio‹ zu den ›Symphoniae iucundae‹ in
selbstgefertigter deutscher Übersetzung vorausschickte.

[484] C. Spangenberg, Von der edlen und hochberühmten Kunst der Musica und deren
Ankunft, Lob, Nutz und Wirkung … (1598; hg. A. VON KELLER, Stuttgart 1861);
L. Schröder, Ein nützliches Tractätlein vom Lobe Gottes oder der herzerfreuenden
Musica (Kopenhagen 1639; dazu K. GUDEWILL, Vom Lobe Gottes oder der Musica, in:
D. ALTENBURG [Hg.], Ars musica Musica scientia [FS H. Hüschen], Köln 1980, 190–
197). Weitere zeitgenössische Literatur bei IRMGARD OTTO, Deutsche Musikanschauung
im 17. Jahrhundert, Diss. phil. Berlin 1937. Katechismusform des Lobes der Musik bei
A. KLOSE (Hg.), Lob der Musik. Ein Spruchbüchlein, Kassel 1957[5].

[485] Johannes Tinctoris, Complexus effectuum musices (um 1473/74; SMMA IV, 191–
200; CSM 22/II [SEAY]), enthält einen Katalog von 20 Sätzen über die Wirkung von
Musik, dessen Verwandtschaft mit einem Hymnus auf die Musik trotz seiner höchst prosaischen Gestalt deutlich hervorsticht (dazu SCHMID, aaO. [s. Anm. 56]; W. SEIDEL, Die
Macht der Musik und das Tonkunstwerk, AfMw 42, 1985, 1–17). Mindestens 13 der 20
Sätze sind in der Tradition ursprünglich nicht Musik-, sondern Psalterprädikate: 1./2.
Musica Deum delectat / laudes Dei decorat (Ambrosius, Exp. psal. I, 9: psalmus = dei
laus); 3. Musica gaudia beatorum amplificat (Basilius, Hom. in psal. I, 2: τέρψις; Ambr. I,
1ff: delectatio); 4. Musica ecclesiam militantem triumphanti assimilat (Bas. I, 2: τὸ
οὐράνιον πολίτευμα; Ambr. I, 9: militia caelestis); 6. Musica animos ad pietatem excitat
(Augustin, Conf. X, 33,50: in affectum pietatis); 7. Musica tristitiam depellit (Ambr. I, 9:

iucundae‹ gibt sich zwar nicht im Titel, aber durch den Eingang als Text zu erkennen, der im Kraftfeld des Lobs der Musik steht, sofern dieses selbständig geworden ist. In ihren drei Abschnitten behandelt Luther Herkunft (Wesen, »res ipsa«) und Taten (Wirkung, »usus rei«) der Musik, dann den Übergang von »musica naturalis« zu »musica artificialis«[486].

Wenn die These zu Recht besteht, Lob der Musik sei einstmaliges, jetzt selbständig gewordenes Psalterlob, so müßte dem ›Encomium musices‹ die Erinnerung an diese Herkunft anhaften, wenigstens als Spur. Gewiß erscheinen darin die vorbildlichen »Cantica et Psalmi«, gewiß auch der »Musicissimus … Rex et diuinus psaltes Dauid«; letzterer übrigens nicht um seine Musik, sondern nur um eine geeignete Belegstelle abzugeben[487]. Aber das sind äußere Berührungen. Anders wenn, wie im ersten Abschnitt der Vorrede, das Wesen der Musik in zeitlicher und räumlicher Universalität geschildert wird[488]. Nicht nur gehört Musik zur menschlichen Stimme, worin sie

---

a maerore alleuat); 8. Musica duritiam cordis resolvit (Bas. I,2: λιθίνη καρδία; Ambr. I, 9: saxosa pectora, praeduri); 9. Musica diabolum fugat (Athanasius, Ep. ad Marc. c. 32f; Bas. I, 2: δαιμόνων φυγαδευτήριον); 13. Musica homines laetificat (Ambr. I, 1ff: delectatio; I, 9: laetitiae resultatio); 14. Musica aegrotos sanat (Bas. I, 1: ἰατρεῖον, ἴαμα; Ambr. I,7: remedium); 15. Musica labores temperat (Bas. I,2: ἀνάπαυσις κόπων ἡμερινῶν); 17. Musica amorem allicit (Bas. I, 2: τὴν ἀγάπην ἡ ψαλμῳδία παρέχεται); 20. Musica animas beatificat (Ambr. I, 1: beatitudo). In allen Fällen findet – abgesehen von stillschweigenden Sinnverschiebungen – der Wechsel von »Psalter« zu »Musik« als Subjekt der Sätze statt. Allerdings fällt auf, daß die häufige Gleichung Psalmengesang = Engelsgesang nicht in die Reihe der Musikprädikate transformiert wurde.

[486] Luther, Praefatio zu Georg Rhaus Sammelwerk ›Symphoniae iucundae‹, Wittenberg 1538, WA 50, 368–374; Synopse der lateinischen und der deutschen Textfassung bei BLANKENBURG, aaO. (s. Anm. 428), Anhang VIII (439–445). Zu Geschichte und Interpretation dieses Texts: DERS., Überlieferung und Textgeschichte von Martin Luthers ›Encomion musices‹, LuJ 39, 1972, 80–104; DERS., aaO. (s. Anm. 428), 365–384. Den Titel ›Encomium musices‹ erhielt Luthers Text durch M. Praetorius, Musae Sioniae I, 1605; offenbar bestand angesichts der prosperierenden Gattung des Lobs der Musik der Wunsch, auch von Luther ein solches zu besitzen. In der Tat durchzieht das Motiv des Lobs den ganzen Text, teils als Lob der Musik (368,3.8; 371,4), teils als Lob Gottes (372,4f; 373,11; 374,3), wobei letzteres ebenfalls ein Lob der Musik ist, nur unter Wendung des genitivus obiectivus zum genitivus subiectivus. Lob der Musik ist externes Lob eines internen Lobs, mit dem eine der höchsten Kreaturen den Schöpfer (369,1.13; 370,11; 372,6; 373,9f) oder das donum (368,4; 371,10; 372,6; 374,3f) den donator (autor 374,3; Spiritus sanctus 371,9) lobt. Die drei Hauptteile der Vorrede, abgesehen von Anfang und Schluß: I. res ipsa [musices] (368,10–370,12); II. vsus tantae rei (370,13–372,10); III. Musica naturalis und musica artificialis (372,11–373,6).

[487] WA 50, 369,7f; 371,15.

[488] WA 50, 368,10–369,12: Primum, si rem ipsam spectes, inuenies Musicam esse ab initio mundi inditam seu concreatam creaturis vniuersis, singulis et omnibus. Nihil enim est sine sono [cf. 1.Kor 14,10; Gerson 9, 593 Satz 2], seu numero sonoro [Pythagoras], ita vt et aer ipse per sese inuisibilis et inpalpabilis, omnibusque sensibus inperceptibilis, minimeque omnium musicus, sed plane mutus et nihil reputatus, tamen motus sit sonorus et audibilis, tunc etiam palpabilis, mirabilia in hoc significante spiritu mysteria, de quibus

ihr Wunderwerk vollendet, sondern zur Stimme alles Belebten und Unbelebten, sodaß der singende Mensch mit seiner »musica humana« umgeben ist vom Klang aller Kreatur, von »musica mundana«. So sehr ausschließlich der menschlichen Stimme (»vox humana«) das Prädikat »musica« uneingeschränkt zukommt, und wiederum David als einzigem das Prädikat »musicissimus«, so ist doch die Stimme der Kreatur nicht schlechthin unmusisch, sondern nur »prope immusica«. Ja, strengt man den Versuch an, zuverlässig an den kreatürlichen Ort zu führen, da jeder Zusammenhang mit Musik negiert ist, so stellte sich nur in der paradoxen Weise einer Negation der Negation heraus: Nichts ist ohne Stimme. Selbst das am wenigsten Musische (»minime omnium musicum«) ist in Wahrheit das, was nicht nicht musisch sein kann. Das schlechthin nicht nicht musisch sein Könnende ist die bewegte Luft (»aer«). Wir kennen sie bereits aus der Psaltervorrede, und zwar als Sturm. Dort schien sie Bild zu sein. Jetzt zeigt sich: sie ist die Sache selbst, nämlich Klang im Zustand von Nicht-nicht-klingen-Können. Umso unfehlbarer sind Sturmwinde als bloße Luft bereits Musik, als auch die höchste Musik, die der menschlichen Stimme, nur Luft ist, obschon artikulierte (»pulsus aer«). Im Rückblick zeigt sich, daß das Bild vom menschlichen Herzen als Schiff auf einem wilden Meer, getrieben von den vier Winden, nicht etwa Bild für das Psaltergeschehen ist, von dem zu fragen wäre, wie Musik noch hinzukommt. Sondern es schildert an sich bereits die Sache der Musik, die auf dem Wege ist, von Luft schlechthin im Sinn eines Beinahe-Nichts, das dennoch nicht Nichts sein kann, zur artikulierten Luft der singenden Stimme des Menschen zu werden. Auf diesem Wege wird die natürliche Gewalt vollständig in Sing- und Sprachgewalt überführt. Zur Unterscheidung von »musica naturalis« und »musica artificialis« des dritten Abschnittes der Vorrede geht daraus schon das Wesentlichste hervor.

Der zweite Abschnitt, der Wirksamkeit der Musik gewidmet, konzentriert sich auf die Thematik von Musik als »domina et gubernatrix affectuum humanorum«[489]. Wie die Thematisierung der Musik unter dem Gesichts-

---

hic non est locus dicendi. Sed mirabilior est Musica in animantibus, praesertim volucribus, vt Musicissimus ille Rex et diuinus psaltes Dauid cum ingenti stupore et exultante spiritu praedicit mirabilem illam volucrum peritiam et certitudinem canendi, dicens Psalmo centesimo tertio [Ps 104,12], ›Super ea volucres coeli habitant, de medio ramorum dant voces.‹ [/] Verum ad humanam vocem omnia sunt prope immusica ... Zum mirabile artificium vocis humanae als letzter Steigerung der mit der Musik gegebenen Mirabilität S.370,1ff: pulsus aer.

[489] WA 50, 370,13–371,9: De vsu tantae rei dicere hic oportuit. ... Hoc vnum possumus nunc afferre, Quod experientia testis est, Musicam esse vnam, quae post verbum Dei [= θεολογία] merito celebrari debeat, domina et gubernatrix affectuum humanorum (de bestiis nunc tacendum est [Orpheus]) quibus tamen ipsi homines, ceu a suis dominis, gubernantur et saepius rapiuntur. Hac laude Musicae nulla maior potest (a nobis quidem) concipi. Siue enim velis tristes erigere, siue laetos terrere, desperantes

punkt ihres Wesens soeben Klang und Zahl – also etwas Pythagoreisches – heranzog, so jetzt ihre Thematisierung unter dem Gesichtspunkt der Wirksamkeit etwas Orphisches, wie der Hinweis auf Bestien anstelle von Affekten zeigt. Musik als allerwirksamste Affektbeherrscherin, d.h. Herrschaftswechsel von den Affekten als Herren des menschlichen Herzens zur Musik als deren Herrin. Aber der Herrschaftswechsel geschieht nicht als Übergang von Affekt zu Nicht-Affekt, sondern als Wechsel vom alten zum neuen und also Affektwechsel, wie sechsfach dargetan wird, indem das Musiklob in der Sprache des Psalterlobs erscheint. Ebenfalls geschieht er nicht als Übergang von Affekt zu Musik, sondern als innermusikalischer Übergang. Bereits die älteren Affekte waren Musik, wenngleich irregulierte. Wir kennen diesen Sachverhalt bereits aus der Psaltervorrede. Dort schienen Wind, Meer, Schiff nur Bild zu sein, von dem zu fragen ist: Wie kommt Musik hinzu? Nun zeigt sich: Das Schiff ist nicht Bild, sondern Sache selbst, »musica gubernatrix«, Musik als Steuermannskunst, sofern sie im Übergang vom Vorregulierten zum Regulierten den Affektwechsel als Herrschaftswechsel vollzieht, wie er in der Modellszene von Davids Gesang vor Saul berichtet wird. Im Rückblick wird deutlich, daß offenbar anders als in und durch Musik die Sätze der Psaltervorrede nicht wahr sein können.

Was schließlich das Thema des dritten Abschnitts anlangt[490], so war der Übergang von »musica naturalis« zur »musica artificialis« bereits in den beiden früheren präsent. Im ersten so, daß allein schon das Auftauchen von so etwas wie der menschlichen Singstimme im Universum des Klangs diesen Übergang impliziert, denn die Natürlichkeit der menschlichen Stimme ist ihre Künstlichkeit. Im zweiten so, daß das Entstehen regulierter Musik nur als Übergang von der »musica naturalis« zur »musica artificialis« geschieht und also zu Recht als innermusikalischer Wechsel begriffen wurde. Auch hier findet sich Erinnerung an die zurückliegende Psaltererfahrung, indem mit dem Stichwort »studium« all das wiederkommt, was zum musikalischen Umgang mit dem Psalter als »palaestra«, »exercitium« gesagt war, und was an dieser Stelle der Musik seinen genauen Ort hat.

---

animare, superbos frangere, amantes sedare, odientes mitigare [das ist Psalterlob im Musiklob, mit der um amor/odium erweiterten vierfachen Affektrose; cf. WA 3, 404,24ff], et quis omnes illos numeret dominos cordis humani, scilicet affectus et impetus seu spiritus, impulsores omnium vel virtutum vel vitiorum? Quid inuenias efficatius quam ipsam Musicam? Weil virtutes *und* vitia auf diese Weise hervorgerufen werden, ist – wie der folgende Satz zeigt – eine zweifache Wirkweise des Affekts erforderlich: homolog (illabi) und antilog (expelli).

[490] WA 50, 372,11f: Vbi autem tandem accesserit studium et Musica artificialis, quae naturalem corrigat, excolat et explicet ...

III. Vorstudien

Zur Annäherung an die Psalterformel »Psalterium affectuum palaestra« als nachvollziehbare Wahrheit ist ein drittes Kapitel zu eröffnen. Thematisch waren bisher teils Termini, die Luther im Schlußabschnitt seiner Operatio zum 1. Psalm, im sogenannten ›Monitum‹, für den Umgang mit dem Psalter gebrauchte (Kap. I *Vorbegriffe*). In den jeweiligen begriffsgeschichtlichen Sondierungen zu Palaestra, Exercitium und Lectio trat als Gemeinsames zu Tage, daß alle drei Begriffe auf eine unübliche Art des Lesens verweisen, die im üblichen verborgen liegt: im jüngeren ein älteres, im leisen ein lautes, im intellektuellen ein affektives, im bewegungsarmen ein leibgebundenes bewegtes, im visuellen ein ungleich stärker erklingendes. Aber durch zunehmende Rationalisierung der Lesegewohnheiten ist jenes frühere Lesen aus einsichtigen Gründen in Verfall gekommen. Es läßt sich nur aus Spuren rekonstruieren. Volles Lesen ist im gegebenen Zustand nur noch indirekt zugänglich. Teils waren bisher thematisch Traditionen des Psaltergebrauchs, wie sie sich in Vorreden oder vorredenartigen Texten der griechischen und lateinischen Welt niederschlugen und schließlich in Luthers ›Vorrede auf den Psalter‹ nachklingen (Kap. II *Vorreden*). Der sammelnde Gesichtspunkt war hier die Einzigartigkeit des Psalters unter allen Büchern der hl. Schrift; inhaltlich dadurch, daß das Psalmbuch, obgleich äußerlich nur Buch unter anderen, ein Musterbuch und also Buch der Bücher ist, nicht nur des Alten, sondern durch seine prophetische Kraft auch des Neuen Testaments; formal dadurch, daß es durch seine poetisch-musikalische Gestalt hervorsticht, die außerordentliche, um nicht zu sagen: göttliche Wirkungen hervorbringt. In diesem Kontext erscheint Luthers Vorrede als Gipfel und Ende der gemutmaßten Epoche der Theologie des Psalters, die als solche unwiederholbar ist. Aber bevor die Theologie des Psalters vollends ins Historische entschwindet, soll ein kontrollierter Abschied in der Weise stattfinden, daß das Denkwürdige jener Epoche hervortritt, wobei die allerdings gründliche Vergangenheit des Sachverhalts »Psalterium affectuum palaestra« eine Annäherung an seine Wahrheit nur im Stil fortgesetzter Vorläufigkeit zuläßt (Kap. III *Vorstudien*).

In der Theologie des Psalters, sofern sie sich von der üblichen Theologie der Psalmen zu unterscheiden wagt, geht es im Grund um die eine und einzige Frage, ob und wie das Bedeutende zugleich ein Erklingendes ist. Zeigt sich nun als letztes irreduzibles Element des Psalters der Name Gottes, von

dem alle Sprachbildung des Psalters ausgeht und zu dem sie wieder zurück-
führt, so muß es Ziel des gesamten Gedankengangs sein, dieses zu entfalten
(§ 10 *Name Gottes als Klang und Bedeutung*). Ebenso steht im Blick nicht nur
das letzte irreduzible Element, sondern die ganze Breite dessen, was als
Psalmengesang üblicherweise geschieht (§ 9 *Psalmodie*). Aber der allererste
Zugang zur Gedankenbewegung, die zu diesem Ende führt, läßt sich nicht
gewinnen ohne Berücksichtigung des Affekts (§ 8 *Affekt*), und damit beginnt
die systematische Reflexion.

§ 8 Affekt

Ist mit dem Affekt zu beginnen – Affekt als Tor zur Theologie –, so muß
zunächst eingestanden werden: Zwar war bisher viel vom Affekt die Rede,
aber als allerlei Bildrede von Seefahrt und Meer, von Winden und Himmelsgegenden, erschließungsweise auch von zugehörigen Vokalen, Farben und
Tönen. Es macht einen Unterschied, ob man von einer Sache im Spiel bildlicher Bezüge spricht, oder so, daß sie in unbildlicher Disziplin dargestellt
wird. Um zum Affekt selbst zu gelangen, bedürfte es der Reduktion der
buntschillernden Bilderwelt aus Luthers Vorrede, der als solcher nur Wahrscheinlichkeit, aber nicht Wahrheit zukommt. Wird der Psalter als »affectuum
palaestra« bezeichnet, so sind Affekt oder Affekte die letzte Wirklichkeit des
Psalters. Psalterspiel wird wesentlich als Spiel der Affekte betrieben. Aber
hinter dem Spiel der Affekte und seiner Gelöstheit läßt sich ein dichterer
affektiver Zustand erahnen, der weniger Spiel als Ernst ist. Die Heiterkeit des
Psalterspiels erscheint dann vor dem Hintergrund archaischen Ernstes, in
dem die Affekte unerbittlich wirken. Wer von Affekt handelt, bekommt es
mit beiden Schichten zu tun. Zunächst gehört Spiel der Affekte in einen
Bereich, der als Geschichte der Affekte bzw. der Affektenlehre zu bezeichnen
ist: Affekte als psychologisches Phänomen. Wir verfolgen die Geschichte der
Affektenlehre bis zu dem Punkt, da sie sich in eine Psalterlehre transponiert.
Dann aber nötigen die Aporien dieses Vorgangs dazu, die Vorgeschichte des
Affektbegriffs zu erschließen, den Ernst der Affekte oder Affekte als theologischen Sachverhalt. Beim Eindringen in die Archaik der Affekte werden
diese ganz von selbst zu Klängen von so unmittelbarer Dichtigkeit, daß sich
ohne weiteres zeigt: die bildliche Appropriierung von Affekten und Tönen,
wie sie in § 7 auf diffizilen Umwegen hergestellt wurde, kommt in jeder
Hinsicht zu spät. Was aber mit der unmittelbaren Beziehung zwischen Affekt
und Klang geschieht, wenn der Klang sich zu unterscheidbaren Tönen wandelt: danach ist am Ende zu fragen.

1. Spiel der Affekte als Psalterspiel

Spiel der Affekte ist nur möglich, wenn Affekte – ohne deshalb zur Unzahl zu werden – überwiegend in Mehrzahl auftreten, und wenn Affekt nicht von vornherein bloß ein negativer Begriff ist. Das Spiel der Affekte, wie es sich in der Geschichte der Affektenlehre einstellt, wird bei Johannes Gerson als Psalterspiel gedeutet.

In der Tat schlösse die Dominanz eines einzigen Affektes das Spiel der Affekte aus. Affektenlehre impliziert bereits gegenseitige Relativierung der Affekte. Überhaupt ist es weniger das Problem, wie es zur Vielzahl der Affekte kommt, sondern eher umgekehrt, wie die jederzeit lauernde Unzahl in Überschaubarkeit zu überführen sei. Affektenlehre als solche ist somit bereits Bändigung eines archaischen Zustands, der durch den simplen Satz beschrieben wird: Affekte sind unzählbar[491]. Demgegenüber bedeutet jedes Affektenschema, wie es die Affektenlehren zu entwickeln pflegen, entweder bloß scholastische Abstraktion, oder wirksame Reduktion eines chaotischen Zustands. Beim Blick auf die europäische Tradition muß erstaunen, wie die Affektenlehre trotz nicht geringer Bedrohung von links und rechts in denkwürdiger Konstanz beinahe unangefochten durch die Jahrhunderte geht. Luthers achtstrichige Windrose der Affekte ist, geradezu über den Kopf des Autors hinweg, Produkt dieser Tradition. Allerdings nicht ohne Schwierigkeiten. Wie sind die acht Affekte den vier Windrichtungen zuzuordnen? Und wie diese den Himmelsrichtungen? Die Schwierigkeiten lösen sich, wenn die Doppelformeln der Affekte als bloßer Hendiadyoin gelesen werden dürfen. Sind sie aber zu unterscheiden, sei es als Haupt- und Nebenform, sei es als Günstiges und Ungünstiges, dann bleibt die Anordnung der Begriffspaare ungleichmäßig. Aber auch in diesem Fall ist erkennbar, daß die achtstrichige Affektrose nur eine Erweiterung der viergliedrigen ist[492]. Oder

---

[491] Zur Unzählbarkeit der Affekte: Hugo von St. Viktor, De modo orandi 7 (MPL 176, 985B): omnes [affectus] enumerare non possumus (infiniti enim sunt affectus). Johannes Gerson, De pass. anim. 21 (Œuvr. compl. [GLORIEUX] 9, 22): non est numerus ... de hujusmodi passionibus; Tract. de cant. I, 3 (9, 542; cf. 574): ... interiores affectiones ..., quae cum sint innumerabiles, nihilominus ad paucas philosophia simul cum theologia et medicina reduxit, nunc ad unam, nunc ad duas, nunc ad tres, dehinc ad quatuor ac deinceps usque ad undenarium, in quo stetit Aristoteles. Unzählbar sind nach Gerson auch die Affektlaute; Coll. s. Magn. I (8, 167): ... cum sint affectuum voces innumerae; cum praeterea sibi sint contrariae vel adversae. Luther, Encom. mus. (WA 50, 371,6f): quis omnes illos numeret dominos cordis humani, scilicet affectus.

[492] Zur Interpretation der Begriffspaare in Luthers Achtstrichrose der Affekte stehen a priori folgende Hypothesen zwischen Minimum und Maximum des interpretatorischen Aufwands zur Verfügung: 1. Es handle sich entweder um einen bloßen Hendiadyoin (πάθος-πάθος-Formel), d.h. um eine Leerformel wie z.B. bei Gerson 9, 542; 8, 168); oder 2. um die Unterscheidung der vernunftkompatiblen und vernunftinkompatiblen Spielart eines und desselben Affekts (πάθος-εὐπάθεια-Formel), sei es als Unterscheidung

wenn Luther an anderem Ort ein sechsgliedriges Affekteschema gebraucht: Wagen der Affekte auf der Fahrt aus der gegenwärtigen in die zukünftige Welt mit »spes«, »timor«, »gaudium«, »dolor« als Rädern, wobei je zwei Räder dem »amor boni«, zwei dem »odium mali« zugeordnet werden, so ist die Sechsgliedrigkeit durchsichtig auf eine zugrundeliegende Viergliedrigkeit[493]. Gerade in diesem Schema treffen Räumlichkeit und Zeitlichkeit in eindrücklicher Weise aufeinander. Räumlich erscheinen die Affekte, indem Unterscheidungen wie Rechts und Links oder Ost und West eine Rolle spielen[494]. Zeitlich, indem sie in die Differenz von Jetzt und Dann gestellt sind. Von Vergangenheit als vornehmlicher Quelle von Affekten ist merkwürdig selten die Rede. Auch fällt auf, daß der zeitliche Aspekt im Bilderapparat von Luthers Achtstrichrose eher zurücktritt. Damit sind die beiden Koordinaten zugegen, die das klassische viergliedrige Affekteschema konstituieren. Aus der Unterscheidung von Rechts und Links entsteht die zwischen guten und bösen Affekten, aus der von Jetzt und Dann werden gegenwarts- und zukunftsbezogene Affekte. Woher die Räumlichkeit und Zeitlichkeit der Affekte stammt, bleibt vorderhand einem naiven, mit dem Affekt verbundenen Raum- und Zeitgefühl überlassen. Aus dem Schnitt beider Koordinaten entstehen vier Sinnstellen, die je nach »zukünfftigem Vnfal«, »gegenwertigem Vbel«, »zukünfftigem Glück« oder »gegenwertigen Gütern« mit vier Affekten zu besetzen sind. Wenn einerseits, wer von Affekt reden will, mit Rücksicht auf die mitgesetzte Räumlichkeit und Zeitlichkeit von mindestens vier Affekten reden muß, anderseits aber, selbst wenn er von einer Unzahl von Affekten reden wollte, wieder zurückkommen müsste auf die zugrundeliegende Vierzahl, so ist eben die klassische Viergliederung eine irreduzible Kategorienlehre des Affekts, die vermeiden zu wollen sie zu bestätigen hieße. Wohl daher stammt die staunenswerte Konstanz der viergliedrigen Affektetafel[495]. Immerhin wird jetzt klar, weshalb den Affekten sich deutliche

von Haupt- (τὰ γενικώτερα πάθη τέσσαρα Andronicus SVF III, 391) und Nebenaffekt (εἴδη Andronicus SVF III, 397. 401. 409. 414), oder als Unterscheidung von geistlichen und sinnlichen Affekten; oder es handle sich 3. um antithetische Gegenüberstellung von Pathoszustand und Negierung eben dieses Zustands (πάθος-ἀπάθεια-Formel). Daß mit keiner dieser Hypothesen durchzukommen ist, darauf kann man die Probe leicht machen.

[493] Zur Sechszahl der Affekte, die in Wahrheit nur der Vierzahl übergestülpt ist: Luther, Schol. zu Ps 67,18 (WA 3, 404, 24–37).

[494] Luther, Schol. zu Ps 94, 3 (WA 4, 103, 3–5); Schwarz, aaO. (s. Anm. 91) 179.

[495] Die bereits früher formelhaft fixierte Vierheit der Affekte (Gorgias, FVS 82 B 11, 8–10.14; Platon, Lach. 191d; Phaid. 83b; Theait. 156b) scheint bei den Stoikern erstmals in dem von Luther vorausgesetzten Sinn expliziert worden zu sein. Aspasius, In Arist. Eth. Nic. (SVF III, 386): γενικὰ δὲ πάθη οἱ μὲν ἐκ τῆς Στοᾶς ἔφασαν εἶναι ἡδονὴν καὶ λύπην φόβον <καὶ> ἐπιθυμίαν· γίνεσθαι μὲν γὰρ τὰ πάθη ἔφασαν δι᾿ ὑπόληψιν ἀγαθοῦ καὶ κακοῦ, ἀλλ᾿ ὅταν μὲν ὡς ἐπὶ παροῦσι τοῖς ἀγαθοῖς κινῆται ἡ ψυχή, ἡδονὴν εἶναι, ὅταν δὲ ὡς ἐπὶ παροῦσι τοῖς κακοῖς, λύπην· πάλιν δὲ ἐπὶ τοῖς προσδοκωμένοις ἀγαθοῖς

Raum- und Zeitbilder anschließen; räumlich als Meer-, Wind- und Himmelsgeographie, zeitlich als Kalender von Tages- und Jahreslauf. Zu sagen, wo Klänge und Töne einzuordnen sind, hätten wir im Moment Schwierigkeiten. Wenigstens soviel wird sichtbar, daß zwischen der Vierheit des Affektiven und den herangezogenen bildlichen Vierheiten mehr als ein bloß äußerlicher Zusammenhang besteht.

Ebenso wie die Dominanz eines einzigen Affekts schlösse auch die Dominanz eines einzigen Begriffs von Affekt alles Spiel der Affekte aus. Nach der Tradition der Affektenlehre ist das Vorherrschen eines einzigen Affektbegriffs regelmäßig damit verbunden, daß dieser in negativem Sinn für die der Vernunft abgewandte Seite der menschlichen Seele gebraucht wird. In der aristotelischen Affektenlehre ist Affekt (πάθος) derjenige Zustand, in dem ein Mensch überwiegender Einwirkung von außen ausgesetzt ist, ohne ihrer Herr zu werden. Verhält er sich zur Welt so, daß diese ihm immer bloß zustößt oder ihn betrifft, so findet er sich in unverhältnismäßiger Leidentlichkeit (πάσχειν). Es ist das Verdienst der Stoa, Affekte als Gegenwelt der Vernunft der gedanklichen Durchdringung gewürdigt zu haben. Stoische Psychologie der Affekte besticht durch die überraschende Wendung, mit der die Wirkung eines Affekts, die immer in Richtung Schlechthinnigkeit zieht, einfach dadurch sistiert wird, daß Affekt gar nicht Affekt, sondern nur Auffassung ist, dies und das gelte als Affekt. Wenn aber Geltung zuerst zugesprochen werden muß, so kann sie auch wieder abgesprochen werden, und als-

---

ἐπιθυμία συμβαίνει, ὄρεξις οὖσα ὡς φαινομένου ἀγαθοῦ, κακῶν δὲ προσδοκωμένων τὸ συμβαῖνον πάθος φόβον ἔλεγον εἶναι. Aus der weiteren Tradition, soweit hier einschlägig: Servius, In Aen. VI, 733 (Hinc metuunt cupiuntque, dolent gaudentque, s. Anm. 464; SVF III, 387): Varro et omnes philosophi dicunt, quattuor esse passiones, duas a bonis opinatis, et duas a malis opinatis rebus: nam dolere et timere duae opiniones malae sunt, una praesentis, alia futuri: item gaudere et cupere opiniones bonae sunt, una praesentis, altera futuri. Plutarch, Mor. 77,1 (ZIEGLER VI/3, 51f): πᾶς ἄνθρωπος ὢν μὲν λυπεῖται παρόντων, ὧν δὲ δέδιε μελλόντων, ὧν δ᾽ ὀρέγεται […] μὴ παρόντων, οἷς δ᾽ ἥδεται δεδομένοις, verbunden mit räumlichen Angaben: ἄνω μὲν ἡδονὴ καὶ κάτω λύπη, πρόσω δ᾽ ἐπιθυμία καὶ ὀπίσω φόβος. Athanasius, Epist. ad Marc. c. 28 (s. bei Anm. 336). Hieronymus, Ep. 133,1 (an Ktesiphon; CSEL 56, 242, 5–10): illi [philosophi et maxime Pythagoras et Zeno princeps Stoicorum] enim, quae Graeci appellant πάθη, nos perturbationes possumus dicere, aegritudinem uidelicet et gaudium, spem et metum, quorum duo futura sunt, adserunt extirpari posse de mentibus et nullam fibram radicemque uitiorum in homine omnino residere meditatione et adsidua exercitatione uirtutum. Johannes Damascenus, Exp. fid. § 26 (=II, 12; KÖTTER II, 78.80ff), nachdem er den Menschen mit den Vierheiten des Unbelebten (4 Elemente und ihre Qualitäten), des Belebten (4 Säfte), des Vegetabilischen (4 Lebenskräfte) und des Unvernünftigen (4 Affekte) verbunden hat: Δεῖ γινώσκειν, ὅτι τῶν πραγμάτων τὰ μέν ἐστιν ἀγαθά, τὰ δὲ φαῦλα. Προσδοκώμενον μὲν οὖν ἀγαθὸν ἐπιθυμίαν συνιστᾷ, παρὸν δὲ ἡδονήν· ὁμοίως δὲ προσδοκώμενον κακὸν φόβον, παρὸν δὲ λύπην (danach angeordnet die §§ 27–30). Luther, WA 3, 404,25ff; 530,30f; 531,5. PICHT, aaO. (s.u. Anm. 508), 391.439.457.

bald ist der Affekt der Steuerung der Vernunft unterworfen. Sobald Affekte
auf die Ebene von Vernunfturteilen gezogen werden, kommen sie nicht
mehr als Triebe an, sondern als bloße Fehl- oder Vorurteile, zwar lästig, aber
vermeidbar. Daraus entwickeln sich in der Stoa zwei Typen der Rede vom
Affekt. Ist dieser reiner Trieb, so erfüllt er die Definition einer unvernünftigen Seelenregung und überhandnehmender Triebhaftigkeit. Seine gänzliche
Unvernunft und Sprachlosigkeit (ἀλογία) wird sinnvoll beantwortet, indem
umgekehrt die Logosbestimmtheit der Vernunft als reine Negation des Affekts (ἀπάθεια) erscheint[496]. Ist dagegen der Affekt in milderer Form bloß
Vor- oder Fehlurteil, so ist er bereits sprachfähig und im Prinzip therapierbar,
indem vormalige πάθη in vernunftverträgliche εὐπαθείαι überführt werden[497]. Aber einerlei ob vernünftiger Zustand als ἀπάθεια oder εὐπάθεια:
über bloße Duldung kommt der Affekt nie hinaus. Musikalisches Spiel der
Affekte ist – abgesehen von einem schwer interpretierbaren Fragment des
Ariston von Chios[498] – in stoischem Kontext kein sinnvolles Thema. Anders
die platonisch-augustinische Richtung der Affektenlehre. Ihr Kennzeichen
ist, daß sie nicht nur einmal, sondern zweimal vom Affekt spricht. Der Affekt
ist sensitives Vermögen, wie bisher; er ist aber auch intellektives Vermögen,
indem er als Staunen, als Begierde oder wie immer die Erkenntnis stimuliert.
Als solcher tritt er in religiöse Funktion. Jetzt kann der Affekt – oft in der
Einheit eines Wortes – zwei Spielarten entfalten, negative wie positive, zu
fliehende wie zu erstrebende. Jetzt kann sich sogar die positive Funktion des
Affekts so steigern, daß ihm Vorrang vor dem Intellekt zugebilligt wird[499].
Damit sind die Bedingungen zugegen, die das Spiel der Affekte ermöglichen.

---

[496] Andronicus, Peri path. 1 (SVF III, 391; s. Anm. 492): Πάθος ἐστὶν ἄλογος ψυχῆς
κίνησις καὶ παρὰ φύσιν ἢ ὁρμὴ πλεονάζουσα. Dazu K. Bormann, Zur stoischen Affektenlehre, in: I. Craemer-Ruegenberg (Hg.), Pathos, Affekt, Gefühl, Freiburg/
München 1981, 79–102.

[497] Andronicus, Peri path. 6 (SVF III, 432). Dazu I. Craemer-Ruegenberg, Begriff-
lich-systematische Bestimmung von Gefühlen. Beiträge aus der antiken Tradition, in:
H. Fink-Eitel/G. Lohmann (Hgg.), Zur Philosophie der Gefühle, Frankfurt/M. 1993,
20–32.

[498] Eine ganz einzigartige Beziehung zwischen den vier Hauptaffekten und den vier
Tönen des Tetrachords (und damit möglicherweise eine Ausnahme von der Behauptung,
die Stoa kenne kein Spiel der Affekte) stellt der Zenon-Schüler Ariston von Chios her
(Clem. Alex., Strom. II, 20; SVF I, 370): ὅθεν, ὡς ἔλεγεν ᾽Αρίστων, πρὸς ὅλον τὸ
τετράχορδον, ἡδονὴν λύπην φόβον ἐπιθυμίαν, πολλῆς δεῖ τῆς ἀσκήσεως καὶ μάχης.
Vorausgesetzt, daß hier mehr als äußerliche Appropriierung von Affekt und Musik stattfindet, entscheidet sich die Interpetation an zwei Fragen: 1. Ist »Tetrachord« Bezeichnung
von vier Tönen oder von vier mit diesen Tönen in charakteristischerweise zusammenhängenden Tonskalen? Im letzten Fall stünde eine Tonartenlehre wie bei Platon, Rep. III
398e–399a (s. Anm. 136) im Hintergrund. 2. Was geschieht durch »Übung«: Auslebung
oder Therapierung der vier Affekte? Relativierung des einen durch den anderen?

[499] K.-H. zur Mühlen, Art. Affekt III, TRE 1, 1977, 599–612; Ders., Die Affektenlehre im Spätmittelalter und in der Reformationszeit, ABG 35, 1992, 93–114.

Spiel der Affekte war insbesondere ein Thema der spätmittelalterlichen Frömmigkeitstheologie. Alle Frömmigkeitstheologie beginnt mit dem Affekt, sofern er die Kraft des Intellekts übersteigt. Theologie wird wesentlich zu »theologia affectiva«. Johannes Gersons Traktat ›De passionibus animae‹ ragt unter vergleichbaren Dokumenten dadurch heraus, daß er es nicht bei der Affektschule christlicher Frömmigkeit im allgemeinen beläßt, sondern diese als ganze überführt in eine Schule des Psalterspiels[500]. Das Interesse an der Systematik dieser Transposition lenkt unsere Aufmerksamkeit auf den Gang dieses Traktats im einzelnen. Bereits einleitend spricht Gerson das Motiv aus: Frömmigkeit als Affektschule ist in Wahrheit Spiel auf zehnsaitigem Psalter und Singen zur Harfe, mit der Erwartung, daß dabei wohltuende Harmonie der Affekte erklinge[501]. Der Sinn des soeben gebrauchten »ist« würde uns interessieren. Und ebenso: Wie kommt es zu Harmonie? Affekte sind, sofern sinnlich, chaotisch und unendlich viel, dementsprechend reich ihr Vokabular. Dagegen der geistlichen Affekte sind wenige, und diese befinden sich in strenger Konzentration auf einen. Oft haben sie kein eigenes Vokabular. Sie werden dadurch genötigt, sich aus den alten Wörtern auf dem Wege der Unterscheidung in neuem Sinn zu konstituieren[502]. Gerade durch Wortarmut bei Gedankenreichtum unterscheiden sich geistliche Affekte von den sinnlichen, die sich umgekehrt von jenen durch Wortreichtum bei Gedankenarmut zu erkennen geben, wie Stabilität dort von Instabilität hier. Für den Anblick der Instabilität wählt Gerson ein Bild.

Constituamus navem in medio mari[503] :

---

[500] Johannes Gerson, De passionibus animae (1408/09), Œuvr. compl. [Glorieux] 9, 1–25; erwähnt in den späteren Werken z.B. 9, 538; 8, 269. Der Terminus »theologia affectiva« findet sich 8, 302.

[501] Gerson, De pass. anim., Einl. (9, 1): Passionum fervorem, effectum et originem cognoscere prodest animae ad devotionis scholam [s. Anm. 287] vocatae. … Quo pacto … sicut oportet ›orabimus mente, orabimus spiritu‹ [cf. 1.Kor 14,15], jubilantes in cordibus und ›laudantes Deum‹ [Lk 2,20; 24,53] ›in psalterio decachordo cum cantico in cithara‹ [Ps 92,4] si desideriorum et affectionum quae suavem hanc harmoniam reddere habent naturam ignoraverimus? Das Motiv aus Ps 92,4 wiederholt sich öfter auf das Ende des Traktats hin 9, 21.23.25); »harmonia« als Zusammenklang der geistlichen Affekte (suavis 9, 1; sonorissima 9, 13; suavissima et mirabilis 9, 21).

[502] Gerson, De pass. anim., cons. 12 (9, 11f): Et quoniam nominum grandis est saepe penuria, quorum nihilominus institutio libera est, transferamus deinceps nomina passionum animalium de quibus philosophi tractaverunt ad affectiones hujusmodi spirituales quales habet anima dum contemplans Deum amat eum ut totum amabilem. Weil die geistlichen Affekte großenteils dieselben Namen wie die sinnlichen haben, ist zu unterscheiden: Et ut ad unum ducamus et differentiam propriam assignemus, passiones animales ut tales sunt, versantur circa rationem commodi vel incommodi, spirituales vero ad rationem solius justi vel injusti respiciunt.

[503] Meerbild: Gerson, De pass. anim., cons. 13 (9, 12f; s. Anm. 462): Pro cujus intellectu placeat uti manuductione grossa figurali. [Bildhälfte:] Constituamus navem in medio

Sinnliche Affektivität des Menschen als Schiff auf dem Meer, zwar den Stür-
men aus zwölf Himmelsrichtungen ausgesetzt, aber ausgestattet mit dem
Steuermann im Mast, der das Schiff auf Kurs hält, indem er unverwandt auf
Himmelspol und -achse blickt. Offenbar führen die Wellen, die sich an den
Riffen mit schauerlichem Tosen brechen, vom Ziel der Harmonie immer
weiter ab. Das Meerbild, sobald sich selbst überlassen, wird geradezu Gegenbild alles Musikalischen. Chaotische Bewegtheit zerstört den musikalischen
Sinn. Geraten dagegen die sinnlichen Affekte unter die Steuermannskunst
der geistlichen, so entsteht süßeste, wunderbarste Harmonie: »wie von Har-
fenspielern, die auf ihren Harfen spielen«[504]. Offenbar wendet sich die Harmonie vom Bild des Meeres ab, aus dem sie zu ihrem Zweck nichts machen
kann. Sie sucht ein entgegengesetztes Bild: das »Psalterium decachordum«. Je
weiter sie sich vom Meerbild entfernt, desto stärker wird der musikalische

---

mari; ordinemus eam et armemus tam hominibus quam instrumentis omnibus requisitis;
sit in medio navis malus erectus portans velum expansum ad ventorum susceptionem; sit
in summitate mali rector navis ita collocatus quod potest quaquaversum sursum, deorsum,
dextrorsum et sinistrorsum, ante et retro prospicere sibi de omnibus ita ut neque
fluctuosae elationes maris, neque caligines nebulosae, neque undarum aspersiones, neque
extensiones neque distensiones veli pro varietate ventorum, neque concursus et occursus
nautarum seu remigantium seu navem regentium valeat obstare quominus inspiciat omnia
quae videnda decreverit. Talis rector etsi feratur nunc hac nunc illac per hanc navem, si
circumsonantes etiam undique varias mutationes praedictas perpeti compellitur, nihilominus liberum habet assidue prospectum ad immobilem coeli plagam quam polum nominamus. Detorquet insuper oculos si et dum placuerit peromnem circumquaque in infimis
regionem. [Sachhälfte:] Existima talem esse debere spiritum in navicula corporis qualis
tibi descriptus est rector navis. Ascendat ipse oportet arcem seu speculam synderesis,
quam appellavit mystice propheta ›montem Domini‹ [Ps 24,3], Paulus ›coelum tertium‹
[2.Kor 12,2], Joannes esse ›in spiritu‹ [Apk 1,10]. Prospiciat ex illa specula tamquam ex
summitate mali stabilem coeli axem qui Deus est, qui scilicet manens stabilis dat cuncta
moveri. Videbis quod spiritus iste poterit annotare ventos passionum variarum tamquam
ex duodecim partibus et plagis ducentium originem a Deo, a bono angelo, a malo, a
coelo, ab innata complexione, ab actione qualitatum primarum, ab actione qualitatum
secundarum, ab imaginativa virtute, a spiritu, a ratione, ab habitibus acquisitis vel innatis,
tandem a varia combinatione seu configuratione causarum praedictarum. – Das Meerbild, das hier nur im räumlichen Sinn entfaltet ist, zeigt eine zeitliche Komponente, sobald die Relation zu portus vel littus aeternitatis hinzukommt (3, 280–282).
[504] Psalterbild in Opposition zum Meerbild: Gerson, De pass. anim., cons. 20 (9, 21):
Quod si fuerit concursus ordinatus ut in virtuosis, nemo dubitaverit quin oriatur inde
suavissima et mirabilis harmonia veluti ›citharaedorum multorum citharizantium in citharis suis‹ [Apk 14,2], quam ipsa inhabitatrix sapientia delectatur audire; alioquin resultat
horrenda prorsus et inamoenissima tumultuatio tamquam maris refrangentis in se et ad
cautes fluctus suos. Puto non ob aliud dixisse prophetam: ›cor impii tamquam mare
fervens‹ [Jes 57,20; s. Anm. 463]. Das assoziierte Zitat aus Apk 14,2 unterscheidet sich von
Gerson dadurch, daß in umgekehrtem Argumentationsgefälle Meeresklang (audivi vocem
de caelo, tamquam vocem aquarum multarum) und Psalterklang (et vocem, quam audivi,
sicut citharoedorum citharizantium in citharis suis) geradezu ineinander übergehen.

Sinn. Zum Anblick von Harmonie und Stabilität der geistlichen Affekte ist Gerson deshalb zu einem neuen bildlichen Ansatz genötigt:

> Constituamus autem si placet pro manuductione exemplari psalterium aliquod decem chordarum[505].

So tritt Psalterbild in Opposition zu Meerbild: Psalter als vermiedenes Meer; Meer als verlorener Psalter. Im Bild des Psalters wird die Harmonie aller Schichten affektiven Lebens gedacht. Die zehn über das Psalterkorpus ausgespannten Saiten sind die zehn Sätze, sei es des Dekalogs, sei es des Vaterunsers, über die der Hl. Geist wie ein erfahrener Saitenspieler hinläuft, teils mit bloßen Fingern hingegebener Meditation, teils mit dem Plektrum denkerischer Unterscheidung. Dabei entstehen je nach Affektwert der Saiten verschiedene Töne; Amor als geistlicher Grundaffekt bildet den Tenor, die zehn Hauptaffekte dagegen die zehn Haupttöne, während die Zahl der Nebentöne ebenso unbezifferbar bleibt wie die der Nebenaffekte[506]. So entsteht, wie schleierhaft auch immer, der Umriß von Frömmigkeit als Klanggeschehen, das durch Psalterspiel hervorgerufen wird; dieses aber ist nichts als Spiel der geistlichen Affekte. Im Gebrauch des »Psalterium decachordum« von Ps 92,4 erfüllt sich dann nicht weniger als das gesamte religiöse Leben[507].

---

[505] Psalterbild: Gerson, De pass. anim., cons. 21 (9, 22f). Zum »psalterium decachordum« (Ps 33,2; 92,4; 144,9): B. Rajeczky, ›In psalterio decachordo …‹, Studia Musicologica Acad. Scient. Hung. 27, 1985, 267–272.

[506] Psalterium decachordum als psalterium mysticum: Gerson, De pass. anim., cons. 21 (9, 21f; s. zum »Psalterium mysticum« außerdem: 2, 249f; 4, 1f; 7, 421–423; 9, 706f): Passiones triplices, spirituales scilicet, rationales et animales, reddunt in virtuosis ›psalterium decachordum cum cantico in cithara‹ [Ps 92,4]. Spiritus enim, si quadam appropriatione loquamur, psallit, ratio cantat, sensus citharizat. Videamus in primis de psalterio mystico quod ad exemplar cordis sicut et citharam ars ipsa fabricavit. Nominemus ergo corpus seu lignum nostri psalterii vim affectivam superiorem, in qua tot chordae sonabiles extensae sunt quot sunt veritatis assertiones, ut quod Deus pater noster est, quod Deus in coelis est, quod Deus est justus judex et ita de reliquis. Spiritus autem velut psaltes peritus habet tangere et percurrere chordas istas quasi digito aliquo studiosae meditationis. Sed ne quid nimis; spiritus habet plectrum discretionis quo tendit et remittit chordas sententiosae veritatis. Rursus chordae tales debito moderamine tensae et percussae, reddunt sonos varios secundum varietatem passionum ita ut amor qui est generalis et radicalis passio stabiliatur pro tenore. Porro decem reliquae passiones efficiunt decem sonos alios principales; de sonis enim lateralibus appenditiis non est numerus sicut nec de hujusmodi passionibus. – Der Unterscheidung von Haupt- und Nebenaffekten (affectiones/passiones principales 8, 168; 9, 5.12.22.542), die der von Haupt- und Nebenwinden folgt (venti cardinales 3, 281), tritt hier die von Haupt- und Nebentönen (soni principales/laterales 9, 22f) zur Seite; letztere hängt aber nur dem Wort nach mit der oktoechischen Terminologie zusammen.

[507] Gerson, De pass. anim., cons. 21 (9, 23): Klanghaftigkeit religiösen Lebens (sonoritas religiosae affectionis seu passionis), wiederum mündend in Ps 92,4.

Der Eindruck von Gersons Traktat ist ebenso faszinierend wie enttäuschend. Faszinierend im Ganzen, enttäuschend im Detail. Einerseits liegt seine Stärke darin, daß nicht nur Frömmigkeitstheologie als Affektentheologie definiert wird, was üblich ist, sondern Affektentheologie als Psaltertheologie. ›De passionibus animae‹ könnte genauso heißen ›De psalterio decachordo‹, und also kommt über das Thema der Affekte ungeschmälert das Thema der Musik daher. Anderseits ist aber jedes Detail unbefriedigend. So bereits die Zuordnung von Affekt und Ton. Kein einzelner Ton hat eine unterscheidbare Affektqualität; offenbar redet Gerson von Ton in einem geistreichen, dafür undeutlichen Sinn. Dann die Opposition von Meer- und Psalterbild: im Meerbild ist Bewegung instabil, nur Unbewegtheit stabil; dagegen im Psalterbild bedarf es zur Stabilität geistlicher Harmonie selbst der Bewegung, nämlich der musikalischen. Bedarf es aber der Bewegung, so bedarf es offenbar – um des Klanges willen – genau des Elements, das mit dem Meerbild bereits eliminiert war. Daher ist zu vermuten, daß zwischen Psalterbild und Meerbild untergründig eine viel intensivere Kollusion besteht, als daß mit bloßer Opposition durchzukommen wäre, die ja die stoische Opposition von πάθη und ἀπάθεια wiederholt. Indiz dafür ist das Zitat aus Apk 14,2, wo Tosen des Meeres und eschatologischer Psalterklang des neuen Liedes ein und dasselbe sind. Und schließlich enttäuscht die Allgegenwart der bildlichen Redeweise »quadam appropriatione«, die jedes »ist« zu einem »ist wie« entnervt. Am Ende steht auf der einen Seite die geistvolle Idee des »Psalterium mysticum«, auf der anderen die praktizierte Psalmodie, aber beide ohne nachvollziehbaren Zusammenhang.

2. Affekte als Klänge

Das Programm »Affektentheologie als Psaltertheologie« oder »Spiel der Affekte nichts als Psalterspiel«, von Gerson ebenso entdeckt wie unlösbar gemacht, bedarf eines neuen Zugangs, der sich aus der Kritik des alten ergibt. Kritik verdient die Affektenlehre in ihrer bisherigen Gestalt, weil sie die Affekte psychologisch erklärt. Daß dagegen Affekten Theologie zukommt, so daß diese nicht durch einen zusätzlichen Akt auch noch »theologia affectiva« wird, sondern es Theologie ohne vorangehende Kenntnis von Affekten überhaupt nicht gibt: dies ist zwar programmatisch in den herangezogenen Frömmigkeitstheologien des Mittelalters ausgesprochen, tritt aber in seiner Wirklichkeit erst zutage, wenn die mittelalterliche Geschichte der Affektenlehre den Blick auf eine antike Vorgeschichte freigibt. Kritik verdient ebenso die Zuordnung von Affekt und Klang. Diese geschah bisher in der Weise bildlichen Appropriierens, mit unbefriedigendem Resultat. Aber Nahes sich gegenseitig annähern zu wollen, hieße in Wahrheit, es zu entfernen.

Georg Picht hat die bekannten anthropologischen Kennzeichen des Hörens – Hören als oberster, einzig unverschließbarer Sinn – darauf zugespitzt, daß ein Mensch nicht nicht hören kann. In seinen Worten: »Es gibt für den Menschen in der Natur kein akustisches Vakuum.« Er variiert damit Gerson: »Nihil sine voce est«, oder Luther: »Nihil … est sine sono.« Alle zusammen basieren auf der paulinischen Formel: οὐδὲν ἄφωνον.[508] Erst diese Formel treibt aus Pichts Satz den impliziten Sinn der doppelten Negation deutlich hervor, deren wir dringend bedürfen. Dem in den vorangehenden Abschnitten gepflegten geistreichen Bilden und Ahnen, in dem Affinitäten, Appropriationen mit Grund kommen und mit Grund wieder gehen, ist nur mit einem Denkstil beizukommen, in dem der durchgeführte Versuch, etwas Denkbares nicht zu denken, darüber belehrt, was zu denken sei. Allein das ist zu denken, was nicht nicht gedacht werden kann. Es gibt keine stärkere Kraft des Denkens als ein aufgefundenes Nicht-Nicht. Es gibt auch überall keine Theologie, ohne daß sie mit der Evidenz dessen beginnt, was nicht zu denken nicht möglich ist. Aber Evidenz dieser Art stellt sich nur beim ständigen Versuch des Unterlassens ein, und zwar beim vollendeten. Daß von allen menschlichen Sinnen allein das Hören hinter der obersten Schicht der Naivität die doppelte Negation des Nicht-nicht-hören-Könnens zu erkennen gibt, macht es zum elementaren Stoff, aus dem alle Theologie entsteht. Können wir nicht nicht hören, weil es kein akustisches Vakuum gibt und nichts ohne Klang ist, so befinden wir uns in einem Klangraum, der uns von allen Seiten umgibt. Zu ihm verhalten wir uns nicht in der Weise des Sehens, das seinem Gesehenen gegenübertritt. Sondern im Hören ereignet sich gänzliches Durchdringen und Durchdrungenwerden: Innen als Außen, Außen als Innen. Die unresezierte Wirklichkeitserfahrung des Hörens ist ebenso unausweichlich wie elementar. Im Klangraum begegnen durch das Gehör die Elemente. »Was fassen wir auf, wenn wir hören, wie das Meer rauscht oder wie der Wind saust?« Offenbar sind Meer und Wind elementare Phänomene von Klangraum dadurch, daß sie nicht nicht rauschen und sausen können. Sie überzeugen davon, daß Meeres- und Windstille Irrealitäten sind, Realität dagegen irreale Irrealität. Klangraum ist nichts als Dynamis des Nicht-nicht-Klingens, des Nicht-nicht-Hörens. »Im Rauschen des Meeres oder im Sausen des Windes vernehmen wir Mächte, Kräfte, dynamische Felder.« Dies ist nicht Poetisierung, die einer an sich unpoetischen Wirklichkeit aufgesetzt würde. »Der Klangraum, in dem wir uns immer befinden, ist nicht eine zusätzliche Sphäre innerhalb der vermeintlich wirklichen Natur … Vielmehr ist der Klangraum der wirkliche Raum der Natur selbst, so wie dieser sich in

---

[508] G. PICHT, Kunst und Mythos, Stuttgart 1986¹, 389.; cf. 1.Kor 14,10 (s. Anm. 488). Irenaeus von Lyon, Adv. haer. IV, 21,3 (MPG 7, 1046A): Nihil enim vacuum, neque sine signo apud Deum.

den Schwingungen, die unser Ohr wahrnimmt, für unsere Sinnlichkeit manifestiert.«[509] Alsbald treten Meer und Wind aus ihrer bisherigen bildlichen Beliebigkeit heraus. Als Klanggewoge werden sie zu Elementarmächten des Klangraums, denen nicht zu begegnen einem Menschen unmöglich ist.

Nachdem Meer und Wind, entlassen aus Gersons Bildlichkeit, als solche und also als elementare Phänomene von »musica naturalis« erscheinen, die jederzeit nicht nicht klingen können, entsteht die Frage: Und das Schiff? Das Schiff bietet der Entzifferung größeren Widerstand als Meer und Wind. Von Phänomenen der Natur unterscheidet es sich deutlich als Artefakt. Folglich liegt zwischen Meer und Wind hier und Schiff dort dieselbe Differenz wie zwischen »musica naturalis« und »musica artificialis«. Im Schiff erkennt sich der Mensch, sofern er unvermeidlicher Wirkung von außen ausgesetzt ist. In diesem Zustand ist der Mensch Werkzeug. Das zum Klangraum gehörige Werkzeug heißt – unter Abzug aller bildlichen Reste – »Instrument«. »Wir befinden uns im Klangraum der Natur, als ob wir selbst Instrumente wären«[510]. »Als ob« reagiert auf den Sachverhalt, daß ein Mensch zunächst auch nur Teil der »musica naturalis« ist, der dem »murmur maris«, »ventorum«, »muscarum« seinen »murmur« hinzufügt. Aber indem der Mensch zugleich durch die besondere Art seines Nicht-nicht-hören-Könnens in einen Klangraum versetzt ist, ist er allein genötigt, einen Begriff von »musica artificialis« zu bilden, dessen früheste Schicht er selbst ist, sofern er bei seinem Hören

---

[509] Picht, aaO. (s. Anm. 508), 390; cf. 451. 468. Selbst wenn man eine aufsteigende Linie von der Art zieht: 1. G.F. Händels ›Wassermusik‹ als bloße Musik gespielt auf der Themse, 2. F. Mendelssohn-Bartholdys Konzertouvertüre ›Meeresstille und Glückliche Fahrt‹ (nach Goethes gleichnamigen Gedichten) als musikalische Irrealisierung von Meeresstille, 3. R. Wagners Vorspiel zu ›Das Rheingold‹ als Musik »auf dem Grunde des Rheins«, so ist doch Meer als Elementarereignis des Klangraums noch keinerlei Musik, vielmehr vormusikalischer Klang. Meer als Klanggewoge: φωνὴ ὑδάτων πολλῶν Apk 1,15; 14,2; 19,6; ähnlich ψ 92,4; Ez 1,24; 43,2 (s.u. Anm. 568).

[510] Picht, aaO. (s. Anm. 508), 389. Athanasius, Epist. ad Marc. c. 28 (40B; s. Anm. 296. 331): αὐτὸς ὁ ἄνθρωπος ψαλτήριον γενόμενος. Windartiges Pneuma als Herkunft von Inspiration paßt – organologisch präzis gesehen – nur zu auletischen Instrumenten. Dagegen Kitharainstrumente bedürfen der Perkussion (wie hier einmal unter Beiseitesetzung des üblichen organologischen Sprachgebrauchs in Aufnahme des Ausdrucks »manu percutere citharam« gesagt sein soll). Die Berührung beider Gattungen, also dies, daß der Wind auch die gespannten Saiten der Kithara zum Klingen bringt, ist zwar als Vorstellung alt: »Nach dem Talmud (spätestens 5. Jh. n. Chr.) pflegte der König David seine Harfe (Kinnor) des Nachts neben seinem Bette aufzuhängen. Wenn sich gegen Mitternacht der Nordwind erhob und in die Saiten wehte, ließ das Instrument einen harmonischen Ton hören. Wahrscheinlich hängt die Vorstellung, die dieser Geschichte zugrundeliegt, auch mit der Stelle in Psalm 137 zusammen, in der es heißt, daß die exilierten Juden zum Zeichen der Trauer ihre Harfen in die Weiden hängten.« Aber verwirklicht wurde die Vorstellung erst mit der Äolsharfe: R. Hammerstein, Macht und Klang. Tönende Automaten als Realität und Fiktion in der alten und mittelalterlichen Welt, Bern 1986, 215ff.

zum Instrument wird. Ein Instrument wird geblasen, dem Schiff nicht unähnlich. Der geblasene, angewehte und so zum Instrument gewordene
Mensch ist Mittelpunkt aller Vorstellungen von Inspiration. Ein Instrument
wird aber auch geschlagen, wiederum dem Schiff nicht unähnlich. So ist es
der geschlagene, gebeutelte, erschütterte, erzitternde Mensch, der zum Instrument wurde, diesmal Saiten-, nicht Blasinstrument. Organologisch treten sich Inspiration und Perkussion völlig gleichberechtigt zur Seite. Als
selbst geblasener bläst ein Mensch, als selbst geschlagener schlägt er. Nun hat
zwar das Bild des Schiffes seinen unbildlichen Sinn preisgegeben, dafür droht
neue Bildlichkeit von den Instrumentennamen. Daher ist nach der Wirklichkeit des Menschen zu fragen, der sich als Hörender in den Klangraum hinein
exponiert weiß als geblasenes oder geschlagenes Instrument.

Der im Klangraum befindliche Mensch ist der uneingeschränkt sinnliche
Mensch. Es gibt keine kräftigere Wirkung gegen unsachgemäße, Denk-
zusammenhänge entnervende Bildlichkeit als die Maxime: »Nun laßet dem
Menschen alle Sinne frei«[511]. Wenn hier ein besonderer Akzent auf dem
Hören liegt, so bedeutet dies keinerlei Ausschluß anderer Sinne, sondern
synästhetische Durchdringung aller Sinne so, daß mitschwingendes Hören
die übrige Sinnestätigkeit begleitet. Mit uneingeschränkter Sinnlichkeit des
Menschen ist nicht die Behauptung verbunden, sie sei faktisch uneinge-
schränkt. Aber in aller faktischer Eingeschränktheit ist es doch so, daß jeder
Versuch, die Sinne mutwillig einzuschränken, sogleich in direkter Kontra-
produktivität ihrer umso stärkeren Uneingeschränktheit innewerden muß.
Die Sinne belehren ihrerseits über das durch sie wirksame Nicht-Nicht. Jeder Versuch, sinnliche Tätigkeit zu beenden und die durch sie geschehende
Öffnung zu verschließen, endet mit dem direkten Gegenteil des Versuchten.
So entsteht ein Begriff prinzipiell uneingeschränkter Sinnlichkeit als Nicht-
nicht-offen-sein-Können in aller faktischer Einschränkung und Verschlos-
senheit. Wenn aber Sinnlichkeit nichts als kategorisches Offensein-Müssen
ist, das durch Nicht-offensein-Wollen erst noch gefördert wird, so leuchtet
ein, daß der Raum solcher Sinnlichkeit nur sehr unbefriedigend als Raum
von »vier Örtern« beschrieben wäre. Der Raum der Sinnlichkeit ist ebenso
vielortig wie vieldimensional. Ist jede Dimension denkbar, dann keine nicht.
Daß ein sinnliches Zuwenig einträfe, muß nicht befürchtet werden. Eher das
Zuviel. Es gibt kein sinnliches Vakuum.

---

[511] J.G. Herder, Abhandlung über den Ursprung der Sprache I, 3 (SW [SUPHAN] 5,
50). Der Ausdruck Gersons »mare sensualitatis« (3, 280.282) kehrt wieder bei Herder als
»Ocean von Empfindungen, der sie [die Seele] durch alle Sinne durchrauscht« (aaO. I, 2;
SW 5, 34f) und bei A. GEHLEN als »Reizüberflutung« (Der Mensch. Seine Natur und
seine Stellung in der Welt, Frankfurt/M. 1966⁸, 36).

Nun stehen vor uns die Unmöglichkeit akustischen Vakuums dort, Unmöglichkeit sinnlichen Vakuums hier. Nach dem Grund dieser Korrespondenz muß gefragt werden. Dies ist der Ort eines ontologischen Satzes, der in Hinsicht auf alles Seiende ein äußerstes Nicht-Nicht formuliert, soweit es aus unserem Zusammenhang erkennbar ist. Dieser Satz lautet: »Es gibt in der Welt nichts, was nicht bewegt wäre.«[512] Also ist den bisher korrespondierenden Sätzen οὐδὲν ἄφωνον und οὐδὲν ἀναίσθητον als Grundsatz voranzustellen: οὐδὲν ἀκίνητον. Nun ist Bewegung Geschehen im Raum. Früheste Manifestation von räumlicher Bewegung ist der Klangraum. Räumlichkeit des Akustischen, Räumlichkeit der sinnlichen Gefühle sind streng phänomenologische Begriffe, ohne jede Beimischung von Bildlichkeit. Daher ist auch Klangraum ein unmetaphorischer Begriff. Bewegung vollzieht sich aber auch als Geschehen in der Zeit. Früheste Manifestation von zeitlicher Bewegung ist die Klangzeit. Hier gilt aus denselben Gründen, daß Klangzeit ein gänzlich unmetaphorischer Begriff ist. Er beschreibt nur, daß weder das Akustische noch das korrespondierende Sinnliche gedacht werden kann ohne Amplitude, ohne Kommen und Gehen. Hier liegt wohl der Grund, warum Räumlichkeit und Zeitlichkeit als Koordinaten in das System der Affekte gelangt sind und dort das Bild der Affektrose konstituieren. Wenn der oberste ontologische Satz in unserem Kontext lautet: »Nichts nicht bewegt«, dann ist Theologie des Psalters offenbar nichts als Auslaufenlassen dieses Satzes in Klangzeit und Klangraum. Es kann nicht überraschen, daß die durchlaufenen Dokumente der Theologie des Psalters voll sind von Ausdrükken der Bewegung, beginnend bei der Wendung κίνησις τῆς ψυχῆς, in der sich nach Athanasius die Eigentümlichkeit des Psalters versteckt.

Wenn nun dem Menschen, der mit uneingeschränkter Sinnlichkeit exponiert ist in den Klangraum hinein, elementare Mächte und Gewalten begegnen, von deren Bewegung er selbst bewegt wird, und dabei die Grenze zwischen Innen und Außen zerfließt, wenn also die äußeren Mächte und Gewalten unmittelbar innere werden und umgekehrt, dann ist auch zugegen der Begriff des Affekts. Affekte sind in Klangzeit und Klangraum begegnende Mächte und Gewalten, deren Innerstes ein Äußerstes ist und umgekehrt. Um diesen Begriff des Affekts freizulegen, müssen zwei Beschränkungen abgetragen werden, die in der Geschichte der Affekte wirksam waren.

Affekte galten bisher als innerseelische Vorgänge meist psychopathologischen Einschlags, als widervernünftige Störungen, Abweichungen vom Normalen. Aber die auf das Innerpsychische resezierten Affekte tragen Spuren einer unresezierten Vorgeschichte an sich. Allein schon, wenn man dem Wort »Affekt« nachgeht, so stößt man auf πάθος als griechisches Äquivalent. Πάθος: was unvermutet einem Menschen begegnet, zustößt, was ihm wider-

---

[512] Picht, aaO. (s. Anm. 508) 404; cf. 379.

fährt oder ihn anwandelt[513]. Der Bezug nach Außen ist somit konstitutiv. Πάθος ist immer Niederschlag einer Ausgesetztheit; ohne Außen kein Innen. Psychologie reicht zur Beschreibung nicht aus. In Wahrheit sind Affekte, sofern unreseziert, Vorgänge von Theologie, Kommen dessen, was nicht nicht kommen kann. Die Art, wie in der vermeintlichen Psychologie der Affekte Theologie anbricht, ist ein Modell von Theologie. Deshalb nannten wir Affekte das Tor zur Theologie. Affekte sind Widerfahrnisse von Mächten und Gewalten, wie sie im synästhetischen Hören wahrgenommen werden; sie sind Meer und Wind, sind räumliche und zeitliche Elementarorientierung, sie sind Farben, Vokale und Töne. Aber ihr ständiges sinnliches Zuviel bringt es mit sich, daß jedes Ergreifen eines Einzelnen nur noch einen zerstreuten Rest ergreift, begleitet von der vagen Vermutung, der ergriffene Rest befinde sich in geheimnisvoller Verwandtschaft zu allen anderen Resten. Der Antrieb des bildlichen Appropriierens liegt ebenso am Tage wie seine Unmöglichkeit; der bildliche Bezug kommt immer schon zu spät. Nur eines läßt sich mit Bestimmtheit sagen: Daß der Affekt durchscheinend wird in Richtung Pathos und Widerfahrnis, daß in uneingeschränkter Sinnlichkeit und Synästhesie alles mit allem verwandt und verwoben erscheint, das sind in frühester Schicht Ereignisse in Klangraum und Klangzeit. Im Hören eröffnet sich des Pathos pathischste Schicht. Daher gilt: »Der Klang spricht durch das Ohr zu den Affekten«, und zwar »unmittelbar«, »nicht aus der Distanz«[514]. Affekte sind Klänge.

Gelten der späteren Psychologie Affekte als widervernünftige Störungen, so setzen sie den Gegenbegriff von Ungestörtheit voraus: Ruhe. Dieser Begriff geistert allenthalben durch die Dokumente der Theologie des Psalters, die wir betrachtet haben. Ja, sogar satt sitzt dieser Begriff drin, indem er sich innerlich mit dem Meerbild verbindet, das die Psaltertradition regiert, und alsbald verheißt: ψαλμὸς γαλήνη ψυχῶν, Psalter als Meeresstille der Seele[515]. Damit ist in der Psaltertheologie Stoff zu einem fundamentalen Widerspruch

---

[513] PICHT, aaO. (s. Anm. 508) 437ff. 439f.

[514] PICHT, aaO. (s. Anm. 508) 436. Theophrast, fr. 91 (WIMMER): Τὴν ἀκουστικὴν αἴσθησιν Θ[εόφραστος] παθητικωτάτην εἶναί φησι πασῶν (Plutarch, De audit. 2, 38A; G.E. Lessing, Collectanea, SW [LACHMANN] 15³, 1900, 272f: »Der Sinn des Gehörs ... sey der pathetischste, was uns durch ihn in die Seele komme, würke weit geschwinder und stärker auf unsere Leidenschaften, als das, was durch den Sinn des Gesichts, oder Geschmaks, oder Gefühls«; MAYR, aaO. [s. Anm. 245] 1031). Quintilian, Inst. orat. IX, 4,10 (s. Anm. 150): nihil intrare potest in adfectus, quod in aure velut quodam vestibulo statim offendit.

[515] PICHT, aaO. (s. Anm. 508) 437 (Ataraxie); 449 (Meeresstille, γαλήνη); DERS., Die Musen, in: Wahrheit Vernunft Verantwortung, Stuttgart 1969, 141–159, 148f; Der Sinn der Unterscheidung von Theorie und Praxis in der griechischen Philosophie, aaO. 108–140, 135. Γαλήνη im Nereidenkatalog: Hesiod, Theog. 244. Zu γαλήνη in der Psaltertheologie s. Anm. 332f. 459 und u. Anm. 557.

gegenwärtig: entweder Ruhe zu haben, dann aber keinen Gesang, oder Gesang, dann aber keine Ruhe. Ohne Zweifel ein Konflikt, der von innen her auf das Ende von Psaltertheologie zutreibt. Aber nun sahen wir, wie dieser Konflikt Folge eines verstümmelten Affektbegriffs ist. Affekt als Störung möglicher Seelenruhe kann sein, kann nicht; dagegen Affekt in der Erfahrung des Klangraums kann nicht nicht sein. Gibt es kein Vakuum des Affekts, so ist Streben nach einer dem Affekt entgegengesetzten Ruhe ganz überflüssig. Eine Askese, die darauf zielt, falsifizierte sich selber. Jetzt tritt der Umstand in ein scharfes Licht, daß in Luthers ›Vorrede auf den Psalter‹ jedes Schielen auf Ruhe als erwünschtem Effekt der Psalmen völlig unterbleibt. Vielmehr ist der psalmensingende Mensch den Affekten exponiert und kann nicht nicht exponiert sein. Psalmengesang ist Reden zu Gott in allerlei Sturmwinden. Weder treten Meeres- und Windstille ein, noch können sie erstrebt werden.

Am Ende dieses Abschnitts läßt sich ein Staunen darüber nicht unterdrükken, in welch hohem Maß wir griechische Theologie betrieben haben. Die Freilegung der archaischen Vorgeschichte der Affekte führte zum griechischen Begriff πάθος; dieser wiederum erwies sich als Tor zu θεολογία. Die frühere Vermutung, Theologie des Psalters komme zustande, sobald Theologiebegriff und Psalter im Griechischen aufeinandertreffen, ist jetzt dadurch zu präzisieren, daß zugleich mit diesem Zusammentreffen der Psalter in die Affekte gezogen wird. Aber wie schon θεολογία desto griechischer wurde, je musikalischer ihre Bedeutung, so weist πάθος in dieselbe Richtung. Es ist das griechisch verstandene πάθος, in dem Affekte Klänge sind. Kehren wir zu Luthers Texten zurück, so sind wir veranlaßt, in ihnen ein Wort zu streichen. In der ›Vorrede auf den Psalter‹ streichen wir das »wie«[516]. Des Menschen Herz – können wir endlich sagen – ist nicht *wie* ein Schiff auf einem wilden Meer, sondern *ist* es; es ist von Wellen geschlagen, von Winden geblasen und kann es nicht nicht sein. Für bildliche Beliebigkeit bleibt überhaupt kein Spielraum. Bildliches Spiel und Erwartung von Meeresstille hängen ebenso zusammen wie unbildlicher Ernst und Wahrnehmung dessen, was nicht nicht sein und wirken kann. Ebenso haben wir Anlaß, in Luthers ›Monitum‹ das »quaedam« zu streichen[517]. Der Psalter ist nicht *eine Art* Palaestra der Affekte, sondern er *ist* sie. Das Bild impliziert Spekulieren mit einem Zustand, in dem Bild und Übung abgelegt und der Ertrag der Askese eingestrichen werden könnte. Nun zeigt sich aber: Der Psalter ist »palaestra affectuum«, weil die Unmöglichkeit eines akustischen, sinnlichen, affektiven Vakuums nichts anderes zuläßt als Psalterspiel am Ort elementarer Mächte und Gewalten. Nun haben wir Spiel und Ernst, wir haben Spiel der Affekte, Kampf der Mächte

---

[516] Luther, WA.DB 10/1, 101,34.
[517] Luther, WA 5, 46,16 = AWA 2, 62,9.

und Gewalten. In der Schicht, in der Affekte Klänge sind, gibt es kein Bild und kein Spiel, sondern nur archaischen Ernst.

3. Affekte als Ton und Wort

Eines sind Klänge, ein anderes Töne. Klänge für sich allein sind keine Töne. Töne allein sind immer zugleich Klänge. Es gibt keine unmittelbar gleitende Beziehung vom Klang zum Ton. Aber wiederum ist es auch unwahrscheinlich, daß bloße Beziehungslosigkeit herrscht. So stellt sich die Frage nach dem Übergang von Klängen zum Ton präzis zwischen reiner Unmittelbarkeit und reiner Übergangslosigkeit. Im Unterschied zu Klängen und ihrer diffusen Mächtigkeit gibt es Töne nur innerhalb eines Systems, das durch Tonhöhen und Rhythmen konstituiert wird. Dem einzelnen Ton fehlt es an Deutlichkeit. Bedarf es aber zur Deutlichkeit mindestens zweier Töne, so ist prinzipiell eine bestimmte Skala von Tönen oder Folge von Rhythmus erfordert, die den dritten Ton bei aller Variationsmöglichkeit nicht mehr der Beliebigkeit überläßt. Sobald Töne erklingen, tritt dem Chaos des Klangs, der nicht zufällig als Meer und Wind erschien, Ordnung gegenüber, und zwar Ordnung von Tönen und Rhythmen. »Jedes musikalische Kunstwerk setzt irgendeine Form der Ordnung der Klangereignisse und der Rhythmen voraus. Deswegen unterscheiden sich die uns bekannten Formen von Musik durch die Verschiedenheit der Tonsysteme und der Rhythmik.«[518] Zwischen Klängen und Tönen ist zu unterscheiden wie zwischen vorregulierter und regulierter Musik. Hier gilt wiederum die Asymmetrie: Es gibt zwar vorregulierte Musik ohne regulierte, aber es gibt keine regulierte Musik ohne Bezug auf vorregulierte. Der Hörer des Regulierten hört unausgesetzt das Vorregulierte mit. Sobald er nur noch Reguliertes hört, hört er in seinem Hören nichts mehr. Wenn also zwischen Klängen und Tönen weder ein Verhältnis unmittelbarer Beziehung, noch eines unmittelbarer Beziehungslosigkeit herrscht, so ist die Frage nach dem Übergang zu präzisieren. Was geschieht mit der archaischen Widerfahrnis von Klang, wenn sie Ton wird? Von Ordnung in Hinsicht auf das chaotische Fluten spricht man im Bild des Bändigens. »In diesen Elementarbereich menschlicher Welterfahrung tritt die musikalische Ordnung der Töne und Rhythmen ein und bändigt die unsichtbaren Gewalten.« Töne sind somit nicht bloß Auslautung von Klängen, sondern sind ihrerseits Gewalt gegen frühere Gewalt. Tonsysteme und Rhythmik sind »ursprünglich nichts anderes als Bannformeln,« deren epodischer Kraft es dringend bedarf. Epodisch ist ein Gebilde, wenn es zugleich aus Melodie und Sprache besteht. »Bannformeln sind auch die ele-

---

[518] PICHT, aaO. (s. Anm. 508) 472.

mentaren Gestalten der Sprache, die Namen und Sprüche.«[519] Wie Sprache
auf dem poetischen Fundament von Namen und Sprüchen erbaut ist und
noch in den prosaischen Schichten Erinnerung an den Ursprung des Wortes
enthält, so beruht Musik auf Ton- und Rhythmussystemen, an deren ban-
nende Kraft alle späteren Schichten als den Ursprung von Musik erinnern.

Affekte sind Klänge; sind sie auch Töne? Nachdem am Tage ist, daß zwar
einerseits Töne auch Klänge sind, aber anderseits Töne den Klängen mit
deren eigenem Material widerstehen, ist von vornherein damit zu rechnen:
Affekte sind Töne und sind es nicht. Dies umso stärker, je weiter sich der
Begriff des Affekts vom archaischen Pathos entfernt. Die klassische Affektenlehre wird, sobald man dem Spiel der Affekte positive Bedeutung zubilligt,
zur musikalischen Affektenlehre. Als System wurde sie im Barock entwik-
kelt[520]. Zwar sind Affekte im archaischen Sinn Klänge, direkt und unmittelbar, aber Affekte sind nicht Töne, jedes von beiden ist Wirklichkeit eigener
Rationalität, oder befindet sich zumindest auf dem Wege zu ihr. Die musikalische Affektenlehre erhascht zwischen jener erinnerten Identität von Affekt
und Klang und der zu erwartenden Einsicht, daß Affekte und Töne als je
autonome Systeme gar nichts miteinander zu tun haben, ein Mittelfeld, in
dem Korrespondenz, Verwandtschaft, Repräsentanz zwischen beiden vermutet wird. Sie setzt voraus, das System der Töne sei Abbild des Systems der
Affekte. Dabei liefe die Beziehung nicht unmittelbar, sondern über einen
Code, der die Korrespondenz vermittelt. Der Affekten und Tönen gemeinsame Begriff der Bewegung ermöglicht das polare Vokabular: stark/schwach,
schnell/langsam, zunehmend/abnehmend, aufstrebend/niederstrebend usw.
Jetzt gelingt es, musikalische Phänomene der Tonalität, der Rhythmik oder
Dynamik in Affekte zu übersetzen; kleine/große Intervalle, Halbton-/Ganz-
tonschritte, zunehmendes/abnehmendes Tempo können jetzt in ihrem
Affektwert decodiert werden. Man muß eine Idee sich auslaufen lassen. Die
Idee der musikalischen Affektenlehre bietet einen paradoxen Anblick. Je
mehr ihre Durchführung vorangetrieben wird, desto mehr mißlingt sie im
Ganzen wie in allen Teilen. Je mehr in der Musik Abbildung von Affekten
verlangt wird, desto mehr muß sich herausstellen, daß Musik etwas ganz anderes ist als Darstellung von Affekten, nämlich Gebilde sui generis. Die auf
die Spitze getriebene Erwartung von Korrespondenz, Verwandtschaft, Analogie treibt die Erkenntnis einer überwiegenden Nichtkorrespondenz,
Nichtverwandtschaft, Nichtanalogie hervor. Konsequente ethische Musikauffassung erzeugt unfehlbar die entgegengesetzte formalistische. Sodaß dem

---

[519] PICHT, aaO. (s. Anm. 508) 473.

[520] H.R. PICARD, Die Darstellung von Affekten in der Musik des Barock als semanti-
scher Prozeß, dargestellt und nachgewiesen an Beispielen aus den ›Pièces de clavecin‹ von
François Couperin (Konstanzer Universitätsreden 157), Konstanz 1986.

archaischen Satz von den Affekten als Klängen sein direktes Gegenteil entgegenzustellen ist, nicht etwa von außen, sondern durch notwendige innere Hervorbringung. Affekte sind nicht Klänge, und zwischen den beiden kategorischen Sätzen, zwischen dem Nicht-Nicht des ersten und dem einfachen Nicht des zweiten liegt das Gebiet der vagen bildlichen Beziehungen zwischen den Seinsbereichen, teils Erinnerungsrest einer gewesenen, teils Konstruktion einer herzustellenden Beziehung, in welcher Luthers Affektrose des Psalters samt ihren Bezügen ihren Ort hat. Dazu gehört auch der Bezug zum Klang, den wir jetzt als abwesend und anwesend zu denken lernten, als Spannung zwischen einfachem Nicht-anwesend-Sein und Nicht-nicht-anwesend-sein-Können.

Und die Worte? Es ist völlig deutlich, daß mit der Rede über Klänge und Töne bereits viel über die Worte mitgesagt war, soweit auch diese Klänge und Töne sind. Aber sie sind nicht nur Klänge und Töne. Bisher haben wir vom Wort ausschließlich den Teil im Auge, der reiner Tonstrom ist[521]. Dazu genügte es, daß Worte aus nichts als Vokalen bestehen; reiner Tonstrom ist reiner Vokalstrom. Nicht zufällig erschienen deshalb die Vokale mit ihren verschiedenen Einfärbungen in der Windrose der Affekte. Je reiner der vokalische Tonstrom, desto reiner der Affektstrom. Die Anwesenheit von Konsonanten muß dabei als völlig überflüssige Störung erscheinen. Es scheint einen Moment, als ob aller Gesang aus einem einzigen Vokal – vielleicht O – hervorginge und sich von dort in die verschiedenen Affektrichtungen diversifizierte. Aber je mehr das Wort in dieser Weise zum reinen Affektstrom wird, entfernt es sich von dem, was es zum Wort macht, wie allein schon daraus hervorgeht, daß der reine Vokalismus die menschliche Stimme der Instrumentalmusik annähert und irgendwann den Punkt erreicht, an dem sie durch die Instrumentalstimme ersetzt werden wird, weil diese ihren Part viel vollkommener spielt. Aber das menschliche Wort ist unter allen Zeichen dadurch einzigartig, daß es Bedeutung transportiert, und offenbar desto mehr Bedeutung, je reduzierter der Tonstrom und folglich auch der Affekt. Bedeutung und Affekt stehen in umgekehrtem Verhältnis. Die Spannung der Sprache besteht zwischen Affekt auf der einen, Bedeutung auf der entgegengesetzten

---

[521] Dies ist das Spezifikum der gorgianischen Rhetorik. Gorgias lehrt die Omnipotenz des Wortes durch seine Meisterschaft im Umgang mit Affekten. Lob der Helena FVS 82 B 11,8: λόγος δυνάστης μέγας ἐστίν, ὃς σμικροτάτωι σώματι καὶ ἀφανεστάτωι θειότατα ἔργα ἀποτελεῖ· δύναται γὰρ καὶ φόβον παῦσαι καὶ λύπην ἀφελεῖν καὶ χαρὰν ἐνεργάσασθαι καὶ ἔλεον ἐπαυξῆσαι (s. Anm. 375.495). Dazu M. POHLENZ, Die Anfänge der griechischen Poetik, in: DERS., Kleine Schriften II, Hildesheim 1965, 436–472, 461; F. WEHRLI, Der erhabene und der schlichte Stil in der poetisch-rhetorischen Theorie der Antike, in: DERS., Theoria und Humanitas, Zürich 1972, 97–120, 103f. Gorgias verband πάθος und λόγος, Musik und Sprache so, »daß er sich der sinnlichen Seite der Sprache annahm, der irrationalen Wirkungen, die sich durch Rhythmus und Klang erzielen lassen« (M. FUHRMANN, Die antike Rhetorik, Zürich 1987², 19).

Seite. Bedeutung an sich selbst ist völlig affektfrei, weder klingend noch tönend. Es sei denn, daß die metaphorische Bedeutung einen Affektrest auf der Bedeutungsebene zu halten vermöchte. Es ist außer Zweifel, daß Affekte und Worte sich ständig berühren in dem, was die Bedeutung trägt, d.h. im materialen Aufwand der Sprache. Aber damit ist noch nicht die Frage beantwortet, ob und wie der Affekt anlangt nicht nur im Träger der Bedeutung, sondern auch in der Bedeutung selbst, und was dann aus ihm wird.

§ 9 Psalmodie

Töne und Worte erscheinen in unserem Zusammenhang als Psalmodie. Wo der Affekt bleibt, wird zu fragen sein. Psalmodie, das heißt: bestimmte Texte und bestimmte Melodien bilden einen Tonraum, der auf die Herausforderung des Klangraums in bestimmter Weise antwortet. Nach der Art und Weise dieses Beantwortens ist jetzt zu fragen. Wie steht die Psalmodie als bestimmter Tonraum im Klangraum? Oder – mit Luthers Worten – wie reagiert der Psalter als bestimmtes Wort und bestimmter Ton auf die zugrundeliegende Tatsache, daß ein Mensch sich »in allerley ... Sturmwinden« befindet? Wie vermag er dem Menschen, »in wasserley sachen er ist«, angemessene Töne und Worte zu bieten? Dazu wäre zuerst ein klarerer Begriff von Psalmodie zu bilden. Unter Psalmodie wird hier ausschließlich derjenige Psalmengesang verstanden, der in der von uns so genannten Epoche der Theologie des Psalters seinen Ort hat. Diese ist abgeschlossen. Auch der Umfang des psalmodischen Repertoires ist abgeschlossen. Immerhin ist er erstaunlich groß. Es wird sich sodann zeigen: Psalmodie, dieses Gemisch von liturgischem Ort, melodischem Stil und Psalmtext ist weit entfernt von Einförmigkeit, erscheint vielmehr in vielzähligen Formen, die nach Unterschied und Verwandtschaft zu bestimmen sind. Dies ist Aufgabe der Formenlehre. Schließlich wird der musikalische Anteil der Psalmodie – die Psalmtöne – für sich zu betrachten sein. Dabei stellt sich wiederum der Bezug zu bestimmten Affekten ein, die traditionell mit bestimmten Psalmtönen in Zusammenhang gebracht werden.

1. Umfang der Psalmodie

Die einfache Vorstellung, Psalmodie sei der Psalter, durch Hinzubringung von acht oder mehr Psalmtönen zum Erklingen gebracht, ist so abstrakt, daß sie eher sein Nichterklingen erklärte. Man muß den eigentümlichen Sitz des Psalters erfassen, um den wahren Umfang seines Gebrauchs zu erkennen. Ein Blick auf das psalmodische Repertoire zeigt: Im seltensten Fall erscheint der

Psalter schlechthin als solcher, sondern zerteilt in kleinere oder größere Einheiten, je nach liturgischem Ort. Um nur die große Einteilung von Liturgie zu berücksichtigen, Offizium und Messe, so gilt: Prinzip des Offiziums ist der volle Psalter, Prinzip der Messe der Auswahlpsalter. Voller Psalter, das heißt: Prinzip von Liturgie ist der Psalter oder wenigstens der einzelne Psalm als ganzer, und zwar so, daß dieser über die Zeit regiert, die er benötigt. Dagegen in Meßgesängen dauert der Psalm meist nur solange wie die dazugehörige Handlung, und folglich regiert diese, nicht der Psalm. Was das Offizium anlangt, so zeigt sich außerdem schnell, daß der volle Psalter nur im Ausnahmefall zum einzig regierenden liturgischen Prinzip wird. Dies geschieht im »Psalterium currens«, aber nur dann, wenn dieses sich ohne Beimischung hebdomadischer Gesichtspunkte durchsetzt. Nur in diesem seltenen Fall ist der Psalter in der gegebenen Form auch schon liturgisches Prinzip. Sobald aber bestimmte Psalmen auf bestimmte Stunden oder Tage fixiert werden, ist der numerus currens durch ein äußeres liturgisches Prinzip gestört, das als solches zum »Psalterium per hebdomadam« führt[522]. Nun ist deutlich: »Psalterium currens« ist der volle Psalter, sofern er als solcher und ohne Bestimmung von außen alleiniges liturgisches Prinzip ist; »Psalterium per hebdomadam« ist Psalter unter der Dominanz bereits gegebener liturgischer Orte, allerdings immer noch uneingeschränkt als voller Psalter. Folglich läßt sich der Begriff des vollen Psalters nach zwei konträren Logiken entfalten, aus deren verschiedenem Mischungsgrad sich die jeweilige konkrete Gestalt des Offiziums ergibt.

Über dem selbstverständlichen Zusammenhang zwischen Offizium und Psalter gerät leicht in Vergessenheit, daß auch Meßgesänge zwar nicht durchweg, aber in erstaunlichem Maß Psalmodien sind. Zwar begegnet der nachmittelalterlichen Sichtweise, zumal der protestantischen, die unter Messe vorzüglich das Ordinarium Missae versteht, nur ein einziger Psalmspruch: »Benedictus qui venit …« Aber sobald die Sichtweise sich wendet und Messe, wie es sich gehört, vorzüglich als Proprium Missae erscheint, tritt schlagartig hervor: Meßproprien bestehen sogar zum überwiegenden Teil aus Psalmtexten. Während unter psalmodischem Interesse ›Kyrie‹, ›Gloria‹, ›Credo‹, ›Sanctus‹/›Benedictus‹, ›Agnus Dei‹ vollständig verblassen, treten ›Introitus‹, ›Graduale‹/›Alleluia‹, ›Offertorium‹ und ›Communio‹ desto stärker hervor. Daß im klassischen Meßgesangbuch, dem ›Graduale‹, die Ordinariumsstücke des ›Kyriale‹ nur schmächtiger Anhang sind, bringt dies angemessen zum Ausdruck. Im Gesangbuch des Offiziums, dem ›Antiphonale‹, findet sich der ganze Psalter, dargeboten zur wöchentlichen Wiederholung. Dagegen das ›Graduale‹ erscheint nach seiner hauptsächlichen Quelle als Auswahlpsalter, eingerichtet nach dem Jahreslauf. Wobei die Prinzipien, nach denen die

---

[522] S. Anm. 6 und 7.

Psalmtexte ausgewählt wurden, schwanken zwischen schwer durchschauba-
rer Traditionalität und Rationalität auf den ersten Blick[523]. Wenn aber ›Antiphonale‹ und ›Graduale‹ die beiden Hauptgattungen liturgischen Gesangs
repräsentieren, so ist damit am Tage, in welch außerordentlichem Umfang
Psalmodie den liturgischen Gesang erfüllt[524].

So weit reicht die Psalmodie. Ein und derselbe Psalmtext diversifiziert sich
je nach Vielfalt der liturgischen Orte und Funktionen in verschiedene musikalische Formen. Ohne Verschiedenheit des liturgischen Orts keine Verschiedenheit der Psalmodie. Oder umgekehrt: Daß der Psalter von sich aus
bereits der liturgische Ort ist, ist eine ganze Ausnahme. Ist er das, dann müßte
auch die musikalische Form stets einfach sein. Eine Differenz zu Luthers
›Vorrede auf den Psalter‹ fällt auf. Dort hatten die Psalmen ihren Sitz in verschiedenen Affektsituationen vornehmlich individueller Art, wenn auch
nicht ohne Bezug zur »Gemeinschafft der Heiligen« oder der »heiligen
Christlichen Kirchen«. Hier dagegen wird der Ort der Psalmodie streng liturgisch definiert, und von einem Affektwert dieses Ortes ist nicht die Rede.
Daher muß von Psalmodie zunächst unter Absehung von den Affekten gehandelt werden.

2. Formen der Psalmodie

Nachdem der Umfang der Psalmodie deren Verschiedenheit zu Tage gefördert hat, verschieden je nach liturgischem Ort, ist deutlich: es gibt keinen
Psalmengesang an sich, sondern immer nur in Relation zu einem bestimmten
liturgischen Ort, sei dieser innerlich oder äußerlich definiert. Nun muß aber
zu den bisherigen beiden Komponenten eine dritte hinzugenommen werden: die musikalische Form. Jedermann vermag selbst mit verbundenen Augen zu hören, ob er sich in einem Teil des Offiziums oder der Messe befindet;
wiederum während des Offiziums geht allein aus dem musikalischen Hören
hervor, ob es sich um einfache Psalmrezitation oder um aufwendigeren
Canticumgesang handelt, oder innerhalb der Messe nimmt das bloße Ohr
wahr, ob der Introitus oder das Graduale gesungen wird. Aber alles ist

---

[523] W. APEL, Gregorian Chant, Bloomington 1958, spricht hinsichtlich des letzteren
von »psalm arithmetic« (94), und zwar entweder »horizontal« (wenn ein Psalm ein
Meßproprium in allen Teilen durchzieht, wie z.B. Ps 90 [vg] die Messe des ersten Fasten-
sonntags [91]), oder »vertikal« (wie z.B. die Communiones der ersten 26 Tage der Fasten-
zeit großenteils den Pss 1–26 entnommen sind [64]).
[524] Nach D. HILEY, Western Plainchant. A handbook, Oxford 1993, bestehen die
Introitus zu zwei Dritteln, die Communiones zu zwei Fünfteln aus Psalmtexten, während
Offertorien fast ausschließlich dem Psalter entstammen. Mit den Gradualien hat die Rezeption des Psalters in der Messe allererst begonnen: P. JEFFERY, The introduction of
psalmody into the Roman Mass by Pope Celestine I (422–432), ALW 26, 1984, 147–165.

Psalmodie. Das eine Wort Psalmodie, gestützt darauf, daß Psalmtexte gesungen werden, umfaßt eine Vielzahl von Klangereignissen, die durch das Unterscheidungsvermögen des Ohres lozierbar sind. Um grob zu ordnen: Die psalmodischen Klänge befinden sich auf einer Skala, die durch die beiden Faktoren Textmenge und Klangmenge gebildet wird. In der einfachen Psalmodie des Offiziums findet sich ein Maximum von Text bei Minimum von Klang. Immerhin stellt sich hier die Aufgabe, durchzukommen durch eine Textmenge von 150 Psalmen, ohne den Klang völlig zu verlieren. Dagegen in den Gradual- und Alleluiagesängen der Messe erscheint ein Minimum von Text bei einem Maximum von Klang. Das ist Verlangsamung des Textflusses und Zunahme der betrachtenden Intensität. Natürlich gibt es Zwischenstufen jeglicher Art. Mit dieser Skala geht einher, was sich als Dringlichkeit des liturgischen Orts bezeichnen ließe. Offizium: Zeit eindimensionalen Textflusses, beinahe Lesesituation. Messe: Intensivierung der Zeit zum vieldimensionalen Gebilde, dementsprechend klanglicher Reichtum bei Verknappung der Texte. Am äußersten Ende der Skala werden zwei Extreme sichtbar, die, wenn verwirklicht, den liturgischen Gesang je in ihrer Weise vollständig zu beenden in der Lage wären. Auf der Seite des Offiziums lautloses Lesen, Reduktion selbst noch des geringsten Klangs bei ausschließlichem Vorherrschen des Texts als reiner Bedeutung; auf der Seite der Messe die reine Vokalise, Reduktion jeglichen Textes bei Vorherrschen reinen Klangs, der dann von der menschlichen Stimme auch übergehen kann zur Instrumentalmusik, die dieses Werk noch gekonnter vollbringt.

Es ist zu betonen: Kein Psalmtext klingt von sich selbst her. Psalmtext für sich allein ist kein zureichender Grund für musikalische Gestalt. Klänge ein Psalmtext von sich selbst her, so hätte ein und derselbe Text immer nur ein und dieselbe melodische Form. Nun hat aber ein und derselbe Text verschiedene Klänge. Folglich ist das Gesetz der Klänge nicht von vornherein identisch mit dem Gesetz der Texte. Offenbar haben Klänge ihr eigenes musikalisches Gesetz. Nach diesem wird gefragt, wenn nach den Formen der Psalmodie gefragt wird.

a. Formenlehre. Die Formenlehre der Psalmodie als Hauptteil einer generellen Formenlehre gregorianischen Gesangs ist Ausdruck selbständigen musikwissenschaftlichen Interesses. Faktisch jedoch ist der musikalische Aspekt stets eingebunden in außermusikalische Aspekte. Die Musik des Psalmengesangs ist nicht Zweck an sich, sondern bleibt Teil von Liturgie und steht in Verbindung zum singbaren Text[525]. Es wäre ein Leichtes, den Text dem Exegeten,

---

[525] HILEY, aaO. (s. Anm. 524) 1: Plainchant is liturgical music, music to be performed during the celebration of a divine service. The performance of the music is not, generally speaking, an end in itself but part of a religious ritual. ... Practically the whole of the

die musikalische Form dem Musikologen, und den liturgischen Ort beider dem Liturgiker zu überlassen, wie es zur Schärfung kritischen Bewußtseins allerdings unerläßlich ist. Aber Theologie in des Wortes ursprünglichem Sinn umfaßt alle drei Aspekte der Psalmodie, die deshalb nach einer Theologie des Psalters ruft. Peter Wagner, obgleich speziell auf der Suche nach der »musikalischen Logik« der Choralkunst, hat deshalb seiner Formenlehre des gregorianischen Gesangs in genialer Weise einen Passus vorangestellt, der dem Zusammenspiel der Kräfte Text, Melodie und liturgischer Ort gewidmet ist[526]. Er formuliert drei Gesetze, deren Dreiheit sich aus der Dreiheit der am Werk befindlichen Kräfte ergibt. Zunächst scheint, sobald die naive Erwartung der Identität von Text und Klang enttäuscht wurde, nichts als blinder Zufall zu herrschen. Die reine Tatsache, daß es gelingt, in diesem Gebiet »Gesetze« zu formulieren, zeigt an, daß einerseits weniger als Identität zugegen ist, andererseits aber mehr als beliebige Verschiedenheit. Offenbar bedarf es der Verschiedenheit der Kräfte, damit aus ihrem gesetzmäßigen Zusammenspiel der Reichtum der psalmodischen Formen entstehe.

Die drei Gesetze liturgischen Gesangs formulieren ein und dieselbe Frage unter dreifachem Aspekt: Gesetzt, daß von den genannten drei Kräften eine Kraft ein und dieselbe bleibt, was geschieht dann mit den beiden anderen? (i) Setzen wir den Fall eines und desselben Textes, so gilt: kein Text ist mit einer melodischen Form oder einem liturgischen Ort identifiziert. Das erste Gesetz lautet: »ein und derselbe Text wird melodisch verschieden behandelt, wenn er an verschiedenen Stellen der Liturgie steht.« Dieses Gesetz enthält eine Identität und zwei Differenzen. (ii) Gesetzt den Fall, die Melodie bleibe eine und dieselbe, so gilt: keine Melodie ist ausschließlich mit einem Text verbunden, dagegen stehen Melodie und liturgischer Ort in näherem Verhältnis. Das zweite Gesetz lautet: »eine und dieselbe Melodie kann verschiedenen Texten nur dann zugewiesen werden, wenn sie liturgisch gleichartig sind.« Dieses Gesetz enthält zwei Gleichheiten bei einer Ungleichheit. (iii) Gesetzt schließlich den Fall eines und desselben liturgischen Ortes, so ist leicht zu sehen, daß, wenn einerseits die verschiedensten Texte in ein und

---

plainchant repertory is music sung with a text. This is another reason why the music cannot always be discussed as a thing in itself: one has to see whether, and how, it articulates the texts being sung. Trotz dieser Verflechtung gilt: eine Formenlehre des Gesangs entsteht erst durch selbständiges musikwissenschaftliches Interesse: The book is written by a musician and not a liturgist, much less a theologian (2); es behandelt daher die Gesangsstücke as an object of study in itself (7).

[526] P. WAGNER, Einführung in die gregorianischen Melodien. Ein Handbuch der Choralwissenchaft III: Gregorianische Formenlehre. Eine choralische Stilkunde, Leipzig 1921, nimmt sich in seiner »Einleitung. Übersicht über die gregorianischen Formen« (1–16) vor, »das Gebäude der gregorianischen Formen von den einfachsten bis zu den entwickeltsten Gebilden aufzurichten« und »Einblick in die musikalische Logik des Gebäudes der Choralkunst« zu gewinnen (2f).

derselben musikalischen Form, anderseits ein und derselbe Text in verschiedensten musikalischen Formen vorgetragen wird, die Einheit des liturgischen Orts in diese Balance so eingreift, daß sie sich auf die Seite der Einheit der musikalischen Form begibt. Das dritte Gesetz lautet daher: »jeder melodische Stil hat seine bestimmte Stelle in der Liturgie, so daß alle Texte, die in derselben Weise liturgisch funktionieren, in ihm komponiert sind, mögen sie ihrem Wortlaute und Inhalte nach noch so verschieden sein.« Dieses Gesetz formuliert zwei Selbigkeiten bei einer Verschiedenheit. Alle drei Gesetze laufen auf das eine hinaus: Sind die Texte verschieden, so können gleichwohl melodische Form und liturgischer Ort eines und dasselbe sein; ist aber der Text einer und derselbe, so neigen melodische Form und liturgischer Ort zur Verschiedenheit. Zwischen melodischer Form und liturgischem Ort ist die Beziehung jederzeit determinierter als die beider zum Text, die der Wahl unterliegt. »Von diesem Gesetz gibt es keine einzige wirkliche Ausnahme.«[527]

Zwei Konsequenzen liegen am Tage. Was das Verhältnis von Text und Melodie anlangt, so ist dies offenbar weit entfernt davon, der Erwartung einer Einheit von Musik und Sprache entgegenzukommen. Allerdings liegt eben diese Erwartung – dies ist einzuräumen – unausgesprochen der angestrebten Suche nach dem frühesten Begriff von θεολογία/θεολογεῖν zugrunde: Älteste Spache als Gesang. Die Psalmodie gerät unter den Druck der Erwartung, sie müsse älteste Sprache des Menschengeschlechts sein, oder zumindest Überbleibsel von ihr. Aber gemessen an der psalmodischen Wirklichkeit ist die Hypothese einer Einheit von Musik und Sprache ein hemmungsloser Romantizismus. Ohne Zweifel tönt der Psalter, aber er tönt nicht von sich selbst her. Wenn er tönt, so tönt er in musikalischen Formen, in die rationale menschliche Energie einfließt. Diese folgen ausschließlich ihrer Rationalität, während der Text seiner eigenen Wege geht. Deshalb kann derselbe Text sehr verschiedenen musikalischen Formen unterworfen werden. Von sich aus entwickelt kein Text eine Präferenz. Was das Verhältnis von musikalischer Form und liturgischem Ort anlangt, so scheint dies stets homolog zu sein, bei Dominanz des liturgischen Ortes. Der liturgische Sitz eines Stückes ist »formbildendes Prinzip.« »Grund« für die Vielerleiheit der musikalischen Stile bietet die Stellung des jeweiligen Texts in der Liturgie. Daher gilt, »daß ein Stil so alt ist, als die ihn hervorrufenden rituellen Verhältnisse.«[528] Aber es wäre falsch, die Relation zwischen liturgischem Ort und musikalischer Form starr zu denken. Vielmehr zeigt sich, wie die Vielheit der musikalischen Formen mit einer Vielheit der Relationsdichte einhergeht. Diese schlägt sich darin nieder, daß die musikalischen Formen in Hinsicht auf den liturgischen Ort teils eher »gebunden«, teils »ungebunden« sind, wie erst-

---

[527] WAGNER, aaO. (s. Anm. 526) 15.
[528] WAGNER, aaO. (s. Anm. 526) 14 und Anm. 1.

mals Peter Wagner in einer bis heute gebräuchlichen Terminologie formulierte[529]. Gebunden sind musikalische Formen, wenn für verschiedene Texte gleichen liturgischen Rangs auch die melodiösen Formen dieselben sind, wenn also Melodiemodelle zur Anwendung kommen; ungebunden sind sie, wenn für verschiedenen Texte gleichen liturgischen Rangs musikalisch ungleiche Formen vorliegen, also individuelle, je eigene melodiöse Gebilde. Im ersten Fall handelt es sich um Rezitationen verschiedener Art, indem den Texten eine Rezitationsformel auferlegt wird, die ohne große Variation alle Texte gleichen liturgischen Ranges erfaßt; im zweiten Fall handelt es sich um freie Kompositionen, die nur gelegentlich noch Erinnerung an gebundene Melodiemodelle durchscheinen lassen. Hinzu kommt, daß gebundene Formen vorwiegend syllabisch sind mit wenigen Übergängen ins Neumatische, dagegen die ungebundenen sind in charakteristischer Weise melismatisch.

Was heißt »Psalmodie« im Gebäude der von den gebundenen bis zu den freien Gebilden aufsteigenden Formenlehre? Einerseits ist Psalmodie jeder Psalmtext, einerlei in welcher melodiösen Gestalt er erscheint: Psalmodie im weitesten Sinn des Wortes. Psalmtexte erscheinen durch alle Formen hindurch, mit Ausnahme von poetischen Stücken wie Hymnen, Sequenzen und Tropen. Andererseits ist Psalmodie in der Reihe der melodiösen Formen nur eine einzige und bestimmte, und das ist Psalmodie in des Wortes engstem Sinn[530]. Innerhalb der gebundenen Formen werden meist drei Arten unter-

---

[529] WAGNER, aaO. (s. Anm. 526) 5: »Unseren Darlegungen soll eine neue Einteilung zugrunde gelegt werden, in gebundene, unfreie, und ungebundene, freie Formen. Als gebunden lassen sich Ausdrucksweisen bestimmen, welche ohne wesentliche Veränderung für alle oder wenigstens die meisten Texte gleichen liturgischen Ranges gelten, während die freien Formen die liturgisch geichartigen Texte in der Regel mit verschiedenen Singweisen versehen. Melodisch gebunden sind daher die Lektionen, Orationen und die Psalmodie, überhaupt alle diejenigen Stücke, deren Weisen sich nicht je nach der Eigenart der verschiedenen Texte formen. In den meisten Fällen handelt es sich hier um eigentliche Formeln oder rezitativische Vortragstypen, die melodisch wenig hervortreten, sich daher unschwer dem Wechsel des liturgischen Textes fügen. Aber auch künstlerisch anspruchsvollere Gebilde gehören in diese Gattung, wie die Solopsalmodie des Offiziums, deren Töne für alle Responsorienverse festgelegt sind. Die ungebundenen Formen kennen in der Regel solche typischen Bildungen nicht, sie bewegen sich melodisch und rhythmisch selbständig und behandeln die Texte von gleicher liturgischer Qualität musikalisch ungleich. Zu dieser Gattung zählen die Antiphonen, Responsorien, aber auch die Stücke des Ordinarium Missae, die Hymnen, Sequenzen, Tropen, mit einem Worte alle frei komponierten Gesänge.« Aus der Unterscheidung von gebundenen und freien Formen gewinnt WAGNER die Haupteinteilung seiner Formenlehre (17ff.279ff); danach APEL, aaO. (s. Anm. 523) 203; HILEY, aaO. (s. Anm. 524) 46: »recitation formulas« vs. »free-ranging melodies«.

[530] WAGNER, aaO. (s. Anm. 526) 83: »Im Grunde kann der lateinische Kirchengesang in seiner Gesamtheit, soweit er nicht Lectio, Oratio und Hymnus ist, Psalmodie genannt werden, da seine meisten Texte dem Psalter entstammen. Hier verstehen wir aber das

schieden: »Lectio«, »Oratio«, »Psalmodia«. Hier ist Psalmodie ausschließlich gebundene Form, wenngleich unter den gebundenen die aufwendigste. Obschon der Begriff der Psalmodie so weit sein kann wie ihr Umfang und beinahe alle melodischen Formen umfaßt, konzentrieren wir uns im folgenden auf den engeren Begriff von Psalmodie. Diese hat ihren Ort vorwiegend im Offizium, teilweise auch in einfachen Formen der Meßliturgie wie Introitus- und Communiogesängen.

b. Psalmodiemodelle. Die einfachste Psalmodie, Psalmodie als gebundene Form, ist bereits so komplex, daß sie nur schrittweise aus den vorangehenden Schichten gebundenen Gesangs, Lektionen und Orationen, entwickelt werden kann. An dieser Stelle berührt sich die moderne musikwissenschftliche Unterscheidung mit der klassischen Terminologie. Petrus Venerabilis sprach davon, daß »exercitia spiritualia« durchgeführt werden »orando, legendo, psallendo«[531], d.h. durchweg in gebundenen melodiösen Formen. Peter Wagner unterscheidet unter den gebundenen Formen zwischen »liturgischem Rezitativ« und »Psalmodie«, innerhalb des liturgischen Rezitativs zwischen »Lektionen« und »Orationen«, und schickt diesen beiden noch die elementarere Schicht der »Versikel« voraus[532]. Um bloß die einfachste Psalmodie begreifen zu können, muß der ganze Weg von den Versikeln an beschritten werden.

Versikel sind diejenigen elementaren musikalischen Gebilde, mit denen sich erstmals so etwas wie Gesangston vom bloßen Sprech- oder Leseton unterscheidet. Dies ist der Fall, wenn sich der Ton der Vokale über die gewöhnliche Stimmlage erhebt und von seiner gewöhnlichen Unfixiertheit übergeht zur bestimmten Tonhöhe. Im einfachsten Fall entsteht dadurch Vortrag eines Textes auf einem einzigen Ton, durchgehend von Anfang bis Ende. Somit wäre der elementarste Gesangston reine Eintonlinie, die als Teilelement häufig, rein dagegen selten vorkommt. Der mittelalterliche Name der Eintonlinie lautet »tuba«. Es ist erforderlich, sich die Tuba nicht als Posaunenrohr von außen vorzustellen, wozu die Linearität des Notenbildes allerdings verleitet, sondern von innen als an den Mund geführtes Instrument und Eintonrohr, in das der Text hinein- und durch das er hinausgestoßen und somit in seiner Schall- und Ausdehnungskraft verstärkt wird. Diesen Effekt des Rezitationstons – Stimmverstärkung, Alterierung des ohnmächtigen Sprecher-Ichs zum prophetischen Subjekt mit Menschen und Räume umfas-

---

Wort in dem engeren Sinne, der sich auf den Vortrag eines Psalmes nach bestimmten, für alle Verse gleichen Singweisen bezieht.«

[531] S. Anm. 203.

[532] WAGNER, aaO. (s. Anm. 526) 83: »In der Stufenleiter der liturgischen Gesangsformen ist der Gattung der Lesungen und feierlichen Gebete die Psalmodie anzureihen. Sie unterliegt ähnlichen Gesetzen des Baues und Vortrages.« Zu den Versikeln S. 31ff.

sender Macht – sah man angemessen wiedergegeben in dem prophetischen
Satz: »clama ne cesses quasi tuba exalta vocem tuam« (Jes 58,1)[533]. Der eine
Ton, mit dem die Grenze zwischen Sprache und Gesang überschritten wird,
heißt »Tonus in directum«, Geradeauston. Spuren von ihm finden sich
wohl[534]. Aber häufig tritt bereits der »Tonus simplex« zu ihm in Konkurrenz.
Dieser erhebt bereits durch seinen Namen Anspruch darauf, ebenfalls ele-
mentarster Ton zu sein. Er besteht aus Tuba samt am Ende nach unten fallen-
der Kleiner Terz (»Rufterz«). Außer dieser minimalen ersten Erweiterung des
Tonraums findet sich die tonliche Wiedergabe des Wortakzents, der auf dem
letzten Tubaton liegt[535]. Immerhin ist mit dem Hinzutreten eines zweiten
Tons etwas Fundamentales geschehen. Die bisherige Eintonlinie ist zur Eintonachse geworden, d.h. zu einer Linie, um die sich etwas dreht. Zwar beginnt sich bereits mit der Eintonlinie der Gesangston vom Sprechton zu unterscheiden, aber erst mit der Eintonachse, je mehr sich diese von der
Eintonlinie durch Mehrtonigkeit entfernt, entsteht so etwas wie musikalische
Form[536]. Jetzt sind erkennbar Haupt- oder Achsenton und davon abweichender Nebenton, der mit seinem charakteristischen Intervall (nach oben/
nach unten; weit/eng) eine charakteristische Spannung erzeugt. Nun läßt
sich die Reihe der Versikeltöne leicht vollends fortsetzen. Es folgen der »Tonus communis«, der die Rufterz des Tonus simplex mit einem kleinen, und
der »Tonus solemnis«, der sie mit einem großen Melisma – »Pneuma« genannt – umspielt, wobei letzterer noch das Herannahen der Schlußkadenz
durch einen akzentuierenden Hochton signalisiert[537]. Das Pneuma auf dem
letzten Vokal des Satzes ist reiner Affektstrom, der im Fall des Tonus solemnis
die Eintonachse nach unten wie oben umspielt.

---

[533] Caesarius von Arles, Serm. 80, 2 (MORIN I, 315,15f); Isidor von Sevilla, De eccl.
off. II, 11,1 (CChr.SL 113,70), hier allerdings den Lektoren, nicht den Psalmisten zugeordnet; Rhabanus Maurus, De inst. cler. I,9 (KNOEPFLER 29), ebenfalls den Lektoren
zugeordnet. Dazu P. WAGNER, Einführung in die gregorianischen Melodien. Ein Handbuch der Choralwissenschaft II: Neumenkunde. Paläographie des liturgischen Gesanges,
Leipzig 1912², 89f; WAGNER, aaO. (s. Anm. 526) 26.
[534] Reg. Mag. 43,3 und 55,7: psalmi directanei; Reg. Ben. 12,1; 17,6: psalmus in
directum; 17,9: psalmi directanei (der Sinn ist hier durchaus nicht »Geradeauston«, sondern Psalmengesang ohne Unterbrechung durch Antiphonen – sine antiphona). Dazu
HEIMIG, aaO. (s. Anm. 6) 92.116f.136.
[535] Antiphonale monasticum pro diurnis horis, Tournai 1934, 1232. Dazu G. HINZ/
A. VÖLKER, Vom Singen der Psalmen. Ein Werkstattbericht, JLH 33, 1990/91, 1–94, 8.
[536] WAGNER, aaO. (s. Anm. 526) 31: »Die musikalische Form beginnt erst da, wo sich
der Text von der Tubarezitation entfernt.« Dazu R. LACH, Gregorianische Choral- und
vergleichende Musikwissenschaft, in: K. WEINMANN (Hg.), FS P. Wagner, Leipzig 1926,
133–145, 134.144.
[537] Antiphonale monasticum (s. Anm. 535) 1232. Zum »pneuma« bzw. »neuma« WAG-
NER, aaO. (s. Anm. 526) 8; HILEY, aaO. (s. Anm. 524) 333.345. Außerdem Gerson 9,
537.583.586f.

Auf dem Weg vom Sprechen zum Singen erschien bisher die Fixierung der Vokale zum Ton und die tonliche Wiedergabe des Wortakzents. In Lektionen und Orationen, die den Versikeln folgen, kommt als drittes Element die Unterscheidung verschiedener syntaktischer Einheiten hinzu. Versikel sind Sätze, die nur auf ein »punctum« zulaufen. Dagegen Lektionen und Orationen sind komplexere Satzgebilde, die darüber hinaus der Unterscheidbarkeit von »flexa«, »comma«, »conclusio« und »interrogatio« bedürfen[538]. Dies alles ist leicht zu erkennen als differenzierte Ausführung der Möglichkeiten, die mit der Eintonachse der Versikel im Prinzip bereits gegeben war.

Nach Versikeln, Lektionen und Orationen tritt jetzt erstmals Psalmodie in engerem Sinn auf. Und zwar zunächst in engstem Anschluß an die bisherige musikalische Ausstattung, die sich auf die Eintonachse beschränkt. Die moderne Forschung löst den alten Konflikt, ob acht oder zwölf Psalmtöne zu unterscheiden seien, indem sie außer den acht oktomodalen Psalmtönen und dem Sonderfall des »Tonus peregrinus«, dem neunten Psalmton, drei Urmodi unterscheidet, von denen sie vermutet, sie seien älter als die oktomodalen Melodien[539]. Kennzeichen der sog. Urmodi, die nach den Tonstufen Do (C), Re (D), Mi (E) unterschieden werden, ist ihre Nähe zur Eintonachse der bisherigen Gesangsformen. Sie drehen sich um einen einzigen melodischen Pol, und zwar so, daß der Rezitationston (»tuba«) regelmäßig zugleich der Finalton ist. Mit Recht bezeichnet man deswegen die urmodalen Psalmtöne als monopolare Töne, deren dominante Mittelachse nach oben und unten in zwei charakteristisch verschiedenen Ganz- oder Halbtönen umspielt wird. Vorherrschend ist aber der Eindruck des Mitteltons, der den übrigen spannungsvollen Tonbewegungen das Widerlager bietet.

Die klassischen oktomodalen Psalmtöne unterscheiden sich von den urmodalen durch höhere Komplexität. Die bisher eingeführte Eintonlinie, erweitert zur Eintonachse, genügt zur Erklärung nicht. Die Psalmtöne des Oktoechos mit ihren beiden Halbversen bestehen aus dem Initium, das in der gewöhnlichen Psalmodie nur zum Psalmbeginn, in der feierlichen zu jedem Versbeginn gesungen wird; aus der ersten Hälfte der Tuba, die im Fall von Überlänge des Textes durch die Flexa (†) gebeugt, im übrigen aber mit der Mittelkadenz endet, der Mediatio (★). An dieser Stelle entsteht eine Pause.

---

[538] Antiphonale monasticum (s. Anm. 535): Tonus capituli/lectionis brevis (1233ff); Tonus orationis (1236ff).

[539] Psalterium cum canticis Novi et Veteris Testamenti iuxta regulam S. P. N. Benedicti et alia schemata liturgiae horarum monasticae cum cantu gregoriano cura et studio monachorum Solesmensium [Psalterium monasticum], Solesmes 1981, p. X. Dazu L. AGUSTONI, Gregorianischer Choral, in: H. MUSCH (Hg.), Musik im Gottesdienst I: Historische Grundlagen – Liturgik – Liturgiegesang, Regensburg 1983, 203–374, 237.304; L. AGUSTONI/J. B. GÖSCHL, Einführung in die Interpretation des Gregorianischen Chorals I: Grundlagen, Regensburg 1987, 36–38.41.

Die zweite Hälfte der Tuba beginnt gewöhnlich auf dem Rezitationston der ersten Hälfte – nur bei der Introitus-Psalmodie wird ein erneutes Initium gesungen – und endet in der Schlußkadenz (.) mit einer der zu jedem Ton gebräuchlichen Differenzien. Nun genügte bei den urmodalen Melodien zur Erklärung ihrer inneren Spannungsverhältnisse die Beziehung auf den vorherrschenden Mittelton, um den herum sich die Melodie dreht; dagegen bei den oktomodalen Melodien tritt die Konkurrenz eines zweiten Tones hinzu, des Schlußtons, in dem die Bewegung des Melodieverlaufs zur Ruhe kommt. Zur klassischen oktomodalen Psalmodie gehört somit die Spannung zwischen zwei Ebenen, der Schlußtonstufe (Finalis der Antiphon) und dem Rezitationston (Tuba, Dominante der Psalmodie). Diese Melodie erfordert Hören von der Art, daß die Finalis, obgleich sie nur am Ende der Antiphon tatsächlich erklingt, während des ganzen Verlaufs der Psalmodie reminiszierend und antizipierend mitgehört wird. Deshalb muß die klassische Psalmmelodie in einer bisher nicht dagewesenen Weise plastisch gehört werden. Im Unterschied zur urmodalen Melodie schwebt sie nicht nur, sondern legt sich selbst einen Grund. Jene kommt in charakteristischer Einpoligkeit daher; diese eröffnet die Dimension der Bipolarität[540]. Die dominierende Tuba steht jetzt nicht allein, sondern in Relation zur Finalis, und erhält ihren Charakter durch den bestimmten Grad der Abweichung, mit dem sie sich über die Finalis erhebt. Erst in der bipolaren Psalmmelodie wird der Grad der Erhebung der Tuba – »quasi tuba exalta vocem tuam« – selbst Teil der Melodie und somit tonlich fixiert. Jetzt greift in der Reihe der elementaren melodiösen Formen das von Peter Wagner formulierte Periodengesetz: »in der Regel beginnt die melodische Linie in tiefer Lage, hebt sich dann bis zu ihrem Gipfelpunkte und senkt sich allmählich zu ihrem Finalton.«[541] Was immer dann als antiphonale oder responsoriale Offiziumspsalmodie oder als antiphonale Meßpsalmodie den Rahmen der gebundenen Formen erfüllt, geht zurück auf die bipolare Form, die zum ersten Mal mit dem einfachen Psalmton aus der Reihe der acht Psalmtöne verwirklicht wurde.

c. Modalität, Tonalität. Angelangt bei den klassischen Psalmtönen, ist nach deren Charakteristik genauer zu fragen. Sie zeichnen sich aus durch das innere Spannungsverhältnis zwischen Finalis der Antiphon und psalmodischem Rezitationston. Jeder Psalmton besitzt einen eigentümlichen, von anderen zu unterscheidenden Modus. Wenn von Psalm*ton* die Rede ist, so ist dies nur eine vieldeutigere Bezeichnung für ein Gebilde, das in Wahrheit Psalm*modus* ist. Ein Psalmton hat seine Besonderheit durch den Gesichtspunkt der Moda-

---

[540] AGUSTONI/GÖSCHL, aaO. (s. Anm. 539) 38ff. Dem Tonus peregrinus (9. Psalmton) mit seiner Doppeltuba kommt nach dieser Terminologie dann Dreipoligkeit zu (44).
[541] WAGNER, aaO. (s. Anm. 526) 9f. 286.

lität. »Modalität entsteht ... wesentlich durch Spannungsverhältnisse.«[542]
Spannungsverhältnisse sind prinzipiell erst möglich, wenn einer Melodie die
Struktur der Bipolarität zukommt. Dann aber treten auch weitere Gesichts-
punkte hinzu: Lage der Ganz- und Halbtöne, Ambitus. Liegt der Rezitationston in einer hohen Lage über der Finalis, so ist der Modus authentisch.
In der Regel ist die hohe Lage die Quint. Herrschen dagegen zwischen
Finalis und Rezitationston kleine Spannweiten wie Terz oder Quart, so ist
der Modus plagal. Aber nun treten zu dieser generellen Unterscheidung zwischen authentischen und plagalen Modi weitere Kriterien hinzu. Eines ist die
Lage der Halbtöne E–F und H–C. Plaziert man in der bipolaren Quint der
authentischen Modi den Halbton E–F auf den ersten Tonabstand, so entsteht
die Skala E–H, erkennbar am phrygischen Schluß. Plaziert man ihn auf den
zweiten Tonabstand, so ergibt sich die Skala D–A, leicht als dorisch erkennbar. Kommt der Halbtonschritt H–C auf den dritten Tonabstand, so entsteht
die Skala G–D: mixolydisch. Bleibt noch der vierte Tonabstand, der beim
Halbtonschritt H–C die Skala F–C ergibt: lydisch. Betrachtet man jetzt die
entstandenen Skalen für sich, so folgen ihre Finales dem Tetrachord D–G,
und je nach ihrer Stellung werden die Modi als »Protus« (D), »Deuterus« (E),
»Tritus« (F) und »Tetrardus« (G) bezeichnet. Schließlich tritt zu den bisherigen Kennzeichen der Psalmodie der Ambitus hinzu. Erhebt sich ein Psalmton durchweg über die Finalis, dann handelt es sich in jedem Fall um einen
authentischen Modus. Verläuft dagegen die Melodie so, daß sie die Finalis
nach oben wie nach unten umschwingt, so ist sie plagal. Daher kommt es,
daß sich die Geschlechter der authentischen Modi bei den entsprechenden
plagalen in Hypodorisch, Hypophrygisch, Hypolydisch und Hypomixoly-
disch wandeln. Werden die acht Modi nach der Reihe des zugrundeliegen-
den Tetrachords geordnet, so entsteht, wenn die plagalen Modi en bloc auf
die authentischen folgen, das östliche System des ›Oktoechos‹; dagegen in
der westlichen Anordnung der ›Octo toni‹ läuft die Zählung so, daß immer
authentischer und plagaler Modus derselben Finalis einander zugeordnet
bleiben.

Es könnte scheinen, als lasse sich die Rationalität der Psalmtöne aus wenigen Prinzipien deduzieren, wenn nicht gar aus einem. In Wahrheit sind aber
Psalmtöne nur rationalisiert. Es gibt Reste, die sich der Ordnung des
›Oktoechos‹ oder der ›Octo toni‹ widersetzen. Kaum ist ausgesprochen, authentische Töne seien am Quintabstand zwischen Finalis und Rezitationston
erkennbar, so überrascht der dritte Psalmton dadurch, daß er gelegentlich in
der Sext gesungen wird. Oder fragen wir nach der Lage des Rezitationstons
im Blick auf die zugrundeliegende Tonstufe, so geht die Unterscheidung von
subtonalem und subsemitonalem Rezitationston quer durch authentische

---

[542] AGUSTONI/GÖSCHL, aaO. (s. Anm. 539) 36, cf. 39.

und plagale Modi hindurch[543]. Und prüfen wir schließlich die Akzente der
Psalmtöne, so gilt gewiß, daß alle plagalen Töne in Mittel- und Schlußkadenz nur einen Akzent haben, aber die authentischen Töne besitzen ihre
zwei Akzente nur unregelmäßig in einer der beiden Kadenzen, wobei der
siebte Ton sich noch einmal dadurch unterscheidet, daß er in beiden Kadenzen zwei Akzente aufweist. Ganz zu schweigen davon, daß das System der
acht Töne immer begleitet war vom Wissen um Psalmtöne, die es gibt, ohne
daß sie ins System passten, die »Toni parapteres«[544], allen voran der »Tonus
peregrinus«, neunter Psalmton[545]. Das alles kann nur als Indiz dafür genommen werden, daß es wohl acht und mehr Töne gegeben haben muß, bevor es
sie systematisch gab, und dies führt uns zum Kern des Begriffs der Modalität
im Unterschied zur Tonalität.

Die polaren Begriffe Tonalität und Modalität beschreiben denselben Gegenstand, die Psalmmelodie, in gegenläufigen Sprachdisziplinen[546]. Tonalität
so, daß an einer Psalmmelodie das beschrieben wird, was verallgemeinerbar
oder allgemeinen Gesichtspunkten subsumierbar ist. Ziel der Beschreibung
ist die allgemeine Regel oder das Gesetz, dem die Psalmmelodie unterliegt.
Dazu gehören Gesichtspunkte wie die genannten, also die Relation Finalis –
Rezitationston, die Lage der Halbtöne, der dazugehörige Tetrachord, der
Ambitus der Melodie. Insoweit könnte man Psalmmelodien geradezu er-
spekulieren, wenn es sie nicht gäbe, und ohne Zweifel muß es das Interesse
der fränkischen Welt gewesen sein, sich den fremden Gesang nicht nur überliefern zu lassen, sondern ihn aus Prinzipien selbsttätig zu ergreifen. Aber
theoretischen Abstraktionen aus der Sprachdisziplin der Tonalität stehen
melodische Charakteristika gegenüber, die sich in keine Regel fügen. Es
handelt sich um melodische Wendungen, Formeln, Typen, die darauf behar-
ren, als Individuen gelernt und rezipiert zu werden, allenfalls als Individuen
einer Familie. Diese Seite der unverwechselbaren Individualität einer Psalmmelodie bedarf der Sprachdisziplin der Modalität, die das Hören des nicht
rationalisierbaren Restes voraussetzt. Das ist die Schicht, aus der die Psalmtöne ursprünglich kommen. Insofern sie sich systematisieren lassen durch
Regeln und subsumierbaren Fall, ist nur bestimmende Urteilskraft erforderlich. Sofern sie aber als Individuen in Familie und Geschlechtern wahrgenommen werden müssen, bedarf es der reflektierenden Urteilskraft oder des
Wahrnehmens von Familiarität. In dieser Weise sind Psalmtöne als tonale wie
modale Erscheinungen ebenso unterschieden wie aufeinander bezogen.

---

[543] Subtonale Tenores im 1., 3., 4., 6. und 7. Psalmton; subsemitonale im 2., 5. und 8.

[544] CH.M. ATKINSON, Art. Parapter, HmT 1978.

[545] A. HERZOG/A. HAJDU, À la recherche du Tonus Peregrinus dans la tradition
musicale juive, YUVAL 1, Jerusalem 1968, 194–203; RH. ERBACHER, Tonus Peregrinus.
Aus der Geschichte eines Psalmtons, Münsterschwarzach 1971.

[546] Dazu HILEY, aaO. (s. Anm. 524) 454f.

3. Theorien der Psalmodie

Im folgenden werden drei Ansätze zu einer möglichen Theorie der Psalmodie geboten, die sich im besten Fall als zusammenhängende Elemente einer und derselben Theorie erweisen werden.

a. Sprachgesang, Sprechgesang. Psalmodie im hier bevorzugten engen Sinn gehört zu den gebundenen Formen des Gesangs. Mit diesen befinden wir uns im Grenzgebiet zwischen Sprache und Gesang. Dieses ist voll Irritation. Einerseits möchte es scheinen, als ob mit dem Übergang von der Sprache zur Eintonlinie des Versikels als der einfachsten musikalischen Form die Grenze bereits überschritten sei, alles weitere wäre dann nur Fortsetzung dessen, was mit der Eintonlinie gegeben ist. Andererseits wäre es mit gutem Grund denkbar, die gebundenen Formen insgesamt als solche zu betrachten, die die Grenze zum Gesang noch vor sich haben, welcher sich im eigentlichen Sinn erst mit den freien Gesangsformen einstellt. Dann wären die gebundenen Formen weniger erster Gesang als letzte Sprache, oder solcher Gesang, der sich von der Vorherrschaft der Sprache noch nicht hinlänglich befreit hat. Oder – mittlerer Vorschlag – die Grenze wird innerhalb der gebundenen Formen zwischen Lektions- und Orationstönen einerseits und Psalmtönen anderseits gezogen, wie Johannes de Grocheo sagt:

> Ad musicum … non pertinet determinare aliquid … de lectionibus, epistulis, evangeliis et orationibus[547];

dagegen gilt von den acht Psalmtönen von Anfang an nach der bekannten Formel:

> octo tonis manifestum est musicam consistere[548].

Warum die Grenze gerade hier gezogen wird, liegt auf der Hand. Erst die acht Psalmtöne bieten Anlaß zu einem System von Tonskalen. In jedem Fall verhält es sich so: Vor Beginn der einfachen gebundenen Formen des Gesangs befindet man sich zuverlässig im Sprechen, nicht im Singen; wiederum, wenn die gebundenen Formen durchlaufen sind, zuverlässig im Singen, nicht im Sprechen. Dann sind die gebundenen Formen wohl so etwas wie Sprach- oder Sprechgesang, wie ja mit solchen künstlichen Wortverbindungen zum Ausdruck gebracht soll, daß einerseits mehr gegeben ist als bloßes Sprechen, anderseits weniger als bloßer Gesang. Folglich sind »Sprachgesang« oder

---

[547] E. ROHLOFF, Der Musiktraktat des Johannes de Grocheo, Leipzig 1943, 59.
[548] Berno von Reichenau, De cons. ton. div., SEMSP II, 114f; in Aufnahme von Aurelian von Réôme, Mus. disc. 8; SEMSP I, 39, cf. 26: Diximus etiam, octo tonis consistere musicam, per quos omnis modulatio quasi quodam glutino sibi adhaerere videtur.

»Sprechgesang« Termini, die wohl in das Grenzgebiet von Sprache und Gesang hineingeworfen werden, um einer bestimmten Option Ausdruck zu
verleihen, wie man sich die Grenze vorzustellen habe.

Nun ist es nicht einerlei, ob das Zwischengebiet zwischen Sprache und
Gesang als »Sprachgesang« oder »Sprechgesang« bezeichnet wird, so gering-
fügig der Unterschied auch scheint. »Sprachgesang« ist begrifflich von Herder geprägt und beschreibt diejenige Stufe in der Geschichte der Völker und
Individuen, die als »sprachsingende Zeiten« großartige Poesie und Musik
hervorgebracht hat. Sprachgesang entsteht, indem beim Menschen über die
bloße »musica naturalis« hinaus die Akzente länger und deutlicher werden,
eine Sprache der Leidenschaft und Empfindung entsteht, noch nicht Sprache
schlechthin, aber »erster rauher Sprachgesang.« Sprachgesang ist »keine Metapher«, sondern ursprüngliche Wirklichkeit, in der eins war, was in nachfolgenden Zeiten unumkehrbar zerfiel[549]. Die Nachwirkung der Herderschen
Tradition ist unschwer daran zu erkennen, daß der Begriff des »Sprachgesangs« unangetastet bleibt[550]. Selbst Peter Wagner will, trotz erheblicher
Entfernung vom Herderschen Ideal, die elementaren Formen gregorianischen Gesangs als Sprachgesang begreifen. Je gebundener eine Form, desto
mehr nähere sie sich dem »bloßen Sprachgesang.« Allerdings hat sich der lo-
gische Ort des Sprachgesangs gegenüber Herder vollständig verkehrt; bei
diesem Sprache vor Entstehen der Sprache, bei Wagner dagegen erster Übergang von der bereits entstandenen Sprache zum Gesang. Die Herdersche
Pathetik – Sprachgesang als Sprache voller Empfindung und Leidenschaft –

---

[549] J.G. Herder, Abhandlung über den Ursprung der Sprache 1772, SW (SUPHAN) 5,
59: »Sprachsingende[.] Zeiten«, in denen »die erste Menschensprache Gesang« war (58);
s. Anm. 419. Ders., Kritische Wälder, Viertes Wäldchen 1769, SW (SUPHAN) 4, 107f:
»Völker, die noch näher dem Gesange der Sprache, auch in dieser nicht so wohl dumpfe
verworrene Schälle, als schon einfach gemachte, wohlzuunterscheidende Töne reden, sie
länger anhalten, und mit höhern Accenten des Wohllauts bezeichnen: singende Völker
von der Art sind natürlich den Elementen des Musikalischen Gefühls näher, als andre …
Da sinds alsdenn nicht Metaphern, was wir von dem Sprachgesange der alten Griechen
lesen … – keine Metaphern, wenn sie auch im Grundgefühl eines Tons tiefer empfanden
als wir. Noch ist die halbsingende Sprache der Italiener mit ihrer Natur zur fühlbaren
Tonkunst vereinigt … Die Natur selbst hat für solche Völker gearbeitet, und ihnen in
einer feinern Himmelsluft feinere Sprach- und Hörwerkzeuge und gleichsam ein natürliches Saitenspiel der Empfindung gewebet.« Cf. »erster rauher Sprachgesang« (115), »ro-
her Sprachgesang« (116) als »Sprache der Empfindung« (114), »Sprache der Leidenschaft
und der Bedürfniß« (115), als Ausdruck einer »Pathetik aller einfachen Musikalischen
Accente« (105). Dazu H.H. EGGEBRECHT, Das Ausdrucks-Prinzip im musikalischen
Sturm und Drang (1955), in: DERS., Musikalisches Denken, Wilhelmshaven 1977, 69–
111; Musik als Tonsprache (1961), aaO. 7–53, 48ff.
[550] J. Paul, Vorschule der Ästhetik, § 86, WW (MILLER) 5, 326: »Sprach-Gesang«;
ARENDS, aaO. (s. Anm. 467); W.F. OTTO, Die Musen und der göttliche Ursprung des
Singens und Sagens, Düsseldorf 1956², 72f. 76f: »ursprünglicher Sprachgesang«.

spielt dabei keine Rolle mehr[551]. Immer in der Herderschen Tradition bleibt Sprachgesang verbunden mit der Klage um den Verlust einer unwiederbringlichen Einheit[552]. – Dagegen die Rede von »Sprechgesang« beginnt allererst in der Situation des Verlusts, und zwar völlig klaglos, sogar gewollt. Bezeichnenderweise ist »Sprechgesang« ein Begriff, der erst seit Beginn unseres Jahrhunderts in Gebrauch gekommen ist, um eine avantgardistische musikalische Praxis zu beschreiben, die zwischen Sprechen und Singen genau die Mitte hält. Aber Mitte nicht so, daß die Rezitation zugleich Sprechen und Singen sei und also so etwas wie »singende Sprechweise«, sondern gerade umgekehrt so, daß Sprechgesang seine Mitte gewinnt, indem er beide Seiten in ständigem Weder – Noch negiert[553]. Die Intention von Sprachgesang ist die Ein-

---

[551] WAGNER, aaO. (s. Anm. 13) 31; aaO. (s. Anm. 526) 4f: »Accentus nannte man alles, was gelesen, rezitiert wurde, die einfachen, dem Sprachgesange sich nähernden Formen, also die Lesungen, Orationen und ähnliche. … Concentus dagegen ist der zusammenfassende Ausdruck für alles, was gesungen wurde, also für entwickelte Formen, in denen der melodische Ausdruck sich mehr oder weniger in das Gebiet der Musik begibt. Dahin gehören die Antiphonen, Responsorien, Hymnen usw. … Die einfache [antiphonale] Psalmodie des Offiziums wird jeder zum Accentus rechnen, denn sie rezitiert den Psalmtext; an den Interpunktionsstellen stehen jedoch nicht selten melodische Figuren, die concentusartig genannt werden müssen. Die responsoriale Psalmodie ist melodisch reich entwickelt und gleicht oft mehr der freien Melodie als dem Sprachgesang. Demnach müßte man die eine Hälfte der Psalmodie zum Accentus, die andere zum Concentus rechnen.« Dementsprechend beginnt die erste Überschreitung der Grenze von der Sprache zum Gesang mit einer Reflexion »Über Sprachgesang« (20.22). Sprachgesang »hat seine Wurzel im Wesen der Sprache« (19), gründet »in der Natur der Sprache« (20). »Alle Quellen, aus denen die Lektions- und Orationsweisen hervorgeflossen sind, reichen demnach in die Sprache zurück« (22).

[552] GEORGIADES, Musik und Sprache (s. Anm. 424) 6f (ohne Gebrauch des Terminus »Sprachgesang«, aber in seiner Tradition): »Der altgriechische Vers war … Musik und Dichtung in einem, und gerade deswegen nicht in Musik und Dichtung, in zwei getrennt greifbare Komponenten, zerlegbar. … Aus der ursprünglichen Einheit ist eine Zweiheit geworden; aus der μουσική sind Dichtung und Musik entstanden. Erst jetzt, erst innerhalb der abendländischen Geschichte ist es möglich geworden, Musik und Sprache streng voneinander zu trennen. Von jetzt ab besteht aber auch, gleichsam als Erinnerung an den gemeinsamen historischen Ursprung, die Sehnsucht der einen nach der anderen, die Neigung, sich gegenseitig zu ergänzen. Was aber aus dieser Verbindung jeweils hervorgeht, hat mit der antiken musiké nichts gemein. Denn hier liegt nicht ein Gebilde vor, das von Hause aus Musik und Sprache in sich enthält, sondern eine abendländische Sprache, die eigens mit Musik versehen wird.«

[553] Dazu P. GRIFFITHS, Art. Sprechgesang, New Grove 18, 1980, 27. Arnold Schönberg, Vorwort zum ›Pierrot lunaire‹ (1912): »Sprechmelodie« – Schönberg meidet »Sprechgesang«, aber seine programmatische Äußerung wurde mit diesem Begriff rezipiert – kommt zustande, indem der Ausführende »sich des Unterschiedes zwischen Gesangston und Sprechton genau bewußt wird: der Gesangston hält die Tonhöhe unabänderlich fest, der Sprechton gibt sie zwar an, verläßt sie aber durch Fallen oder Steigen sofort wieder. Der Ausführende muß sich aber sehr davor hüten, in eine ›singende‹ Sprechweise zu verfallen. Das ist absolut nicht gemeint. Es wird zwar [i] keineswegs ein

heit, die von Sprechgesang Zweiheit, und dementsprechend ist die Mitte
zwischen Sprechen und Singen einmal synthetisch, einmal diakritisch. Es ist
deutlich: Liturgischer Gesang erfüllt nicht die Bedürfnisse des Begriffs
Sprachgesang, hat aber auch nichts zu tun mit dem Sprechgesang des 20.
Jahrhunderts. Es scheint unzweckmäßig, diesen Begriff auf liturgische Gesänge zu übertragen[554].

Liturgischer Gesang in seinen elementaren Formen unterscheidet sich
gründlich von Sprachgesang wie von Sprechgesang. Er ist nicht Sprachgesang
im Herderschen Sinn des Wortes, kennt keine Pathetik der Akzente, keinerlei unmittelbare, ungebrochene Auslautung der Empfindungssprache in jenen Silbertönen, die das innerste Saitenspiel des Ohrs berührt. Die Sprache
der Empfindung und der Leidenschaft hat die eigentliche Sprachwerdung
immer noch vor sich. Dies ist beim liturgischen Gesang nicht der Fall. Er teilt
folglich auch nicht die – romantisierenden – Bedingungen altgriechischer
μουσική oder der fortwirkenden Sehnsucht danach. Aber liturgischer Gesang
hat auch nichts zu tun mit Sprechgesang im Sinn des im Umkreis Arnold
Schönbergs geprägten Begriffs. Er kennt daher kein Glissando des unfixiert
gleitenden Tones und befindet sich nicht in stetigem Fallen oder Steigen.
Von beiden unterscheidet sich liturgischer Gesang dadurch, daß er den uner-
meßlichen Klangraum der Empfindungstöne des Sprachgesangs und des

---

realistisch-natürliches Sprechen angestrebt. Im Gegenteil, der Unterschied zwischen ge-
wöhnlichem und einem Sprechen, das in einer musikalischen Form mitwirkt, soll deutlich werden. Aber [ii] es darf auch nie an Gesang erinnern.« Im übrigen erteilt Schönberg
der für den »Sprachgesang« konstitutiven Bindung an die Pathetik der Akzente eine klare
Absage: Verzicht auf »tonmalerische Darstellung«.

[554] Obgleich bereits ABERT, aaO. (s. Anm. 391), »das eigentliche Recitativ, die zwischen Singen und Sagen die Mitte haltende παρακαταλογή« (57), die in der Tradition des
19. Jahrhunderts »Sprachgesang« genannt wurde, erstaunlicherweise »Sprechgesang«
nennt (65), beziehen die liturgisch interessierten Musikwissenschaftler des 20. Jahrhunderts ihren Begriff des »Sprechgesangs« von Humperdinck und Schönberg. E. WERNER,
The sacred bridge [I], New York 1959[1], 104: »Sprechgesang« zwischen Sprechen (plain
recitation) und Gesang (cantillation); DERS., The sacred bridge II, New York 1984, 61.
S. CORBIN, La cantillation des rituels chrétiens, Revue de musicologie 47, 1961, 3–36,
»le terme étranger, moderne, de Sprechgesang« (6); »le Sprechgesang semble bien être
l'équivalent de la cantillation« (7). HINZ/VÖLKER, aaO. (s. Anm. 535) 6: »Sprechgesang«
für Lektionen und Orationen. Die Schwierigkeit, die Verwendung des Terminus
»Sprechgesang« für liturgische Gesänge mit seiner Herkunft aus dem Umkreis Schönbergs in Einklang zu bringen, offenbart R. FLENDER, Der biblische Sprechgesang und
seine mündliche Überlieferung in Synagoge und griechischer Kirche, Wilhelmshaven
1988; einerseits setzt er programmatisch fest: »›Biblischer Sprechgesang‹ ist ein Terminus,
der speziell für diese Arbeit geprägt wurde«, anderseits gesteht er zu, daß der liturgische
Gesang der Intention des »Sprechgesangs« widerspricht: er kennt keine unbestimmte
Tonhöhe (glissando), und kennt nur eine »Gleichzeitigkeit von Sprechen und Singen«,
nicht aber die Gleichzeitigkeit von Nicht-Sprechen und Nicht-Singen, wie sie für den
»Sprechgesang« charakteristisch ist (13).

Glissandos des Sprechgesangs in gründlicher Weise reduziert bis auf den Tonraum der Eintonlinie. Diese Reduktion ist durch keine weitere zu übertreffen. Das ist nicht nur Unterscheidung, das ist Separation von allem Sprach- und Sprechgesang durch artifizielle Setzung eines distinktesten Tonraums, mitten in den Überflutungen des Klangraums. Es gilt, das unbestimmte Gleiten der Sprechmelodie »auf eine Ein-Ton-Achse der Deklamation zu bannen« und die unermeßliche Weite der Empfindungstöne »in die Schmalspur einer Eintonlinie zu zwängen.«[555] Zwar bildet die Eintonlinie nur die allerelementarste Schicht im vielfältigen Gebäude der melodiösen Formen. Aber keine dieser vielfältigen Formen liturgischen Gesangs, und seien sie noch so reich, läßt sich in direktem Zugang verstehen, sondern immer nur indirekt durchs Nadelöhr der Eintonlinie hindurch, im Nachvollzug der jeweiligen charakteristischen Abweichung.

b. Pausa. Nun unterscheidet sich die einfache antiphonale Psalmodie von den einfachsten Formen des Gesangs und den urmodalen Psalmtönen bereits dadurch, daß deren bloße Einpoligkeit durch die Spannung von Rezitationsstufe und Finalis der Antiphon zur Zweipoligkeit erweitert wurde. Die oktomodale Variationsbreite dieser Spannung wurde bereits geschildert (§ 9.2c). Die Finalis wird »Auslöseton« genannt, die Dominante »Spannungston«; die dazugehörigen Ebenen »Beruhigungsebene« und »Spannungsebene«[556]. Die melodische Periode ist Zeugnis für eine am Werk gewesene Nötigung, die bloße Beruhigungsebene zu verlassen. Verharren in Beruhigung bringt kei-

---

[555] E. GERSON-KIWI, »Justus ut palma«. Stufen hebräischer Psalmodien in mündlicher Überlieferung, in: M. RUHNKE (Hg.), FS B. Stäblein, Kassel 1967, 64–73, 65: »Den natürlichen Fluß der Rede auf eine Ein-Ton-Achse der Deklamation zu bannen, erzeugt kein natürliches Singen, sondern eine bewußte Stilisierung des gesprochenen Wortes und ist als solche von vornherein ein Kunstprodukt. Gerade beim gewöhnlichen Sprechen bewegen wir uns unmerklich auf weitausholenden Tonkurven, die den Sinn der Worte intonieren helfen. Es ist dies ein untrügliches Erkennungsmittel der verschiedenen Sprachen, Dialekte und der persönlichen Diktion, auch ohne einzelne Worte zu verstehen. Die reichen Kurven der Sprache in die Schmalspur einer Eintonlinie zu zwängen, heißt, unsere Sinne unter Magie zu setzen: wir lauschen gebannt, – etwa einer Propheten-Lectio im Hallraum einer Kathedrale. Es ist seltsamerweise an diesem Punkt, daß wir einen armseligen, gebrochenen Ton als melodisches Artefact empfangen, mit dem untrüglichen Wissen, daß hier Musik erstand im Sinne eines Trägers geistiger Botschaft. Zweifellos stehen wir hier am Ende eines langen Entwicklungsweges und nicht an seinem Anfang, wie der Augenschein leicht vorspiegelt.« Mit der letzten Bemerkung kommt E. GERSON-KIWI zurück auf ihre These in: Religious chant: A pan-asiatic conception of music, International Folk Music Journal 13, 1961, 64–67, 64: »As in the accentual forms of Gregorian chant, especially in the lesson and psalms, the natural flow of the speaker's voice, with its constant change of pitch is channelled into an magico-hypnotic one-note recitation. Strangely enough, music is born at this moment.«
[556] HINZ/VÖLKER, aaO. (s. Anm. 535) 14f.

nerlei Musik hervor. Aber zum Formgesetz einer Periode gehört das Vorhaben, nach vollendeter Spannung wieder zur Beruhigungsebene zurückzukehren. Man erkennt leicht in der Bipolarität von Beruhigungs- und Spannungsebene die beiden Kräfte von γαλήνη und κίνησις bzw. ἀταραξία und ταραχή, die in den Äußerungen der alten Psaltertheologen eine signifikante Rolle spielen[557]. Ist dies so, dann stellt die Periode an sich bereits etwas Unstoisches, weil Unberuhigtes dar. Indem bipolare Psalmmelodien durch die Lage ihrer Eintonlinie eine Spannung über der Finalis erzeugen, vermögen so etwas wie die Verbiegungen darzustellen, die dem Wunsch nach Ruhe widerfahren. Angelangt bei der Finalis entsteht wieder Ruhe, Ruhe als reine Negation des Klangs. Erstaunlicherweise ist dies aber nicht die einzige Ruhe. Vielmehr tritt eine zweite Ruhe in der Mitte des Psalmverses ein, auf dem höchsten Punkt des Spannungsbogens der Periode, nicht beruhigte Ruhe, sondern gespannte. Dieser Punkt ist der charakteristische Kern der einfachen Psalmodie. Er ist eine Art Generalpause zwischen zwei Halbversen. Die Generalpause ist aber nicht reines oder leeres, sondern präzis definiertes Nichts. So gesehen sind die beiden Tenores nicht Gesangsstücke um ihrer selbst willen. Sondern sie müssen dem mittleren Ruhepunkt den Charakter einer tonlichen Leerstelle verleihen, und zwar in einer je nach Psalmton verschieden bestimmten Negation des Klangs.

Der Ruhepunkt in der Mitte der Psalmzeilen heißt »Pausa«[558]. Es ist gängige Praxis der antiphonischen Psalmodie, den Wechsel der beiden Chorhälften als Übergang von Psalmvers zu Psalmvers auszuführen. Aber die Pausa fällt nicht zwischen die Verse, sondern zwischen die Halbverse. Sie entsteht also nicht aus dem äußeren Grunde des Chorwechsels. Ein und derselbe

---

[557] S. Anm. 332f. 459. 515.

[558] AGUSTONI, aaO. (s. Anm. 539) 297f: »Charakteristisch für die Psalmodie ist ihre wechselchörige Ausführung zwischen Vorsängergruppe und Chor oder zwischen zwei Chorhälften. Der Wechsel zwischen den beiden Gruppen vollzieht sich ohne Pause. Die einzige Pause ist die zwischen den beiden Vershälften. Von ihr hängt sowohl die Ruhe als auch die Intensität d.h. die innere und äußere Dynamik im Vortrag der Psalmen entscheidend ab. Ihre Dauer wiederum wird bestimmt durch den Rhythmus des vorausgehenden Halbverses. Da jeweils ein rhythmischer Stützpunkt in die Pause fällt, wird ein zu kleingliedriger Rhythmus … notwendigerweise nur eine kurze, spannungslose Pause zulassen. Dagegen wird ein Vorwärtsschreiten des Sprachrhythmus nach Sinnschritten oder wenigstens nach wichtigen Schwerpunkten eine entsprechend ruhige und gleichzeitig spannungsvolle Pause nach sich ziehen.« A. GRÜN, Chorgebet und Kontemplation, Münsterschwarzach 1989: »Jede Gruppe praktiziert zwischen ihren beiden Halbversen ein eigentümliches Innehalten von gleichbleibender Dauer und von einer Nachdrücklichkeit, die offensichtlich weit über das hinausgeht, was das Bedürfnis nach Gliederung oder die Rücksicht auf den Textverlauf erwarten ließe« (45). »Eine Pause mitten im Psalmvers zu machen, das ist ja die eigenartige, zunächst oft befremdende Praxis beim Psallieren. Logisch ist das nicht, denn eher würde man doch eine Pause nach jedem Vers erwarten. Aber die Pause mitten im Vers ist geradezu das Herz der Psalmodie« (53).

Chor hat mitten in seiner Zeile sein eigenes Nicht-Singen zu singen. Das gesungene Nicht-Singen unterscheidet sich vom bloßen Nicht-Singen wie Gestalt von Gestaltlosigkeit, wie bestimmte von reiner Negation. Es ist nämlich kein dumpfes, sondern ein höchst beredtes Schweigen, das mit Unbewegtheit umso weniger verwechselt werden kann, als ein rhythmischer Stützpunkt in die Pause fällt, der vollzogen werden muß, aber unhörbar bleibt.

Zur Herkunft der Pause ist zunächst zu bemerken, daß nach klassischer Metrik »Pausa« der Einschnitt zwischen zwei Perioden ist, Periode wiederum die metrische Einheit zwischen zwei Pausen. Konträr hierzu gehört in der klassischen Psalmodie die Pausa mitten in die Periode. Immerhin hat der Hauptakzent der hebräischen poetischen Metrik, der Atnach, nicht alle Traditionen der Psalmodie erreicht. Ambrosianische und altrömische Psalmodie kennen keine Pausa. In der Tradition der gregorianischen Psalmodie finden sich Nachrichten über die Beachtung der Pausa nicht vor dem 12. Jahrhundert, und hier in zisterziensischem Kontext. Die Überlieferung ist äußerst kompliziert[559]. Ein unter verschiedenen Titeln und unter dem Namen Bernhards von Clairvaux überlieferter, teils bernhardinischer, teils pseudobernhardinischer Text, der zudem in vielen Varianten im Umlauf war, enthält – wohl erstmals – die Anweisung:

> Post metrum bonam pausam faciamus,

und die davon abhängigen sangallischen ›Instituta patrum de modo psallendi‹ formulieren ausführlicher:

> post medium metrum modica modulatione peracta, pausam bonam et competentem faciamus. Facta pausa, quod de versu restat morosiori modulatione deponatur, salvo tono[560].

Merkwürdigerweise zitiert Johannes Gerson den pseudobernhardinischen Text in der sinnverändernden Abwandlung:

---

[559] S.A. VAN DIJK, Saint Bernard and the Instituta patrum of Saint Gall, MusDisc 4, 1950, 99–109; der ps.-bernhardinische Text dort S.105. Ebenso S.J.P. VAN DIJK, Medieval terminology and methods of psalm singing, MusDisc 6, 1952, 7–26, 11. Während gleichzeitig Anselm von Havelberg, Lib. de ord. can. reg. 20: De cantu psalmodiae (MPL 188, 1107AB) unterschiedliche Längen der »media distinctio« erwägt, hat Petrus Venerabilis, Stat. congr. Cluniac. 1 nicht die mittlere, sondern die Pause am Versschluß im Blick: Statutum est ut omnes versus Regularium horarum ... sub una et mediocri repausatione decantentur, ita ut universorum voces simul cessuram versus finiant, et post mediocrem, ut dixi, repausationem: simul quoque alium incipiant. ... Causa instituti hujus fuit, ut confusa distinctio cantantium, quam alii prius, alii posterius et incipiebant, et finiebant, uniretur, et intellectus ipse, velut quodam communi silentio, simul pausando reformaretur (MPL 189, 1026BC). Daß weder der Prämonstratenser Anselm, noch der Cluniazenser Petrus etwas von einer Pausa in mediatione wissen, könnte auf zisterziensische Herkunft weisen.

[560] SEMSP I, 6.

post punctum bonam pausam faciamus[561],

verschiebt also gegen die Intention der Vorlage die Pausa ans Ende des Psalmverses: Zeichen dafür, daß Pausa in der Mitte durchaus nicht allgemein geübte Praxis war.

Wenn dagegen die Pausa das Herz der Psalmodie ist, so steht das gesungene Nicht-Singen in der Mitte und auf dem Höhepunkt des Psalmverses. Wir nannten sie bestimmte im Unterschied zur reinen Negation, weil sie bestimmt ist durch die je verschiedene Weise, in der sie hin- und wieder abgesungen wird. Werden die beiden Flügel der Psalmodie auf ihre Mitte bezogen, so erklingen sie nicht um des schlichten Erklingens willen, sondern damit sie durch die Pausa ihre Negation erfahren. Aber anders als daß sie gesetzt wären, könnten sie nicht negiert werden, und nur dadurch, daß sie gesetzt sind und negiert werden, entsteht Pausa als bestimmte Negation. Wenn nun Setzung und Negierung geschehen als Erklingen und Nicht-Erklingen, so ist im Fall der Pausa Nicht-Erklingen definiert als Nicht-Erklingen eines Erklungenen, und insofern ist es bestimmt. Möglich ist eine solche Pausa erst bei bipolaren, oktomodalen Psalmtönen. Zwar kann auch bei den urmodalen eine Pausa eingehalten werden, aber sie hat nicht denselben präzisen Grad von Bestimmtheit. Ihre Mittelkadenz unterscheidet sich von der Schlußkadenz nicht als Hochpunkt, sondern sie ist entweder identisch mit der Finalis oder fällt sogar noch darunter. Nur bei oktomodalen Psalmtönen entsteht Anlaß zu einer Pausentheorie im hier geschilderten Sinn. In ihr lassen sich alsbald die Umrisse einer Theorie von den Affekten der Psalmtöne unschwer erkennen.

c. Pathosformel. Wenn sich am Ende unsrer Reflexion auf Psalmodie wieder das Thema des Affekts einstellt, so wird es nicht wundern, daß im Vorfeld noch einmal die Rede vom Meer auftaucht, die im Zentrum der Beschreibung von Psalmodie steht. Mit ihr konkurriert der Vergleich der Psalmodie mit Engelsgesang. Aus beiden Anläufen muß sich ergeben, in welchem Sinn Psalmtöne als Pathosformeln zu begreifen sind.

Was zunächst das Meer anlangt, so ist dies nicht nur – wie in Luthers Vorrede – Bild für den Ort des Psalmengesangs, nicht nur Bild für Klang überhaupt, sondern präzis für Psalmtöne in der entwickelten Art. In Beantwortung der Frage, weshalb der Schöpfer das Meer als »sehr gut« erblicke, findet

---

[561] Gerson, De soll. eccl. (1423), part. 56, Œuvr.compl. [GLORIEUX] 9, 451f. Gerson nennt als Titel des Textes ›De modo psallendi‹ und zitiert daraus die Zusammenstellung des bernhardinischen Stücks aus In cant. 47, 8 (Op. omn. III, 1662, 77) mit dem ps.-bernhardinischen Stück »Psalmodiam non multum protrahamus ...« Bisher letzte Station in der Geschichte dieses Kompilations- und Wandertextes: Antiphonarium Eremi B.V.M., Einsiedeln 1987, § 902.

Ambrosius im ›Hexaemeron‹ als oberste Güte des Meeres dies, daß es das Dasein von Inseln ermöglicht: Inseln zu monastischem Gebrauch. Folglich ist das Meer, sofern es die Inseln umspült und also festen Boden unter den Füssen gewährt, paradigmatischer Ort monastischen Lebens. Nicht bloß in geographischem Sinn:

> mare est ergo secretum temperantiae, exercitium continentiae, grauitatis secessus, portus securitatis, tranquillitas saeculi, huius mundi sobrietas, tum fidelibus uiris atque deuotis incentiuum deuotionis[562] –

sondern Meer, an sich schon erstaunlich durch seine Musikalität –

> quam dulcis sonus, quam iocundus fragor, quam grata et consona resultatio[563] –,

ist dem monastischen Leben innerlich angemessen, sofern dies nichts als Gesang ist:

> ut cum undarum leniter adluentium sono certent cantus psallentium, plaudant insulae tranquillo fluctuum sanctorum choro, hymnis sanctorum personent[564].

Folglich stehen Meer und Psalmodie in mehr als bildlichem Zusammenhang. Musik hier, Musik da, teils »musica mundana«, teils »musica humana«, beide in ruhiger Bewegtheit. Insbesondere scheint es der responsorische Psalmengesang des Volkes zu sein, der das Bild vom ruhigen Wogenschlag des Meeres solange auf sich zieht, bis er Wogenschlag *ist*. Dann gilt vom versweisen responsorischen, und noch viel gleichmäßiger vom wechselchörigen Psalmengesang, welcher von Vers zu Vers weitergetragen wird: er *ist* Meer in vollkommener Ruhe und Bewegtheit. Die Ruhe, in diesem Fall reine Negation von Bewegung, hat ihren Sitz in der Finalis. Die Finalis ist Ufer und insularer Boden, an den die Welle der melodiösen Bewegung schlägt. Mit der Pausa in mediatione hängt dies umso weniger zusammen, als die ambrosianische Psalmodie diese gar nicht kennt[565].

---

[562] Ambrosius, Hexaemeron III, 5,23 (CSEL 32/1, 74,18–22). Dazu Leeb, aaO. (s. Anm. 405) 47–49. Zur Herkunft von Insel als Ort monastischen Lebens Kasper, aaO. (s. Anm. 176) 206–208.

[563] Ambrosius, Hexaemeron III, 5,21 (CSEL 32/1, 73,20f); »dulcis sonus« ist Reminiszenz an das ›Somnium Scipionis‹: Cicero, De re publ. VI, 5,18 (Orelli IV/1, 488).

[564] Ambrosius, Hexaemeron III, 5,23 (CSEL 32/1, 74,22–75,1).

[565] Ambrosius, Hexaemeron III, 5,23 (CSEL 32/1, 75,4–9): unde bene mari plerumque comparatur ecclesia, quae primo ingredientis populi agmine totis uestibulis undas uomit, deinde in oratione totius plebis tamquam undis refluentibus stridit, cum responsoriis psalmorum cantus uirorum mulierum uirginum paruulorum consonus undarum fragor resultat. Dazu Wagner, aaO. (s. Anm. 13) 9f. Grün, aaO. (s. Anm. 558) 47: »Ambrosius hat den Wechsel der beiden singenden Gruppen im Auge … Mit diesem ruhigen Wellenschlag vergleicht Ambrosius das Psalmensingen: Eine Welle übernimmt von der anderen die Bewegung und gibt sie wieder zurück – in einem beständig wogenden Hin und Her, das doch von unfaßbarer Ruhe ist. Tranquillitas, tiefe Ruhe, wird von

Bisher hatten wir Inselgesang. Anders der Schiffsgesang, den Luthers Vorrede erfordert. In ihm wird die bisherige Position insularer Ruhe selbst der Bewegung des Meeres preisgegeben. Stand findet sich jetzt nur noch in Bewegtheit. Es gibt keinen äußeren Standpunkt. Standpunkt in der Finalis war äußerer Standpunkt. Dagegen Standpunkt in der melodiösen Bewegung ist immer Ruhe, die selbst bewegt wird. Mit Standpunkt in der Rezitationsstufe erscheinen die Interpunktionsmelismen der Psalmtöne »wie vorübergehende Kräuselungen einer geraden, glatten Oberfläche«[566].

Aber so etwas wie Standpunkt in der Bewegtheit der Psalmformel findet sich weder in Finalis noch Rezitationston, sondern ausschließlich in der Pausa, zwischen den beiden Halbzeilen, im Herz der Psalmodie. Daher müßte das Meerbild auf den Parallelismus membrorum hin präzisiert werden, wie es bei Herder geschieht:

> Sobald sich das Herz ergießt, strömt Welle auf Welle: das ist Parallelismus. Es hat nie ausgeredet, hat immer etwas neues zu sagen. Sobald die erste Welle sanft verfließt, oder sich prächtig bricht am Felsen, kommt die zweite Welle wieder. Der Pulsschlag der Natur, dieß Athemholen der Empfindung ist in allen Reden des Affekts: und Sie wollten's in der Poesie nicht, die doch eigentlich Rede des Affekts seyn soll?[567]

Psalmtöne sind Bewegungen, die sich aus der charakteristischen Spannung zwischen Beruhigungs- und Rezitationston samt den dazugehörigen Formeln ergeben. Es ist, als müßten die verschiedenen Affekte durch die melodiösen Linien hindurchgeschickt werden, um in ihnen auf verschiedene Weise zu oszillieren. Affekte sind Bewegung und Klang. Aber nicht um ihrer selbst willen erklingen sie in der Melodie. Sondern um die einzigartige Ruhe hervorzubringen, die in der Pausa eintritt. Sie ist – im Unterschied zur Finalis – Ruhe *innerhalb* der Psalmformel, ohne allen äußeren Standpunkt, daher nicht absolute, vielmehr bewegte. Sie bleibt auf die affektive Bewegung bezogen, die sie negiert, der sie sich aber auch allererst verdankt. Dies, und zwar genau dies, müßte dem Bild des Meeres eingeschrieben werden, damit es die Sache der Psalmodie präzis beschreibt.

Was zweitens die Engel anlangt, mit deren Gesang Psalmengesang häufig in Verbindung gebracht wird, so ist das Nacheinander von Meer und Engeln umso weniger erstaunlich, als in biblischer Überlieferung Engel und »der Klang vieler Wasser« in ebenso engem Zusammenhang stehen, wie dieser

---

den Vätern wohl am häufigsten genannt, wenn sie sagen wollen, wessen die Psalmodie am nötigsten bedarf, was sie, recht vollzogen, aber auch am gewissesten zu wirken vermag.« HINZ/VÖLKER, aaO. (s. Anm. 535) 27.29. – Zum Fehlen der Mediatio in der ambrosianischen Psalmodie: WAGNER, aaO. (s. Anm. 526) 85; APEL, aaO. (s. Anm. 523) 470.

[566] A. GERSTMEIER, Die Deutung der Psalmen im Spiegel der Musik, in: BECKER/KACZYNSKI, aaO. (s. Anm. 155) II, 91–130, 94.

[567] J.G. Herder, Vom Geist der Ebräischen Poesie (1782), SW (SUPHAN) 11, 237.

wiederum mit dem Klang eschatologischen Psalmengesangs[568]. Die Relation zwischen Psalmengesang und Engelsgesang schwankt in all den Schattierungen, die bei Bestimmung des Verhältnisses von irdischer und himmlischer Liturgie denkbar sind: Distanz und Identität, und dazwischen jede Art von direkter oder indirekter Teilhabe, der Nachahmung, des Vorscheins oder des Nachklangs. Alles dies hat seinen Ort in der Betrachtung des Psalmverses »In conspectu angelorum psallam tibi«[569]. Was ist es, was über die geschilderte allgemeine Beziehung zwischen Engeln und Gesang hinaus dazu führt, mit ihnen eine bestimmte Psalmodieart zu verbinden? Was die Einstimmigkeit (»una voce«) des Engelsgesangs anlangt oder dessen Nimmermüdheit (»indefessa voce«, »sine fine«), so sind dies Eigenschaften von Gesang allgemein, nicht nur von Psalmengesang. Anders, wenn als Eigentümlichkeit des Engelsgesangs nach Jes 6 das »alter ad alterum« hervortritt, das gern speziell mit der wechselchörigen Psalmodie in Zusammenhang gebracht wird[570]. Jetzt entsteht versweise Alternität, in Analogie zum ambrosianischen Wellenschlag. Aber auch die andere Eigentümlichkeit des Engelsgesangs, daß dieser nicht als schöner Gesang, sondern als Schreien und Rufen vonstatten geht, das vom mächtigen Geräusch ihres Flügelschlags weniger untermalt als direkt erzeugt wird, ließe sich mit der Psalmodie trefflich verbinden: Engelsgesang als Flügelschlag. Hinweise darauf sind in der Tradition selten. Zwar assoziiert Amalar von Metz mit seinem starken bildlichen Vermögen zum wechselchörigen Psalmengesang die Vorstellung vom Flügelschlag der Engelwesen nach den ezechielischen Visionen:

> Duobus coris alternatur antiphona ... Hos duos coros designaverunt pennae animalium invicem porrectae, quae vidit Iezechiel in figura adventus Christi et novi testamenti [Ez 1,24; 3,13; 10,5]. Coniunctio duarum pennarum antiphona est, quae vicem tenet caritatis[571],

---

[568] »vox (bzw. sonus) aquarum multarum« als Engelsgeräusch: Ez 1,24; außerdem implizit in Apk 19,6 (dazu Ambrosius, Expl. in psal. I, 2 [CSEL 64, 4,1f]: innumera angelorum milia adsistunt et seniores et turba magna sicut uoces aqarum multarum concinunt: alleluia); als Klang des neuen Liedes: Apk 14,2 (s. Anm. 504.509).

[569] Ps 137,1 (vg); Reg. Mag. 47, 8.23; 48, 8; Reg. Ben. 19,5. Cassiodor deutet die Relation zwischen Psalmen- und Engelsgesang als Ausdruck der intentionalen Kraft der Psalmodie: Hic psalmodiae uirtus ostenditur, ut qui puro corde inter homines psallit, etiam sursum cum angelis canere uideatur (Exp. in psal. 137,1 [CChr.SL 98, 1237, 43–45]); ebenso Smaragdus von St. Mihiel, Diad. mon. II, 2 (MPL 102, 597AB).

[570] HAMMERSTEIN, aaO. (s. Anm. 97) 44f. Die Engelslegenden von der Einführung wechselchörigen Psalmengesangs basieren auf Sokrates, Hist. eccl. VI, 8 (MPG 67, 688–692); dazu H. HUCKE, Die Entwicklung des christlichen Kultgesangs zum Gregorianischen Gesang, RQ 48, 1953, 147–194, 153.

[571] Amalar von Metz, Liber officialis (823 bzw. 830) IV, 7,12 (HANSSENS II, 433). Dazu J. DYER, Monastic psalmody of the Middle Ages, RBen 99, 1989, 41–74, 68. Engelsgesang als psalmodischer Flügelschlag macht begreiflicher, weshalb Luther in der Psalmodie noch so etwas wie Fliegengesumm vernehmen konnte (examen muscarum alis

aber er versteht Flügel zu Flügel wie Chor zu Chor und wie Vers zu Vers. Die
naheliegende Vorstellung, den einzelnen Psalmvers als engelisches Flügelschlagen zu betrachten, mit Zentrum in der Mitte, der Pausa, und mit den
beiden Halbzeilen des Psalmtons und ihrer melodischen Bewegung als Flügeln, hat in der Tradition keinen Anhalt. Aber unter folgendem Gesichtspunkt scheint sie erwägenswert.

Engelsgesang – in Spannung zwischen dem jenseitigem Getöse ihres Flügelschlags, das klingt »wie das Rauschen vieler Wasser«, und der irdischen
Ordnung von acht Psalmtönen, die an jenes Flügelschlagen durch ihre musikalische Form noch von Ferne erinnern; in Spannung also zwischen vorregulierter und regulierter Musik – umfaßt beides: Klangraum und Tonraum.
Ja, singende Engel vermitteln den Übergang vom Klang- zum Tonraum, und
umgekehrt[572]. Als Klangraum sind Engel nichts als archaische Mächte, die
nicht anders als alles durchdringen können; als Tonraum sind sie gesetzte
Ordnung, ein System von Tönen und Rhythmen. Aber im Grunde sind sie
weder das eine noch das andere. Sie sind wesentlich Übergang. Klang- und
Tonraum sind aufeinander bezogen, nicht als Abbildung, nicht als Ausdruck,
nicht als Nachahmung, nicht in tonmalerischer Weise. Sondern bezogen so,
daß der Tonraum den Klangraum bannt, oder umgekehrt so, daß er ihn her-
beiruft. Beides, Negieren und Evozieren, geschieht in der Pausa. »Die Ordnung der Töne und der Rhythmen läßt uns den Klangraum überhaupt erst
als Klangraum entdecken. Die Entdeckung des Raumes der Klänge ereignet
sich am unmittelbarsten in den Pausen. … Wir werden durch die Pause in das
Medium versetzt, in dem die Ordnung der Töne und Rhythmen ihre Gestalt
hat.«[573] Wenn je Engelsgesang dies ist, so hätte er sein Zentrum in der Pausa
der Psalmtöne, die die Mächtigkeit archaischen Klanges ebenso bannt wie

---

suis murmurantium s. Anm. 92). Auch orales Lesen, als Schreiten von Zeile zu Zeile,
wurde von Hugo von St. Viktor als Flügelschlagen erlebt (ILLICH, aaO. [s. Anm. 98] 57).

[572] HAMMERSTEIN, aaO. (s. Anm. 97): »Übermächtig, schrecklich, schauervoll ist der
Gehörseindruck [der Engel] in den ersten Visionen. In ihnen ist von Musik im späteren
Sinne, von Singen oder Spielen, von schönem Gesang nicht die Rede. Die Engel schrei-
en, die Schwellen erbeben, und der Tempel ist voll Rauch, das Lob erschüttert Himmel
und Erde. Der Flügelschlag der Engel erzeugt einen übermächtigen Ton, der wie das
Rauschen vieler Wasser klingt. Der Klang ist wie das Getöse eines Meeres … Solche
Kennzeichnungen wurzeln in einer Schicht des Klanglichen, die weit entfernt ist von der
Reguliertheit der Musik und noch nichts von der Musik als Musenkunst weiß. Doch
begegneten wir auch schon milderen Kennzeichnungen, die ausdrücklich auf den schönen Gesang der Engel weisen, wobei auf Musik in engerem Sinn angespielt wird. Aus
dem schrecklichen Getöse des Flügelschlages wird ein harmonischer Ton« (24). Damit
hängt zusammen der Übergang von der himmlischen zur irdischen Liturgie: »Im ganzen
überwiegt im Mittelalter der Gedanke einer engen Beziehung der beiden Hälften der
Liturgie. Das zentrale Bindeglied und Symbol dieser Beziehung ist der singende Engel«
(35).

[573] PICHT, aaO. (s. Anm. 508) 474.

hervorruft. Anders als so wäre die Bannung von Affekten in tönende Formeln unvorstellbar.

Es scheint nicht unangemessen, für Psalmtöne dieser Art den Begriff der
»Pathosformel« zu gebrauchen. Ursprünglich durch Aby Warburg kunst-
wissenschaftlich zur Bezeichnung marginaler Bildelemente definiert, die auf
eine aller klassisch-antiken Ruhe oder Erwartung von Ruhe zugrundeliegende »gesteigerte Bewegung« und Unruhe verweisen[574], gelegentlich auch
in musikwissenschaftlichem Kontext gebraucht[575], eignet er sich zur Beschreibung der Psalmtöne in mehrerlei Hinsicht. (i) Erstens nimmt er das den
Psalmtönen eigentümliche Spiel von Bewegung und Ruhe ungezwungen
auf, weil er selbst aus diesem Spiel stammt. Zudem ist es die Pointe der
Pathosformel, Ruhe nicht als leere Negation von Unruhe zu denken, sondern als Ruhe in Unruhe, somit als bestimmte Negation. Dies trifft sich mit
der Pointe, auf die auch die mittlere Pausa des Psalmtons hinführt: Ruhe auf
dem Hochpunkt der rezitierenden Bewegung, von der finalen Ruhe aufs
genaueste zu unterscheiden. (ii) Zweitens können Psalmtöne Pathosformeln
genannt werden, weil das in § 8 liegengebliebene Thema des Affekts sich bei
den Psalmtönen wieder einstellt. Daß im Gang des Mittelalters immer
bestimmtere Affektwerte bestimmten Psalmtönen zugeordnet wurden, und
dabei so etwas wie ein Affekt-Ton-Wörterbuch entstand, wird erst jetzt ins
richtige Licht gerückt. Es geht im Grunde nicht darum, bestimmte Affekte
durch bestimmte Töne auszudrücken, was ein depraviertes Verständnis von
Psalmtönen wäre: Psalmtöne als Sprache des Affekts oder der Empfindung.
Nie und nimmer sind Psalmtöne das. Aber ohne Zweifel gewährt das
oktomodale System der Psalmtöne einen begrenzten Vorrat von Formeln,
die einem Vorrat von Affekten zugeordnet werden können, nicht als deren
Naturlaute, sondern als appropriierbare Konventionen. Pathosformeln sind
nicht um ihrer selbst willen da, sondern dienen ausschließlich dem Zweck, in
der Mitte der Psalmzeile eine unverwechselbare, je nach Psalmton unterscheidbare Pausa hervorzubringen. In ihr ereignet sich eine solche Intensität
bewegter Ruhe, daß über die im Tonraum üblichen Appropriierungen von
Tönen und Affekten hinaus ein Affekt jenseits der Affekte evoziert wird, der
in seiner Mächtigkeit als Affekt des Klangraums zu erkennen ist. Luther
spricht deshalb, indem er im Stil des 16. Jahrhunderts auch der Pausa einen
Affektwert zuerkennt, und zwar einen höheren als den der Psalmtöne, vom

---

[574] H.H. RITTER, Art. Pathosformel, HWPh 7, 1989, 201–203. »Äusserlich bewegtes
Beiwerk« sind u.a. Winde und Wellen (A.M. WARBURG, Ausgewählte Schriften und
Würdigungen [hg. v. D. WUTTKE], Baden-Baden 1992³, 13.18f).

[575] L. FINSCHER, Werk und Gattung in der Musik als Träger kulturellen Gedächtnisses,
in: J. ASSMANN/T. HÖLSCHER (Hgg.), Kultur und Gedächtnis, Frankfurt/M. 1988, 293–
310, 294: »Pathosformel« für die meist chromatisch absteigende Figur, die in der barok-
ken Figurenlehre »passus duriusculus« hieß.

»insignis aliquis affectus«, der in der Pausa als Stelle der Begegnung zwischen endlicher Form und unendlicher Bewegung des Geistes seinen ebenso angemessenen wie maßlosen Ort hat[576]. (iii) Drittens – dies wird im kommenden Paragraphen thematisch – ist Pathosformel deshalb eine angemessene Bezeichnung für Psalmtöne, weil beide in der Spannung von Einheit und Vielheit stehen. Einheit und Vielheit ist das Grundproblem im Umgang mit Affekten, die an sich zwischen Unzählbarkeit und der Dominanz eines Affektes schwanken. Dementsprechend die Einheit und Vielheit von Pathosformeln, wobei von Formeln nur dann sinnvoll gesprochen werden kann, wenn die Vielheit aus einem begrenzten Vorrat heraus konstruiert wird, also nicht ohne Einheit ist. Und dementsprechend die Psalmtöne, deren Achtheit einerseits leicht als Rationalisierung einer chaotischen Vielzahl begriffen werden kann, andererseits aber die Frage nach einer möglichen Einheit offen läßt. Einheit ist musikalisch nicht darstellbar, weil sie absolute Ruhe ist. Aber nun kennen die Psalmtöne die mittlere Pausa als Ruhe in der Bewegung, und somit ist an dieser Stelle mitten in der Achtheit der Psalmtöne ihre Einheit gegenwärtig.

§ 10 Name Gottes als Klang und Bedeutung

Zu Beginn dieses letzten Paragraphen, der sich mit seinem Thema am weitesten von den direkten Anregungen aus Luthers ›Monitum‹ entfernt, meldet sich das Bedürfnis nach einer Vorklärung: Warum »Name Gottes« am Ende von Prolegomena zu einer Theologie des Psalters? Der Zugang zum Thema des Namens Gottes eröffnet sich sowohl vom Psalter wie von der Theologie aus.

Die besondere Beziehung zwischen Psalter und Name Gottes tritt bereits äußerlich daran zutage, daß mit Abstand kein anderes Buch der hl. Schrift – zählt man den elohistischen Psalter dazu – so häufig vom alttestamentlichen

---

[576] Luther, Operationes in psalmos, WA 5, 81,17–24 = AWA 2, 130,26–131,6 (cf. WA 5, 87, 38f = AWA 2, 141, 11f): Ita »pausam« hanc [sc. »Sela« am Ende der Verszeile] mea temeritate suspicior significare insignem aliquem affectum, quo psallens pro tempore movente spiritu afficitur. Qui, quoniam non est in nostra potestate, non in omni psalmo nec omni versu a nobis haberi potest, sed prout spiritus sanctus dat moveri. Ideo *sela* in psalmis tam confuse et citra ullam rationem ponitur, ut hoc ipso indicet secretam et nobis incognitam nec provideri possibilem motionem spiritus, quae, ubiubi venerit, omissis verbis psalmi quietam et pausantem poscit animam, quae capax fiat vel illuminationis vel affectionis, quae offertur. – Zur Frage, ob »omissis verbis psalmi« auch impliziert »omissis tonis psalmi«, und inwiefern die Unterlassung der Töne gerade als Ereignis der ununterlassenen Psalmtöne begriffen werden muß, darf mit Spannung auf die Untersuchung von SOICHI TAKEHARA über Reden und Schweigen in Luthers ›Operationes in psalmos‹ gewartet werden.

Gottesnamen Gebrauch macht. Ebenso gibt es kein Buch der hl. Schrift, das sich mit solcher Konzentration dem Namen oder der Namentlichkeit Gottes widmet. Aber der alttestamentliche Psalter ist ein vielschichtiges Gebilde aus langer Tradition. Im interpretatorischen Schwanken zwischen seiner Letztgestalt und der zu erschließenden Frühgestalt wird das Thema des Namens Gottes desto dringlicher, je mehr auf die Anfänge von Psaltertheologie hin geforscht wird. Während in Richtung Letztgestalt der Psalter schließlich als »Gebetbuch der Gerechten« erscheint, in dem sich die Eruptionen der Namen verflacht haben[577], erreicht die umgekehrte Richtung ihren Höhepunkt in der Ausrufung von Psalmtheologie als »Namenstheologie, Theologie des שם«[578]. Ist somit Annäherung an die Frühschichten des Psalters immer Auffindung von Namenstheologie, so muß ein innerer, wesentlicher Zusammenhang zwischen Psalter und Name Gottes bestehen. Das bisher Entwickelte ist nur, wie leicht deutlich wird, eine andere Antwort auf die alte Frage nach der Eigentümlichkeit des Psalters unter den Büchern der hl. Schrift. Sie lautet: Desto mehr gewinnt der Psalter an Eigentümlichkeit, je mehr – durch Rückgang von der Peripherie zum Zentrum und von den jüngeren zu den ältesten Schichten – Namenstheologie in ihm aufgefunden wird. Es muß erstaunen: Die Psalmenexegese beantwortet die Frage der klassischen Psaltertheologie nach der χάρις ἰδία und der παρατήρησις ἐξαίρετος mit Hinweis auf den Namen Gottes, also inhaltlich; Athanasius dagegen hatte sich der inhaltlichen Gesichtspunkte überhoben und antwortete mit Hinweis auf die Form: der Psalter ist einzigartig durch seine Poetizität, präziser: Musikalität. Könnte es sein, daß beide Antworten nur darauf warten, zueinander in Beziehung gesetzt zu werden? Daß also Namenstheologie gar nicht bloß eine weitere alttestamentliche Tradition neben anderen wäre, sondern der Art nach verschieden durch die ihr eigene Musikalität? Und umgekehrt Psalmodie nicht bloß Rezitationsform eines davon unberührten Inhalts, sondern in innerlichem Zusammenhang mit den aus Namenstheologie entsprungenen Psalmversen? Ist dies richtig, so wird der Name zu einem Phänomen des Inhalts wie der Form. Er wird nicht nur genannt im Sinn von »gesagt«, sondern auch genannt, indem er geehrt, gelobt, gerühmt, erhöht, dargebracht wird, und – nicht zuletzt – indem ihm Gesänge dediziert werden. Die Formel der Psalmsprache lautet: ψαλῶ τῷ ὀνόματί σου / psallam

---

[577] C. LEVIN, Das Gebetbuch der Gerechten. Literargeschichtliche Beobachtungen am Psalter, ZThK 90, 1993, 355–381.

[578] H. SPIECKERMANN, Heilsgegenwart. Eine Theologie der Psalmen, FRLANT 148, Göttingen 1989, 288 (s. Anm. 46). Dagegen L. KÖHLER, Theologie des Alten Testaments, Tübingen 1964⁴, gebraucht »Theologie der Namen« nur abusive (vs. »Theologie der hellen klaren Gründe« VI).

nomini tuo[579]. Offenbar ist ein Psalm Ausfaltung des Namens. Aber warum verlangt der Name, daß ihm darüberhinaus noch gesungen werde?

Auch zwischen Theologie und Name Gottes besteht engster Zusammenhang. Im spätantiken ›Corpus Dionysiacum‹ meldet sich alte griechische Tradition: Theologie in des Wortes frühestem Sinn ist Gott-Nennen, θεολογία vollzieht sich als θεωνυμία. Mit dem Psalter könnte sich, wiewohl einseitig, ein ausschließlicher Blick auf den einen alttestamentlichen Gottesnamen verbinden; dagegen mit Theologie kommt sogleich die ganze Vielzahl möglicher Gottesnamen, Prädikate, Abstrakta, Konkreta herbei, wie sie sich bei näherem Hinsehen auch im Psalter zeigen. So gehört etwa, um in der Weise des ›Corpus Dionysiacum‹ zu verfahren, die Wendung »Herr, mein Fels, meine Burg« in die ›Symbolische Theologie‹, die sich der Entfaltung sinnlicher Gottesnamen widmet. Dagegen »des Morgens deine Gnade / und des Nachts deine Wahrheit verkündigen« wäre Teil der ›Noetischen Theologie‹, die von abstrakten Gottesnamen handelt. Damit bestätigt sich: Theologie, verstanden als reflektierende Beschäftigung, wird in vollem Umfang durchgeführt als Rede περὶ θείων ὀνομάτων, seien es ästhetische, noetische oder im engeren Sinn theologische Namen[580]. Aber Theologie dieser Art kann nur reproduzieren, was bereits produziert ist, und folglich übt sie sich in der Rekonstruktion von Bedeutungen, die sie nicht selbst hervorgebracht hat. In ihrer Reflexion bezieht sie sich auf die früheste Schicht von Theologie, die unmittelbar nichts als göttlicher Name ist. In dieser Schicht von θεολογία, die in hervorragender Weise in der hl. Schrift gegeben ist, geschieht es, daß nicht nur Bedeutung mitgeteilt wird, sondern die Mitteilung unter anderem in der Weise hymnischen Singens vonstatten geht, wie es sich für θεολόγοι gebührt. So ist θεολογία nicht allein, was die Bedeutung anlangt, vollumfänglich θεωνυμία, zu entfalten in einer Rede περὶ θείων ὀνομάτων, sondern ist auch, was den Klang anlangt, in vollem Umfang ὑμνολογία, zu entfalten in einer Rede περὶ (τῶν) θείων ὕμνων[581]. Weil sich in den göttlichen Namen als ursprünglichster Schicht von Theologie Klang und Bedeutung

---

[579] Pss (vg) 7,18; 9,3; 17,50 (s. Röm 15,9); 60,9; 65,2.4; 67,5; 91,2; 134,3.

[580] Zu Dionysius Areopagita: R. Roques, Note sur la notion de ›theologia‹ chez le Pseudo-Denys Aréopagite, RAM 25, 1949, 200–212; P. Rorem, Biblical and Liturgical Symbols Within the Pseudo-Dionysian Synthesis, Toronto 1984, 15–18; Vf., Gott nennen: Von Götternamen zu göttlichen Namen. Zur Vorgeschichte der Lehre von den göttlichen Eigenschaften, ZThK 86, 1989, 306–354, 345ff. Während die ›Symbolische Theologie‹ als ἀνάπτυξις θεωνυμιῶν διὰ συμβόλων αἰσθητῶν geschieht (DN IX,5 [913B]), findet ›Noetische Theologie‹ (die bei Dionysius ungenau den allgemeinen Titel περὶ θείων ὀνομάτων trägt) als ἀνάπτυξις τῶν νοητῶν θεωνυμιῶν statt (DN I,8 [597B]; cf. XIII,4 [981C. 984A]); die in engerem Sinn theologischen Begriffe werden den ›Theologischen Hypotyposen‹ zugewiesen. Alle drei Namenlehren in systematischem Zusammenhang: MT III (1032D–1033B).

[581] Dionysius Areopagita, CH VII,4 (212AB).

durchdringen, fühlt sich der reflektierende Rezipient veranlaßt zu denken, aber auch veranlaßt zu singen. Daraus entsteht bei Dionysius Areopagita die charakteristische, leicht schwelgerische Vermischung von θεολογεῖν und ὑμνεῖν, deren Sinn präzis zu bestimmen schwerfällt. Negativ ist klar: Klang trägt zur Bedeutung nichts hinzu, aber auch nichts hinweg. Ob aber mit dem Hymnischen im einzelnen Fall etwas konkret Erklingendes gemeint ist, oder allgemein so etwas wie schwebende Medialität: das ist eine offene Frage.

Immerhin vollzieht Dionysius Areopagita eine Synthese von Psalter und Theologie in der Art, daß unter allen biblischen Schriften es in einzigartiger Weise dem Psalter zukommt, hymnische Theologie zu sein, wobei Theologie in ursprünglichem Sinn als hymnische Theonymie verstanden wird[582].

1. Klang und Bedeutung

In beiden gemachten Avancen – vom Psalter zum Namen und von Theologie zum Namen – stießen wir auf den Namen immer nur als Klang und Bedeutung zugleich. Unnötig zu bemerken: mit »klingenden« oder »bedeutenden« Namen haben wir es nicht zu tun, wenn es um Klang und Bedeutung des Namens geht. Prüft man die drei Begriffe Name, Klang und Bedeutung auf ihre Konsistenz, so fällt immer leicht einer heraus, je nach Perspektive. Einerseits gehören unter dem Aspekt des spezifisch Sprachlichen Name und Bedeutung ebenso zusammen, wie der Klang herausfällt, der nichts spezifisch Sprachliches ist. Aber kaum scheint diese Ordnung soweit plausibel, melden sich auch schon Unstimmigkeiten zwischen Name und

---

[582] Psalmengesang als liturgisches Klangereignis hat seinen Sitz an folgenden Stellen: Synaxis EH III/2 (425B): ἡ ἱερὰ τῶν ψαλμῶν μελῳδία/ἡ ψαλμικὴ ἱερολογία; Myronsalbung EH IV/2 (473A): ἡ ψαλμικὴ ἱερολογία; Bestattung EH VII/2 (556C): αἱ τῶν ψαλμικῶν λογίων ᾠδαί. Somit dürfte auch der Hauptpassus über den Psaltergebrauch EH III/3,4 (429C–432A): ἡ τῶν ψαλμῶν ἱερολογία vom wirklich erklingenden, nicht nur spirituellen Psalmengesang handeln; dieser Satz schließt sich mit seinem μὲν-δέ an die klassischen Sätze der Psaltertheologen (Athanasius, Epist. ad Marc. c. 2 [12BC]; 10 [20B–21B]; 11 [21BC. 24A]; 14 [25C]; Basilius, Hom. in psal. I, 1 [212A]) an, die jeweils im δέ-Teil die Einzigartigkeit des Psalters unter allen biblischen Schriften schildern: ἡ δὲ τῶν θείων ᾠδῶν ἱερογραφία σκοπὸν ἔχουσα τὰς θεολογίας τε καὶ θεουργίας ἁπάσας ὑμνῆσαι καὶ τὰς τῶν θείων ἀνδρῶν ἱερολογίας τε καὶ ἱερουργίας αἰνέσαι καθολικὴν ποιεῖται τῶν θείων ᾠδὴν καὶ ἀφήγησιν πρὸς πάσης ἱεραρχικῆς τελετῆς ὑποδοχὴν καὶ μετάδοσιν ἕξιν οἰκείαν ἐμποιοῦσα τοῖς ἐνθέως αὐτὴν ἱερολογοῦσιν. – »Der geheiligte Text der göttlichen Gesänge jedoch, der die Worte und Werke Gottes insgesamt preisen und die geheiligten Worte und Werke der göttlichen Männer insgesamt loben will, bildet einen zusammenfassenden Lobpreis und Kommentar der Wirkungen Gottes und bewirkt in denen, die ihn von Gott erfüllt singen, die angemessene Einstellung zu Empfang und Weitergabe jeder Weihe, die die Hierarchie vermittelt« (HEIL, BGrL 22, Stuttgart 1986, 113). ἡ τῶν ψαλμῶν ἱερολογία ist sowohl Theologie (429D) wie bedeutender Inhalt (432B) wie wirkungsvoller Gesang und Reigen (432A).

Bedeutung. Zwar ist nicht auszuschließen, daß sie sich berühren oder gar überschneiden, aber umgekehrt läßt sich nicht von der Hand weisen, daß der Name desto namentlicher wird, je mehr er an durchsichtiger Bedeutung verliert. Verliert er aber Bedeutung, so wird an ihm dies wesentlich, daß er klingt. Daher gehören anderseits unter dem Aspekt der sinnlichen Verlautbarung der Sprache Name und Klang ebenso eng zusammen, wie die Bedeutung herausfällt, die an sich nichts sinnlich Erscheinendes ist. Es zeigt sich: der Name kann es unter verschiedenen Aspekten mit beiden, mit Klang und mit Bedeutung. Störung entsteht durch die schwierige Relation von Klang und Bedeutung. Wie ist sie zu fassen? Als »Dichotomie von Klang und Bedeutung«? Oder als »Kontinuum zwischen bedeutungslosem Klang und klangloser Bedeutung«?[583]

Prinzipiell gilt: Bedeutung tritt desto reiner hervor, je mehr sie sich von allem Klang löst. Damit hat die Beziehung von Klang und Bedeutung teil am allgemeinen Gesetz aller Zeichenbildung: »Je mehr der Laut dem, was er ausdrücken will, gleicht; je mehr er dieses Andere noch selbst ›ist‹, um so weniger vermag er es zu ›bedeuten‹«. Dies ist seinerseits nur eine Variante des fundamentalen Satzes: »die Sprache beginnt … erst dort, wo das unmittelbare Verhältnis zum sinnlichen Eindruck und zum sinnlichen Affekt aufhört«[584]. Um die eigentliche Pointe im Verhältnis von Klang und Bedeutung zu erfassen, genügt es nicht, ein Verhältnis galoppierender Unähnlichkeit zuzulassen, sondern gefordert ist Umkehrung. So wird im semiotischen Gesetz der inversen Relation formuliert, »daß ein Zeichen, um semantisch erscheinen zu können, materiell verschwinden muß«[585]. Aber keinerlei Inversion, der nicht Inversion der Inversion blühte. Die bisherigen Gesetze waren mit dem Ziel formuliert, vom Affekt zur Sprache, von der Materialität zum Zeichen, vom Klang zur Bedeutung zu gelangen. Bei Umkehr des Ziels wäre – allerdings innerhalb desselben Gesetzes – zu formulieren: »der Ton hat ein Selbst (…); sein Sinn liegt ganz in der Sinnlichkeit seines Stoffes beschlossen, ist nicht zu trennen von seinem Erklingen, das in kein anderes Hörbares zu übersetzen

---

[583] W. Klüppelholz, Sprache als Musik. Studien zur Vokalkomposition seit 1956, Herrenberg 1976, 3.195; zum »Kontinuum« auch S. 62f.

[584] E. Cassirer, Philosophie der symbolischen Formen I: Die Sprache, Darmstadt 1964⁴, 138.

[585] A. Assmann, Die Sprache der Dinge. Der lange Blick und die wilde Semiose, in: H.U. Gumbrecht/K.L. Pfeiffer (Hgg.), Materialität der Kommunikation, Frankfurt/M. 1988, 237–251, 238. Außerdem S.K. Langer, Philosophie auf neuem Wege. Das Symbol im Denken, im Ritus und in der Kunst (1942), Frankfurt/M. 1984, 83: »Je karger und gleichgültiger das Symbol, um so größer seine semantische Kraft. Pfirsiche sind zu gut, um als Wörter zu figurieren; wir sind zu sehr an ihnen selbst interessiert. Kleine Geräusche hingegen sind ideale Vermittler von Begriffen, denn sie geben uns nichts außer ihrer Bedeutung.«

ist. Ein Wort lautet, d.i. ›heißt‹; ein Ton klingt, d.h. ›ist‹«[586]. Einerlei, in welcher Richtung gelesen, in Richtung des Klangs oder der Bedeutung, immer handelt es sich um Inversion. Um vom einen zum andern zu gelangen, bedarf es der Negation, und möglichst auch der Lust an der Negation. Anders, wenn zwischen Klang und Bedeutung ein Verhältnis zunehmender Ähnlichkeit bestünde, wenn gleichsam in weichem, kontinuierlichem Übergang die Bedeutung aus dem Klang hervorspränge, dann wäre ein solcher sakramentaler oder quasisakramentaler Vorgang, daß etwas desto besser bedeutet, je mehr es zugleich ist, was es bedeutet, dadurch abzuschließen, daß Bedeutung Klang ist und umgekehrt: offenbar eine schmelzende Affirmation fragwürdigster Art. Daß im übrigen hinter dem Begriffspaar Bedeutung und Klang frühere Zweiheiten wie Lesen und Singen, Accentus und Concentus, Intellekt und Affekt stehen, bedarf keiner weiteren Erläuterung.

In der Beziehung von Bedeutung und Klang sind a priori zwei Denkschulen möglich.

a. Nennkraft der Musik durch Sprachähnlichkeit. Mit der Zweiheit von Klang und Bedeutung befinden wir uns mitten im Gedankenwerk von Thrasybulos Georgiades, das im Nachhinein als Weg zum Opus posthumum ›Nennen und Erklingen‹ gelesen werden kann. Nicht immer hat das sammelnde Thema bei ihm so geheißen. Zunächst lautet die Zweiheit: Bedeutung und Klang. Aber diese Terminologie paßt nur zu einer Epoche, in der sich die Zweiheit von Sprache und Musik als Kommunikationssysteme verschiedener Rationalität bereits sedimentiert hat. Es gilt aber, zu einer früheren Schicht der Berührung mit Wirklichkeit vorzustoßen, in der Bedeutung nicht einfach als produziert, sondern als zu produzierende in Acht genommen wird. Dies geschieht im Nennen. »Nennen«, sobald es zum ersten Mal bei Georgiades auftaucht, ist »Erfassen der Wirklichkeit ... schlechthin«[587]. Als Kern dieses Erfassens zeigt sich in Wahrheit ein Stoßen, Stoßen auf Widerstand, und somit erscheint Erfahrung als Widerfahrnis. Im Stoßen ereignet sich der unüberwindbare »Widerstand des ›Faktums‹, das ... von der menschlichen Spontaneität nicht zu durchbohren, nicht zu durchschauen ist.« Ende der Spontaneität am Widerstand ist aber nicht Ende schlechthin, sondern Anfang menschlicher Spontaneität im Ereignis des Nennakts. »Mit dem Nennakt jedes Worts ereignet sich ein Aufprall auf der undurchstoßbaren Wand des Fak-

---

[586] H.H. Eggebrecht, Musik als Tonsprache, aaO. (s. Anm. 549) 7–53, 18.
[587] Th. Georgiades, Sprache, Musik, Schriftliche Musikdarstellung (1957), in: Ders., Kleine Schriften, Tutzing 1977, 73; die frühere Zweiheit von Bedeutung und Klang in: Musik und Sprache. Das Werden der abendländischen Musik dargestellt an der Vertonung der Messe (1954), Berlin 1984³, 53.59.64; Die musikalische Interpretation (1954), in: Kleine Schriften 46f.

tums.« Aber gerade indem in der Situation schlechthinniger Rezeptivität durch den Nennakt sprachliche Spontaneität entsteht, gilt auf der einen Seite: »Der Nennakt ist der Ursprung, der Ursprung des Menschen; somit der Ursprung von allem sonst, worin sich der Mensch als Mensch erweist«; anderseits aber und ineins damit: das in dieser Weise zu Nennende ist immer Gott, denn »›Gott‹ finde ich im Widerstand, im Stoßen auf Widerstand.«[588]

Nun zeigt sich aber: Nennen ist, ebenso wie Bedeutung, ausschließlich der Sprache eigentümlich. Musik verfügt über keine Nennfähigkeit; auch gibt es in der Musik nichts, was mit der sprachlichen Nennfähigkeit verglichen werden könnte. Nicht nur das aller regulierten Musik zugrundeliegende Nicht-nicht-klingen-Können des Klangraumes ist »das schlechthin Anonyme, das Nicht-Nennbare,« sondern auch der tonlich gefaßten Musik haftet Nicht-Nennbarkeit an. Daher: Musik »ist unnennbar und nicht benennend in Einem.«[589]

Aber nun wird die Beruhigung bei dieser Zweiheit ständig durch die Erinnerung an gewesene Einheit gestört, wie sie die altgriechische μουσική dargestellt hat. Hier ist der Nennakt nicht desto vollkommener, je mehr er sich vom Erklingen trennt. Auch ist es nicht so, daß der Mensch die Dinge im autonomen Nennakt benennt, sondern diese nennen sich selbst, und eben dieses Sich-selbst geschieht als Erklingen, das demnach zur Selbstauslautung der Dinge wesentlich gehört[590]. Diese ihre Vergangenheit wird die Musik im Lauf ihrer Geschichte nie los. Als in Selbständigkeit entlassene kann sie nicht aufhören, bei der Sprache in die Schule zu gehen, um Sprachähnlichkeit zu erlernen. Ihren gesetzmäßigen Lauf vollendet die abendländische Musik, wenn sie den Verlust der Sprachlichkeit, durch den sie hervorgerufen wurde, soweit aufgeholt hat, daß sie in gänzlicher Loslösung von der Sprache selbst zu einer Art Sprache geworden ist. Deshalb erfüllt sich die abendländische Musikgeschichte mit »Musik als Nennen«. Erst wenn Musik dies vollbracht hat, ist sie zur selbständigen Tonsprache geworden[591]. Damit ist klar: Wenn einerseits Musik das Nennen lernt durch eine trotz aller fundamentaler

---

[588] Th. Georgiades, Nennen und Erklingen. Die Zeit als Logos, Göttingen 1985, 11f.

[589] Georgiades, Kleine Schriften (s. Anm. 587) 78.116. Keine Analogie: S.187.

[590] Th. Georgiades, Der griechische Rhythmus (1949), Tutzing 1977², 133: »Da das altgriechische Wort als Erklingendes nicht nur eine durch ... die Bedeutung bedingte Gestalt ist, sondern auch eine eigenständige rhythmisch-musikalische Wesenheit, ... hat man den Eindruck, daß nicht der Mensch die Sache benennt, sondern daß die Sache von selbst klingend sich substantiell bekundet.« Ebenso in: Musik und Rhythmus bei den Griechen, Hamburg 1958, 43f; Kleine Schriften 93.96: »Im Abendland erscheint der Mensch im Sprechen als Gebieter der Sprache; das Nennen als Akt des Ich. Im Griechentum erscheint der Mensch als Diener der Sprache, das Nennen als Offenbarung der Dinge selbst« (96).

[591] Th.G. Georgiades, Schubert. Musik und Lyrik, Göttingen 1979², 190f: »Nennakt« der Sprache, »Als-ob-Nennen« der Musik. Nennen und Erklingen (s. Anm. 588)

Nicht-Analogie erlaubte Verwandtschaft und Ähnlichkeit, und wenn anderseits Nennen als Stoßen auf Wirklichkeit immer Nennen Gottes impliziert, dann hat Georgiades eine Theorie des Namens Gottes entworfen auf dem Weg der zunehmenden Sprachähnlichkeit der Musik.

b. Nennkraft der Musik durch Sprachunähnlichkeit. Widerpart gegen die These von der Nennkraft der Musik durch Sprachähnlichkeit bietet Theodor W. Adorno, aber Widerpart bei ständiger Berührung. »Musik und Sprache«, im Stil ihrer Zeit als gemeinsames Thema von Georgiades und Adorno genannt, wäre viel zu weit. Sondern präzise Berührung findet statt in der gemeinsamen, aber völlig unabhängig gestellten Frage: Wie kommt es, daß Musik in die Funktion des Namens, bei Adorno noch zugespitzter: des Namens Gottes eintritt? Und schließlich berühren sich beide nicht nur, sondern überschneiden sich in der Gemeinsamkeit des Satzes: »Musik ist sprachähnlich.« Aber alsbald gerät dieser Satz unter die scharfen Schläge der Adornoschen Dialektik. Gewiß, Musik ist »sprachähnlich«, sie verläuft in Sätzen, Perioden; es gibt sogar, was es nur in der Sprache gibt, ein musikalisches Richtig und Falsch, daher ist Musik der Logik »verwandt«. Musik und Sprache sind »analog«. Wenn schon Musik den Begriff nicht kennt, so kommt sie ihm doch mit ihren tonalen Formeln, Kadenzen, Floskeln ziemlich nahe. Ausdrücke, die Eigenschaften der Sprache in gleitendem Übergang auf Musik beziehen, »sind keine Metaphern« – »Metapher« als leere Übertragung verstanden. Wenn das »Ist« zwischen Musik und Sprache keine Metapher ist, soll es etwa wörtlich verstanden werden? Keineswegs. Wenn aber Musik nicht wörtlich Sprache ist, dann ist sie in wörtlichem Sinn keine Sprache. Zwar ist Musik sprachähnlich. »Aber Musik ist nicht Sprache. ... Wer Musik wörtlich als Sprache nimmt, den führt sie irre.« Zwei gegensätzliche Kräfte treffen sich in dem vagen Satz von der Sprachähnlichkeit der Musik: »Musik ist sprachähnlich«. Wenn keine bloße Metapher, dann *ist* Musik Sprache; aber eben: Musik *ist nicht* Sprache[592]. Wenn aber das Verhältnis zwischen beiden derart kritisch wird, ihre Ähnlichkeit überwiegende Unähnlichkeit, ihre Verwandtschaft überwiegende Nichtverwandtschaft, dann muß offenbar die Sprachähnlichkeit der Musik umgekehrt durch ständige Tilgung von Ähnlichkeit hervorgetrieben werden.

Diesen kritischen Punkt bezeichnet der Satz: »Gegenüber der meinenden Sprache ist die Musik eine von ganz anderem Typus.« Mit der großartigen

---

220: »Musik als Nennen«; dazu EGGEBRECHT, aaO. (s. Anm. 586); F. RECKOW, Art. Tonsprache, HmT 1979.

[592] TH.W. ADORNO, Fragment über Musik und Sprache (1956), GS 16, Frankfurt/M. 1990², 251–256 (649–654), 251. Dazu M. PADDISON, The language-character of music: Some motifs in Adorno, Journal of the Royal Music Association 116, 1991, 267–279. »Sprachähnlich« bei GEORGIADES, Kleine Schriften (s. Anm. 587) 100.

Ellipse dieser Formulierung trifft Adorno genau den Punkt: Musik *ist* Sprache, je mehr sie sie *nicht ist*. In der menschlichen Sprache – und anders als menschlich gibt es keine – liegt aller Stoff, um eine ganz andere als die menschliche Sprache zu fordern. Wenn aber eine »ganz andere« Sprache, dann offenbar eine göttliche. Dies ist ein »theologischer« Sachverhalt. Menschliche Sprache hat ihr Kennzeichen darin, daß sie »meinend« ist. In einer magischen Schicht ist sie nichts als naives Gebet. Die menschliche Sprache wollte gerne nicht meinend sein, aber dies klingt immer danach, als ob sie wollen wollte, nicht sie selber zu sein. Der Wunsch nach Erlösung vom Stigma des Meinens führt nur auf den Irrweg absoluten Meinens. Dagegen »wahre«, »intentionslose Sprache« findet sich einzig und allein in der Musik. Musik, befreit von naiver Magie, ist entmythisiertes Gebet. In der Mitte solcher Musik steht »die Gestalt des göttlichen Namens«. Menschliche Sprache vollführt ständig, wenn auch ständig vergeblich, den »Versuch, den Namen selber zu nennen, nicht Bedeutungen mitzuteilen.«[593] Dagegen Musik, unter Verzicht darauf, so zu tun, als wäre sie »der Name unmittelbar«, nennt den göttlichen Namen, indem sie zwar alle menschlichen Intentionen »empfängt«, aber dann auch »bricht« und zum »Anruf des Intentionslosen« wandelt[594].

Es ist deutlich, wie sich der Blick auf Sprache und Musik von Georgiades zu Adorno verschiebt. Während bei Georgiades »Nennen« sprachlicher Akt ist, und Musik erst im Lauf einer ganzen abendländischen Geschichte ihrerseits lernt, selbständig zu nennen, zieht sich der göttliche Name bei Adorno ebenso aus Sprache zurück, wie er sich in die Musik begibt. Beide handeln

---

[593] ADORNO, aaO. (s. Anm. 592) 252. G.W.F. Hegel, Phänomenologie des Geistes, GW 9 (BONSIEPEN/HEEDE), 65: »wir sprechen schlechthin nicht, wie wir es in dieser sinnlichen Gewißheit meynen. Die Sprache aber ist … das wahrhaftere; in ihr widerlegen wir selbst unmittelbar unsere Meynung.« Während Hegel die Korrektur des intendierenden Meinens dem »Sprechen« überstellt, »welches die göttliche Natur hat, die Meynung unmittelbar zu verkehren« (70), hat W. BENJAMIN die göttliche Natur des Sprechens als das »aller Phänomenalität entrückte Sein … des Namens« verstanden, in dem »die Ideen intentionslos im Benennen sich geben.« »Die Wahrheit ist ein aus Ideen gebildetes intentionsloses Sein. Das ihr gemäße Verhalten ist demnach nicht ein Meinen im Erkennen, sondern ein in sie Eingehen und Verschwinden. Die Wahrheit ist der Tod der Intention« (GS 1, Frankfurt/M. 1974, 216f). G. SCHOLEM hat die Namenstheologie des frühen BENJAMIN in der Weise aufgenommen, daß zwar das »Wort Gottes« »Mitteilung eines Mitteilbaren« sei, der »Name Gottes« aber »Mitteilung eines Nicht-Mitteilbaren«, also etwas »Ausdrucksloses«, Intentionsloses, das nicht »etwas kommuniziert«, sondern »nichts mitteilt als sich selber« (Der Name Gottes und die Sprachtheorie der Kabbala [1970], in: DERS., Judaica 3, Frankfurt/M. 1977², 7–70, 8f.19). Daß der Anruf des göttlichen Namens ganz der Musik anheimgestellt wird, sofern sie sich von aller Sprache unterscheidet, ist eine aus dieser Tradition hervorgegangene Sonderlehre ADORNOs.

[594] ADORNO, aaO. (s. Anm. 592) 254f.

von der Nennkraft der Musik, aber Nennkraft einmal durch Sprach-ähnlichkeit, einmal durch die Sprachähnlichkeit hervortreibende Sprach-unähnlichkeit.

2. Theologie des Psalters

Die großen Entwürfe von Georgiades und Adorno unterscheiden sich von Theologie des Psalters dadurch, daß sie die Vollendung der Nennkraft der Musik mit unterschiedlichen Epochen der neueren Musikgeschichte identi-fizieren, die vor allem mit absoluter, von Sprache gelöster Musik zu tun ha-ben. Von absoluter Musik ist die Rede, wenn von der Nennkraft der Musik die Rede ist. Dagegen die Theologie des Psalters bewegt sich mit ihrer her-kömmlichen Skepsis gegen Instrumentalmusik in einer Welt, in der die menschliche Stimme der einzige Tonproduzent ist. Sie steht damit in und nicht außerhalb einer Ambivalenz, die Adorno als nicht-meinen-wollend und zugleich meinen-müssend völlig zu Recht denunziert hatte. Obgleich die beiden Entwürfe in der vorgeführten Form unübertragbar sind auf das Gebiet der Psalmodie, sind sie alles andere als zufällig. Sie helfen zu fassen, was sich im Lauf unsrer Betrachtungen angesammelt hat.

a. Theologie. Wenn Theologie in frühester Schicht nichts anderes ist als Nen-nung göttlicher Namen, dann gilt es vorzudringen zu dem Moment, in dem mit den ersten göttlichen Namen zugleich die erste Theologie entsteht. In-dem Ernst Cassirer in ›Sprache und Mythos‹ die »Geburtsstunde« der Götternamen im mythisch-religiösen Bewußtsein aufsucht, erweist er sich als treuer Rezipient von Luthers ›Vorrede auf den Psalter‹ oder der in ihr wir-kenden Tradition. Obgleich wohl kein direkter Kenner des Bildes vom menschlichen Herzen als Schiff auf einem wilden Meer, versetzt er, mit Herderischer Anregung, den Menschen zur Entstehung des ersten göttlichen Namens in ein unbestimmtes, dafür intensives »Wallen und Wogen der sinn-lichen Empfindung und des sinnlichen Gefühls« und schildert den so versetz-ten Menschen – nach Entfernung aller äußeren Stabilimente, nach eingetre-tener Desorientierung durch den reinen Wogenschlag der Affekte – mit folgenden Sätzen:

> Wenn das Ich auf der einen Seite ganz einem momentanen Eindruck hingegeben und von ihm ›besessen‹ ist, und wenn auf der anderen Seite die höchste Spannung zwischen ihm selbst und der Außenwelt besteht, wenn das äußere Sein nicht einfach betrachtet und angeschaut wird, sondern wenn es den Menschen jählings und un-vermittelt, im Affekt der Furcht oder Hoffnung, im Affekt des Schreckens oder des befriedigten und gelösten Wunsches, überfällt, dann springt gewissermaßen der Funke über: die Spannung löst sich, indem die subjektive Erregung sich objekti-viert, indem sie als Gott oder Dämon vor den Menschen hintritt. ... Sobald einmal

der Funke übergesprungen ist, sobald die Spannung und der Affekt des Augenblicks sich im Wort oder im mythischen Bilde entladen hat, setzt gewissermaßen eine Peripetie des Geistes ein. Die Erregung als bloß subjektiver Zustand ist erloschen, ist in dem Gebilde des Mythos oder im Gebilde der Sprache aufgegangen.[595]

In diesen Sätzen laufen alle Fäden der Psaltertheologie zusammen. Was Cassirer schildert, ist die Erfahrung der Exposition in den Klangraum, in dem die Affekte in archaischer Gewalt als πάθη begegnen, d.h. als Widerfahrnisse, auf die nicht zu stoßen nicht möglich ist. Das Ich, von dem die Rede ist, hat sich streng genommen noch gar nicht als Ich konstituiert. Es erfährt sich als pures Offenseinmüssen in der unwiderstehlichen Gestalt des Nicht-nicht-offen-sein-Könnens, was nichts anderes ist als Kommen-lassen-Müssen, Er-leiden-Müssen. Affekte dieser Art erscheinen als göttliche oder dämonische Mächte. Dies ist der innerste Kern der Theologie des Psalters, wie Luther sie vorlegt. Das Gewoge des Meeres ist nichts als das Gekräusel der Affekte, bei-des unüberschaubar in seiner chaotischen Unzahl. Wieviele Affekte, soviele Götter. Und wie sich am unteren Grunde der Affekte der Kampf aller gegen alle abspielt, so ist das heitere Gewimmel der Götter nichts als ständiger Götterkampf. Zur Wirklichkeit des Chaosmeers gehört in zeitlicher Hin-sicht, daß es von einem Moment zum anderen keinerlei Übergang gibt, also reine Plötzlichkeit herrscht. Wenn etwas begegnet, begegnet es nur in der Weise des Plötzlichen[596]. Wiederum in räumlicher Hinsicht gehört dazu, daß keinerlei Hauptrichtung auszumachen ist, aus der die Widerfahrnisse einfal-len. Keinerlei Orientierung, vielmehr Bedrohung und Ausgesetztsein rings-um[597]. Bedrohlich ist nicht allein dies, daß in gewaltigen Temperaturstürzen Freude umschlägt in Leid, oder Hoffnung in Furcht. Sondern bereits die Abkühlung eines Affekts auch nur um ein halbes Grad ereignet sich als

---

[595] E. Cassirer, Sprache und Mythos. Ein Beitrag zum Problem der Götternamen (1925), in: Ders., Wesen und Wirkung des Symbolbegriffs, Oxford 1956, 71–167, 103–105 (s. Anm. 466).

[596] S. Anm. 461: »Bald«-»bald«-»bald«-»bald«. Als Charakteristikum mythischen Be-wußtseins trefflich geschildert von H. Usener, Götternamen. Versuch einer Lehre von der religiösen Begriffsbildung (1896), Frankfurt/M. 1948³: »Infolge dieser beweglichkeit und reizbarkeit der religiösen empfindung kann ein beliebiger begriff, ein beliebiger gegenstand, der für den augenblick alle gedanken beherrscht, ohne weiteres zu göttli-chem rang erhoben werden: verstand und vernunft, reichtum, der zufall, der entschei-dende augenblick, der wein, die freuden des mahls, der körper eines geliebten wesens. ... Was plötzlich wie eine schickung von oben an uns herantritt, was uns beglückt, was uns betrübt und beugt, erscheint der gesteigerten empfindung als ein göttliches wesen. So lange wir die Griechen kennen, besitzen sie dafür den gattungsbegriff δαίμων« (291f). »Es fällt uns schwer, diese stimmung altertümlicher seelen, diese empfänglichkeit und beweglichkeit der religiösen empfindung nachzufühlen, die bereit war, jeden eindruck der außenwelt, jede innere regung sofort in einen gottesbegriff umzusetzen und daraus die folgerungen für den kultus zu ziehn« (301). Fällt schwer?

[597] S. Anm. 461: »Hie«-»Dort«-»Hie«-»Dort«.

grundstürzende atmosphärische Veränderung, die nicht anders als jählings eintrifft. Zwischen den hereineinschlagenden Plötzlichkeiten herrscht Umschlag (μεταβολή). Dieses klangräumliche Meer der Sinnlichkeit ist der früheste Stoff aller Theologie, und insbesondere der Theologie des Psalters. Man könnte sagen: Die alten eremitischen Väter, aus deren Tradition die Psaltertheologie vorzüglich stammt, haben die archaisch-mythische Situation des Klangraums unter rationelleren Weltverhältnissen durch den Kunstgriff der Anachorese wiederhergestellt und haben sie zutreffend als Rundumerfahrung geschildert: Versuchung und Kampf in einem Pandämonium[598]. Offenbar ist es diese Erfahrung, die in der Palaestra des Psalters ausgetragen werden muß.

Aber nun bleibt Cassirer nicht bei der archaischen Erfahrung des Klangraums stehen, sei es als Stimmung altertümlicher Seelen oder als Anachorese unter modernen Verhältnissen. Sondern er vollzieht die Peripetie, die dem bloßen Fluktuieren der sinnlichen Erfahrung dadurch ein Ende bereitet, daß einer ihrer Momente fixiert wird durch ein Wort. Wenn das Wort je den Augenblick in seiner völligen Individualität und Plötzlichkeit getroffen hat, dann ist es Name gewesen. Der Name ruft das Einzelne; er ist durch keinerlei Art oder Gattung vermittelt. Er stellt das Plötzliche, faßt das Unfaßbare. Im Namen erhält der einzelne sinnliche Moment sowohl seine äußerste Verdichtung und Spannung, wie seine Lösung. Der Name ist aus dem Stoff sinnlicher Erfahrung gebildet, aber dennoch ist er nicht nur Wiederholung dieses Stoffs. Er ist zwar Laut, und ohne Laut wäre er nicht Name. Im Laut kann der Stoff der sinnlichen Erfahrung mehr oder weniger ungebremst nachklingen, je nach Stärke des Schlages oder Stoßes, der in ihm nachzittert. Aber der Name ist nicht nur Laut, sondern bedeutender Laut. Im Moment, da sich dieses ereignet, wurde das bloße Drinsein in der Fluktuation sinnlicher Erfahrung prinzipiell verlassen. Mitten in der Gestaltlosigkeit zeigt sich durch den Namen erstmals Gestalt, und insofern das durch den Namen Gerufene etwas Plötzliches ist, ist es die Gestalt eines Gottes.

Wenn nun die Peripetie des Geistes durch Nennung des Namens herbeigeführt wird, so gehört die Betrachtung dieses Vorgangs und der daraus hervorgehenden Geschichte sinnvollerweise unter die Rubrik »περὶ θείων ὀνομάτων«[599]. Nun fügt Cassirer hinzu: Die Entladung der Spannung der Plötzlichkeit geschieht nicht nur im Wort, sondern auch im mythischen Bild. Wenn tatsächlich unter Bild nicht nur das sprachliche Bild, also ein sprachli-

---

[598] Erstmals hat Athanasius, Epist. ad Marc. c. 32 (44B) und 33 (45AB) die Psaltertheologie in der Situation des Dämonenkampfes loziert. Dazu G. Switek, Wüstenväter und Dämonen. Ein Beitrag zur Geschichte des ›Geistlichen Kampfes‹, GuL 37, 1964, 340–358.

[599] Zur Herkunft des Arbeitsvorhabens περὶ θείων ὀνομάτων von Porphyrius, Iamblich, Theodor von Asine und Proklos s. Vf., aaO. (Anm. 580) 340f Anm. 79f.

ches Gebilde zwischen Mythos und Metapher zu verstehen ist, sondern bildliches Bild und Gestalt, also Götterbild in Unterscheidung vom Götternamen, so steht die Betrachtung dieses Vorgangs und der daraus folgenden Geschichte unter dem Titel »περὶ θείων ἀγαλμάτων«[600]. Jedoch eine andere Forschungsrichtung scheint Cassirer zu unterdrücken, was im Umkreis Aby Warburgs nicht erstaunt. Zwar steht vor Augen der Übergang vom sprachlichen zum bildlichen Bild, so gesehen eine Verselbständigung des Bilds von der Sprache, oder, falls umgekehrt zu betrachten, eine Versprachlichung des ursprünglich selbständigen Bildes; aber daneben tritt sogleich der Übergang vom sprachlichen Klang zum klanglichen, absolut gewordenen Klang, der ebenfalls zwischen den gegensätzlichen Betrachtungsweisen der Verselbständigung des Sprachklangs oder der Versprachlichung des selbständigen Klangs schwankt. Wie dem auch sei, wenn die primordiale Sinnlichkeit des Menschen nach Luthers und Cassirers Bild des wogenden Meeres primär klangräumliche Erfahrung ist, dann ist von vornherein zu erwarten, daß die Peripetie des Geistes sich auch des Materials der Klangwelt bedient, um durch Setzung einer Figur der Tonwelt Sturm und Wellen zu gebieten. Folglich tritt neben »περὶ θείων ὀνομάτων« und »περὶ θείων ἀγαλμάτων« als drittes die Forschungsrichtung »περὶ θείων ὕμνων«[601]. Und hier hat offenbar die Thematik des Namens Gottes als Klang und Bedeutung ihren systematischen Ort.

Der anderwärts zugespitzte Sinn: Hymnus als Nicht-Psalm, ist für den Sprachgebrauch des ›Corpus Dionysiacum‹ ganz beiseite zu lassen; περὶ θείων ὕμνων umfaßt auch die Psalmen. Nun gilt: Kein Hymnus ohne Name. Wie der Hymnus, erkennbar an seinen Prädikationen, partizipialen Wendungen, hymnischen Relativsätzen, immer einen einzigen Pol umkreist, den des hymnischen Subjekts, und also nichts ist als ausgeführter, explizierter Name, so ist umgekehrt der Name konzentrierter Hymnus, dessen geballte Kraft sich im ausführlichen Hymnus entlädt. Aber in der Geburtsstunde des Gottesbewußtseins, sofern es sich auf der bisherigen Ebene des schlechthin Momentanen, Plötzlichen befindet, ist nicht nur zugegen das Wort, nicht nur das mythische Bild, sondern auch Ton und Tonmodell, in dem eine einzelne Erscheinung des Klangraums bewältigt wird. Somit gilt: Kein Hymnus ohne Name. Aber auch: Wieviele Namen, soviele Hymnen. Und zwar nicht nur als verschiedene Texte, sondern als verschiedene Tonmodelle. Nun steht im Hintergrund jedes Namens ein Gott. Wenn gilt: Kein Hymnus ohne Namen,

---

[600] Für die Herkunft des Arbeitsvorhabens περὶ (θείων) ἀγαλμάτων, das im ›Corpus Dionysiacum‹ nicht eigens angegriffen wird, sind verlorene Schriften des Porphyrius (Fragmente in J. Bidez [Hg.], Vie de Porphyre, Gent 1913) und Iamblichs zu nennen; dazu H. Funke, Art. Götterbild, RAC 11, 1981, 666ff.

[601] Das Arbeitsvorhaben περὶ τῶν θείων ὕμνων ist nur von Dionysius Areopagita bekannt (s. Anm. 581).

so ist dies nur eine Variation des Satzes: Jedem Gott sein Hymnus. Aber wiederum, da auf der bisherigen Ebene des schlechthin Plötzlichen und Einzelnen jeder Moment göttliche Qualität haben kann, so entspricht die Zahl der Hymnen grundsätzlich der Zahl der Götter. Wieviele Götter, soviele Hymnen[602]. Im Klangraum, der, wie Georgiades betonte, wesentlich unnennbar ist, geschieht nichts, was nicht, wenn genannt, sogleich und unmittelbar als Gestalt eines Gottes vor uns hintreten könnte. Folglich, wenn dies die Situation ist, aus der Theologie ihren frühesten Stoff schöpft, hebt Theologie an in einer Situation uneingeschränkter Polyonymie und Polyhymnie, wie es ja Luthers Schilderung des Klangraums im Bild des Schiffes auf dem wilden Meer entspricht, daß es prinzipiell keine Dimension gibt, aus der nicht das Plötzliche begegnen könnte, und also die Systematisierung zu vier oder acht Richtungen nur auf dem Hintergrund überwiegender Nicht-Systematisierbarkeit zu verstehen ist. Daß aber die tonräumliche Polyonymie und Polyhymnie unmittelbar identisch ist mit einer klangräumlichen Anonymie und Anhymnie, dürfte unschwer nachzuvollziehen sein. Dionysius Areopagita verlangt deshalb von der Theologie der ursprünglichen Theologen, daß sie Gott als nicht-namig und als all-namig besingen[603]. Was wohl

---

[602] Daß jeder Gott seinen Hymnus, seine bestimmte Melodieformel hat, ist antike Tradition, allerdings in ganz undogmatistischer Weise. Kulttauglich ist Musik durch eine bestimmte Verwandtschaft mit einem bestimmten Gott: für Apoll den Päan, für Dionysos den Dithyrambus. Platon wagte es, die gesamte Musik auf die Vereinigung dieser beiden Götternamen zurückzuführen: Nom. 653d–654a. Polybios, Hist. IV, 20, erwähnt als eine der Ursachen für die besondere Musikalität der Arkadier, daß sie von Jugend an daran gewöhnt wurden, Hymnen und Päane für die einheimischen Heroen und Götter κατὰ νόμους zu singen; νόμος ist das charakteristische Melodie- und Rhythmusmodell eines bestimmten Gottes. Die spätantiken Theoretiker formulieren dann allgemein: Jeder Gott hat seine eigentümliche Melodie. So erklärt Aristides Quintilian, De mus. III, 22 (WINNINGTON-INGRAM 123), ὡς καὶ συστήματα καὶ τρόπους ἑκάστῳ τῶν θεῶν καὶ τοῖς τούτων ὁμοίοις ἀποδώσομεν τοῖς ἰδίοις φθόγγοις ἀναλογοῦντα, σελήνῃ μὲν καὶ ταῖς ἀναλόγοις δυνάμεσι τὴν ἀπὸ προσλαμβανομένου νέμοντες ἁρμονίαν, Ἑρμῇ δὲ καὶ τοῖς ὁμοίοις τὸ δεύτερον σύστημα, τρίτον δὲ τῷ τρίτῳ καὶ τοῖς παραπλησίοις, τέταρτον τῷ τετάρτῳ καὶ τοῖς ἐμφέρεσι, καὶ ἐπὶ τῶν ἑξῆς ὁμοίως. Iamblich, De myst. III, 9 (DES PLACES 109) zu der Verwandtschaft zwischen Melodien und Göttern (αἱ τῶν μελῶν πρὸς τοὺς θεοὺς οἰκειότηται): Μᾶλλον οὖν ἐκεῖνα λέγομεν, ὡς ἦχοί τε καὶ μέλη καθιέρωνται τοῖς θεοῖς οἰκείως ἐκάστοις, συγγένειά τε αὐτοῖς ἀποδέδοται προσφόρως κατὰ τὰς οἰκείας ἑκάστων τάξεις καὶ δυνάμεις καὶ τὰς ἐν αὐτῷ [τῷ] παντὶ κινήσεις καὶ τὰς ἀπὸ τῶν κινήσεων ῥοιζουμένας ἐναρμονίους φωνάς. Mit gewohnter Präzision wendet sich schließlich Philodem von Gadara (De mus. IV, 12 [NEUBECKER 66]) gegen den Unsinn, τῶν θεῶν ἑτέρους ἕτερα μέλη προσίεσθαι καὶ πρέπειν ἑκάστοις ἴδια.

[603] Dionysius Areopagita, DN I, 6 (MPG 3, 596A): Τοῦτο γοῦν εἰδότες οἱ θεολόγοι καὶ ὡς ἀνώνυμον αὐτὴν [sc. τὴν πάντων τῶν ὄντων αἰτίαν] ὑμνοῦσι καὶ ἐκ παντὸς ὀνόματος. Dem auf das Nennen bezogenen Begriffspaar ἀνώνυμον–πολυώνυμον entspricht kein auf das Singen bezogenes ἀνύμνητον–πολυύμνητον, weil ἀνυμνεῖν umgekehrt als verstärktes Singen, lautes Besingen gebäuchlich ist (s.u. Anm. 612).

identisch ist mit nicht-hymnisch wie all-hymnisch. Aber wie ist *im* Nennen und Singen das Nicht-Namige und Nicht-Hymnische gegenwärtig?

b. Psalter. Wenn wir von einer Theologie des Psalters im strengen Sinn des Wortes sprechen, so versetzen wir offenbar den Psalter von seinem ursprünglich alttestamentlichen, kultischen oder unkultischen Ort in die Atmosphäre griechischer Theologie (θεολογία) und Musik (μουσική) und tun dies in präziser Wiederholung des Vorgangs, mit dem Luther ihn in des Menschen Herz als Schiff auf einem wilden Meer versetzte, ein Ort, von dem der Psalter selbst nichts weiß. Seinen Sitz hat der Psalter in der archaischen Erfahrung des Klangraums, in dem das Gewimmel göttlicher Mächte als Gewoge von Affekten und Klängen erfahren wird, und zwar so, daß der in den Klangraum hinein Exponierte sie nicht nicht erfahren kann. Es wäre unangemessen, den Klangraum bloß als Erfahrung archaisch gestimmter Seelen zu betrachten und also als vergangen. Vielmehr war zu erkennen, daß die monastische Anachorese nichts anderes ist als Kunstmittel der Versetzung in den Klangraum unter den gegebenen Bedingungen einer altgewordenen Welt. Der Klangraum wird als Pandämonium, Versuchung und Kampf erfahren. Theologie des Psalters, historisch gesehen monastischen Ursprungs, entsteht, sobald der Psalter an diesem anachoretischen Ort gebraucht wird. Aber gebraucht wird er, damit er etwas bewirke. Der Psalter ist Instrument, in der beschriebenen Situation sogar das einzige. Was bewirkt der Psalter?

Der Psalter wirkt, indem er in und gegen die beschriebene Situation zur Begegnung mit dem einen Gott führt. Jetzt ist nicht zu betrachten, inwiefern dies ein Thema von Psalmtexten ist, etwa durch Ausdeutung des alttestamentlichen Namens des einen Gottes, oder durch ausführliche Sätze, wie etwa die des Invitatoriums:

> Kommt herzu, laßt uns dem Herrn frohlocken
> und jauchzen dem Hort unsres Heils!
> Laßt uns mit Danken vor sein Angesicht kommen
> und mit Psalmen ihm jauchzen!
> Denn der Herr ist ein großer Gott
> und ein großer König über alle Götter (Ps 95).

Daß es dem Psalter auf der Bedeutungsebene um die Durchsetzung des einen Gottes unter den Göttern geht, sei als unbestritten dahingestellt. Vielmehr geht es darum, wie die klangliche Erscheinung des Psalters damit zusammenhängt.

Psalmtöne – wie zu sehen war – sind Melodiemodelle verschiedener Modalität, daher wirken sie als charakteristische Klangindividuen. Je mehr sie verstanden werden in Richtung Modalität, und also entgegengesetzt zur rationalen Ordnung und Systematisierung der Tonalität, desto mehr tauchen sie ein in eine mythische Dichtigkeit, in der dem individuellen Charakter des

Psalmtons unmittelbar theologische Bedeutung zukommt. Obgleich Rekonstruktionen in dieser Richtung nie ohne einen hohen Grad von Abenteuerlichkeit vonstatten gehen[604], ist es nicht abwegig, die Individualität einer Psalmmelodie – analog zu den Hymnen der Theologie – sich verdichten zu lassen, bis sie in unfehlbarer Weise mit einem bestimmten Gott zusammenhängt, den sie besingt und beruft. Und ebenso ist nicht von der Hand zu weisen, daß Systeme von Psalmtönen mit Systemen von Göttern in Bezug zu setzen sind. Zwar hat ein Psalmton immer auch rationale, tonale, nicht modale Schichten. Aber soweit Psalmtöne tradiert werden, kommt man um ihren modalen Kern nicht herum. Dieser ist undeduzierbar, unrekonstruierbar; die Individualität eines Psalmtons beharrt darauf, letztlich nur gelernt und dem Gedächtnis eingeprägt zu werden. Deshalb kann es nicht ausbleiben, daß mit der Tradition von Psalmtönen immer auch einhergeht eine Tradition individueller Charakteristiken, die als solche göttlicher Art sind. »Das Fortleben der antiken Götter« – Thema der Warburg-Schule[605] – ist daher nicht nur in Literatur und Kunst, sondern auch in der Musik zu verfolgen. Nun klingt es zwar wie bloße Spielerei, unernste Appropriation und Zitat, wenn den oktomodalen Psalmtönen seit der karolingischen Zeit[606], vermehrt dann in der Renaissance[607], kosmologische und theologische Sachverhalte zugeord-

---

[604] S. Anm. 365.

[605] J. Seznec, Das Fortleben der antiken Götter. Die mythologische Tradition im Humanismus und in der Kunst der Renaissance (1940), München 1990.

[606] Aurelian von Réôme, Mus. disc. 8 (SEMSP I, 40).

[607] Bartolomeus Ramus de Pareia, Musica practica (1482) III, 3 (Wolf 58f): liquet … [II.] Lunam hypodorium, [I.] Solem vero dorium modum tenere. Ex quo liquido constat Lunam flegmatica et humida homini adaugere, Solem vero ipsa humida et flegmatica desiccare. … [IV.] Mercurius vero hypophrygium reget. Nam iste modus adulatorum est, qui viciosos et sapientes probosque aequo modo collaudant et ad utramque partem facile convertuntur, hoc est ad lamentum et ad laetitiam, ad incitationem et ad sedationem, qualis est natura Mercurii, qui cum bonis bonus et cum malis est pessimus. [III.] Mars vero phrygrium tenet, qui totus colericus est et iracundus; nam omnia mundi bona iracundia sua conatur destruere. … [VI.] Hypolydius vero ipsi Veneri est attributus, quae fortuna est, feminea tamen, quia provocat ad lacrimas pias quandoque. [V.] Lydius vero Iovis, fortunae majori, qui homines sanguineos et benevoles creat mitesque atque iocundos, recte comparatur, cum semper gaudium notet. … [VII.] Mixolydius vero attribuitur Saturno, quoniam circa melancholiam versatur. [VIII.] Hypomixolydius vero totaliter ponitur castalinus, quoniam coelo attribuitur stellato sive firmamento. Nam hic modus super omnes alios habet quandam insitam dulcedinem cum venustate et immunis est ab omnibus qualitatibus et omni negotio conveniens. Ähnlich Marsilio Ficino, De vita libri tres (1489) III, 21. Daß musikalische Gebilde wie Psalmtöne mit Götternamen und, parallel dazu, mit Musennamen in Verbindung gebracht werden (Seznec, aaO. [s. Anm. 605] 106f und Abb. 48), und daß die acht Töne als Inbegriff von Musik verstanden werden, ist nicht verwunderlich: »Musik trägt … als einzige Kunst keinen eigenen Namen, sondern leiht ihn … von einem Götternamen« (W. Gurlitt, Musikgeschichte und Gegenwart I, BAfMw 1, Wiesbaden 1966, 21).

net werden. Aber das Spielerische läßt sich auch dicht lesen. Es muß sogar desto dichter gelesen werden, je mehr ein Psalmton in sein individuelles Beharrungsvermögen zieht. Dann erscheint die Individualität einer modalen Formel in direkter Verwandtschaft zur Individualität eines Gottes. Die unter christianisierten Bedingungen allerdings befremdliche Zumutung, im System des Oktoechos die Entsprechung zu einem System von Göttern erkennen zu sollen, erscheint als zumutbar. Auch Affektenamen sind in frühester Schicht Götternamen. Hier liegt der Schlüssel zur Wirkung des Psalters im Rahmen von Psaltertheologie.

Haben wir nun – gemäß dem Gesagten – mit der Achtzahl der Psalmtöne immer zugleich eine Achtzahl von Göttern, so wirkt die Theologie des Oktoechos wie eine vorchristliche Reminiszenz. Haben wir dagegen einen Gott, so hat dieser eine Gott sogleich keinerlei Ton mehr, weil die Beziehung von Tönen und Göttern nur in einem System möglich ist, das grundsätzlich Vielheit, und in der Vielheit Konkurrenz zuläßt. Je mehr aber der eine Gott zu einem einzigen wird, verliert er jede musikalische Gestalt. Selbstverständlich entsteht dieselbe Schwierigkeit auch auf der Ebene des Affekts. Selbst wenn die Unzahl der Versuchungen in der Pandämonie des Klangraums reduziert wird auf acht oder vier Kardinalaffekte, so ist dies zwar reduzierte Versuchung, aber als solches der Art nach verschieden von der Stabilität, die der eine Gott gewährt. Wiederum aber, sobald die Gegenwart des einen Gottes sich in der Gegenwart eines einzigen Affektes manifestiert, der »primus et summus omnium affectuum« zu heißen verdient, aber verwirrenderweise im einzelnen ganz verschiedene Namen trägt[608], dann fragt es sich, ob der aus Vielzahl und Konkurrenz der Affekte entlassene Affekt überhaupt

---

[608] In der Psaltertheologie ist die kleine Doxologie, das ›Gloria patri‹, die herkömmliche Stelle, an der der Übergang aus der Welt der Vielheit der Affekte zu dem einen Affekt zu vollziehen ist, der dem einen Gott entspricht. Luther folgt dem Vorgang der Exerzitienwerke und erkennt im ›Gloria patri‹ die »summa omnium orationum et affectuum« (WA 5, 197,39f = AWA 2, 355,4f; cf. WA 5, 94,2 = AWA 2, 151,13). Wie die erste Vaterunserbitte (Sanctificetur nomen tuum; cf. WA 2, 87,9ff; 91,38ff) und das erste Gebot (cf. WA 1, 430,6ff; 5, 395,4ff; 30/1, 180,23ff.37f = BSLK 552, 26ff: Et quid precor, totus psalmorum liber aliud quam meras cogitationes exercitiaque primi praecepti continet?) nichts anderes sind als »metrum et mensura« aller Bitten und Gebote, so ist der Affekt der kleinen Doxologie – obgleich der Stellung nach letzter – »primus et summus ... omnium affectuum« (WA 5, 198,5 = AWA 2, 355,9). Bezeichnenderweise ist dieser erste und oberste Affekt ebenso Affekt aller Affekte (omnium affectuum) wie Affekt keines Affektes (nullius affectus WA 5, 198,8f = AWA 2, 355,12). Psalmodisch gesehen ist es aber so, daß die kleine Doxologie in allen Psalmtönen gesungen wird, nicht nur im ersten, der (s.u. Anm. 609f) in der Ordnung der Töne die Figuren des 1. Gebots und der 1. Vaterunserbitte wiederholt. Wenn aber die Doxologie in allen Psalmtönen gesungen wird, dann in keinem Psalmton ausschließlich. Daraus ergibt sich die Situation: Wie der oberste auf Gott bezogene Affekt Affekt aller Affekte und zugleich Affekt keines Affektes ist, so hat der eine Gott keinen Ton und zugleich alle Töne.

noch Affekt sein kann. Die mittelalterlichen Theoretiker des Oktoechos suchten sich zu salvieren, indem sie sagten: Die Inkompatibilität der acht Töne mit dem einen Gott löst sich, sobald unter den acht Psalmtönen dem ersten ein besonderer Rang zuerkannt wird. Er ist Einer quantitativ und qualitativ, teils als Zahl unter Zahlen, teils als Quelle und Ursprung aller Zahl[609]. Selbstverständlich wiederholt sich diese Figur in der Affektbindung der acht Töne. Teils haben alle Psalmtöne, und folglich auch der erste, sofern Zahl unter Zahlen, ihren charakteristischen Affektwert; teils aber wird vom ersten Psalmton, sofern er Quelle und Ursprung aller Töne und Zahlen ist, gelehrt, er sei beweglich und passe zu allen Affekten[610]. Somit erreicht er einzigartige Einheit nur um den Preis einer charakteristischen Charakterlosigkeit, die ihre reelle Ursache in den außerordentlich vielen Variationsmöglichkeiten des ersten Psalmtons hat[611]. Daraus ergibt sich mit aller wünschenswerten Konsequenz: Entweder gravitiert ein Psalmton affektiv wie tonlich in Richtung Charakter, dann entfernt er sich um ebensoviel aus der Beziehbarkeit zum einen Gott; wird er aber, gewiß sekundär, dem einen

---

[609] Berno von Reichenau, Prol. in ton. 4 (SEMSP II, 65b): Unum … non tam numerus, quam principium, fons et origo est omnium numerorum, quod medio et fine caret; nisi forte pro sui perfectione sicut principium, ita et finis dicatur. Dieser häufig wiederkehrende Satz (Tract. de mus., CS I, 270a; Jacobus, Spec. mus., CS II, 223b) geht zurück auf Macrobius, Comm. in Somn. Scip. (JAN 1848, 38): Unum autem, quod μονάς, id est unitas dicitur, et mas idem et femina est, par idem atque impar, ipse non numerus sed fons et origo numerorum.

[610] Die Adaption des arithmetischen Sachverhalts (s. Anm. 609) auf den Affektwert des 1. Psalmtons findet sich erst ab dem 13. Jahrhundert. Johannes Aegidius Zamorensis, Ars musica c. 13 (SEMSP II, 387a): Et notandum, quod primus tonus est mobilis et habilis, et ad omnes secundum affectus aptabilis. Monachus Carthusiensis, Tract. de mus. plana, CS II, 448a: primus tonus apud musicos ponitur motivus, id est, habilis ad movendum (…), quod requirit materiam per quam animus moveri possit ad varios effectus. Dort auch der Merkvers:
Mobilis est habilis prothus quia novit ad omnes
Affectus animi flectere neuma prothi.
Bartolomeus Ramus de Pareia, Mus. pract. III, 3 (WOLF 56): primus tonus, ut dicit Lodovicus Saucii, est mobilis et habilis ad omnes affectus. Bona, aaO. (s. Anm. 473) c. 17, 4, 1 (p. 429): erster Ton ad omnes affectus idoneus; dann aber auch explizit, was bei B. Ramus bereits vorsichtig anklang, vom 8. Ton: aptus ad omnes affectus, et omnium capax (c. 17, 4,8 [p. 431]). Dazu L. SCHRADE, Die Darstellungen der Töne an den Kapitellen der Abteikirche zu Cluny. Ein Beitrag zum Symbolismus in mittelalterlicher Kunst, in: DERS., De scientia musicae studia atque orationes, Bern 1967, 113–151, 120ff. SCHRADE verbindet die beiden Lehren: »wie der erste Ton auf Grund zahlenmäßiger Vorstellungen als Zeichen der Einheit zum Ursprung der Melodien wird, so ist er auch origo und fons aller Affekte, zumindest in der Weise, daß er die Fähigkeit des Vielfältigseins in seinem Wesen verbirgt« (122).

[611] Der 1. Psalmton wird mit den weitaus meisten Differenzien überliefert, die mit vier Schlußtönen den Übergang zu sechs Anschlußtönen der Antiphon gestatten. Er ist neben dem 8. Psalmton der meistgebrauchte Ton.

Gott in besonderer Weise zugeordnet, so verliert er sofort jeden bestimmten Charakter. Verliert er seinen Charakter, so löst er sich in seiner individuellen Modalität auf. Damit bestätigt sich: Der Oktoechos, obgleich an sich bereits Reduktion einer unüberschaubaren Vielzahl von Tönen und Affekten, gehört der Art nach nicht in die Welt des einen Gottes. Wird der eine Gott, wie es beim ersten Psalmton geschah, in derselben Logik einem bestimmten Tonmodell appropriiert wie die vielen Töne den vielen Göttern, so führte dies folgerichtig zum Verlust jeglichen Tons.

Während die mittelalterlichen Theoretiker des Oktoechos mit ihrem gleitenden Übergang von Eins als Zahl unter Zahlen zur Zahl der Zahlen dazu genötigt waren, den ersten Psalmton gerade in der Eigenschaft zu rezipieren, die ihn im Unterschied zu den anderen charakterlos macht, hat Dionysius Areopagita seine hymnische Theologie auf ein stärkeres Fundament gestellt. Belehrt durch paulinische Sprachspiele wie etwa dies, daß das Törichte an Gott weiser ist als die Menschen, und also das Unaussprechliche und Namenlose vielbesungener und vielnamiger als die Vielbesungenheit und Vielnamigkeit der Menschen[612], stößt er die naive Erwartung von Grund auf um, der Einheit Gottes sei durch Einzahl eines Hymnus oder eines Melodiemodells zu entsprechen. Er vollzieht die Resignation, oder gleichviel: die Eroberung der Einsicht, daß zwischen der überwesentlichen Einheit Gottes und der Zahl seiner Namen und Hymnen weder Identität noch Proportion besteht. Wie man von der der Einheit Gottes wesentlichen Namenlosigkeit nur im Plural περὶ θείων ὀνομάτων handeln kann, so von seiner wesentlichen Unsingbarkeit nur in der Vielstimmigkeit von περὶ θείων ὕμνων. In einer solchen hymnischen Theologie hat ein Gebilde wie der Oktoechos überhaupt nichts Verfängliches. Er ist kein zufälliger Rest aus einer der Verehrung des einen Gottes noch unzugewandten Zeit. Auch muß keineswegs der erste Ton in eine verzwungene Sonderrolle gepreßt werden. Und völlig ungehindert erscheint, durch die systematisierende Zusammenfassung der Klangwelt in acht oder vier melodiöse Hauptformeln hindurch, der unabsehbare Schwarm möglicher ἦχοι, dem jene nur ebenso leicht aufgelegt sind, wie das System der Hauptwinde der vielortigen Wirklichkeit von Winden und Meer. In dialektischer Verschränkung mit der wesentlichen Unsingbarkeit des Vielbesungenen verliert die Polyhymnie ihren alten pandämonischen Charakter. Auch das Lob dessen, »den kein Lob erreicht«, vollzieht sich mit dem Klang der Wasser und mit der polyhymnischen Theologie des Trishagion[613]. Nur den Punkt, an dem – um mit der gebrauchten Wendung

---

[612] Dionysius Areopagita, DN VII,1 (865BC): ἄρρητον καὶ ἀνώνυμον in dialektischer Beziehung zu πολυύμνητον καὶ πολυώνυμον als Gottesprädikaten.

[613] Dionysius Areopagita, CH VII,4 (212AB): Διὸ καὶ ὕμνους αὐτῆς ἡ θεολογία τοῖς ἐπὶ γῆς παραδέδωκεν ἐν οἷς ἱερῶς ἀναφαίνεται τὸ τῆς ὑπερτάτης αὐτῆς ἐλλάμψεως ὑπερέχον. Οἱ μὲν γὰρ αὐτῆς αἰσθητῶς εἰπεῖν »Ὡς φωνὴ ὑδάτων« ἀναβοῶσιν

zu reden – die vielen Gesänge mit ihren vielen Tonformeln, Affekten und Namen dialektisch verschränkt sind mit der der Einheit Gottes entsprechenden wesentlichen Unsingbarkeit, Namenlosigkeit und ihrem Affekt aller Affekte, – diesen Punkt nachzuweisen, und zwar nicht anders als durch und nirgendwo anders als im Gesang: dies scheint die letzte der in Angriff zu nehmenden Aufgaben zu sein.

3. Psalterium affectuum palaestra

Auszugehen ist von Luthers Psalterformel, deren Sinn sich jetzt eindeutiger bestimmen läßt. Wenn der Psalter, wie hier geschehen, von seinem herkömmlichen Ort versetzt wird in die Tradition griechischer Theologie, so gehört er in ein klangräumliches Rundum, in dem nichts nicht bewegt ist, nichts nicht klingt, nichts nicht als Affekt wirkt und mit unwiderstehlicher Macht seinen göttlichen Namen erheischt. Der Psalter befindet sich damit am Ort des Kampfes aller Affekte gegen alle, die, indem sie nach monastischer Tradition nackt kämpfen, ein palaestrisches Element wiederholen. Der Kampf der Affekte, als Basis des Satzes »Affectus affectu vincitur«, ist in Wahrheit der Krieg göttlicher Mächte. Man wüßte von göttlichen Wesen und göttlichen Namen nichts, ohne daß sie in dieser Schicht zuallererst auf bestürzende und chaotische Weise erfahren würden. Dabei ist es völlig einerlei, ob diese Erfahrung aufgefaßt wird als Situation der archaischen Menschheit, oder aufgesucht durch das Kunstmittel der Anachorese unter Bedingungen der entmythisierten Welt. Es wäre wohl vermessen, einen Menschen im Kampf der Affekte direkt auf den Affekt treffen zu lassen: er könnte nur unterliegen. Vielmehr kämpft Affekt gegen Affekt unter Benutzung des Menschen als eines Schauplatzes, aber keines unbeteiligten. Es ist Aufgabe des Menschen, nicht durch Abstreitung, sondern durch Ausnützung des Kräftespiels der Affekte Stand zu gewinnen an einem Ort unausgesetzter, wildester Bewegtheit.

Damit ist schon am Tag, wie das griechische Bild der Palaestra übergeht in das griechische Bild der Winde und des Meeres, wie es im Mittelpunkt von Luthers ›Vorrede auf den Psalter‹ steht. Fluktuation und Überflutung sind

---

»Εὐλογημένη ἡ δόξα κυρίου ἐκ τοῦ τόπου αὐτοῦ«, οἱ δὲ τὴν πολυύμνητον ἐκείνην καὶ σεβασμιωτάτην ἀνακράζουσι θεολογίαν »Ἅγιος ἅγιος ἅγιος κύριος Σαβαώθ, πλήρης πᾶσα ἡ γῆ τῆς δόξης αὐτοῦ« – »Deshalb hat die Gotteskunde auch den Erdenbewohnern Hymnen von ihr überliefert, in welchen sich auf geheiligte Weise die überlegene Art ihrer Erleuchtung auf höchster Ebene zeigt. Denn die einen Glieder dieser Ordnung schreien, um einen Vergleich aus der Sinnenwelt zu gebrauchen, ›wie das Rauschen von Wassern‹ [Ez 1,24], ›Gepriesen sei der Ruhm des Herrn von seiner Stätte‹ [Ez 3,12], die andern rufen laut ›Heilig, heilig, heilig sei der Herr Zebaot, voll ist die Erde von seinem Ruhm‹ [Jes 6,3]« (HEIL, BGrL 22, 47).

klassische Kennzeichen sinnlicher Erfahrung. Indem mit dem Schiff der Stand außerhalb des Meers verlassen wird, kann so etwas wie Ruhe nicht mehr in reiner Opposition zur Bewegtheit aufgesucht werden, sondern nur noch in ihr. Aber Ruhe und Bewegtheit sind nur andere Worte für Intellekt und Affekt oder für Bedeutung und Klang. Folglich verlangt Luthers Meerbild, die Psalmen nicht nur als klanglose Bedeutung zu rezipieren, sondern als Psalter, der sich vom bloßen Buch der Psalmen deutlich unterscheidet. Aber gerade was die Gegenwart des Klangs in Luthers Vorrede anlangt, so findet sich diese, wie es dem Ende der Epoche der Theologie des Psalters entspricht, nirgends direkt. Allenfalls einen Nachklang davon wollten wir vernommen haben, indem die Anordnung des Winde- oder Affektespiels nicht ohne jeden Zusammenhang mit der psalmodischen Tradition des Oktoechos zu sein schien, einen Zusammenhang, der wahrscheinlicher zu machen war bei großzügiger, unwahrscheinlicher bei detaillierter Betrachtung. Dann stünde im Hintergrund die im Spätmittelalter ausgeprägte Lehre vom Affektwert der oktomodalen Töne. Jeder Affekt hat seine charakteristische Tonformel, und: Wieviele Affekte, soviele Tonmodelle. Aber es ist unschwer nachzuvollziehen, daß das System der vier Haupt- oder acht Haupt- und Nebenaffekte samt zugehörigen Tönen der Wirklichkeit des affektiven Gewoges nur locker aufgelegt ist. Es wird ständig überflutet. Wie ja auch die Wirklichkeit der Psalmaffekte viel reicher ist als diese dürftige Abstraktion. Wenn wir jetzt die entscheidende Frage stellen: Was bewirkt die Verlautbarung von Affekten in Tönen?, dann ist, wenn sie in der bisherigen Weise vier in vier, acht in acht oder unzählige in unzähligen geschieht, ehrlicherweise zu antworten: Sie wäre nur das Gewoge des Affekts noch einmal. Gesucht aber war nicht Bewegtheit schlechthin, sondern ruhige Bewegtheit. Keine ruhige Bewegtheit ohne Einheit, die in der Vielheit auffindbar sein muß.

Was den verbalen Anteil der Psalmen anlangt, so enden sie nach unregelmäßigen Affektumstürzen regelmäßig in der Doxologie. »Ogni salmo torna in Gloria.« Das Instrument des Psalters wird in der archaischen Situation reinen Affektgewoges gebraucht, damit es durch die vielen Affektumstürze hindurchführe auf Eines. Zum Einen, zur Doxologie des einen und dreieinigen Gottesnamens, gehört kein Affekt, der als solcher wieder einen anderen und also Vielheit der Affekte provozieren müßte, sondern der Affekt aller Affekte oder Affekt keines Affekts, um an Luthers Formel für den »primus et summus affectus« zu erinnern. Dieser, als einer, gewährt Ruhe in der Bewegtheit und ist daher das Ziel jedes Psalms. Merkwürdig starr nimmt sich dagegen der klangliche Anteil der Psalmen aus. Nicht nur ist die Tonformel der Psalmodie ganz unfähig, mit ihrem gleichbleibendem Affektwert den Affektumschwüngen im Verlauf eines Psalms in allen Einzelheiten zu folgen, nicht nur fällt sie, indem sie in ihrer Affektart unbekümmert fortfährt, weit hinter die Anforderungen der Doxologie zurück, sondern, was noch schlimmer ist, dieselben charakterischen Psalmen können in sehr verschiedenen Tönen gesungen werden, wenngleich das Prinzip »jeder in jedem« faktisch eingeschränkt ist. Aber die eigentümliche Starrheit der Psalmodiemodelle im Vergleich zum lebendigen Affektspiel der Psalmtexte wirft erst auf Luthers Vorrede das schärfste Licht. Nie könnte eine Gattungslehre des Psalters ausschließlich durch Kenntnis der Texte auf die Idee kommen, den Psalter in die vier Gattungen »Wort von Freuden«, »Wort von Trawrigkeit«, »Wort von Furcht vnd Hoffnung« zu gliedern. Was die Texte nicht hergeben, gaben die Psalmtöne. Luthers Gattungslehre des Psalters wurde evidentermaßen vom Klang auf die Texte übertragen.

Nachdem der zu verehrende Name des einen, dreieinigen Gottes auf der Ebene der Texte erschienen ist als Doxologie, zu der sich jeder Psalm hinwendet, aber der Name Gottes nicht nur Bedeutung, sondern aller gehegten Erwartung nach auch Klang sein soll, so ist zu fragen: Wo findet sich der Name im Klang, wenn er sich schon, wie zu sehen war, in der klanglichen Verlautbarung der Doxologie nicht findet? Ist Klang mit seinen vier oder acht modalen Psalmtönen und seinen ebenso vielen »toni parapteres« wie »affectus cordis humani« überhaupt der Einheit fähig? Oder ist er nicht wesentlich Vielheit und Bewegung, als Ruhe aber auch sogleich kein Klang mehr? An dieser Stelle kehrt unsere Aufmerksamkeit zurück zur »pausa in mediatione«. In ihr sind alle Psalmformeln gleich, so verschieden sie sind. Aber sie sind nicht schlechthin gleich, sondern verschieden gleich, in genauer Entsprechung dazu, daß die Pausa nicht Ruhe schlechthin in Opposition zur Bewegtheit ist, sondern Ruhe in der Bewegung, ruhige Bewegtheit. Also ist sie, obgleich Ruhe, charakteristische Ruhe, je nach dem, was durch sie negiert wird. Negiert wird die jeweilige Palmmelodie als Pathosformel aus der Welt der Vielheit der Affekte; negiert werden in der Pausa schließlich alle. Kommen somit in der Pausa ebenso alle Affekte an wie keiner, so ist sie offenbar Ort des »insignis aliquis affectus«, zugleich aber auch Ort des »primus et summus affectus«, der sowohl Affekt aller Affekte wie keines Affektes Affekt ist. Aber anders als daß die Affekte gesungen werden, sind sie nicht zu negieren. Tosen muß das Meer, damit Ruhe entstehe. Erst wenn die Psalmformel in ihrer charakterischen Weise hingesungen oder – um einen liturgischen Terminus zu gebrauchen – dargebracht wurde, kann sie, wie es sich gebührt, bestimmt negiert werden. Wie in der Palaestra kein von der Übung abzuziehender Erfolg der Übung, so in der Psalmodie keine charakteristische Pausa ohne Hinsingen der Pausa im Getümmel der verschiedenen Pathosformeln. Die Pausa ist das Ereignis des unnennbaren Namens Gottes als Klang, sobald das menschliche Ohr durch Setzung wie Negation hindurch die Unhörbarkeit dessen zu hören beginnt, der über den Lobgesängen thront.

Personenregister

Abert, H. 11. 131. 144f. 222
Adam Scotus 80f
Adam von Fulda 28. 179. 183
Adam von St. Viktor 175
Adorno, Th. W. 147. 239ff
Agustoni, L. 215ff. 224
Aischines 53
Alcuin 107
Alexander von Aphrodisias 24
Amalar von Metz 229
Ambrosius 12. 26. 63f. 72. 75. 88. 125.
   131. 144. 148f. 150f. 163. 166. 183f.
   227. 229
Andronicus 127. 190. 192
Anselm von Havelberg 225
Antonius Eremita 100. 113
Apel, W. 208. 212
Apuleius 133
Arends, L.A.F. 176. 220
Aristides Quintilian 117f. 121f. 147. 245
Aristipp von Kyrene 172
Ariston von Chios 192
Aristophanes 52f
Aristoteles 9. 15ff. 18. 24f. 53. 55f. 120.
   173. 189. 191
Aristoxenos 47. 116ff. 121. 123
Arlt, W. 95
Armknecht, F. 23
Aspasius 190
Assmann, A. 92. 94. 236
Assmann, J. 92. 94
Aßmann von Abschatz, H. 173. 176
Athanasius von Alexandrien 13. 37. 100.
   112–133. 144. 153. 163f. 172. 183f.
   191. 198. 200. 235
Athenagoras 24
Athenaios 9
Atkinson, Ch.M. 218
Augustin 24. 37. 60. 100. 104. 106f. 131.
   138–148. 151. 172. 183

Aurelian von Réôme 28. 154. 180. 183.
   219. 247
Aurelianus von Arles 6

Bach, I.-C. 160
Bach, J.S. 85
Bacht, H. 78. 100
Bailey, T. 137. 151. 155
Baldini Moscadi, L. 43
Balogh, J. 96. 98f
Bandmann, G. 12
Bandur, M. 86
Basilius von Caesarea 13. 23. 26f. 61. 88.
   101. 125. 130ff. 144. 150. 163. 181–
   184. 235
Bauer, B. 68
Bayer, O. 50
Beierwaltes, W. 86
Benedikt von Nursia (Reg. Ben.) 7. 39.
   66. 76. 87ff. 101f. 105. 109. 153. 214f.
   229
Benjamin, W. 240
Benz, E. 83
Bernhard von Clairvaux 36. 40. 80. 89.
   104. 109f. 225
Berno von Reichenau 154. 219. 249
Beroaldus, Ph. 183
Blankenburg, W. 162
Blass, F. 35
Blumenberg, H. 172
Boccaccio, G. 25
Böhme, R. 43
Böker, R. 174
Boethius 172
Bona, G. 145. 179. 249
Bonaventura 81. 84
Bormann, K. 192
Brambach, W. 7
Brennan, B. 139
Buck, A. 25
Burley, W. 179

Caecilia 12
Caesarius von Arles 6. 88. 106. 214
Cahn, P. 121
Calvisius, S. 85
Canévet, M. 169
Cassiodor 28. 100. 106f. 114. 129. 163.
    229
Cassirer, E. 176. 236. 241–244
Chantraine, P. 123
Chatillion, J. 166
Chrodegang von Metz 108
Cicero 26. 47. 60. 148. 172. 181. 227
Clemens Alexandrinus 12. 14. 24. 27.
    140
Cody, A. 135. 137
Combes, A. 175
Constantius Africanus 28
Corbin, S. 140. 222
Cornerus, C. 33
Craemer-Rueggenberg, I. 192

Damaskios 25
Damon 56f. 121
David 23–29. 45. 63. 130. 132. 149. 156.
    184ff. 198
Davril, A. 113
Debongnie, P. 75
Dehnhard, W. 159
Deissmann, A. 19
Delitzsch, F. 10
Delorme, J. 51f. 59. 71
Didymus Alexandrinus 25
Diels, H. 24
Dietrich, V. 33
Dijk, S.A.v. 225
Dijk, S.J.P. v. 108. 225
Dionysius Areopagita 23. 175. 234f. 244f.
    250f
Dionysius der Kartäuser 89
Domínguez, M.J. 109
Dudo von St.Quentin 67
Dyer, J. 229

Ebeling, G. 15. 17. 19. 175
Eggebrecht, H.H. 26. 147. 220. 237. 239
Eggenberger, C. 6
Ehrmann, S. 28. 72
Ekenberg, A. 183
Erasmus von Rotterdam 28. 40. 47. 68
Erbacher, Rh. 218
Eucherius von Lyon 67f. 72

Eusebius ‚Gallicanus‘ 105
Euseb von Caesarea 20. 22. 97. 112
Euthydemios Zigabenos 27
Evagrius Ponticus 64

Faber, M. 33
Faensen, H. 24
Faustus von Riez 76
Fechner, G.Th. 177
Ferguson, E. 13. 113. 115f. 123. 131
Festugière, A.J. 18
Fiala, V. 7f
Ficino, M. 25. 28. 72. 129f. 179. 183.
    247
Finscher, L. 160. 231
Fischer, B. 6. 131. 150
Fischer, K. 159
Flender, R. 96. 222
Föllmi, B.A. 139
Francke, A.H. 35
Frank, K.S. 105
Friedman, J.B. 25
Frisius, J. 179
Fuhrmann, M. 205
Funke, H. 244

Gafori, F. 179
Galle, H. 160
Gaudentios 117
Gehlen, A. 199
Georgiades, Th. 160f. 221. 237–241. 245
Gerson, J. 25. 28. 36. 40f. 82. 100. 104.
    109f. 174–179. 183f. 189. 193–199.
    225f
Gerson-Kiwi, E. 223
Gerstmeier, A. 228
Gertrud von Helfta 81
Gessel, W.M. 63. 78
Giesecke, M. 161
Giesel, H. 13
Gilson, E. 109
Girardet, K. 100
Glarean, H. 159
Göschl, J.B. 215ff
Goldschmidt, V. 17
Gombosi, O.J. 14
Gorgias 141. 190. 205
Grabar, I.E. 24
Green, D.H. 96
Gregg, R.C. 113
Gregor von Nazianz 88

Gregor von Nyssa 63. 88. 130–134. 144.
  163. 166
Gregor von Tours 107
Griffiths, P. 221
Grimm, J. 4f
Grün, A. 224. 227
Gryphius, A. 173
Gudewill, K. 183
Guido von Arezzo 83. 178ff
Guigo II. 80
Gurlitt, W. 12. 183. 247

Haas, M. 179
Händel, G.F. 198
Hänggi, A. 21
Hagiopolites 135
Hajdu, A. 218
Haller, K. 96
Hamann, J.G. 158
Hammer, G. 34f. 130
Hammerstein, R. 12. 43. 149. 177. 198.
  229f
Havelock, E.A. 92
Heimig, O. 6. 78. 214
Heinsius, D. 68
Heitmann, K. 25. 28
Hengel, M. 20
Henkel, A. 173
Herder, J.G. 158. 199. 220ff. 228. 241
Hermannus Contractus 179
Hermes Trismegistos 133
Herzog, A. 218
Hesiod 17. 22. 24. 201
Hieronymus 5f. 77. 97. 106. 191
Hilarius von Arles 75. 87
Hiley, D. 154f. 208f. 212. 214. 218
Himerios 61
Hinz, G. 214. 222f. 228
Hippolyt von Rom 13
Hirsch, A. 90
Hocquard, G. 68
Hogrebe, W. 43
Hohberg, W.H.v. 169
Holzherr, G. 6. 66
Homer 17. 22. 24. 173. 175
Honoratus von Marseille 65
Honorius Augustodunensis 11. 167
Horaz 25. 158
Hornbostel, E.M. v. 176
Hrabanus Maurus 67. 71. 145. 214
Hucbald von St. Amand 180

Hucke, H. 108. 155. 229
Hughes, A. 7
Huglo, M. 9. 95. 136. 154f
Hugo von St.Viktor 80f. 189. 230
Hugwald, U. 73
Humperdinck, E. 222
Husmann, H. 135

Iamblich 120f. 146f. 172. 243. 244f
Ignatius von Loyola 74. 84f
Illich, I. 43. 96ff. 230
Illmer, D. 107
Iobin, B. 33
Irenaeus von Lyon 197
Irtenkauf, W. 7f
Irwin, J.L. 178
Isidor von Pelusium 65
Isidor von Sevilla 67. 71. 77. 108. 145.
  150. 214
Isokrates 53
Iwanow, W. 24

Jacobus 249
Jaeger, W. 17
Jeannin, J. 135. 137
Jeffery, P. 137. 208
Jiménez de Cisneros, G. 83f
Johannes Aegidius Zamorensis 28. 179.
  249
Johannes Afflighemensis 179f
Johannes Cassian 37. 39. 65. 75. 87. 100.
  104f. 151ff
Johannes Chrysostomus 62f. 65. 71. 83f.
  107. 130. 163
Johannes Damascenus 135. 137. 191
Johannes Gorziensis 43
Johannes Mauburnus 37. 68. 81ff. 89. 104.
  110. 163
Johannes Theologus 14. 19
Johannes Wallensis 163
Johannes de Grocheo 219
Johannes de Muris 179
Jonas, Justus 157
Jousse, M. 78

Kaczynski, R. 63
Kant, I. 145
Karl der Große 107
Kasch, E. 6
Kasper, C.M. 72. 87. 105. 227
Kattenbusch, F. 20f

Kern, O. 24f
Kettenbach, G. 161
Kircher, A. 89f
Kleonides 117
Klose, A. 183
Klüppelholz, W. 236
Koch, A. 54
Köhler, E. 146
Köhler, L. 233
Köpf, U. 110
Koller, H. 14. 25. 32. 55f. 120. 122. 158
Kraus, H.J. 9. 22
Kristeller, P.O. 28. 183
Krummen, E. 54

Lach, R. 214
Laktanz 47
Lang, F. 90
Langer, S.K. 236
Lattke, M. 20
Lausberg, H. 31f. 142
Le Bannier, F. 12
Leclercq, H. 6. 108
Leclercq, J. 67. 75. 77
Leeb, H. 150f. 227
Leibniz, G.W. 86
Leidradus von Lyon 109
Lessing, G.E. 201
Levin, C. 233
Lieberg, G. 26. 60
Longin 54. 121
Ludolf von Sachsen (der Kartäuser) 23.
    131. 163
Luislampe, P. 87
Luther, M. 4. 29ff. 33–48. 60. 63. 72f.
    85. 104. 110. 130f. 155–186. 189ff.
    202. 208. 228f. 231f. 241. 244f. 248.
    251ff

Maas, E. 19
Macrobius 249
Magister (Reg. Mag.) 6. 76. 87. 101f.
    106f. 214. 229
Marchettus von Padua 179
Marrou, H.I. 53. 60f. 133f. 139
Masenius, J. 68
Maur, H. I. auf der 65. 149
Maurer, W. 38
Maurmann, B. 176
Mayr, F.K. 95. 147. 201
Mayr, R.I. 68

McKinnon, J.W. 11f
Melanchthon, Ph. 29. 38. 60. 130
Mendelssohn-Bartholdy, F. 198
Mercati, G. 112
Merkelbach, R. 62
Meter, J.H. 69
Mette, H.J. 120
Metzger, G. 170
Meyer, H. 10f. 112
Michel, P. 176
Minnis, A.J. 112
Mohr, J. 4
Monachus Carthusiensis 249
Mühlen, K.-H. zur 170. 192
Müller, H. 145
Müntnich, B. 88

Naegele, A. 130
Nahmer, D. v.d. 105
Neubecker, A.J. 57. 119
Niceta von Remesiana 78. 163
Nicol, M. 68. 89
Nietzsche, F. 14. 95
Nikomachos 117. 119

Olympiodor 172
Ong, W.J. 91f
Origenes 140
O'Rourke Boyle, M. 72
Orpheus 17. 19. 22. 23–29. 129f. 185
Otto, I. 183
Otto, W. 43. 220
Oury, G.-M. 79
Outtier, B. 135

Pachomius 100. 106f
Paddison, M. 239
Pahl, I. 21
Paul, J. 220
Paulinus Diaconus 151
Paulus 40
Pelagius 65f. 72. 76. 101
Penco, G. 105. 110
Pépin, J. 133. 149
Perl, C.J. 139
Peterson, E. 19
Petrarca, F. 25
Petri, Adam 34
Petrus Cellensis 72
Petrus Damiani 67. 89
Petrus Venerabilis 79. 225

Petrus von Honestis 79
Pfitzner, V.C. 74
Philo von Alexandrien 172
Philodem von Gadara 57. 121. 133. 146f.
    245
Picard, H.R. 204
Picht, G. 95. 191. 197f. 200f. 203f. 230
Pico della Mirandola, Giov. 25. 28f
Pitra, J.B. 27. 112
Places, E. des 17
Platon 17. 27. 43. 47. 53. 54–59. 120ff.
    128f. 141. 146f. 172. 190. 192. 245
Plautus 60
Plinius Min. 20
Plutarch 9. 19. 120f. 146. 191
Pöhlmann, E. 55
Pohlenz, M. 205
Poliakoff, M.B. 51f. 62
Polybios 245
Poque, S. 142
Porphyrius 172. 243f
Praetorius, M. 162. 184
Printz, W.C. 85
Proklos 25. 172. 243
Proklos von Konstantinopel 130f. 163
Prudentius 62
Przywara, E. 84
Ptolemaios 117. 121. 124. 147
Puyade, J. 135. 137

Quack, J. 33
Quasten, J. 11. 14.
Quintilian 9. 26. 32. 39. 60f. 121. 144.
    148. 201

Raasted, J. 136
Rahner, H. 172
Rahner, K. 169
Rajeczky, B. 195
Rambach, J.J. 35
Ramos de Pareia, B. 179. 247. 249
Rauhe, H. 96
Rayez, A. 75
Reckow, F. 239
Regino von Prüm 154
Rehm, A. 172
Reichert, O. 157
Reuchlin, J. 25. 29. 60. 125. 129f
Rhabanus Maurus s. Hrabanus
Riché, P. 107f. 156
Riethmüller, A. 26. 119

Rimbaud, A. 177
Ritter, H.H. 231
Rohloff, E. 219
Rondeau, M.J. 113. 115. 126. 129f. 132
Roques, R. 234
Rorem, P. 234
Rotermund, E. 69
Roth, St. 170
Rothenhaeussler, M. 20
Rousse, J. 100
Rousseau, J.J. 158
Rufinus 75
Ruh, K. 80f
Ruhland, K. 159
Rupert von Deutz 133
Ruppert, F. 78

Saenger, P. 85. 95f. 98f
Salutati, C. 25. 28.
Sandor, M. 100. 103
Scaliger, J.C. 25. 158
Scarlatti, D. 85
Schavernoch, H. 179
Schings, H.J. 69
Schlieben, R. 106
Schmid, Th.A. 26. 183
Schneider, H. 111
Schönberg, A. 221f
Schöne, A. 169. 173
Schöner, E. 176
Scholem, G. 240
Schopenhauer, A. 86
Schrade, L. 249
Schröder, L. 183
Schwarz, R. 40f. 190
Seebass, T. 11. 113. 181
Seidel, W. 29. 183
Selnecker, N. 33
Serapion 114
Servius 25. 77. 191
Severus, E.v. 64. 78
Severus von Antiochien 137
Sextus Empiricus 9. 24. 121. 172
Seznec, J. 247
Sieben, H.J. 100. 103. 115. 124. 140. 142.
    144
Sirch, B. 151
Skeris, R.A. 12
Smaragdus von St.Mihiel 80. 89. 106.
    229
Smits van Waesberghe, J. 83. 108

Snell, B. 52
Sokrates 3
Sokrates Scholasticus 229
Solignac, A. 78
Spahr, C. 103
Spalatin, G. 38. 131. 163
Spangenberg, C. 183
Spechtshart von Reutlingen, H. 85
Speyer, W. 51. 59. 71
Spicq, C. 74
Spieckermann, H. 22. 233
Stadler, A. 160
Staubach, N. 99
Steidle, B. 66. 105
Stephan X. 72
Stolt, B. 181
Strabon 121. 158
Strunk, O. 135
Sudhaus, S. 95
Switek, G. 243

Takehara, S. 232
Tallqvist, K. 174
Terenz 60
Tertullian 20. 62.
Tetz, M. 113f. 131
Teuwsen, P. 66
Thales 17
Theodor von Asine 243
Theodoret von Cyrus 114
Theophrast 201
Thiel, E.J. 7
Thomas a Kempis 81. 167
Thomas von Aquin 16f. 24
Tinctoris, J. 26. 145. 183f
Treitler, L. 95
Trunz, E. 160

Usener, H. 242
Usleuber Frondinus, J. 27. 131. 163

Vergil 60. 175
Vico, G.B. 158
Vitruv 52. 59. 173f. 180
Völker, A. 214. 222f. 228
Vogüé, A. de 65. 100. 102. 105

Wagner, P. 9. 144. 210–214. 216. 220f.
    227f
Wagner, R. 198
Wagner, T. 33
Walker, D.P. 25
Walter, J. 162
Walther, R. 33
Warburg, A.M. 176. 231. 244. 247
Wartburg, W. v. 146
Weber, K. 135
Wehrli, F. 47. 205
Wehrli, M. 173
Weih, A.S. 42
Wellesz, E. 135
Werner, E. 137. 222
Wessely, O. 144
Wilhelm von St.Thierry 36. 80. 89. 109.
    167
Wille, G. 9. 26. 60f. 124. 139f
Wittwer, M. 85
Wulstan, D. 137

Xenophon 53f

Zenn, Conrad von 65. 68. 89
Zerbolt von Zutphen, G. 104
Zerfass, R. 27
Zschoch, H. 68. 89

Sachregister

a. Griechisch

ἄγαλμα 244
ἀγών 63. 65
– μουσικός 54. 61
ἀδελφός 20. 147
ἀδολεσχία 77
ἀκύμων 125. 172
ἀναγινώσκω 117. 123
ἀνάγνωσις 118. 125
– ἐμμελής 123. 125
ἁρμονία 47. 55. 121. 124f. 128. 133. 245
ἀσίγητος 21
ἄσκησις 73. 192
αὐλός 9
ἄφωνος 197. 200
ἀχείμαστος 125. 172

γαλήνη 122. 125f. 130. 171f. 201. 224
γαληνιάω 125
γράμμα 53. 100. 107
γυμνασία 54. 63. 73
γυμνάσιον 51. 54. 61. 63. 65. 71
γυμναστική 53f. 56

Δαβίδ 27. 63. 107. 130
δαίμων 63. 184. 242
διαλέγομαι 43. 117f
διαστηματικός 116ff
διεξοδικῶς 116. 119
διόρθωσις 37. 120
δοξολογία 21

εἴσοπτρον 124
ἔλεος 205
ἐντυγχάνω 123
ἐπανόρθωσις 120f. 130
ἐπιθυμία 126f. 190ff
ἐργαστήριον 61. 88f
εὐθυμία 126f

ἡδονή 127. 130. 132. 172. 190ff
ἦθος 120f. 134. 245
ἡσυχία 64
ἤχημα 136. 155
– ἀπήχημα 136. 163
ἦχος 121. 135f. 163. 250

θεολογέω 17–20. 22. 24. 116. 211. 235
θεολογία 17–23. 25. 55. 58f. 69. 92. 94.
   98. 100. 112. 122. 185. 202. 211. 234f.
   246. 250f
θεολογική 16–18
θεολόγος 17–20. 24f. 92. 234. 245
θεουργία 23. 235
θεραπεία 37. 120
θεραπεύω 126. 130
θεωνυμία 234

ἴδιον 114. 116. 120. 164. 233

καρδία λιθίνη 27. 184
κιθάρα 9. 14
κίνημα 37. 120. 122f
κίνησις 116. 118. 120. 122f. 192. 200.
   224. 245
– διαστηματική 116. 118
– συνεχής 116. 118

λειτουργία 51
λέξις 134
λογισμός 37. 125f
λόγος 55. 124. 128. 141. 205
– ἄλογος 57f. 192
λύπη 126f. 190ff. 205
λύρα 14. 27. 133

μακαριότης 132
μάχη 63. 192
μελεάζω 117
μελετάω 77f
μελέτη 63. 77. 130

μέλος 55. 57. 116. 118. 122. 128. 133f.
245
μελῳδέω 114. 130
μελῳδία 27. 128. 132. 134. 235
μεταβολή 120ff. 243
μοναστήριον 88f
μουσική 14. 53–58. 69. 92ff. 100. 121f.
124. 128. 136. 139f. 158. 182. 222. 246
μουσικός 9. 13f. 57. 133. 136. 139
μυθολογέω 17
μυθολογία 17. 58
μῦθος 19. 55

νόμος 245

οἰκεῖος 124. 147
οἰκειότης 146. 245
ὄνομα 24. 234. 244. 250
ὀργανική/ὄργανον 9. 12f
ὄρθρος 9
Ὀρφεύς 19. 24f. 27
ὀρφικός 25

πάθημα 36
πάθος 27. 120f. 128. 130. 134. 189–192.
200ff. 205. 242
– ἀπάθεια 64. 126. 190. 192
– εὐπάθεια 189. 192
παιδεία 52. 54
παλαίστρα 31. 51. 53f. 61–65. 69
παράδεισος 114
παρακαταλογή 222
παρατήρησις 120. 164. 233
πλάτος 116. 118f
πνεῦμα 134. 214
ποιέω 18
ποιητής 17
ποικιλία 169
πόλεμος 63
πολιτεία 120
πολίτευμα 183
προγύμνασμα 31
προοίμιον 32

ῥυθμίζω 128
ῥυθμός 55. 124. 128. 134. 147
– εὔρυθμος 125. 128. 136

συγγένεια 146f. 245
συμφωνία 115. 124. 128. 133. 146
συνέμπορος 63

συνέχεια 116f
συνόμιλος 89

ταραχῶδες 126. 172
– ἀταραξία 125f. 224
– ἀτάραχος 125
τέρψις 130. 132. 144. 183
τετράχορδον 192
τόνος 134

ὑμνέω 19f. 23. 116. 235
ὑμνολογία 234
ὕμνος 19. 21f. 112. 234. 244. 250
ὑμνῳδία 20

φθόγγος 117
φιλολογέω 100
φιλοσοφέω 17
φιλοσοφία 16. 53. 65. 121. 133
φόβος 88. 126f. 190ff. 205
φωνή 117. 245
– διαστηματική 117f
– συνεχής 117f
– ὑδάτων πολλῶν 198. 251

χαρά 205
χορεία 53
χορηγία 51
χορός 53
χρόνος 134

ψαλμός 8.10. 116. 125. 201. 235
– βίβλος (τῶν) ψαλμῶν 8. 13. 114. 116
ψαλμῳδία 132. 184
ψαλτήριον 8–15. 21ff. 114. 125. 198
ψυχή 37. 53f. 56. 120f. 123ff. 126. 128.
141. 190. 192. 200f

ᾠδή 8f. 23. 116. 123. 235
ὡρολόγιον 9

b. Lateinisch

accentus/concentus 149. 221. 237
adaptatio 176f
affectio 35 oder 36? 177
affectus 34–41. 44–47. 83. 104. 110. 130.
141f. 148. 152f. 170
– aegritudo 172. 191
– amor 28. 190. 195

– audacia 28
– compassio 177
– dolor 142. 190
– exsultatio 142
– gaudium 175. 190f. 247
– gravitas 28
– laetitia 28. 247
– levitas 28
– melancholia 28. 247
– metus 175f. 191
– misericordia 177
– moeror 175f. 184
– spes 142. 175. 190f
– timor 28. 142. 190
– tristitia 28
– affectu vincitur 37f. 251
– insignis 232. 253
– primus et summus 248. 252f
– psalmorum 35–38. 46. 152. 170
agon 62. 65. 76
angelus 29. 67. 149. 229
antidotum 141
antiphona 150f. 214. 229
antiphonale 8. 154. 207f. 214f
appropriatio 195f
approprio 179
ars 71. 76. 78f
– sancta 87
– spiritalis 50. 66. 76. 87f. 107

beatitudo 149. 184
beatus 34. 183
breviarium 8

cantor 25. 139
cantus 139. 141. 147
carmen 24. 43. 60
cella 67f. 80f. 89
comma 215
conclusio 215
contemplatio 80f. 84. 103. 129
cor 38. 40. 90. 109. 142. 152. 170. 186.
    195. 253

declamatio 31
deus summus musicus 133
disciplina 28. 62. 66. 79. 105f. 139. 152

encomium s. laus
exercitium 31. 39. 42f. 50f. 63ff. 68. 71.
    74–86. 102. 227

experientia 36. 107. 109. 152f. 185

familiaritas 58. 141. 143. 145f. 179. 181
ferramentum 75. 87f
flexa 215

gamma 43. 176
graduale 8. 154. 207f
gymnasium 42. 50f. 60. 64. 71ff. 76. 141.
    150

harmonia 47. 130. 193
hymnus 142. 151. 212

initium 39. 66. 107
initium (der Psalmformel) 215f
instrumentum 75. 87f
intellectus 44
interrogatio 215

laus/encomium
– dei 150. 165. 183
– eremi/eremiticae bzw. solitariae vitae
    67f. 72. 89
– musicae 162. 182–185
– psalmorum 162–165
lectio 36. 50. 64f. 76. 79ff. 90. 93. 100ff.
    167. 212f. 219
– divina 80. 100–104
– spiritualis 100. 103
lego 40. 60. 142

manducatio spiritualis 80. 167
mare 172. 174f. 180. 193f. 227
mediatio 215. 225. 227f. 253
medicina 150
meditatio 36. 50. 64. 71. 75. 77–84. 100.
    102f. 139. 152. 195
memoria 39. 101. 107. 139. 152
metaphora 43
militia 64. 66f. 88. 105
modus 29. 61. 147f. 180. 216f. 247
monasterium 39. 42. 66.f. 76. 87. 105 107
moveo 26. 39. 45. 145
murmur 42f. 198
musa 29
musica 16. 26. 45. 47. 72. 75. 86. 106.
    138ff. 162. 183ff. 219
– artificialis 184ff. 198
– divina 129
– humana 47. 162. 179. 185. 227

– mundana 162. 179. 185. 227
– naturalis 184f. 198. 220
– practica 179
– scientia 139
– vulgaris 129
musicus 25f. 47

navis 174. 193
nescio quid 145f. 148

officina 50. 68. 87–90. 102
officium 8. 28. 78. 88. 207ff
oratio 50. 65. 80f. 84. 103. 151f. 212f. 219

palaestra 31. 39. 41. 50. 59–68. 89. 105.
  251
paradisus 68. 114. 149.163
passio 175. 189. 191. 193–196
pathologia 35
pausa 224ff. 227f. 230. 232. 253
pneuma 214
praeexercitamentum 31
progymnasma 31
prooemium 32. 154f. 158
proprius 145ff
psallo 40. 45
psalmodia 213
psalmus 5ff
– directaneus/in directum 214
– liber psalmorum 5. 38. 41. 50
– ordo psalmorum 67
psalteratus 107
psalterium 5–9. 11ff. 23. 34. 38f. 42. 88.
  129
– chiropsalterium 82f
– currens 6f. 207
– decachordum 193–196
– feriatum/non feriatum 7
– Gallicanum 6. 9. 77f
– Iuxta Hebraeos 6. 9. 77
– mysticum 177. 195f
– ordo psalterii 6
– per hebdomadam 6f. 39. 207
– Romanum 5
– spirituale 45
pugna 60. 66. 88
punctum 215

responsorium 150
ruminatio 50. 78

sapientia 167
saxum 26. 109
– saxosum pectus 26. 184
schola 50. 66. 68. 104–110. 141. 193
– affectuum 109f
– cantorum 108ff
– caritatis 109
– intellectus 110
– lectorum 108f
– Lirinensis 105
– pietatis 109
– religionis 110
servitium 66. 82. 105
silentium 225
silva 26
solitudo 26
sonus lateralis/principalis 195
speculum 152
studium 41. 50. 186

tentatio 50
theologia 16. 19. 21. 23. 28. 98
– affectiva 193. 196
– affectus 40
– intellectus 40
– metaphorica 16f
– mystica 21. 36. 104
– poetica 17
– speculativa 36
– symbolica 16f
theologica 16
theologus 24
– poeta 24
– primus 25
– priscus 25
tonarius/tonale 153
tonus/toni
– communis 214
– in directum 214
– lectionis 79
– octo 154. 179f. 217. 219
– orationis 79
– parapteres 180. 218. 253
– peregrinus 215f. 218
– psalmorum 79
– simplex 214
– solemnis 214
tranquillitas 125. 130. 172. 227
transitus 121
tuba 213–216

vates 25f
vox 41. 147
– aquarum multarum 149. 194. 229
– paginarum 97
– significativa 44

c. Deutsch

Affekt 35ff. 120. 125ff. 140ff. 152f. 188ff.
  226. 231f. 241f. 248. 251ff
Affinität 58. 70. 197
Allegorie, allegorisch 11ff. 46
Appropriieren/Appropriierung 192. 196f.
  201. 231. 247. 250
Arznei 169

Bedeutung 2. 4. 13. 44. 69. 96ff. 156.
  160f. 205f. 235ff. 252f
Bewegung 45. 122f. 200. 204
Biene 43

Dämonen 63ff. 70. 152f. 243
– Pandämonie/Pandämonium 243. 246.
  248
Dialektik 35. 54ff. 139
Doxologie 1. 248. 252f

Einheit (Gottes) 232. 246ff. 250ff
Einheit (von Musik und Sprache) 161.
  211. 221. 238
Eintonachse 214f. 223
Eintonlinie 213ff. 219. 223f
Engel 19. 43. 98. 228ff
– Engelsgesang 20. 149. 184. 230
Erfahrung 109. 246. 251f

Fliege 42f. 168
Flügelschlag 43. 229f

Gedächtnis 78. 82f. 90. 92ff. 136. 139.
  154f. 247
Gesang 4f. 18ff. 144. 211. 219ff
Gesangbuch 4f. 165
Götter 17. 19. 242. 245. 247f
Gottesdienst, himmlischer/irdischer 11.
  14. 21. 111. 229f

Herz 88. 157. 167f. 170ff. 185. 202. 246
Hymnologie 5
Hymnus 244

Klang 1. 13. 46. 80. 91. 96f. 118f. 196ff.
  235ff. 252f
– Klangraum 197ff. 230. 246
– Klangzeit 200
– Nachklang 157. 163. 170. 229. 252

Liturgie/liturgisch 51. 208ff. 229. 253
Lob/Lobgesang 112
– der Musik 182ff
– der Zelle 67
– des eremitischen Lebens 67
– des Psalters 37. 67. 131. 150. 162ff
– Gotteslob 19. 150. 165. 183f

Meer/Meerbild/Meeresstille 122. 125f.
  130. 170ff. 193f. 196ff. 226ff. 241ff.
  246. 250ff
Metapher, metaphorisch 10f. 13. 17. 38f.
  46f. 52. 56ff. 146. 220. 239
Metrik 225
Mönchtum, monastisch 7. 20. 23. 64ff.
  70ff. 74ff. 100. 104ff. 151. 227
Musen 32. 43. 52. 61. 69. 179. 201. 220.
  247
Musik 14f. 20f. 32. 41. 46. 53. 55ff. 85f.
  93. 139f. 182ff
Mythos, mythisch 17. 136f. 246

Name 17f. 204. 236. 243f
– Götternamen 18. 245. 247f
– Gottesname 232ff. 239f
Negation 224. 226f. 231. 253

Oralität/Literalität 53. 69. 78. 91ff

Pathosformel 231f. 253
Plötzlichkeit 242ff
Poetik 16f. 25. 55
Psalm 3ff
Psalter 3ff. 14f. 252
– Einzigartigkeit des Psalters 34. 36.
  114ff. 128. 163. 233
– Gattungslehre 171. 253
– Psalterformel 31. 33ff. 64. 251

Rezitationston 213. 215ff. 228
Rhetorik 31f. 35. 55. 139ff. 205
Rufterz 214
Ruhe 201f. 223f . 227f. 252f

Sinne 165ff. 199

Spannung 214. 216f. 223f

Tetrachord 192. 217f
Theologie 15–21
– der Psalmen 2. 22. 99f
– des Psalters 2. 21ff. 27. 29. 99. 200.
   241ff. 246
– hymnische 21ff. 235. 250
– monastische 23
– Namenstheologie 22. 233
– noetische 234
– philosophische 16f
– poetische 17. 25

– symbolische 234
Trishagion 21. 149. 250

Vakuum 43. 197. 199f. 202
Versprachlichung 160ff
Verstummen 1ff. 39. 42. 157ff
Verwandtschaft 122. 142ff. 146f. 179ff.
   201. 204. 245. 248

Wechselchörigkeit 42. 227. 229
Wohlduft 3. 166

Zikade 3. 27. 42f. 136

Abkürzungen nach IATG² (S.M. Schwertner, TRE Abkürzungsverzeichnis, Berlin 1994²).